KB043951

새로운 대한민국의 구상

포용국가

PLAN FOR A NEW KOREA

Inclusive State

새로운 대한민국의 구상

포용국가

성경륭 외 지음

21세기북스

추천사

바야흐로 한국은 일대 전환기를 맞고 있다. 작년 말 촛불 시위가 처음 시작될 때만 해도 그 끝이 어떻게 될지 아무도 몰랐다. 반년 동안 지칠 줄 모르고 타오른 질서 있는 촛불은 세계의 찬탄을 불러일으켰고, 드디어 철옹성처럼 보이던 권위주의 정권을 무너뜨렸다. 일찍이 어느 나라에 이런 일이 있었던가? 그 많은 시민들이 추위에 아랑곳하지 않고 거리로 나오게 만든 동력은 무엇이었을까? 정권의 오만, 불통, 반칙이 가장 큰 이유였지만 그것만은 아닐 것이다. 하루하루 살얼음판을 딛듯 살아가는 서민, 노동자, 중소기업 종사자, 영세상인, 비정규직, 청년 들의 원망이 촛불을 들게 했다고 본다.

한국의 경제적 불평등은 OECD에서도 상위권에 속하고, 저성장이 고착화된 지도 오래다. 보수정권들은 허황한 숫자 놀음을 하며 집권만 하면 당장이라도 고성장을 가져올 것처럼 떠들었지만 공수표가 되었다. 날이 갈수록 저성장과 양극화는 심해졌다. 그만큼 한국은 살기 어려운 나라가 되었다. 한때 성장과 분배에 성공했다는 찬사를 듣던 한국은 이제는 살기 어려운 나라가 되었다. 청년들은 비명을 지르며 나라를 떠나고 싶다고 말한다. 어디 청년뿐이랴. 노인 빈곤율과 자살률도 단연 최고 수준이며, 거리에서 폐지를 줍고 일자리를 기웃거리는 노인이 한국만큼 많은 나라도 없다.

조기 대선에서 승리한 문재인 대통령은 취임 첫날부터 신선하고 놀라운 행보로 국민들에게 감동을 주었다. 권위주의에 익숙했던 우리에게 새로운 사고방식, 새로운 세상이 가능함을 몸으로 보여주었다. 우리가 목격한 것은 권위주의자와 민주주의자의 차이, 인간에 대한 사랑이 없는 사람과 있는 사람의 차이였다. 현재 새 정부에 대한 기대는 크고, 지지도 또한 높다. 그러나 참신한 행보와 스타일만으로 국민을 오래 끌고 갈 수는 없다. 시간이 지나면 결국 국민은 성과를 요구할 것이다. 문제는 지금까지 우리가 지켜온 정치경제 체제, 즉 박정희 식 성장지상주의와 IMF 식 시장만능주의가 계속 성과를 낼 수 있는 지속가능한 체제인가 하는 것이다.

대답은 '아니다'이다. 이 체제는 이미 오래전부터 삐거덕거리며 이상 신호를 보내왔다. 이제는 더 이상 굴러갈 수 없다는 경고음을 울리고 있다. 지금 새로운 체제로 대체하지 않으면 한국호는 좌초할 위기 상황이다. 저성장, 양극화의 고착화, 그리고 가속화되는 저출산 고령화의 위력 앞에 한국 경제는 위험 상태다. 올해부터 생산 가능 인구가 줄어들고, 머지않아 초고령 사회가 도래할 것이며, 급기야 한국은 일본과 나란히 세계 최고의 노인국가가 될 전망이다. 복지국가보다 노인국가에 먼저 도달할 가능성이 높다.

더 늦기 전에 항로를 바꿔야 한다. 이대로 가다가는 인구절벽이란 낭떠러지를 피할 길이 없다. 그러면 어디로 갈 것인가? 반세기를 시험해온 박정희 체제는 명백히 수명을 다했다. 외환위기 이후 20년 동안 우리를 지배해온 시장 만능주의도 답이 아니다. 우리의 대안은 유럽의 사회적 시장경제 혹은 사민주의 복지국가에서 찾을 수밖에 없다. 물론 그 모델도 완전한 것은 아니며 많은 문제가 있다. 그러나 문제로 치면 우리만큼 많겠는가? 더 늦기 전에 유럽형 포용국가로 가야 한다. 시간이 많지 않다.

대런 애쓰모글루와 제임스 A. 로빈슨이 공저한 『왜 국가는 실패하는가?』라는 베스트셀러에서 저자들이 내린 결론은 명료하다. 포용적 정치의 기초 위에 포용적 경제 정책을 실현한 나라는 번영하고 그 반대의 길로 간 나라는 실패한다는 것이다. 이명박, 박근혜 정부는 전형적인 후자에 속한다고 할 수 있다. 이제 새로 출범하는 문재인 정부는 역대 정부의 공과를 냉철히 분석하고, 동서고금의 성공과 실패를 거울 삼아 성공하는 국가 모델을 설계해야 한다. 그 추위 속에서 반년 동안 시민들이 들어올린 촛불의 민심이 요구하는 것은 바로 적폐 청산이다. 즉, 낡은 질서를 허물고 새로운 정치·사회·경제 체제, 보다 평등하고 약자들도 숨 쉬며 인간으로서 살아갈 수 있는 체제를 만들어달라는 요구다. 이 역사적 시점에서 성경륭 교수 등 신진기예의 학자들이 『새로운 대한민국의 구상 포용국가』라는 역작을 내놓은 것은 매우 시의적절하다. 포용국가의 특징으로 포용성, 혁신성, 유연성을 들고 있는 것도 아주 시사적이다.

일찍이 노무현 대통령이 성경륭 교수를 가리켜 "일머리가 참 잘 돌아가는군요"라고 칭찬하는 것을 옆에서 들은 적이 있다. 나는 참여정부 시절 2년 반을 노 대통령 옆에서 일했지만 노 대통령이 그렇게 바로 앞에 있는 사람을 칭찬하는 것은 거의 본 적이 없다. 그만큼 성경륭 교수의 식견과 판단력, 방향감각이 뛰어나기 때문일 것이다. 아니나 다를까. 이 중요한 역사적 전환기에 성 교수는 참으로 시의적절한 저서를 내놓아 우리에게 길을 제시해주고 있다. 내용에 대한 찬반, 호불호를 떠나 이 책의 출간은 학계와 정치계, 재계, 언론계 등에서 적극 환영할 일이다. 많은 사람들이 읽고 토론해서 우리의 미래 항로를 정하는 데 지침이 되기를 기대한다.

경북대학교 명예교수

이 정 우

'모두를 위한 국가, 약자를 살리는 세상'을 꿈꿉니다.

2016년 여름, 몇 명의 학자들이 대한민국의 미래 핵심 과제가 무엇인지를 토의하기 위해 자리를 같이했다. 이 자리에서 우리는 한국이 국민총생산 규모에서 세계 11위의 경제대국에 도달했지만, 출산율, 빈곤율, 행복도, 자살률 등에서 세계 최악의 고통 대국이 되어버린 현실에 대해 토론을 시작했다. 왜 한국의 경제 규모는 러시아를 능가할 정도로 크게 발전했는데 젊은이들은 결혼과 출산을 포기하고 한국을 떠나고 싶어하는가? 왜 한국의 많은 노인들은 자신이 불행하다고 생각하며 세계 최고의 자살률을 보이는가? 도대체 전 세계에 놀라운 기적을 이룬 나라로 널리 알려져 있는 한국 사회에서 무엇이 잘못되고 있는가?

토론을 거듭할수록 우리는 모든 청년들이 결혼과 출산을 기피하는 것은 아니며, 모든 노인들이 불행감을 느끼고 자살을 시도하는 것도 아님을 발견했다. 정규직에 취직하여 넉넉한 소득을 올리는 청년들은 대부분 제때에 결혼하고 자녀 출산을 하고 있으며, 노후 준비를 충실히 해둔 노인들은 대부분 행복하고 여유 있는 삶을 누리고 있었다. 따라서 결혼이나 자녀 출산, 행·불행, 자살 등의 문제는 '개인적' 취향이나 선호의 문제가 아닌 것이다. 인간의 삶에 있어서 핵심적인 문제들은 결국 다른 어떤 요인보다 '사회적' 조건, 즉 제도와 정책의 결과로 나타나는 문제임이 명백해진 셈이다. 젊은이들에게 안정된 직장과 소득이 제공되는 사회, 노인들이 비록 혼자 남게 되더라도 소득과 의료 등 기본 생활 면에서 충실한 노후 보장이 제공되는 사회, 나아가 불평등이 최소화되고 중산층이 다수를 차지하는 사회라면 수많은 젊은이들이 결혼과 출산을 포기하고 다수의 노인들이 삶을 포기하는 일은 발생하지 않았을 것이다.

박정희 정부가 출범하여 빠른 경제성장을 추진한 이후, 도대체 한국 사회에는 무슨 일이 일어났을까? 우리가 주목한 것은 박정희 모델, 즉 국가가 주도하여 재벌 집단을 키우고 제조업 중심의 수출경제를 육성한 그 모델이 김영삼 정부에 들어와 신자유주의 노선과 성급하게 잘못 결합하여 일련의 중대한 문제가 발생하기 시작했다는 것이다. 이 결합에 따른 산자유의적 발전국가의 등장으로 인해 IMF 외환위기가 초래되었고, 뒤이어 정리해고와 비정규직 법제화를 중심으로 하는 광범위한 노동규제 완화가 추진되었다.

이로써 신자유주의적 발전국가는 비정규직과 임시직 노동자들을 양산하고 임금을 삭감하여 노동자들의 삶을 근원적으로 악화시켰다. 수많은 임금근로자들의 근무 기간이 단축되었고, 이로써 평균 53세부터 퇴직하기 시작한 550만 명이 넘는 사람들이 생존 기간 3년 미만의 중소 자영업으로 내몰렸다. 그 결과 소득과 자산 불평등이 빠르게 악화되었으며 가계부채가 급증했다. 1987년 민주화 이후 가속화된 로봇과 자동화 기술의 도입 확대는 청년 고용을 가로막는 족쇄가 되었다. 이 모든 요인들이 청년과 장·노년의 삶을 황폐화시키는 '한국의 비극'을 초래한 것이다.

독재정권하에서 산업화가 이루어진 뒤 정치민주화가 진전되면 필연적으로 민주주의와 시장경제 사이에 구조적 긴장과 갈등이 발생하게 된다. 기본권과 노동3권이 보장되는 민주주의 체제로 이행하면서 노동자들은 노조를 결성하고 파업권을 행사하여 합법적으로 기업경영에 대항할 수 있기 때문이다. 이런 상황에서 권위주의 시기에 형성된 발전국가와 재벌 집단 사이의 강력한 지배 연합은 민주화 이후에도 노동을 배제한 채 세계 시장의 요구에 부응하고 국제경쟁력을 강화한다는 명분으로 금융·무역·서비스·노동규제 완화를 추진하였고, 이로 인해 전대미문의 외환위기를 초래하여 한국의 비극을 양산하게 된 것이다.

그렇다면 한국 사회가 발전국가와 신자유주의의 결합으로 말미암아 외환위기와 한국의 비극으로 귀결되는 경로와 원천적으로 다른 경로를 갈 수는 없었을까? 우리 연구진은 이 질문에 대한 해답을 구하기 위해 세계 주요 국가들의 정치경제 체제에 대한 비교 연구를 수행했다. 이 작업의 일환으로, 한국과 동아시아형 발전국가 모델, 영미형 자유시장 모델, 독일과 프랑스 등 유럽 대륙형 사회적 시장경제 모델, 노르딕형(북유럽 국가) 사회적 시장경제 모델 등 네 가지 체제 유형의 성과 분석을 진행했다.

이 가운데 한국과 동아시아형 발전국가 모델은 단기간에 빠른 경제성장을 달성하는 데는 성공했으나 대기업 집단의 독과점 심화, 분배 악화, 출산율 및 행복도의 하락, 자살률의 급증 등으로 인해 인구 기반과 경제 기반이 붕괴할 수밖에 없는 모델임이 드러났다. 영미형 자유시장 모델도 감세와 규제 완화, 비정규직 고용의 확대로 말미암아 분배와 불평등이 확대되고 대다수 국민들의 삶의 질이 지속적으로 악화되는 지속불가능한 모델임이 확인되었다. 시장경제와 복지국가를 동시에 발전시켜 사회통합과 경제성장의 두 가지 목표를 성공적으로 달성한 모델은 유럽 대륙형 사회적 시장경제 모델과 노르딕형 사회적 시장경제 모델이었다. 다만 이 두 모델의 차이는 강한 사회민주주의 전통에 기초하고 있는 노르딕형 모델이 복지국가 발전, 소득 재분배, 사회적 연대, 경제적 혁신 역량 등의 측면에서 훨씬 높은 경제적·사회적 성과를 보인다는 것이다.

세계 정치경제체제의 비교 분석에서 우리 연구진이 내린 결론은 두 가지다. 첫째, 한국과 동아시아형 발전국가 모델은 이미 더 이상 버틸 수 없는 종말 단계에 접어들었고, 끊임없이 불평등을 확대시키는 영미형 자유시장 모델도 부채경제와 금융공황을 촉발하여 위기로 치달을 수밖에 없는 지속불가능한 경제 모델이라는 것이다. 둘째, 따라서, 전 세계에서 실험된 다양한 정치경제 모델 중 사회통합과 경제성장의 동시 실현에 성공한 유일한 대안은 유럽형 사회적 시장경제 모델이라는 것이다.

이 결론과 함께 우리는 유럽 대륙형 모델과 노르딕형 모델에 대한 분석을 통해 세 가지의 핵심적 원리가 사회통합과 경제성장을 동시에 가능하게 한 원리라는 것도 발견했다. 즉, 포용성, 혁신성, 유연성이 그것이다. 먼저, 포용성은 경제 영역(독과점 해소, 대중소기업 협력, 노조의 경영 참여와 협상력 제고), 고용 영역(고용 안정성 증진, 비정규직 축소, 노동생산성과 연계한 임금 상승), 복지 영역(소득 상실과 건강 상실 등 주요 사회위험에 대한 보호 확대, 아동과 노인 돌봄 등 가족복지 확대) 등 여러 영역에서 약자 집단과 일반 국민의 참여와 보호 수준을 확대하는 것을 의미한다. 혁신성은 교육(학교교육·직장교육·평생교육)과 과학기술 영역에서 창의성을 증진하고 이론적·기술적 혁신역량을 증진하는 것을 의미한다. 포용성과 혁신성을 중심축으로 하여 개방적 경제를 가지고 있는 유럽 국가들은 유연성의 원리도 발전시켰다. 이 원리는 합의정치와 사회적 대화를 통해 세계 경제의 변동에서 오는 충격에 선제적으로 대응하기 위해 정치적·사회적 유연성을 증진하는 것과 함께 '유연안전성 모델'을 통해 기업 내부에서도 충실한 소득 보장과 적극적 노동시장 정책을 기초로 노동유연성을 증진하는 것을 의미한다.

사회적 시장경제를 발전시킨 많은 유럽 국가들은 포용성과 혁신성, 나아가 유연성의 원리를 활용하여 사회적 연대와 역동적 시장경제를 동시에 구현할 수 있었다. 그래서 우리는 이 세 가지 원리를 '기적의 원리'로 부르기로 했다. 그러면 이 원리들은 한국에도 적용할 수 있을까? 우리는 당연히 적용 가능하고 또 반드시 적용해야 한다고 믿는다. 현재의 낮은 포용성 수준과 혁신성 수준을 빠른 속도로 더 높은 수준으로 끌어올리고, 이것과 병행하여 정치적·사회적 유연성 수준과 기업 차원의 유연안전성 수준도 끌어올린다면 한국 사회는 몰락하고 있는 신자유주의적 발전국가 모델로부터 지속가능한 혁신적 포용국가 모델로 '거대한 전환'을 이룰 수 있게 될 것이다. 물론 정치적·제도적·문화적 조건이 다른 한국 사회가 유럽의 수준 높은 사회적 시장경제 모델을 그대로 모방할 수는 없을 것이다. 그러나 우리는 유럽의 사회적 시장경제를 움직이는 핵심 원리를 우리의 현실과 사회발전 목표에 맞게 도입할 수는 있고, 또 그 과정에서 우리 나름의 다양한 변종·혼종·신종 모델을 만들어낼 수 있을 것이다.

역사적으로 보면, 민주화 직후 탄생한 노태우 정부 시기는 선성장-후분배에 집착하던 발전국가 모델을 분배와 성장의 선순환을 추구하는 혁신적 포용국가로 전환할 수 있는 절호의 시기였다. 이 시기에 긴 권위주의 통치 기간 동안 노동 억압에 신음하던 노동자 집단의 노조 결성과 저항운동이 급격히 확대되어 노동의 대항력을 강화시켰고, 이로써 노사 간 사회적 대화와 대타협을 촉진하여 노동자 집단의 삶의 질 향상과 노동생산성을 동시에 증진할 수 있는 초기 조건이 형성되었던 것이다. 그러나 이 가능성은 노태우 정부가 집권 2년차인 1989년부터 빠르게 공안정국으로 회귀하고 1990년에 접어들어 3당 합당을 통한 보수 대연합을 추진하면서 완전히 사라지고 말았다.

1993년에 등장한 김영삼 정부는 유럽형 사회적 시장경제로 전환할 수 있는 맹아를 완전히 짓밟은 것은 물론 여기서 한 걸음 더 나아가 기존의 재벌 편향적 발전국가를 신자유주의와 접목시킴으로써 종국에는 전대미문의 외환위기를 초래하고 말았다. 그리하여 국내 금융시장, 상품시장, 농산물시장, 노동시장이 세계 시장에 전면적으로 개방되어 노동대중과 일반 국민의 삶이 급격히 황폐화되기 시작했다. 중요한 많은 규제에서 풀려난 '악마의 맷돌'이 시장경제의 강자를 위해 약자들을 최대한 쥐어짜는 방향으로 작동하게 된 것이다.

그러나 뚜렷한 진보적 지향을 가졌던 김대중 정부는 불행하게도 외환위기를 수습하기 위해 김영삼 정부가 추구하고 국제통화기금(IMF)과 세계은행이 요구한 신자유주의 원리에 따라 금융, 기업, 공공, 노동개혁 등 4대 개혁을 추진하지 않을 수 없었다. 이 네 가지 중 특히 문제가 된 것은 노동시장의 유연성 증진이라는 관점에서 추진된 노동 부문의 개혁이었다. 이 개혁을 통해 정리해고가 합법화되고 비정규직이 양산되었으며, 임금이 줄어들고 불평등이 급증하는 중대한 일련의 문제가 발생하고 말았다.

이런 문제들은 노무현 정부에 들어와서도 크게 개선되지 못했다. 김영삼 정부에서 시작되고 김대중 정부에 들어와 본격적으로 추진된 신자유주의 노선에 따른 노동유연화 정책은 노무현 정부 시기에 비정규직, 임금 격차, 불평등 등과 같은 문제를 크게 증가시켰기 때문이다. 이런 문제에 대응하여 노무현 정부는 동반성장 전략을 채택하고 복지예산을 확대하는 한편 정권 후반기인 2006년 8월에 중부담-중복지 구상을 담은 '비전2030'과 2006년 11월에 '비정규직보호법'을 마련하는 등 나름대로 많은 노력을 기울였다. 그러나 이런 시도들은 무엇보다 대응 시기가 매우 늦었고, 따라서 급증하는 비정규직 문제와 불평등 문제를 근원적으로 해결하는 데 정책 역량의 결집이 크게 미흡했음을 솔직히 인정하지 않을 수 없다. 그리하여 노무현 정부는 집권 5년 동안 연평균 4.3%의 경제성장률을 달성하고 2002년 말 12,000달러 수준이던 1인당 국민소득을 2007년 말 21,600달러 수준까지 증가시키는 큰 업적을 이루었으나 비정규직 문제와 분배 불평등 문제를 개선하지 못한 채 절반의 성공, 절반의 실패에 머물고 말았다.

이제 새로 출발하는 제3기 민주정부인 문재인 정부는 노무현 정부가 이룩한 절반의 성공을 계승하되 나머지 절반의 실패를 극복하기 위해 특단의 노력을 기울여야 할 것이다. 우리 연구진은 그 일이 단순히 몇몇 정책을 개선하는 것으로 해결될 수는 없다고 본다. 포용성, 혁신성, 유연성의 원리에 따라 재벌 대기업과 소수 상위층에 편향된 자유시장 경제를 중소기업과 다수의 국민들도 함께 번영할 수 있는 사회적 시장경제로 시스템을 바꾸는 거대한 패러다임 전환을 이루어내야 한다고 본다. 동시에 그것은 박정희 시대부터 지금까지 한국 사회를 지배하고 있는 신자유주의적 발전국가를 혁신적 포용국가로 바꾸는 거대한 전환도 이루는 것이어야 한다.

우리 연구진의 연구를 이끈 시대정신이 있었다면, 그것은 대기업의 횡포와 비정규직의 고통 속에서 사업 포기와 자살로 대응할 수밖에 없는 수많은 국민들의 '살려달라'고 외치는 절규였다. 이들의 절규와 '이게 국가냐'고 수없이 물은 국민들의 질문에 대해 이제 문재인 정부가 응답해야 할 차례다. 우리는 그 응답이 공생의 사회경제질서와 포용의 국가질서를 구축하여 '모두를 위한 국가, 다수 약자를 살리는 세상'을 만드는 근본적 변혁이어야 한다고 믿는다. 그러나 우리는 이러한 개혁이 단순히 강자를 죽이고 약자만을 살리는 개혁이 아니라 우선 어려운 약자들을 살려내되 궁극적으로는 약자와 강자가 함께 사는 개혁, 더 지속가능한 공생의 개혁이 될 것이라 믿는다.

이 자리를 빌려 몇 분에게 감사의 말씀도 전하고 싶다. 우선 우리 연구에 큰 관심을 보여주시고 실제로 취임 직후 일자리위원회의 가동과 공공부문 비정규직 제로시대 선언 등을 통해 약자를 살리기 위한 사회경제적 대전환을 힘차게 추진하고 계시는 문재인 대통령님께 깊은 감사의 말씀을 전한다. 또한 우리 연구 과제가 종료된 금년 2월 말 연구진을 초청하여 정책토론회를 개최해주신 추미애 더불어민주당 대표님과 이 자리에 함께 참석하여 귀중한 의견을 주신 윤호중 전 정책위원회 의장님, 윤관석 전 당 대변인님, 김용익 전 민주연구원 원장님께도 큰 감사의 말씀을 드린다. 대선 기간 중 더불어민주당 선대위 산하 포용국가위원회에서 함께 활동해주신 모든 위원님들, 그리고 지역미래포럼과 공동으로 학술 토론회를 개최해주신 김홍걸 국민통합위원장님께도 지면을 빌어 감사의 말씀을 전한다. 연구 초기부터 '개혁을 통한 포용과 통합'으로 연구 방향을 설정하도록 조언해주시고 포용국가위원회에 고문으로 참여해주신 이정우 교수님께도 특별한 감사의 뜻을 표하고 싶다. 마지막으로, 이 책의 출판을 흔쾌하게 수락해주신 21세기북스의 김영곤 사장님과 출판 실무를 담당해주신 편집진 여러분들께도 고마운 마음을 전한다.

2017년 6월

저자들의 소망을 담아 성 경 륭 씀

차례

VOTE

"정부에 대한 두 가지 관념이 있다.
부자들이 잘살도록 제도를 만들면
부자들의 번영이 하층민들에게 흘러내리게 될 것이라는 믿음이 그 하나다.
하지만 민주당의 믿음은 그 반대편에 있다.
대중이 잘살 수 있도록 제도를 만들면,
그들의 번영이 위로 차올라 모든 계층에 흘러갈 것이라는 믿음이 그것이다."

– 윌리엄 브라이언

Chapter 1

새로운 대한민국

//////////////

2017년 봄이 오기까지 한겨울의 강추위를 녹인 것은 촛불이었다. 촛불은 적폐 청산과 국민주권 회복이라는 엄중한 시대적 과제와 함께, 박정희 패러다임의 오랜 관성을 마감하고 새로운 원리와 제도에 기초한 새로운 사회경제 체계 건설이라는 국가적 과제를 던져주었다.

국가–재벌 공동 지배 카르텔로 특징지어지는 박정희 패러다임은 외형적으로 압축적 근대화와 경제 대국화라는 화려한 성과를 거두었다. 하지만 그 과정에서 대한민국은 불행, 불안, 불평등, 불신, 지속 불가능성이라는 5불(不) 사회의 암울한 현실로 빠져들었다. 재벌과 대기업을 비롯한 사회 · 경제적 특권층의 끊임없는 약탈과 지배 추구가 우리 사회와 경제를 작동시키는 원리가 되었으며, 그 결과 혁신은 말라버렸고 누적된 부담은 모두 대다수 서민의 몫이 되었다. 박정희 패러다임과 그 패러다임의 산물인 약탈적 시장경제 체계가 한국적 동맥경화(Korea–sclerosis)를 불러온 것이다. 동맥경화에 대한 대수술은 포용과 혁신의 원리에 기반한 새로운 사회경제 체계, 즉 한국형 사회적 시장경제의 건설이 되어야 한다.

1장

거대한 전환

01
촛불 혁명: 거대한 전환의 전조

지난 겨울 주말마다 어김없이 찾아온 한파에도 불구하고 전국에서 1,500만 명이 넘는 시민이 촛불을 들었다. 그리고 마침내 2017년 3월 10일, 역사적인 탄핵심판 선고와 함께 촛불 혁명은 그 일차적 성과를 이루었다. 양도된 권력, 그러나 어느새 절대화되고 사유화된 권력을 민주주의 최후의 보루인 '깨어 있는 시민의 조직된 힘'으로 탄핵한 것이다. 하지만 촛불 혁명의 성과는 여기에 머무르지 않는다. 양도할 수 없는 국민주권에 대한 광범한 각성뿐 아니라, 시민의 자발적 힘으로 세상을 바꿀 수 있다는 자신감도 얻었다. 권력을 위임받은 국가는 국민의 생명, 안전, 재산을 지키고 시민의 자유와 권리를 최대한 보장하기 위해 존재한다는 국가의 존립 이유를 재확인한 것도 중요한 성과다. 또 개혁 세력이 광범하게 결집함으로써 국가 대개혁을 위한 튼튼한 기반을 다졌다는 점도 촛불 혁명을 통해 얻은 위대한 성과 중 하나다. "이게 나라냐?"로 시작된 시민의 분노는 국가 대개조와 새로운 대한민국 건설에 대한 요구로 이어졌다. 촛불광장은 우리 사회에 뿌리 깊이 박혀 있던 정치적·사회적·경제적 적폐를 고발하고 그동안 억눌러야만 했던 다양한 형태의 억울함을 호소하는 '열린 신문고'였으며, 적폐 청산과 새로운 대한민국 건설을 요구하는 '평화적 만민공동회'였다고 할 수 있다.

이제는 다음 단계로 나아가야 한다. 촛불 혁명의 성과를 바탕으로 한국 사회의 전면적 대전환을 위한 개혁 작업에 착수해야 할 때다. 오랫동안 누적되어온 다양한 형태의 적폐를 청산하고 우리 역사에서 단 한 번도 경험해보지 못한 새로운 나라를 만들 절호의 기회를 맞이한 것이다. 천심이 민심 속에 있고, 유토피아를 가리키는 나침반은 사람들의 열망 속에 있으며, 미래는 현재라는 시간 속에서 싹을 틔운다. 동서고금의 역사와 지성이 우리에게 가르쳐주는 교훈이다. 그래서 2017년 겨울, 광장을 가득 메웠던 촛불이 한국 사회 대전환의 등대요 나침반인 것이다.

각성한 시민의 다양한 목소리가 어우러진 촛불 함성 속에서 다음과 같은 세 가지 시대적 과제를 살펴볼 수 있다. 첫째는 정치적 대전환이다. 지나치게 집중된 권력은 부패하기 쉽다. 이를 막기 위해서는 권력의 분산과 분산된 권력 간의 견제와 균형이 필요하다. 정치권에서는 이미 개헌을 고리로 한 다양한 권력구조 개편안이 나오고 있다. 그런데 이를 잘 들여다보면 시민과 국민은 어디에서도 찾을 수 없다. 권력 나누기가 아닌 권력 나누어 먹기는 촛불 민심을 완전히 잘못 해석한 것이다. 진정한 정치 개혁은 풀뿌리 시민의 정치 참여를 확대하여 그들의 정치적 영향력을 키우는 분권, 즉 시민을 중심에 놓은 분권이어야 한다. 또 비례대표 확대나 결선투표제 도입 등을 통해 시민의 의사가 더욱 투명하게 반영될 수 있는 대의민주주의 제도를 만드는 것도 중요하다. 여야 협치의 영역을 확대하는 것도 필요하지만, 이 협치 구조에서 국민이 배제된다면 이 역시 여야 담합으로 귀결될 가능성이 크다. 모든 권력의 원천이 국민이라는 헌법 1조 2항의 대원칙으로부터 자유로운 정치행위는 결단코 없다. 촛불이 천명한 민심이 바로 이것이다.

둘째, 사회경제적 대전환이다. 표면적으로 보면 촛불 혁명의 출발점은 대통령 탄핵이나 국정농단에 대한 단죄 등과 같은 정치적 쟁점이었다. 그런데 "이게 나라냐?"는 분노에 담긴 의미는 그보다 훨씬 크고 깊다. 사회경제적 양극화, 재벌과 소수 특권층에 의한 약탈과 사회적 배제, 미시적 생활 세계를 지배하는 불공정한 질서와 관행, 장기 저성장의 늪에서 허우적대고 있는 무기력한 경제 등 다양한 형태의 부조리, 불합리, 무능력에 대한 누적된 공분이 촛불 민심의 한가운데 자리 잡고 있다. 한마디로 사회경제체계의 근본적 재설계를 요구하고 있는 것이다. 빨대처럼 모든 부를 빨아들이는 괴물 같은 재벌 중심 경제 체계를 과감하게 개혁하고, 그 바탕 위에서 노력과 실력으로 승부하고 도전과 혁신이 인정받을 수 있는 공정한 사회경제적 질서를 수립하자는 것이다. 사회적 약자에게 영원한 '2등 시민'의 딱지를 붙이는 왜곡된 분배·복지 체계, 노동의 가치를 훼손하고 일할 기회를 박탈하는 불합리한 고용제도를 개혁함으로써, 사회적 양극화, 경제적 불평등, 지역적 불균형을 해소하고 국민 모두 안정된 삶을 영위할 수 있는 '사람 사는 세상'을 만드는 것도 우리 앞에 놓인 중요한 과제다.

셋째, 남북관계의 대전환이다. 광장에 울려 퍼진 목소리 중에는 사드 배치 졸속 합의에 대한 비판도 있었고, 개성공단에 입주했던 중소업체 대표의 한 맺힌 절규도 있었다. 또 한일 위안부 합의를 성토하는 목소리도 있었다. 이 모두는 결국 국격 있는 자주외교를 통해 한반도 평화 체제를 구축하자는 것으로 수렴된다. 최근 1~2년만 살펴보더라도 평화 협력의 마중물로 여겨졌던 개성공단이 폐쇄되었고, 치밀한 전략이나 광범한 국민적 공감대 없이 사드 배치가 결정됨으로써 주변국의 강력한 반발을 불러일으키기도 했다. 동북아 미사일 방어 체계 완성을 위한 사전 정지 작업으로 의심받는 일련의 한일 합의·협정 체결은 이해당사자의 마음에 커다란 상처와 치욕을 안긴 채 졸속으로 이뤄지기도 했다. 촛불 시민의 요구는 국가의 운명과 국민의 생사여탈권을 다른 나라의 손에 넘길 수 없다는 것이며, 국가와 국민의 이익을 중심으로 자주외교의 주도권을 지킬 수 있는 있는 품격 있는 국가에서 살고 싶다는 것이다.

정치적 대전환, 사회경제적 대전환, 남북관계 대전환은 모두 매우 시급한 시대적 과제들이다. 국민의 요구가 정점에 달해 있다는 점에서도 그렇지만, 백척간두에 서 있는 대한민국의 현실을 생각할 때 더더욱 그렇다. 하지만 어느 과제 하나 쉽지 않다. 무엇보다 수십 년 동안 한국 사회와 한국인의 정신을 지배해온 박정희 패러다임과 과감히 결별해야 하기 때문이다. 그런 면에서 구체제를 청산한 태종의 과감함과 새로운 질서를 구축한 세종의 지혜가 모두 필요한 시점이라고 할 수 있다. 태종이 고려로부터 이어받은 '적폐'를 청산하지 못했다면 '성군' 세종의 새로운 조선은 불가능했을 것이다. 마찬가지로 세종의 개혁이 성공하지 못했다면 태종에 대한 역사적 평가는 무자비한 '폭군'에 지나지 않을 것이다. 새로운 리더십은 이 두 과제를 동시에 진행해야 한다. 마치 허물어져 내리는 옛집을 깨끗이 정리하는 동시에 새집을 짓는 일과 같다. 결코 쉽지 않은 과제를 수행해야 한다.

그렇다면 이 미래 리더십 앞에 놓인 과제는 무엇일까? 〈그림 1-1〉은 앞서 살펴본 촛불 민심

〈그림 1-1〉 새로운 대한민국의 비전과 핵심 국가 과제

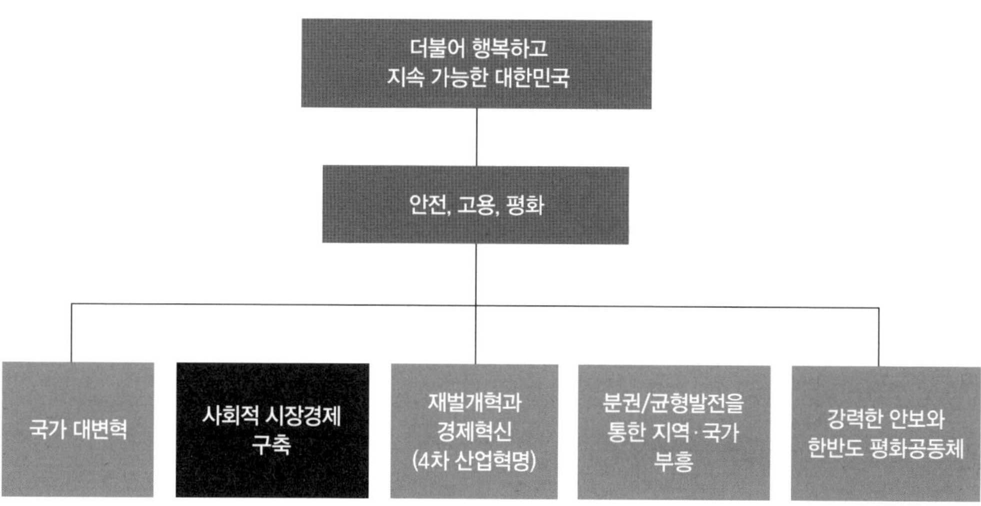

의 3대 요구를 바탕으로 새로운 대한민국의 비전과 그 비전을 달성하기 위한 핵심 과제를 제시하고 있다. 촛불이 요구하고 있는 새로운 대한민국은 정치·경제·사회적 권력을 가지고 있는 특권층만 행복한 나라가 아니라, 주권자인 국민 모두가 더불어 행복한 포용의 나라, 그리고 그 토대 위에서 안전하고 평화로우며 지속가능한 번영을 구가하는 나라라고 할 수 있다. 우리는 이러한 대한민국을 건설하기 위한 핵심 과제로서 ① 적폐를 청산하는 국가 대변혁과 국민주권 민주주의 확립, ② 노동의 가치를 복원하고 포용의 가치를 실현하는 사회적 시장경제 구축, ③ 약탈적 재벌 중심 경제 체계로부터 혁신과 창의가 꽃을 피우는 혁신경제로의 대전환, ④ 모든 지역이 함께 성장하는 분권·균형 발전과 이를 통한 국가의 부흥, ⑤ 강력한 안보를 바탕으로 한 한반도 평화공동체 구축 등 다섯 가지를 제시한다. 이 다섯 개의 과제 중 어느 것 하나 덜 중요한 것이 없다. 모든 과제들이 새로운 대한민국을 건설하기 위해 시급히 해결해야 할 일이다. 그렇지만 책 한 권에 모두 담을 수는 없다. 우선 이 책에서는 약탈과 배제, 무한 경쟁과 적자생존이 만연한 차가운 시장경제에 대한 대안으로서, 혁신과 안전의 원리가 작동하고 따뜻한 포용의 가치가 실현되는 사회적 시장경제에 관한 청사진을 제시하고자 한다.

사회적 시장경제의 구체적 청사진과 설계도를 제시하기 전에, 이 장에서는 왜 우리가 이 시점에서 사회적 시장경제를 논하는지 살펴볼 것이다. 이를 위해 우리 사회가 직면하고 있는 비

극적 현실, 즉 불행, 불안, 불평등, 불신, 지속불가능성 등 5불 사회로 요약되는 작금의 대한민국 현실을 진단할 것이다. 다음으로 이러한 비극적 현실의 근본 원인이 무엇인지 살펴본다. 근본 원인을 찾는 작업은 매우 중요하다. 어떤 체계에 부분적 결함이 있을 때에는 그 결함에 해당하는 처방으로 문제가 해결될 수 있다. 하지만 그 체계가 총체적 결함을 가지고 있다면 근본 원인을 수술하지 않고서는 어떠한 처방도 미봉책에 불과하기 때문이다. 우리는 이 근본 원인이 역사적으로 형성되어온 박정희 패러다임에 있다고 보고, 그 패러다임의 형성 과정과 특징 등에 대해서도 살펴볼 것이다.

02

대한민국의 비극적 현실: 5불 사회의 자화상

외화내빈(外華內貧). 속빈 강정. 겉은 화려하지만 그 실체를 들여다보면 빈약하기 그지없다는 뜻이다. 대한민국의 현실을 요약하기에 딱 좋은 말이다. 우리나라는 경제 기적과 정치 기적을 압축적으로 달성한 기적의 나라로 칭송받는다. '한강의 기적'으로 일컬어지는 우리나라의 근대화 과정은 말 그대로 기적의 역사라 할 만하다. 1960년대 초만 하더라도 세계에서 가장 못사는 나라였던 대한민국은 2016년 현재 GDP 1조 4천억 달러(11위), 1인당 국민소득 2만 8,000달러(29위) 규모의 경제대국으로 성장했다. 정치적 기적도 눈부시다. 유신헌법 이후 25년간 폐기되었던 대통령 직선제를 1987년에 시민의 힘으로 부활시켰고, 그 10년 뒤인 1997년에는 역사상 처음으로 여야 간 평화적 정권 교체를 이루어냈다. 경제 기적과 정치 기적을 동시에 이루어낸 대한민국 현대사의 외양은 화려하기 그지없다.

그러나 최근 화려한 외양을 한 꺼풀씩 벗겨내는 자료들이 속속 나오고 있다. 2000년대 중반까지만 해도 5%대에 이르던 경제성장률은 2%대로 곤두박질쳤다. 우리 경제가 이미 장기 저성장의 늪에 접어들었기 때문에 웬만해서는 돌파구를 찾기 쉽지 않을 것이라는 전망도 등장한다. 일부 전문가와 정치가는 장기 저성장은 우리만의 문제가 아니라고 자위하기도 한다. 더 나아가 일부 사람들은 우리나라가 2000년대 말 글로벌 경제위기를 잘 극복한 몇 안 되는 나라 중 하나라고 자랑 아닌 자랑을 하기도 한다. 우리나라가 글로벌 경제위기를 잘 버텨

〈그림 1-2〉 한국의 국가경쟁력 변화 추이

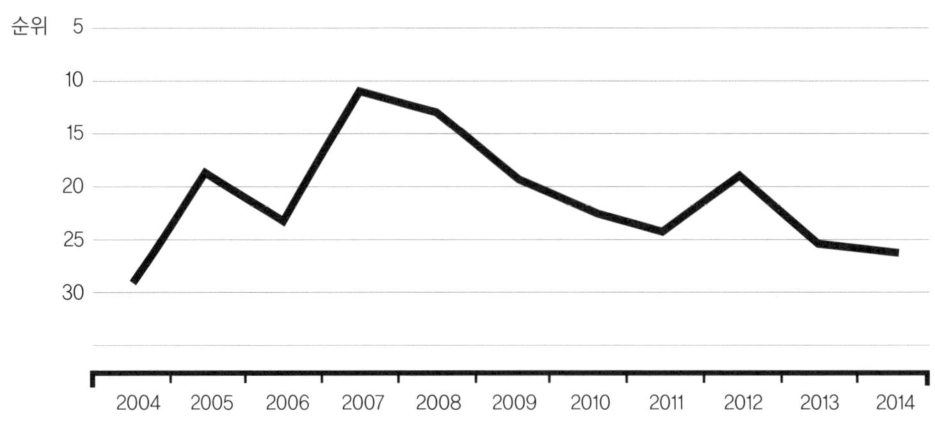

자료: 세계경제포럼

내고 있다는 말이 사실일까? 세계경제포럼(World Economic Forum)에서 매년 발표하는 국가경쟁력 지수는 그 반대라고 가리키고 있다. 〈그림 1-2〉를 보면, 우리나라의 국가경쟁력 순위는 2004~2007년에 세계 29위에서 11위로 빠르게 상승했다. 하지만 글로벌 경제위기가 터진 2008년부터 지속적으로 하락하여 2016년에는 26위로 내려앉았다. 다른 나라들에 비해 경제위기를 잘 극복하고 있다는 말이 허언이거나 사실과는 동떨어졌을 가능성이 높다. 아시아의 다른 나라와 비교해보면 더욱 충격적이다. 국가경쟁력이 가장 높았던 2007년(11위)에는 싱가포르(7위), 일본(8위)에 이어 아시아 3위였다. 하지만 2016년에는 홍콩(9위), 대만(14위)뿐만 아니라 아랍에미리트(16위), 카타르(18위), 말레이시아(25위)에도 추월당해 아시아 8위로 떨어졌다. 이제 두어 꺼풀을 더 벗겨내어, 화려한 기적의 신화 속에 감추어져 있는 대한민국의 비극적 현실을 좀 더 깊숙이 살펴보자. 5불 사회 대한민국의 자화상이 드러날 것이다.

불행: 요람부터 무덤까지 행복을 포기한 국민

일본의 유명한 조직 이론가이자 품질경영 분야의 대가인 이시카와 가오루는 기업의 존재 이유가 종업원의 행복에 있다고 주장했다. 기업의 존재 이유가 이윤 창출이라는 게 상식인데, 무슨 생뚱맞은 주장이냐고 비판하는 게 당연하다. 그저 말뿐이라면 모를까, 진지하게 받아들이기에는 상식과는 너무 다른 이야기다. 그런데 그렇게 치부하고 말기에는 찜찜하다. 최근 주목받고 있는 기업 평가 방식 중 이와 비슷한 것이 있기 때문이다. 일하기 좋은 기업 또는 취업하고 싶은 기업 등이 그것이다. 종업원 복지가 잘되어 있고, 근무 환경이 좋고, 종업원을 인간답게 대해주는 기업, 다시 말해 종업원을 행복하게 해주는 기업이 좋은 기업이라는 것이다. 그렇다면 이시카와의 주장은 때 이른 것이었을 수는 있겠지만, 엇나간 주장은 아닌 듯하다. 돈 버는 기업이 그럴진대 국가는 어떠할까? 국민을 행복하게 하지 못하는 국가가 존재할 이유가 있을까?

157개국의 행복도를 조사해 발표한 2016년 세계행복보고서(World Happiness Report)에 따르면, 세계에서 가장 행복한 국가는 덴마크, 스위스, 아이슬란드, 노르웨이, 핀란드 등으로 나타났고, 우리나라는 58위를 기록했다. OECD 국가만으로 한정할 경우 우리나라의 행복도 지수는 최하위권이다. 과거 사회주의권에 속했던 폴란드, 슬로베니아, 헝가리 등 일부 동유럽 국가와 글로벌 금융위기의 직격탄을 맞은 그리스 등이 있어서 그나마 꼴찌를 면한 것이다. 일하기 싫은 기업의 잠재적 이직률이 높은 것과 마찬가지로, 행복도가 낮은 국가의 국민은 이민을 생각한다. 올 초 취업 포털 잡코리아가 성인 남녀 4,802명을 대상으로 조사한 결과를 보면, 70.8%가 '기회가 된다면 이민을 갈 의향이 있다'고 답했다. 특히 20~30대 청년층의 비율이 매우 높은 것으로 조사되었다(《동아일보》, 2017. 1.).

청년층의 이민 의향이 높다고 다른 연령대의 국민이 덜 불행한 건 아니다. 대한민국 국민이 겪는 불행은 나이가 들면서 그 내용이나 종류는 바뀔지언정 요람에서 무덤까지 생애 전 주기에 걸쳐 지속되기 때문이다. 태아 때부터 시작되는 영어 교육과 영재 교육은 치열한 경쟁을 알리는 전주곡이다. 영유아기부터 청소년기에 이르기까지의 성장기는 경쟁을 강요받고 경쟁을 내면화하는 과정이다. 줄 세우기 교육에서, 꼴등은 제쳐야 할 사람이 너무 많아 불행하고 1등은 2등이 될까 두렵다. 아동·청소년을 대상으로 한 각종 조사에서 우리나라 아동·청소년의 행복지수는 OECD 국가 중 최하위권이다. 2016년 5월에 발표된 한 조사에 따르면, 우리나라 아동·청소년 행복지수는 조사 대상인 OECD 국가 22개국 중 가장 낮았다. 같은 조사에 드러난 더욱 충격적인 사실은 우리나라 아동·청소년 5명 중 1명이 자살 충동을 경험한 바 있으며, 자살 충동을 3회 이상 경험한 '자살 충동 위험군'이 전체의 5%를 상회한다는 점이다(《연합뉴스》, 2016. 5.). 자살을 생각할 만큼 불행하지만, 그 불행의 탈출구는 경쟁에서 이기는 길뿐이다. 불행의 악순환인 셈이다.

경쟁을 뚫고 어렵게 직장을 잡고 가정을 꾸려도 불행은 계속된다. 우리나라의 연간 노동시간은 OECD 최고 수준이다. 그런데 놀랍게도 노동 생산성은 OECD 평균에도 못 미친다. OECD는 「구조 개혁 평가 보고서」를 발표하면서, 이와 관련해서 몇 가지 조언을 내놓았다. 노동시장 2중 구조 개선, 여성의 노동시장 참여 확대, 그리고 이를 가능하게 하는 보육의 질 향상, 일-생활 균형 지원 등이 필요하다는 것이다(「경제 정책 개혁: 2016년 성장을 위해(Economic Policy Reforms: Going for Growth 2016)」, OECD). 역으로 말하면, 이러한 구조적, 제도적 장치의 결여가 효과적이지 못한 장시간 노동의 주요 요인인 것이다. 오래 일하면서도 생산성이 낮으면 일을 하는 사람이나 일을 시키는 사람이나 모두 불행하다. 주지하는 바와 같이 우리나라의 출산율은 세계 최저 수준이다. 낮은 출산율은 불행 사회의 단면을 보여주는 핵심 지표다. 장시간 근로, 암울한 미래, 출산·육아·주거 복지의 결여 등도 문제지만, 무엇보다 자신이 경험하고 있는 불행을 자식에게 물려주고 싶지 않은 절박한 마음도 크게 작용한다. 노인이 되어도 불행은 끝나지 않는다. 65세 이상 노인 빈곤율은 50%에 근접하는 수치로 OECD 국가 중 압도적인 1위를 차지하고 있으며, 노인 10만 명당 자살률도 80명 수준으로 부끄럽게도 1위를 기록하고 있다. 미국이나 일본의 5배에 달하는 수치다. 물론 자살은 노인만의 문제는 아니다. 국민 전체의 자살률 역시 압도적인 1위를 기록하고 있기 때문이다. 자살로 생을 마감하거나 미래 세대의 출산을 포기하는 국민은 결코 행복할 수 없다.

불안: 생애 전 주기에 드리운 어두운 그림자

미국의 유명한 심리학자 에이브러햄 매슬로우(Abraham Maslow)는 인간의 욕구가 그 중요도별로 일련의 단계를 형성한다고 주장했다. 그에 따르면 가장 기본적인 욕구가 생리적 욕구이고,

그 욕구가 충족되고 나면 위험, 위협, 박탈에서 자신을 보호하려는 안전에 대한 욕구가 떠오른다. 생리적 욕구와 함께 안전에 대한 욕구는 그만큼 원초적이다.

현대 사회는 위험 사회다. 원전 사고, 지진, 테러와 같은 대형 재난의 발생 위험이 도처에 도사리고 있다. 미시적인 수준에서는 실직, 질병, 가족 해체 등과 같이 개인 생애에 커다란 영향을 미치는 위험이 언제, 어디서 발생할지 모른다. 위험의 발생 가능성이 증가하고 그 예측은 불가능할수록 불안은 증가한다. 위험이 없는 사회는 없고, 따라서 불안이 완전히 사라진 사회를 상상하기는 어렵다. 하지만 위험이 상당한 정도로 예측되고 통제 가능하며, 위험이 발생했을 때 신속하고 적절하게 대처한다면 불안은 크게 줄어든다. 그래서 안전 사회인가, 불안 사회인가를 가늠하는 잣대는 위험에 대한 불확실성을 줄이고, 잠재적 위험이 현재화되는 것을 억제하며, 현재화된 위험의 파괴적 영향을 줄이는 법적, 제도적, 기술적 장치가 효과적으로 작동하는지 여부에 달려 있다.

최근 수년 동안 우리나라는 세월호 침몰, 메르스 사태 등 여러 가지 대형 참사를 겪었다. 생각지도 못한 상태에서 갑작스럽게 발생하는 재난이 언제든 우리를 희생자로 만들 수 있다. 불안의 깊이를 더하는 것은 생애 주기 전반에 걸쳐 다양한 형태로 발생할 수 있는 미시적 위험에 대해 적절한 보호 장치가 별로 없다는 사실이다. 한마디로 대한민국은 최고의 위험 사회, 최악의 불안 사회로 치닫고 있다. 불안은 희망을 앗아가고 '집단적 우울증'의 원인이 된다. 불안한 사회에서는 구성원의 활력이 떨어지고 사회가 위축된다. 몇 가지 지표를 통해 불안한 대한민국의 현주소를 조금 더 자세히 들여다보자.

청년층의 미래에 대한 불안은 설명이 필요 없을 정도다. 청년실업률은 해마다 증가해서 2016년 12.6까지 올랐다. 하지만 청년층의 체감 실업률은 이보다 훨씬 높다. 2017년 통계청의 발표에 따르면 구직 단념자를 포함한 청년실업률은 22.5%에 달한다(《서울경제》, 2017. 2. 15.). 어렵게 취업했다고 해도 안심할 수 없다. 청년 취업의 질이 해마다 낮아지고 있기 때문이다. 청년층 임금근로자 중 시간제 근로의 비율은 2005년부터 2015년까지 10년 동안 22.8%에서 46.3%로 2배 이상 증가했다. 이른바 청년 니트족(NEET: Not in Eduation, Employment, or Training)의 비중은 18.5%로 OECD 평균보다 3%가량 높다. 그런데 청년 니트족의 구성을 자세히 들여다보면 더욱 심각한 문제가 드러난다. 25~29세 연령층의 니트족 비중은 24.7%, 대졸 니트족 비중은 24.4%로서 금융위기 타격을 심각하게 받은 남부 유럽 국가들을 제외하고는 OECD 최상위권을 기록하고 있다. 무엇보다 우리나라의 경우 구직 활동을 포기한 비경제활동 니트족의 비중이 매우 높다. 15~29세 청년 중 20.2%가 비경제활동 니트족이며, 이는 터키와 멕시코 다음으로 높은 수치다(http://stats.oecd.org). 청년층을 일컬어 N포 세대라고 하는 말은 과장이 아닌 듯하다. 취업 포털 사람인의 조사에 따르면 청년층의 69%가 자신이 N포 세대에 속한다고 답했다. 결혼을 포기했다는 응답자와 꿈과 희망을 포기했다는 응답자는 각각 57%에 달했으며, 내 집 마련, 연애, 출산을 포기했다는 응답자도 50% 정도 되는 것으로 나타났다(《세계일보》, 2016. 2. 10).

취업 이후에도 불안은 지속된다. 고용이 불안하기 때문이다. OECD 통계에 따르면 우리나라 근로자 10명 중 8명이 고용 불안을 느끼는 것으로 나타났는데, 이는 멕시코 다음으로 높은 수치다. 외환위기 이후 우리나라의 고용 유연성은 지속적으로 높아졌으나, 이를 보완할 수 있는 장치는 마련되지 않았다. 비정규직 비중은 외환위기 이후 급격히 증가한 뒤 좀처럼 내려갈 기미를 보이지 않는다. 정부 발표에 따르면 근로자의 32%가 비정규직인 것으로 나타났으나, 임시직과 일용직 등을 포함한 추정치에 따르면 비정규직 비중은 45%에 달한다(김유선, 2016). 비정규직이 정규직으로 가기 위한 '가교'라면 비정규직 비중이 높은 것은 그 자체로 커다란 문제가 되지 않을 수도 있다. 하지만 2중 노동시장이 구조화되어 있는 우리나라에서 비정규직은 일종의 '함정'이자 '늪'이다. 한 연구에 따르면 비정규직 중 2년 이내 정규직으로 전환되는 비율은 5% 정도에 지나지 않는다(정동일·권순원, 2016). 한번 비정규직으로 직업 경력을 시작하면 경력 기간 내내 비정규직이라는 '낙인'을 달고 살아야 한다. 높은 고용 불안에도 불구하고 노동자 보호 수준은 OECD 국가 중 최하위권이다. 2000년대 중후반 이후부터 부당해고가 급격히 증가하고 있으나, 이를 막을 제도적 장치는 크게 부족한 상태다. 결국 높은 고용 유연성과 낮은 고용 안정성이 고용 불안을 더욱 악화시키고 있는 것이다. 〈그림 1-3〉에서 보는 바와 같이 우리나라의 고용 유연성은 덴마크와 비슷하지만 고용 안정성은 덴마크에 비해 크게 떨어진다. 유연성과 안정성 간의 불균형이 해소되지 않는다면, 국민의 고용 불안은 쉽게 개선되

〈그림 1-3〉 한국과 덴마크의 고용 유연성과 고용 안정성 비교

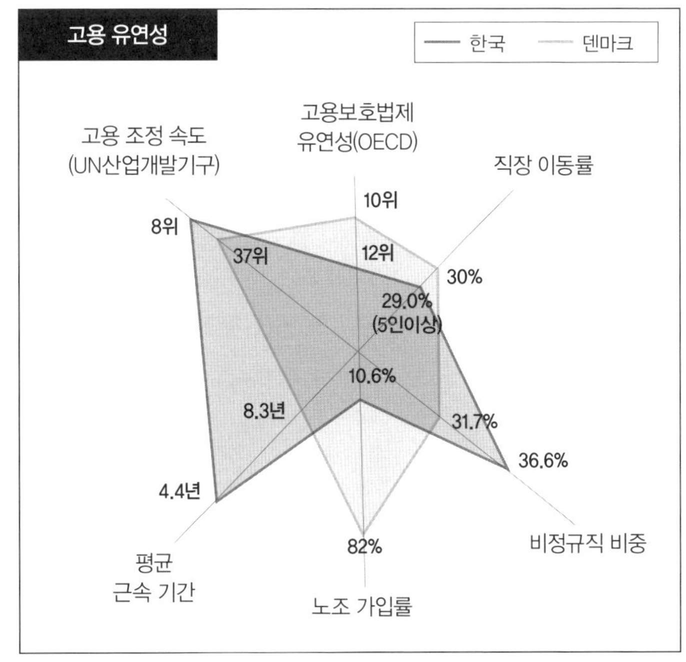

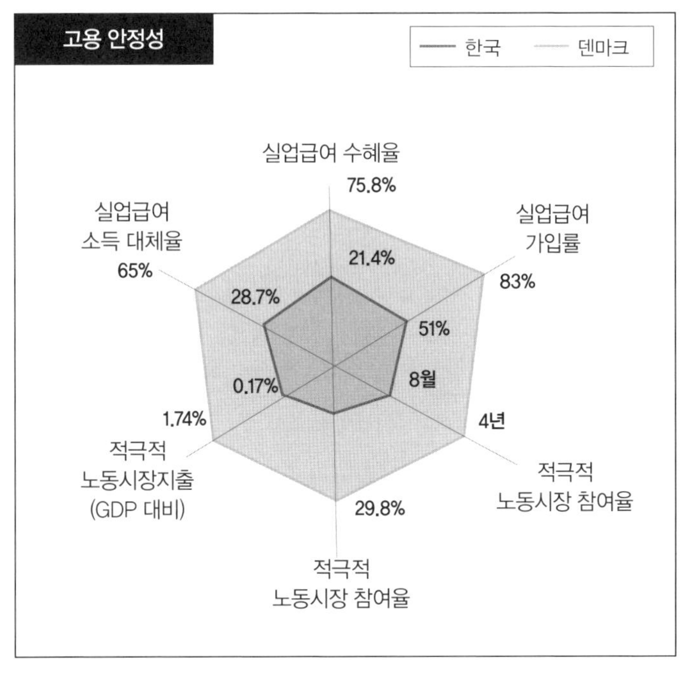

자료: OECD

지 않을 것이다.

노후 불안도 심각한 수준이다. 노인 빈곤율이 매우 높다는 것은 이미 지적한 바와 같다. 그런데 노인 빈곤은 노인만의 문제가 아니다. 국민의 75%가 노후 불안을 느끼고 있으며, 50대 이하로 좁혀보면 노후 불안을 느끼는 비중은 80%를 넘어선다(《국민일보》, 2015. 12. 10.). 등골이 휘어지게 일해도 자녀 교육, 내 집 마련, 부모 병수발에 들어가는 비용을 감당하느라 은퇴 후 30~40년에 대한 준비는 아예 생각지도 못하는 것이 현실이다. 안전은 원초적 욕구이고, 불안은 원초적 감정이다. 국민이 가지고 있는 다양한 형태의 불안이 해소되지 않는다면 사랑, 존중, 자아실현이라는 더 높은 욕구가 충족되는 건강한 공동체는 실현 불가능하다.

불평등: 사회적 양극화

시대적 과제가 무엇인지 묻는 각종 조사에서 적폐 청산과 함께 높은 순위를 차지한 것이 사회적 양극화·불평등 해소다. 한국의 소득 분배 구조는 외환위기 이후 지속적으로 악화되어 왔다. 낮은 세율과 낮은 복지의 자유주의 노선을 추구하는 영미권 국가와 비교하더라도 우리나라의 소득 불평등도는 결코 낮지 않다. 2014년 현재 우리나라의 상위 10% 소득 집중도는 45%로, 미국(48%)을 제외하고 OECD 국가 중 최상위다. 캐나다가 41%, 영국이 39%로 미국을 제외한 영미권 국가들보다 우리나라의 소득 집중도가 더 높다. 외환위기 이전인 1995년 상위 10% 소득 집중도가 29%였던 것을 감안하면 매우 빠른 증가세라는 점도 우려할 만하다. 이와 반대로 9%에 가깝던 하위 20%의 소득 점유율은 7%대로 떨어진 후 상승할 기미를 보이지 않고 있다.

미국의 정치가 윌리엄 브라이언(William Bryan)은 시카고에서 열린 민주당 전당대회에서 '금의 십자가' 연설을 통해 다음과 같은 명언을 남겼다. "정부에 대한 두 가지 관념이 있다. 부자들이 잘살도록 제도를 만들면 부자들의 번영이 하층민들에게 흘러내리게 될 것이라는 믿음이 그 하나다. 하지만 민주당의 믿음은 그 반대편에 있다. 대중이 잘살 수 있도록 제도를 만들면, 그들의 번영이 위로 차올라 모든 계층에 흘러갈 것이라는 믿음이 그것이다." 브라이언이 비판

〈그림 1-4〉 실질임금과 실질노동생산성 추이(1988년을 100으로 보았을 때)

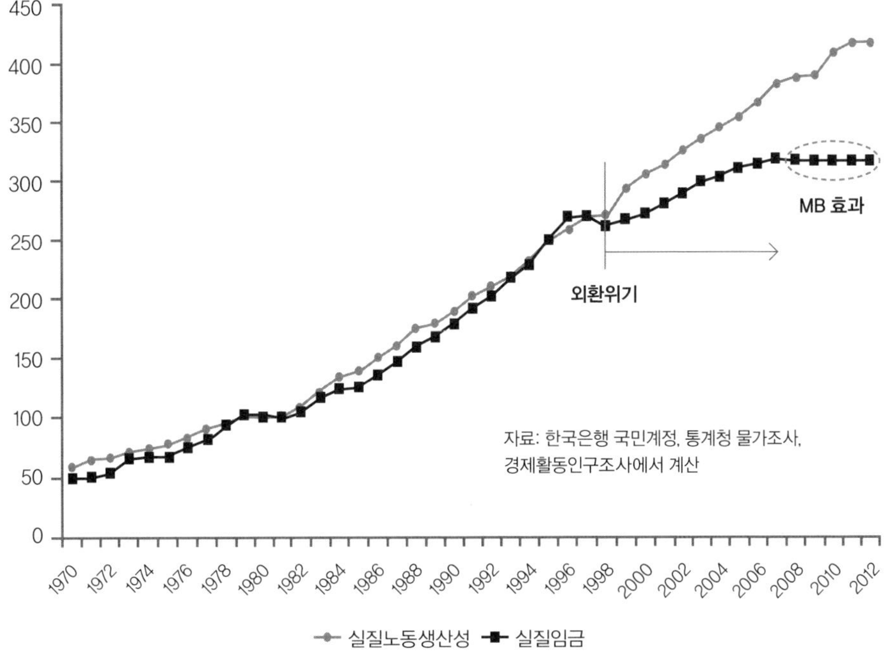

자료: 김유선, 「비정규직 종합 대책 진단」, 한국노동사회연구소, 2015.

한 첫 번째 믿음은 "대기업, 재벌, 고소득층 등 선도 부문 및 집단의 부가 늘어나면 자연스럽게 아래로 흘러내리게 된다"는 낙수 효과(trickle-down effect)다. 적어도 지금 이 시점에서 낙수 효과는 우리의 현실과 너무나 동떨어진 먼 나라 얘기다. 외환위기에도 불구하고 우리나라의 국내총생산은 꾸준히 증가해왔다. 하지만 그 과실은 상류층에게로 돌아갔고, 하위 계층은 '낮게 달린 과일'조차도 따 먹지 못하는 것이 엄연한 현실이다.

사회적 양극화는 크게 두 가지 차원의 문제가 복합되어 나타난다. 첫째는 1차 분배, 즉 원천적 시장 소득 분배의 취약성이다. 우리나라의 1차 분배 취약성을 잘 보여주는 것이 임금 불평등이다. 임금 불평등의 정도를 임금 하위 10%와 임금 상위 10%의 비율로 계산할 때, 2015년 우리나라의 임금 불평등(4.7배)은 OECD 국가 중 미국, 이스라엘, 터키 다음으로 높다. 저임금 계층의 비율은 24.7%로 미국의 25.0%보다 약간 낮아서 2위를 차지했다. 더욱 충격적인 통계는 〈그림 1-4〉에 제시되어 있다. 그동안 많은 이들은 "경제가 잘되고 기업이 살아야 국민도 산다"는 신념을 진실로 받아들이며 살아왔다. 외환위기 이전까지는 그래도 진실에 가까운 말처럼 들렸다. 노동생산성의 증가와 임금 상승이 거의 비슷한 곡선을 그렸기 때문이다. 하지만 외환위기 이후를 보면, 노동생산성의 증가 속도는 이전과 크게 다르지 않으나 실질임금의 증가 속도는 점차 감소하고 있다. 특히 2008년 이후에는 노동생산성의 지속적 성장에도 불구하고 임금 성장은 사실상 제로인 것으로 나타났다. 한마디로 일은 열심히 하는데, 일한 만큼 임금을 받지 못하고 있는 것이다. 그렇다면 그 차액은 누구의 손에 들어갔을까?

원천적 시장 소득 분배인 1차 분배의 취약성과 관련하여 또 한 가지 지적할 것은 비정규직의 취약한 임금 구조다. 주지하는 바와 같이 우리나라의 최저임금 수준은 낮은 편이다. 최저임금이 낮지만, 이조차 받지 못하는 비정규직이 30%에 이른다. 또 비정규직의 평균 임금 수준은 정규직 평균 임금의 50%에도 못 미친다. 우리나라 사업체들은 기본적으로 연공서열형의 임금 체계를 가지고 있다. 주로 기간제로 계약하는 비정규직 근로자의 경우, 아무리 정규직과 동일한 노동을 해도, 연공이 적용되는 정규직에 훨씬 못 미치는 임금을 받을 수밖에 없다. 똑같은 노동을 똑같은 시간 동안 수행해도 정규직이 아니라는 이유 때문에 임금 차별을 받는 것이다. 실제로 비정규직을 쓰는 이유를 조사하면, 노동 유연성 확보와 더불어 예외 없이 거론되는 것이 임금 비용 절감이다. 똑같은 일을 시키고 임금을 적게 주어도 된다면, 기업은 정규직보다 비정규직을 선호할 것이다. 실제로 우리나라 근로자의 임금 격차 결정 요인의 변화 양상을 추적한 연구에 따르면, 1998년에는 근로자 임금 격차의 65%가 생산성에 의해 설명되었고 정규직-비정규직 여부에 의해 결정되는 정도는 35%에 불과했으나, 2007년이 되면 그 양상이 완전히 뒤바뀐다. 생산성에 의해 설명되는 정도가 34%, 정규직-비정규직 여부에 의해 설명되는 정도가 76%라는 것이다(송일호, 2005; 신승배 2009).

취약한 1차 분배는 대기업에 의한 중소기업 약탈에 의해 더욱 증폭된다. '갑을 관계'의 대표적인 예로 흔히 거론되는 것이 대기업-중소기업 관계, 혹은 원청-하청 관계다. 대체로 원청 기업에 속하는 대기업은 하청 관계에 있는 중소기업에 단기 인하 압력을 비롯한 각종 불공정 거래를 강요한다. 상대적으로 약한 중소기업은 이와 같은 압력에 순응할 수밖에 없다. 그러지 않고는 생존하기조차 어렵기 때문이다. 이러한 단기 인하 압력은 공급사슬을 따라 아래로 계속

이어지고, 결국 사슬의 맨 아래 위치한 영세 소기업들은 누적된 압력의 하중을 견뎌야 한다. 이 과정에서 또 한 번 희생을 치러야 하는 이들이 중소기업 근로자들이고, 그중에서도 가장 큰 고통을 받는 이들이 중소기업 비정규직 근로자들이다.

둘째, 1차 분배의 취약성과 함께 사회경제적 양극화의 원인으로 거론되는 것이 2차 분배의 취약성이다. 2차 분배는 1차 분배의 불합리한 부분을 조절하는데, 노동시장에서 배제된 사회적 취약 계층에 대한 복지 정책이 그 대표적인 예다. 만약 1차 분배가 적절하게 이루어진다면, 2차 분배의 필요성은 줄어들게 된다. 그러나 우리나라와 같이 1차 분배가 취약한 경우에는 기본적인 삶의 조건을 개선하고 노동시장에 원활히 복귀하도록 만들기 위한 각종 제도적 장치가 마련되어야 한다. 그런데 주지하다시피 우리나라의 2차 분배는 매우 취약하다. 단적인 예로 GDP 대비 복지 지출 비중은 10%가량으로 OECD 국가 중 멕시코 다음으로 낮고, OECD 평균인 22%의 절반에도 미치지 못한다. 실업자에게 지급하는 실업급여의 소득 대체율도 OECD 국가 중 최하위권이다. 실업급여가 실업에 대한 안전판 구실을 하지 못하는 것이다. 사회경제적 양극화를 해소하기 위해서는 1차 분배가 적절한 수준으로 개선되어야 하지만, 동시에 2차 분배 기능을 통해 사회적 약자와 낙오자에게 재기의 기회를 부여하고, 책임감 있는 공동체의 일원으로 살아가도록 하는 노력이 필요하다.

이처럼 1차 분배와 2차 분배 기능이 제대로 작동하지 않고 사회경제적 양극화가 심화되는 근본적인 원인은 무엇일까? 양극화는 여러 원인이 복합적으로 얽혀 나타나는 현상임이 분명하지만, 재벌·대기업 중심의 착취적·약탈적 사회경제 체계를 언급하지 않을 수 없다. 대런 애쓰모글루(Daron Acemoglu)와 제임스 로빈슨(James Robinson)은 『국가는 왜 실패하는가』라는 다소 도발적인 제목의 책을 통해 착취적 사회경제 체계가 어떻게 국가의 붕괴를 가져오는지 잘 설명하고 있다(대런 애쓰모글루, 제임스 로빈슨, 2012). 그들에 따르면 실패한 국가의 공통점은 착취적 제도를 가지고 있다는 점이다. 착취적 사회경제 제도를 가진 국가에서는 지배 세력이 새로운 부의 동력을 만들려고 노력할 이유가 없다. 피지배층의 부를 탈취하는 지대 추구가 제도적으로 보장되어 있기 때문에 굳이 혁신에 나설 필요가 없다. 재벌과 대기업에 권력이 과도하게 집중되어 있는 우리나라의 경우, 이들이 새로운 부의 원천을 찾아 끊임없는 자기 혁신에 나설 필요가 없다. 혁신하지 않더라도 독점적 지위와 권력을 활용하여 사회의 부를 얼마든지 약탈할 수 있기 때문이다. 각종 자료들을 검토해보면 우리나라 재벌·대기업의 이윤은 지속적으로 증가해왔다. 이에 반해 중소기업과 가계소득은 꾸준히 감소했다. 가계부채는 1,300조까지 늘어나 있지만, 30대 기업은 740조에 달하는 사내 유보금을 쌓아둔 채 투자할 생각을 하지 않는다. 재벌 대기업은 하도급업체 단가 인하, 중소영세업체와 비정규직 임금 탈취뿐만 아니라, 전통적으로 자영업자의 고유 영역이었던 골목상권 진입을 통해 초과 이윤을 거둬들이고 있다. 골목까지 손을 뻗쳐 돈을 긁어모으는 데 골몰하지만, 정작 혁신을 통해 세계 유수 기업과 경쟁할 생각은 하지 않는 '골목대장'과도 같다.

사회경제적 불평등이 크더라도 계층이동의 사다리가 잘 구축되어 있다면 문제의 심각성은 그나마 덜하다. 소위 '흙수저'로 태어나도 자신의 노력 여하에 따라 '금수저'가 될 수 있기 때문이다. 불평등이 심하더라도 이러한 사회는 여전히 활력이 남아 있다. 우리나라는 산업화 과정을 거치면서 계층이동이 꽤 활발했다. 하지만 최근 들어 '신신분제 사회'라고 불릴 정도로 부, 지위, 권력의 대물림이 고착화되는 양상을 보이고 있다. 미국의 경우 1조 원 이상의 부자 중 33%만이 상속형 부자이고 일본은 12%에 불과하다. 하지만 2014년 현재 우리나라는 1조 원 이상 부자의 84%가 상속형 부자다. 부의 대물림처럼 가시적으로 드러나는 것도 있지만, 계층이동을 교묘하게 봉쇄하는 기제도 있다. 바로 교육이다. 보통 교육은 돈 없고 빽 없는 사람이 기댈 수 있는 마지막 보루다. 그러나 공교육이 붕괴하고 사교육이 활개를 치는 우리나라에서 교육은 오히려 계층이동을 가로막는 장애물이며, 금수저와 흙수저를 영구적으로 분절시키는 강력한 콘크리트가 되어버렸다. 계층이동의 기회가 박탈된 사회에서는 좌절감과 무력감이 팽배하고 사회적 활력은 약화될 수밖에 없다.

불신: 해체되는 공동체, 증가하는 사회적 갈등

신뢰는 자본이다. 사회적 관계 속에 녹아 있고 사회 속에서 작동하기 때문에 사회자본이라고 부른다. 신뢰가 왜 자본일까? 자본이 되려면 다음 두 가지 조건이 충족되어야 한다. 첫째, 특정한 (경제적) 목적을 위해 활용 혹은 동원될 수 있어야 한다. 둘째, 그 동원을 통해 추가적 가치를 발생시켜야 한다. 사람들이 가지고 있는 지식과 기술을 인적 '자본'이라고 부르는 이유도 여기에 있다. 신뢰가 이 조건에 부합하는가? 신뢰가 특정한 목적을 위해 활용되거나 동원될 수 있는가? 활용하거나 동원할 때 추가적인 가치를 발생시킬 수 있는가? 먼저 첫 번째 질문부터 살펴보자. 신뢰는 정보와 자원의 흐름을 원활히 하는 윤활유 역할을 한다. 예를 들어, 신뢰할 수 있는 사람들 간에는 중요한 정보나 자원을 공유하곤 한다. 그런 정보나 자원 중 일부는 새로운 투자처를 찾을 때, 투자금이 필요할 때, 새로운 직장을 구할 때, 가게를 낼 때, 거래를 할 때 등 다양한 형태의 경제적 활동에 유용하게 활용될 수 있다. 이런 주장에 대해 당장 다음과 같이 반론할 수 있다. "믿었다가 당했다. 절대 다시는 믿지 않겠다." 흔히 들을 수 있는 말이다. 그래서 신뢰는 기본적으로 쌍방향적이고 호혜적이어야 한다. 나는 믿을 수 있는 사람이지만 상대방은 그렇지 않다거나, 나는 상대방을 신뢰하는데 상대방은 나를 신뢰하지 않는다면, 신뢰는 경제적 활동을 위해 동원되기 어렵다. 그래서 (호혜적) 신뢰는 '사회'자본인 것이다. 호혜적 신뢰가 사회 곳곳에 그물망처럼 얽히게 되면 이러한 사회는 신뢰 사회가 된다. 그리고 신뢰는 사회 내에서 일어나는 다양한 형태의 경제적 활동에 활용 또는 동원될 수 있다.

이제 두 번째 문제로 넘어가보자. 신뢰가 추가적인 가치를 만들어내는가? 두 가지 차원에서 살펴볼 수 있다. 우선 신뢰는 정보와 자원의 결합을 가능하게 함으로써 혼자서는 할 수 없는 일을 가능하게 한다. 아이디어가 결합하면 혁신적 제품이 나올 수 있고, 자원이 결합하면 혼자 만들 수 없는 훌륭한 사업체가 탄생한다. 두 번째 차원은 신뢰가 공공재를 생산한다는 점이다. 공공재란 개인의 소유로 귀속되지 않지만, 모든 이해관계자가 함께 향유할 수 있는 재산을 의미한다. 예를 들어 어떤 마을의 주민들 모두가 조금씩 양보하여 살기 좋은 마을을 만든다면, 그들이 만든 마을 환경이 곧 공공재다. 외지인들이 이주해 와서 땅값이 오르면, 그 혜택이 주민 모두에게 돌아가기 때문이다. 누구나 이 사실을 잘 알고 있다. 하지만 신뢰가 없는 공동체에서는 이런 일이 일어나기 어렵다. 살기 좋은 마을을 만들기 위해 돈과 시간을 내려고 마음먹었다가도, 이웃을 신뢰할 수 없다면 혼자만의 희생에 그치지 않을까 염려하게 되기 때문이다. 반대로 신뢰가 넘치는 공동체에서는 내 희생이 다른 사람들의 희생에 의해 보상받을 수 있다고 생각한다. 모두가 함께 만든 공공재가 모두에 의해 향유될 수 있을 것이라고 믿는다. 그래서 공공재라는 추가적 가치 생산을 위해 적극적으로 나설 수 있다.

사회자본으로서의 신뢰가 경제적, 사회적 발전을 가져온다는 것은 여러 경험적 연구에서 입증되었다. 가장 대표적인 것이 이탈리아 남부와 북부의 제도적 성취를 비교한 퍼트넘의 연구다(Putnam, 1994). 그에 따르면 이탈리아 북부가 사회적, 경제적, 제도적으로 성공할 수 있었던 것은 강력한 시민 공동체가 있었기 때문이며, 그 시민 공동체를 떠받치는 기반은 다양한 사회집단을 가로질러 형성된 연대의식과 호혜적 상호 신뢰였다. 경제발전과 신뢰 혹은 사회자본 간의 관계는 국가 간 비교에서도 명확히 드러난다. 사회자본 지수가 높은 노르웨이, 스웨덴, 스위스, 네덜란드 등은 모두 경제적으로 풍요로운 나라들이다. 이에 반해 우리나라, 멕시코, 그리스처럼 사회자본이 부족한 나라는 경제적 성과도 상대적으로 낮은 편에 속한다.

우리나라는 우선 공적 제도에 대한 신뢰가 매우 낮다. 1987년 6월항쟁 이후로 절차적 민주주의는 자리를 잡았지만, 정치, 정부, 행정, 사법, 입법, 언론, 교육 등 다양한 사회제도에 대한 신뢰는 OECD 국가 중 하위권에 속한다. 사적 영역에서의 신뢰, 즉 개인이나 사회집단 간의 신뢰도 역시 매우 낮다. 서로를 믿지 못하기 때문에 사회적 연대나 상호 존중, 배려와 포용의 문화는 자리 잡기 어렵고, 사회적 고립감은 심화된다. 공동체는 해체되고 상호 불신이 만연한 사회가 되어버린 것이다. 신뢰의 약화와 불신의 증가는 사회적 갈등을 고조시킨다. OECD 국가 중 사회적 갈등지수는 다섯 손가락 안에 꼽히지만, 갈등 관리 지수는 하위권을 맴돌고 있다. 제도에 대한 신뢰가 무너지고 사람들 간의 불신이 팽배하며 사회적 갈등이 고조된 사회에서 공공재 생산을 위해 발 벗고 나설 사람은 많지 않다. 치열한 경쟁에서 살아남기 위해 반드시 적자(適者)가 되어야 하는 사회, 믿는 도끼에 발등 찍히지 않기 위해 남의 발등을 먼저 찍어야 하는 사회, 눈 감으면 코 베이는 사회. 대한민국의 슬픈 자화상이다.

다행히 이러한 불신 사회에 대한 반성이 서서히 고개를 들고 있다. 최근 대한상공회의소는 "불신의 벽을 허물면 4% 성장"이 가능하며, 이를 위해서 "먼저 기업들이 정부, 국회, 근로자에게 신뢰의 자본을 쌓아야 하고, 노조도 대화와 협상으로 신뢰를 회복해야 한다"고 제안했다. 갈등지수를 OECD 평균 수준으로 낮추면 우리나라 경제성장률을 0.2%포인트 개선할 수 있다는 전망도 나왔다(《연합뉴스》, 2016. 10. 26.). 상호 신뢰를 통해 경제적 성과라는 공공재 생산이 가능하다는 것이다. 신뢰는 자본이다. 이 신뢰의 자본을 축적하기 위해서는 가진 자들이 먼저 신뢰를 회복하기 위해 노력해야 한다. "대중의 번영이 위로 차올라 모든 계층에게 흘러갈 것"이라는 윌리엄 브라이언의 소망을 실현하는 첫걸음이다.

지속불가능성: 총체적 위기의 전주곡

5불 사회의 마지막 요소는 지속불가능성이다. 지속불가능성은 어찌 보면 불행, 불안, 불평등, 불신 등 앞서 묘사한 대한민국 자화상의 총체적 결과물인지도 모른다. 지속불가능성이 지닌 문제의 심각성은 이를 감지하는 시점이 너무 늦다는 데 있다. 한 사회나 국가, 세계가 더 이상 지속불가능할 것 같다고 느끼는 순간은 이미 회복 불능의 상태에 도달해 있는 시점이다. 인구문제가 그렇고, 환경문제가 그렇다. 장기 저성장으로 대변되는 경제문제도 마찬가지다. 어떤 해결책이든 단기간에 문제를 해결할 수 없고, 아무리 좋은 해결책을 쓰더라도 상당한 시간이 지난 뒤라야 가시적 효과가 나타나기 때문이다. 그 효과가 나타나기까지 오랫동안 '고난의 행군'이 불가피할지도 모른다. 그러나 지속불가능성을 아무리 늦게 감지하더라도 포기하는 것보다

〈그림 1-5〉 OECD 회원국의 사회자본 지수

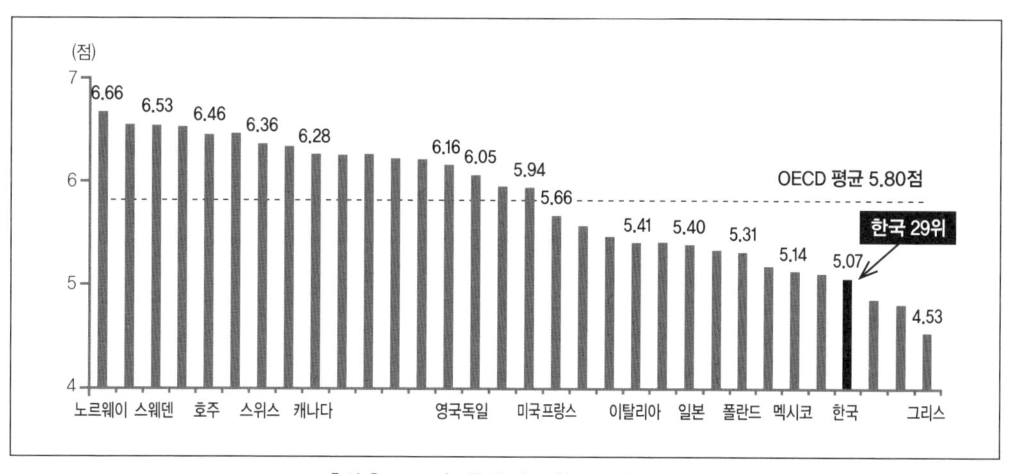

출처: 「OECD 비교를 통해 본 한국 사회자본의 현황 및 시사점」, 한국 경제연구원, 2014.

는 무엇인가 하는 편이 낫다. 이미 늦었다고 포기한다면 인구, 생태환경, 경제 등 모든 측면에서 국가 붕괴를 면하기 어렵기 때문이다.

먼저 인구 붕괴로 인한 지속불가능성에 대해 살펴보자. 이미 꽤 오래전부터 저출산·고령화에 대해 경고해왔지만, 문제 개선의 기미는 보이지 않는다. 우리나라는 OECD 국가 중 출산율 최하위라는 불명예를 벗지 못하고 있고, 첫 출산 연령도 가장 늦다. 한 추계에 따르면, 현재의 추세가 지속되는 경우 2750년 대한민국은 말 그대로 '국민 없는 국가'라는 상상하기 힘든 상황에 직면하게 될 것이라고 한다. 먼 훗날의 얘기이니 실감이 나지 않을지 모르겠다. 하지만 우리 세대의 절반가량이 살아 있을 2060년의 얘기라면 어떨까? 이 시기쯤 되면 현재 40% 정도 되는 총부양비가 100%를 상회할 것으로 예측된다. 총부양비는 생산 가능 인구 100명당 부양해야 하는 사람 수를 의미한다. 인구학적으로 생산 가능 인구는 15~64세다. 따라서 총부양비가 100%라는 것은 이 연령대에 속한 사람 하나가 자기 자신 외에 한 명을 더 먹여 살려야 한다는 의미다. 총부양비가 40% 정도인 지금도 삶이 팍팍한데, 100%가 된다면 우리 살림은 어떻게 될까?

총부양비가 최저점에 머물러 있는 시기는 앞으로 2~3년이 고작이다. 이 시기가 우리에게 남겨진 마지막 기회인지도 모른다. 선제적 복지개혁, 경제개혁의 기회를 놓치면 총부양비의 급증에 따른 재정절벽을 타고 넘어야 하는 고통에 직면하게 될 것이다. 그리고 그 고통의 결과는 경제와 복지의 붕괴, 나아가 국가의 붕괴가 될 수도 있다. 육아·교육·주거 문제, 여성 고용, 청년층 일자리, 고용의 질 등 저출산 문제 해소를 위한 획기적인 대책이 절실하게 필요한 시점이다.

생태환경의 붕괴는 두말할 것도 없이 지속가능성의 문제와 밀접히 관련되어 있다. 경제위기 이후 유럽의 성장 전략을 제시한 「유럽 2020 전략 보고서」에서는 유럽국가의 장기 성장 비전으로 스마트 성장, 포용적 성장과 함께 지속가능 성장을 내놓았다. 여기서 지속가능 성장의 주요 영역 중 하나가 자원 효율성과 환경 친화성 등 생태환경과 관련된 것이다. 동시에 이 보고서에서는 2020년까지 온실가스 배출량을 1990년 대비 최소 20%, 최대 30%까지 낮추고, 최종 에너지 소비에서 재생에너지 점유율을 20%로 높이며, 에너지 효율성도 20% 올리는 것을 구체적인 실행 목표로 설정했다. 비단 유럽 국가들만이 아니다. 세계 각국이 생태환경, 에너지·자원 문제가 미래의 지속가능성을 위협할 최대의 난제라고 판단하고 이를 공공정책의 주요 분야로 다루고 있다. 생태 붕괴의 시계를 최대한 늦추면서 그동안 새로운 대안을 찾으려고 노력하는 것이다.

그런데 우리나라 환경 정책은 생태붕괴의 시계를 오히려 더 빨리 감고 있다. 지속가능사회재단(Sustainable Socienty Foundation)이 2015년에 발표한 자료에 따르면, 세계 151개 국가 중 우리나라의 환경 질은 145위로 꼴찌에 가깝다. 이명박 정부가 들어설 즈음 134위였던 순위가 이명박 정부 말에는 145위로 떨어진 것이다. 이명박 정부의 핵심 슬로건 중 하나가 '녹색성장'이었다는 점은 웃지 못할 일이다. 이명박 정부의 녹색성장은 4대강이라는 환경 수탈적 토건 사업을 그럴듯하게 포장하기 위한 허울이었다. 그러나 수탈적 환경 정책은 이명박 정부만의 문제는 아니다. 정도의 차이는 있겠지만, 박정희 식 성장 패러다임에서 벗어나지 못했던 역대 모든 정부가 사실상 공범이라고 할 수 있다. 이 패러다임은 명시적이든 묵시적이든 환경자원의 무한성과 성장의 환경 무해성이라는 근거 없는 가정에 기반을 두고 있다. 환경과 생태는 경제성장을 위한 도구에 불과한 것으로 여겨졌고, 환경 정책은 아예 무시되거나 빠른 경제성장에 방해가 되는 것으로 치부되기도 했다. 그 결과 환경오염 수준은 최악으로 떨어졌고, 화석연료는 바닥을 보이고 있으며, 엄청난 온실가스 배출로 인해 지구온난화와 기후변화가 가속화되고 있다. 그리고 환경의 역습은 성장을 위해 환경을 약탈해온 우리의 목을 겨누기 시작했다. 마스크를 하지 않고 밖에 나가는 것이 두렵고, 한때 대체에너지로 각광받았던 원전은 두려움의 대상이 되었다. 기후변화로 인한 자연재해는 예측할 수 없이 찾아오고, 대량 재난을 일으키는 원인이 되기도 한다. 영화 〈괴물〉 〈설국열차〉 〈투모로우〉의 이야기가 스크린 속에만 머물러 있을 것이라고 누가 장담할 수 있을까?

지속불가능성의 또 다른 단면을 보여주는 것이 경제 기반의 붕괴다. 외환위기로 급제동이 걸렸던 대한민국의 성장 열차는 이후 빠른 회복세를 보이며 본 궤도에 오르는 듯 보였다. 하지만 언제부터인가 서서히 속도가 줄더니 멈춰 서기 일보직전이다. 한국 경제에 대한 전망은 낙관보다 비관이 지배적이다. 한국은행과 IBK경제 연구소에서 내놓은 자료를 보면, 우리나라의 잠재성장률은 장기적으로 1%대로 수렴할 것으로 예측된다. 2016년을 맞이하여 《내일신문》에서 경제 전문가를 대상으로 설문 조사한 바에 따르면, 경제 전문가의 92%가 현재 우리나라가 장기 저성장에 접어들었거나 조만간 빠져들 가능성이 있다고 답했다(《내일신문》, 2015. 12. 31.). 장기 저성장과 경제 기반의 붕괴를 몇 가지 경제 정책의 실패로 돌릴 수는 없다. 경제 패러다임의 문제이고, 경제 시스템의 문제이기 때문이다. 마찬가지로 몇 가지 경기부양책으로 단기적 효과를 기대하는 것은 가능할지 모르지만, 근본적인 문제 해결은 불가능하다. 앞서 제시한 《내일신문》 조사에서 경제 전문가들은 장기 저성장을 전망하는 이유로 저출산·고령화 등 인구 구조 변화(31.0%), 소득 정체, 가계부채 증가 등으로 인한 소비 부진(30.6%), 신성장 동력 부재(21.0%), 제조업 경쟁력 약화(14.7%) 등을 들었다. 지대 추구와 약탈이 만연한 재벌·대기업 중심의 경제 시스템과 경제 패러다임에 대한 근본적인 대수술이 없이는 어느 것 하나 해결책을 찾을 수 없다. 끊임없이 지대를 추구하고 중소기업과 종업원을 약탈하는 경제에서 소비 진작을 기대하기는 어렵다. 저출산·고령화의 위협이 현실로 다가오는데 혁신과 산업 간 융합을 통해 새로운 성장 동력을 발굴하고 여성과 청년을 포함한 경제적 약자에게 경제활동 참여의 기회를 폭넓게 보장하는 새로운 경제 시스템을 만들지 않는다면 국가 붕괴를 막을 방법은 없을 것이다.

슘페터는 이미 오래전에 자본주의의 미래를 짊어진 존재는 자본가가 아니라 기업가이며, 기업가 정신이 자본주의 발전의 엔진이라고 주장했다. 그는 자본과 노동의 결합에 의해 가치가 창출된다는 오래된 믿음에 수정을 가해, 자본과 노동이 결합하여 창출할 수 있는 가치에는 한계가 존재하며 이 한계를 뛰어넘어 더 큰 가치를 만드는 것이 기업가의 창조적 파괴라고 보았다. 그렇다면 우리나라의 경제적 지속가능성을 회복하는 돌파구는 약탈적, 지대 추구적 시장경제를 혁신경제로 전환하는 데 있을 것이다.

문제는 전 세계가 혁신 경쟁에 뛰어든 상황에서 우리나라의 혁신 기반이 크게 뒤떨어져 있다는 점이다. 혁신 기반과 관련하여 사람들의 눈을 가리는 몇 가지 지표를 소개해보겠다. 매년 발표되는 세계혁신지수(Global Innovation Index)를 보면, 2015년 우리나라의 혁신지수는 세계 14위이고 R&D 투자는 세계 2위다. 이것만 보면 최상위권에 속한다. 그러나 투입 대비 혁신 성

〈그림 1-6〉 혁신 관련 지표 대한민국 순위

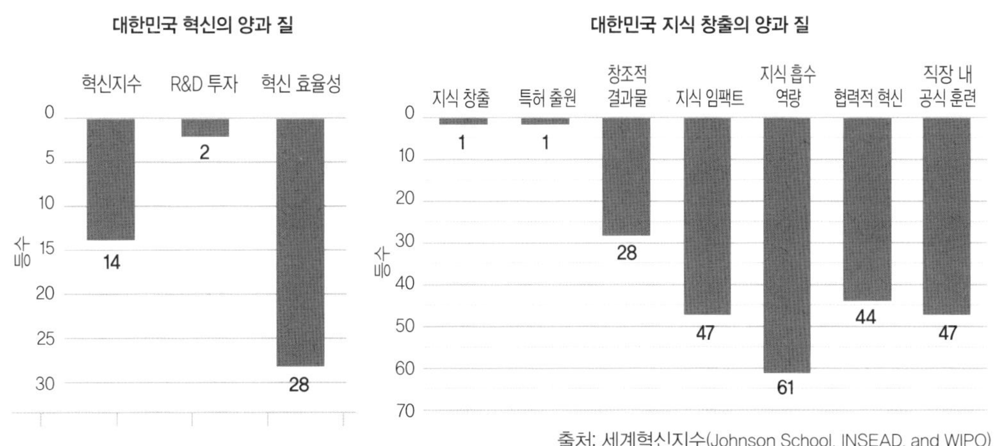

출처: 세계혁신지수(Johnson School, INSEAD, and WIPO)

과를 의미하는 혁신 효율성은 28위에 머문다. 연구개발에 많은 돈을 쓰지만 그 성과는 기대 이하라는 것이다. 또 다른 지표를 보자. 우리나라의 지식 창출 건수와 특허 출원 건수는 세계 1위다. 그러나 창조적 결과물은 28위, 지식 파급력은 47위, 지식 흡수 역량은 61위, 협력적 혁신은 44위로 크게 떨어진다. 이러한 결과를 종합한 세계혁신지수 보고서의 평가가 흥미롭다. 단기 실적주의 혁신으로 장기적이고 파급력 있는 혁신 기반이 부실하다는 날카로운 지적을 귀담아 들을 필요가 있다.

이 보고서의 제안대로 장기적이고 파급력 있는 혁신 기반을 만들기 위해서는 경제 시스템과 경제 패러다임의 대전환이 필요하다. 스위스의 최대 은행인 UBS가 2016년 다보스포럼을 앞두고 낸 「4차 산업혁명이 미치는 영향」 보고서에 따르면, 우리나라의 4차 산업혁명 준비도는 130개 국가 중 25위를 기록했다. 흥미로운 대목은 4차 산업혁명을 준비하려면 기술만으로는 부족하고, 제도적 기반이 마련되어야 한다는 것이다. 낡은 제도와 경제 시스템 안에 ICT, 인공지능, 모바일 기술을 마구잡이로 집어넣는 것은 효과적이지 못하다. 특히 고용-복지-교육의 삼각 축이 제도적으로 준비되어야 하는데, 우리의 경우 이 세 가지가 모두 취약하다. 고용과 복지 측면부터 살펴보자. 혁신 성과가 높은 나라들은 고용 유연성과 고용 안정성이 모두 높고, 복지 안전망이 잘 구축되어 있다. 혁신경제가 작동하려면 고용 유연성이 높아야 하지만,

그와 동시에 혁신이 가져올 불안정성을 해결해줄 제도적 장치로서 고용 안정성과 복지 안전망이 필요하다. 하지만 우리의 경우를 보면 고용 유연성은 높지만 고용 안정성은 낮고, 복지 안전망도 초보적 단계에 머물러 있다. 불안한 사회에서는 위험 회피 성향이 강해지고 위험 회피가 가득한 곳에서는 혁신이 제자리를 찾기 어렵다. 혁신적 아이디어가 있더라도 괜히 나섰다가 빈곤의 나락으로 빠져들 우려가 있다면, 그 아이디어를 고이 묻어둘 수밖에 없다. 그래서 안정성에 대한 사회적 보장이 필요한 것이다. 교육제도도 아울러 개선되어야 한다. 초등학교부터 소프트웨어 교육을 보편화한다고 해서 곧바로 혁신이 일어나는 것은 아니다. 관건은 창조적 아이디어와 융합적 사고가 자유롭게 표출되고 실행으로 이어질 수 있는 교육의 여부다. 아쉽게도 우리의 교육은 암기식 교육, 표준화 교육이 대세를 이루고 있고, 대학에 가기 위한 입시에 집중한다. 기실 혁신경제에 필요한 것은 교실에서 이루어지는 '교육'이 아니라 다양한 배움의 현장에서 직접 체험하면서 몸으로 익히는 '학습'일지도 모른다. 특히 우리나라는 교실 교육을 벗어나는 20대 중반부터 수리력, 언어 능력, 문제 해결 능력, 학습 의지가 급격하게 떨어지는 양상을 보인다. 교육이 대학 진학과 취업을 위한 도구에 불과하기 때문에, 정규교육을 마치면 더 이상 학습의 필요성을 느끼지 않는다. 혁신경제의 기반은 사람이 살아가는 곳곳에 배움의 열기가 가득 찬 창의적 학습 사회가 아닐까?

03

비극 발생의 원인: 박정희 패러다임의 역설

5불 사회로 정리한 대한민국의 비극은 이미 우리 모두가 알고 있고 피부로 느끼고 있는 현실이다. 정치가들은 선거 때마다 각각의 문제를 해결할 그럴듯한 공약을 제시하고, 각 분야 전문가들은 깊은 학식과 오랜 연구 결과를 바탕으로 설득력 있는 해결책을 내놓는다. 개별 공약들이 실천되고 각종 현안에 대한 전문가의 제언이 정책으로 연결되기만 하면 모든 문제가 해결되고 살기 좋은 대한민국이 만들어질 것만 같다. 출산율을 높이기 위해서는 좋은 보육 정책을 설계하면 되고, 기초노령연금을 인상하면 노인 빈곤 문제를 해결할 수 있으며, 공공부문 일자리를 늘리면 실업률을 낮출 수 있다는 식이다. 이런 문제 해결 방식이 꼭 필요하다는 데 반론을 제기할 사람은 없을 것이다. 그런데 개별 문제 중심의 접근은 두 가지 측면에서 볼 때 지극히 단편적이다. 첫째, 각각의 문제들이 독립적으로 존재한다면 개별 문제 중심의 접근이 유효할 수 있지만, 사실상 문제들이 복잡하게 얽혀 서로를 강화하기도 하고 은폐하기도 한다. 어떤 정책으로 하나의 문제를 해결하면 또 다른 문제가 오히려 악화될 수도 있고, 반대로 동시에 해결될 수도 있다. 또 문제들이 순차적으로 얽혀 있어서 해결책도 일정한 순서를 따라야 하는 경우도 있다. 예를 들어 대기업-중소기업 간의 동반 성장 정책이 효과를 얻으려면 먼저 대기업에 과도하게 집중된 경제력을 완화해야 한다. 둘째, 개별 문제 중심의 접근 방식은 복잡하게 얽혀 있는 다양한 문제들의 근본 원인이 무엇인가에 대한 포괄적 시각을 결여하고 있다는 점이다. 문제의 뿌리를 찾지 못하면 단기 처방에 주력할 수밖에 없다. 단기 처방으로는 '반짝' 효과를 기대할 수 있을지 모르지만, 지속가능한 대한민국을 재설계하는 일은 불가능하다. 그래서 개별 정책들을 제시하기 전에 이 모든 문제의 근본적인 원인이 무엇인지를 파악하는 조감도 수준의 작업이 우선 필요하다.

이 책에서는 5불 사회의 다양한 문제들이 역사적으로 형성되어온 하나의 패러다임에 그 뿌리를 두고 있다고 본다. 즉, 1960년대 산업화 과정에서 그 모습을 드러냈고 이후 우리나라 사회경제 체계 조직화의 핵심 원리가 되어온 박정희 패러다임이다. 박정희 패러다임을 떠받치는 기둥은 크게 세 가지다. 첫째, 이데올로기적 측면에서 보면 성장주의와 반공주의가 여기에 해당한다. 군사 쿠데타로 권력을 잡은 박정희는 국민을 잘살게 해주겠다는 약속으로 쿠데타와 그 후 18년간 이어진 군사독재를 정당화했다. 군대를 등에 업은 박정희 정권은 국가의 모든 자원을 총동원하여 수출 중심의 성장 일변도 정책을 폈다. 그 과정에서 반공주의 이데올로기는 정부 정책을 비판하거나 정권의 정당성에 도전하는 반대 세력을 억압하는 효과적인 도구였다.

둘째, 경제 정책 측면에서 보자면 박정희 패러다임은 국가-재벌 주도의 고도 성장 전략과 수출 주도의 모방형·추격형 전략으로 요약될 수 있다. 박정희 정권의 성장주의 이데올로기는 국민의 기대를 받았지만, 1960년대 초 성장을 견인할 수 있는 재원은 크게 부족했다. 이러한 문제에 대한 대응은 크게 두 가지로 나타났다. 하나는 부족한 자원을 몇몇 기업에 몰아줌으로써 성장을 견인할 주도적 경제세력을 만드는 것이었다. 은행 국유화와 상업차관 도입 허가·배분권을 통해 특정 기업과 산업에 보조금과 정책 자금을 제공함으로써 기업을 국가의 막강한 영향력 아래 두었다. 국가의 통제와 보호 아래 순치된 기업들은 국가의 경제발전 전략에 보조를 맞추게 되었고, 이러한 과정에서 탄생한 것이 재벌이다. 국가-재벌의 공모 카르텔이 우리나라의 사회경제 체제를 지배하게 된 것이다. 부족한 자원을 메우기 위한 또 다른 전략은 이른바 '수출입국'이었다. 내수가 충분히 확보되지 않은 상황에서 경제발전의 자원을 획득하기 위해 수출을 내세운 것이다. 도시화가 진행되면서 도시 주변에 풍부한 노동력이 공급되었고, 값싼 노동력을 활용한 원가 경쟁력으로 수출 주도적 성장 전략을 펼 수 있었다.

셋째, 노동·복지 정책 측면에서 보면, 국가-재벌 주도의 고도 성장 전략과 수출 주도의 모방형 전략을 지원하기 위해 박정희 정권은 선성장-후분배 정책을 일관되게 추진했다. 먼저 경제가 발전하고 파이가 커진 뒤에야 그 파이를 나누어 가질 수 있다고 주장한 것이다. 수출입국을 위해 원가 경쟁력을 확보해야 한다는 이유로 노동자의 임금을 낮은 수준으로 유지했고, 재벌 중심의 경제발전을 추진한다는 이유로 중소기업에 대한 약탈이 광범하게 용인되었다. 노동자의 권리나 임금 인상 요구는 성장주의 이데올로기에 의해 묵살되었고, 노동자의 단체행동은 반공주의 이데올로기에 의해 억압되었다. 선성장-후분배 전략은 저과세-저복지로 이어졌다. 세금이 많으면 투자가 억제되어 성장을 방해하고, 복지가 잘되면 노동자들이 일할 의욕을 상실하여 노동력 공급에 문제가 발생한다는 것이다.

이상의 세 가지 제도적 기둥 위에 만들어진 박정희 패러다임은 10·26으로 박정희 정권이 막을 내린 이후에도 그 영향력을 잃지 않았다. 뉴턴 사후에도 뉴턴의 물리학 패러다임이 오랫동안 지속되었듯이, 박정희 패러다임은 정권의 종말 이후에도 여전히 우리나라 사회경제 체제의 작동 원리로 남아 있다. 최근 약화되는 추세를 보이기는 하지만, 성장주의 이데올로기와 반공주의 이데올로기는 여전히 튼튼한 상부 구조로서 사회적, 정치적 영향력을 지닌다. 박근혜-최순실 게이트와 촛불 정국에서 재벌은 강력한 개혁의 대상으로 지목받고 있지만, 이는 곧 재벌 중심 사회경제 체제의 강고함을 반증하는 셈이다. 재벌 총수가 구속되면 나라가 망한다고 염려하는 사람이 제법 있는 것도 재벌의 지배력을 실감하게 하는 대목이다. 삼성, 현대와 같은 재벌 대기업들이 세계 시장을 누비는 글로벌 플레이어로 성장했다고는 하지만, '글로벌'이라는 화려한 이름 뒤에는 여전히 수많은 '을'에 대한 임금 약탈과 불공정 거래가 자리 잡고 있다. 박정희 정권 이후에도 국가는 성장이라는 미명하에 재벌 대기업의 지대 추구와 약탈을 방조·용인했을 뿐만 아니라 오히려 조장하기까지 했다. 수출 주도의 추격형 전략을 통해 성장해온 재벌 대기업들은 혁신 DNA를 장착하지 못하고 이를 적잖이 어려워한다. 글로벌 선도기업을 추격하는 데에는 대단한 힘을 발휘하지만, 선도기업이 될 생각은 아예 없는 것 같다. 오히려 재벌 대기업은 강력한 시장 지배력과 권력 우위를 바탕으로 혁신 중소기업의 시장 진입을 철저히 통제하고 있다. 어렵게 시장에 진입하더라도 재벌 대기업의 온갖 횡포 때문에 성장의 활로를 찾기 쉽지 않다. 국가는 여전히 선성장-후분배 전략을 수정할 생각이 없는 듯하다. 위에는 물이 더 많이 고여가는데, 아래로는 흐르지 않는다. 자연의 이치마저 거스르는 놀라운 현상이다.

시대가 바뀌고 경제 규모가 커졌으며 국제사회에서의 위상이 높아졌음에도 불구하고, 사회경제 체제가 작동하는 방식은 본질적으로 변함이 없다. 한번 만들어진 박정희 패러다임의 질긴 관성과 생명력이 대한민국을 5불 사회로 끌어가고 있는 것이다. 정경유착, 국가-재벌 카르텔에 의한 국민, 중소기업, 자영업자 약탈이 만연해 있고, 비정규직과 임시직은 확대일로에 있으며, 사회적으로 배제된 취약 계층은 빈곤과 실업의 늪에서 헤어 나오지 못하고 있다. 그런 와중에도 재벌 대기업은 정부와 정치권을 압박하여 공공정책을 끊임없이 왜곡한다. 이미 종말을 고한 신자유주의가 우리 사회에서는 아직도 건재하게 살아 있다. 공공의 이익을 위해 마땅히 있어야 할 규제가 철폐되고, 민영화의 유령이 공공성에 도전하고, 복지는 여전히 '공짜'를 탐하는 불순한 행동으로 여겨진다. 분배가 악화되고 사회적 양극화가 심화되면서 불안 심리가 확산되고 있다. 그에 따라 소비는 점차 위축되고, 어느새 저출산·고령화의 악몽이 우리 옆에 현실로 다가와 있다. 장기 저성장의 늪에 빠져들고 있지만 창조적 파괴를 가능하게 할 사회경제적 혁신은 여전히 찾아볼 수 없다. '한강의 기적'이라는 신화를 만들어낸 박정희 패러다임은 사회적 연대를 파괴하고 국민 개개인의 삶의 조건을 무참히 짓이겨버리는 거대한 '악마의 맷돌'이 되어 우리를 향해 날아오고 있다.

04
새로운 사회경제 패러다임을 향하여

대한민국은 지금 중대한 선택의 기로에 놓여 있다. 추운 겨울 곱은 손을 불며 촛불을 들게 만들었던 그 체제를 계속 유지할 것인가, 아니면 그 체제를 벗어나 새로운 경로를 개척할 것인가? 답은 자명하다. 우리에게 필요한 것은 대한민국의 비극적 현실을 희망의 미래로 바꿀 수 있는 사회경제 패러다임의 거대한 전환이다. 박정희 패러다임 이후 한 번도 걸어보지 못한 길이다. 〈그림 1-7〉은 그 길을 보여주고 있다. 1980년대 중반까지 우리는 이승만 시대에 그 싹을 보이고, 박정희 시대에 완성되었으며, 전두환 시대에 꽃을 피운 박정희 패러다임의 원형과 함께 살았다. 재벌·대기업이 경제를 쥐고 흔든 지대 추구적 자본주의가 바로 그것이다. 노태우와 김영삼 시대의 성과는 정치 민주화다. 그러나 사회경제적 측면에서는 여전히 박정희 패러다임의 강력한 관성에서 벗어나지 못했다. 제1기, 제2기 민주정부가 들어선 김대중과 노무현의 시대는 어땠을까? 두 정부는 남북관계와 지역 균형 발전 측면에서 획기적인 진전을 보였다. 하지만 박정희의 사회경제 패러다임과 과감히 결별하고 사회경제적 대전환을 이루는 데는 실패했다고 보아야 한다. 외환위기, 부동산 버블 붕괴 등으로 인한 경제위기, 북핵 위기 등 각종 현안에 밀려 사회경제적 대전환을 이룰 기회를 놓치고 만 것이다.

이유야 어떻든 박정희 패러다임은 여전히 그 악마의 발톱을 거두지 않았다. 이후 들어선 두 보수정부는 대한민국의 시계를 거꾸로 돌려 절차적 민주주의를 제외한 모든 분야를 독재시대

〈그림 1-7〉 역대 정부의 체제 이행 경로와 미래의 이행 시나리오

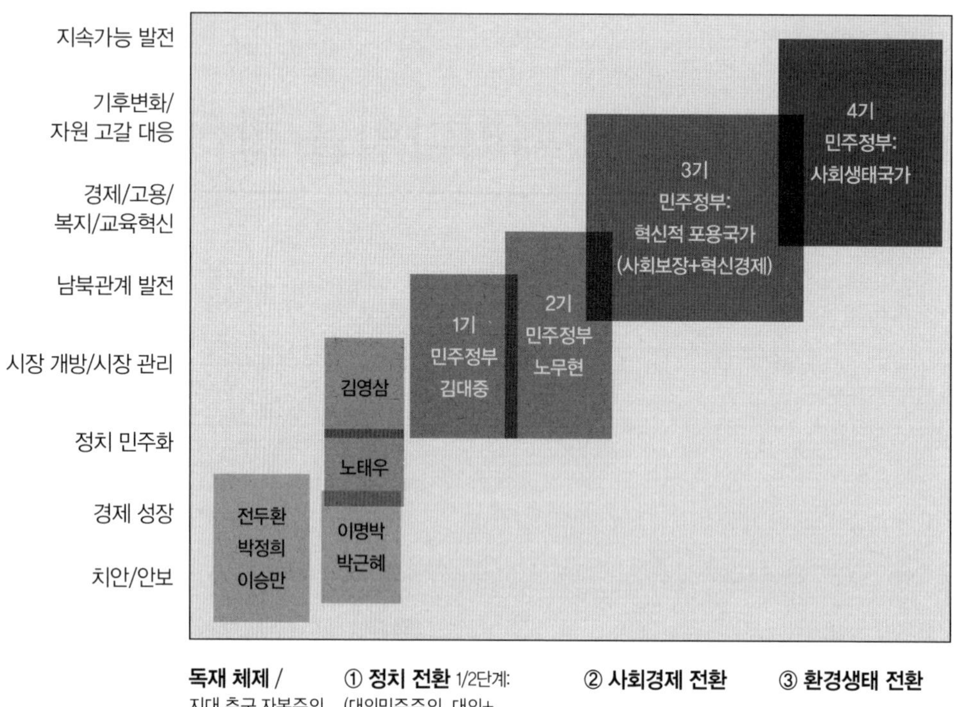

로 회귀시켜버렸다. '747'이니 '줄푸세'니 지키지도 못할 화려한 공약만 남발한 채, 박정희 식 성장주의로 회군했던 것이다. 사회경제적 대전환을 이룰 몇 번의 기회를 놓친 결과가 지금 우리가 목도하고 있는 대한민국의 비극적 현실이며, 광장에 쏟아진 촛불 시민의 절규다.

우리나라는 지금 수많은 문제들이 얽히고설킨 '한국형 동맥경화' 상태에 놓여 있다. 약탈적 시장경제 체제가 만들어놓은 동맥경화를 해결하기 위해서는 당연히 훌륭한 정책들이 개발되고 실행되어야 한다. 그러나 동맥경화를 일으키는 사회경제 패러다임에 대한 성찰과 개혁, 나아가 패러다임의 근본적인 전환 없이는 개별 정책들의 실효성은 담보할 수 없다. 다행히 추운 겨울 수천만 개의 촛불을 밝힌 현명한 시민들은 그 사실을 잘 알고 있는 것 같다. 배제와 약탈, 무한 경쟁과 적자생존의 사회경제 체제를 포용과 보호, 공정과 혁신의 사회경제 체제로 바꾸어 나라다운 나라를 만들 절호의 기회가 찾아온 것이다. 역사가 우리에게 허용한 마지막 변곡

점인지도 모른다. 유토피아는 고정된 장소에 존재하는 것이 아니다. 디스토피아를 벗어나려는 끊임없이 노력의 과정, 그 속에 유토피아가 있다. 촛불 민심을 실천으로 옮기다 보면 어느새 우리의 유토피아, 나라다운 나라에 살고 있는 우리를 발견할 수 있지 않을까?

//////////////

1960년대 초반 이후 한국은 단기간에 급속한 경제성장을 달성하여 2016년 말 현재 국민총생산(GDP) 규모가 1.4조 달러에 달함으로써 1.3조 달러 수준인 러시아를 제치고 세계 11위의 경제대국으로 부상했다. 가히 '한국의 기적'이라 할 만하다. 그러나 실제 한국인의 삶을 들여다보면 2016년 출산율 세계 최하위권(1.17명), 소득 불평등 세계 최상위권(상위 10%가 45%의 소득 점유), 노인 빈곤율 세계 최상위권(49.6%), 국민 평균 행복도 세계 중하위권(세계 56위), 노인 자살률 세계 최상위권(10만 명당 58.6명) 등으로 세계 최고 고통국가에 올랐다. 이러한 현상들은 '한국의 비극'으로 불러야 마땅할 것이다.

그러면 세계 11위 경제대국이 세계 최고 고통대국이 된 역설이 어떻게 발생했을까? 우리는 이 문제가 1960년대에 채택된 박정희 정부의 발전국가 패러다임이 1990년대 김영삼 정부가 채택한 신자유주의 노선과 깊숙이 결합하여 비정규직과 임시직 고용을 크게 늘리고 임금을 대폭 억제한 데서 비롯되었다고 판단한다. 이에 대한 대안으로, 사회통합과 시장경제를 유기적으로 결합해온 노르딕 국가와 대륙형 국가들의 사회적 시장경제에서 그 해답을 찾고자 한다. 특히 이들 국가들이 정책 추진의 기조로 설정한 포용성과 혁신성의 원리를 한국에 적용하여 혁신적 포용국가로 전환하고 자유시장 중심의 사회경제 체제를 한국형 사회적 시장경제로 빠르게 바꾸어 나가야 한다고 본다.

2장

혁신적 포용국가의 비전과 원리

– 발전국가를 넘어

01
박정희 패러다임의 종언과 대안의 모색

2017년 현재 한국 사회는 전환점에 서 있다. 안으로는 고용 불안정, 분배 악화, 취약한 사회보장, 불안한 노후, 저출산-고령화의 인구위기, 저성장 등의 복합적 위험에 처해 있고, 밖으로는 북핵 위기, 미·중 갈등, 세계경제 침체, 기후변화 위기 등 난공불락의 다중적 위험에 처해 있다.

이런 상황에서 한국의 미래는 어떻게 전개될 것인가? 두렵게도, 그 예후가 대단히 불안하다. 우선 박정희 정부 시대부터 지금까지 강고하게 자리 잡은 성장 위주의 사회경제 패러다임이 다음 단계로의 이행을 방해하는 결정적 제약 요인으로 작용할 것으로 보인다. 주지하듯, 박정희 정부는 반공주의와 성장주의의 기조하에 빠르게 추격형 성장을 달성하기 위해 대기업 중심, 제조업 기반의 수출경제를 육성했다. 그리하여 20년이 채 되지 않는 짧은 기간 안에 고도성장을 이루어 '한강의 기적'을 달성한 것으로 평가받았다. 그러나 1997년 외환위기를 거치면서 박정희 시대에 구축된 대기업 주도의 재벌 지배 체제는 과거의 역동적 성장경제를 제로섬적 약탈경제로 변질시켜 박정희 패러다임으로는 더 이상 한국 사회의 미래를 기약하기 힘든 상황에 접어들고 말았다. 박정희 패러다임의 종말이 다가온 것이다.

그러면 외환위기 이전과 이후에 근본적으로 무엇이 달라졌는가? 가장 큰 문제는 기업들이 노사공생의 협동적 노사 관계를 수립하고 창의력과 기술력을 중심으로 경쟁력을 증진하는 방향으로 가지 않고 그와 반대되는 방향을 선택했다는 것이다. 1987년 민주화 이후, 특히 노태우 정부와 김영삼 정부 시기에 노사 파업이 난무하는 상황에서 대기업들은 강력한 정-관-재 동맹을 구축하여 노동조합을 약화시키고 노동을 대체하거나 비정규직화하는 자동화 기술을 대거 도입하여 기업 이윤을 극대화하는 손쉬운 길을 택한 것이다.

이런 흐름 속에서 대기업들은 수많은 하청기업과 중소기업의 납품 단가를 인하하고 기술을 탈취하는 행동을 일삼았으며, 정경유착을 통해 노동법을 개정하여 다수의 비정규직을 양산하고 대규모로 임금 약탈을 자행했다. 이와 함께 외환위기 이후 고용 보호 장치가 느슨해진 틈을 타 수많은 중소기업과 하청기업, 체인점, 소규모 자영업자 등도 임시직이나 시간제 인력을 늘려 광범위하게 임금을 약탈하는 행태를 보여 한국 사회의 고용 불안정과 소득 불평등을 악화시키는 데 일조해왔다.

이렇게 볼 때, 박정희 패러다임, 즉 국가와 재벌(대기업 집단)의 연합으로 고속성장을 추구하는 발전국가 모델은 외환위기를 거치면서 감세와 규제 완화를 중시하는 신자유주의와 결합하여 '신자유주의형 발전국가' 모델로 진화해온 것을 발견할 수 있다. 놀랍게도, 발전국가의 초기 단계에 정치적으로는 노동자 집단을 억압했으나 경제적으로는 고용을 통해 이들을 동원했던 국가-재벌의 성장 연합은 외환위기 이후 신자유주의 모델과 결합함으로써 결국 노동자와 사회경제적 약자 집단을 광범위하게 배제하는 괴물로 변한 것이다.

〈그림 2-1〉은 외환위기 이후 신자유주의적 발전국가 모델의 작동으로 인해 한국 사회에서 임금 약탈이 얼마나 극심하게 진행되었는지를 잘 보여준다. 1996년 이전까지는 노동생산성 상승과 임금 인상이 거의 같은 비율로 진행되었으나 1997년 외환위기 이후 양자 사이의 격차가 크게, 그리고 지속적으로 확대된 것을 알 수 있다. 1980년을 100으로 할 때, 2014년의 노동생산성은 470%까지 증가했으나 실질임금 상승은 310%에 그친 것으로 나타난다. 이러한 사실은 그간 정부의 공공정책이 날로 심화되는 국제경쟁에 대응한다는 명분으로 기업의 경쟁력을 증진하는 데 치중하여 비정규직을 대거 합법화하고 노동조합을 크게 위축시킨 것이 얼마나 심각한 결과를 가져왔는지를 잘 보여준다.

아래 왼쪽 그림은 자유시장의 전형으로 알려져 있는 미국의 상황을 보여준다. 미국은 한국보다 이른 시기인 1973년부터 노동생산성과 실질임금의 괴리가 지속적으로 확대되기 시작하

〈그림 2-1〉 노동생산성과 실질임금의 괴리: 한국(위), 미국(아래 좌), OECD(아래 우)

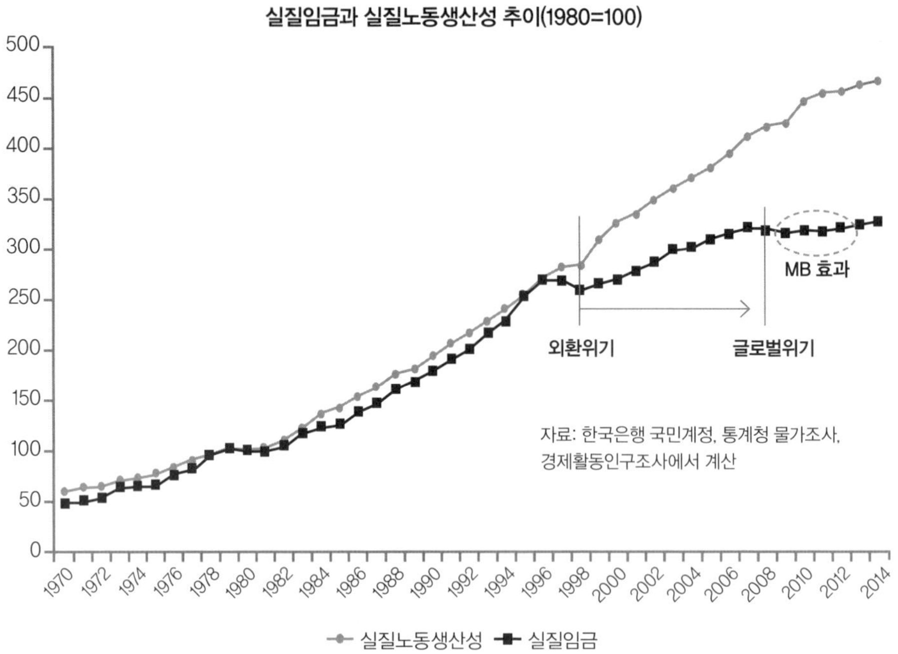

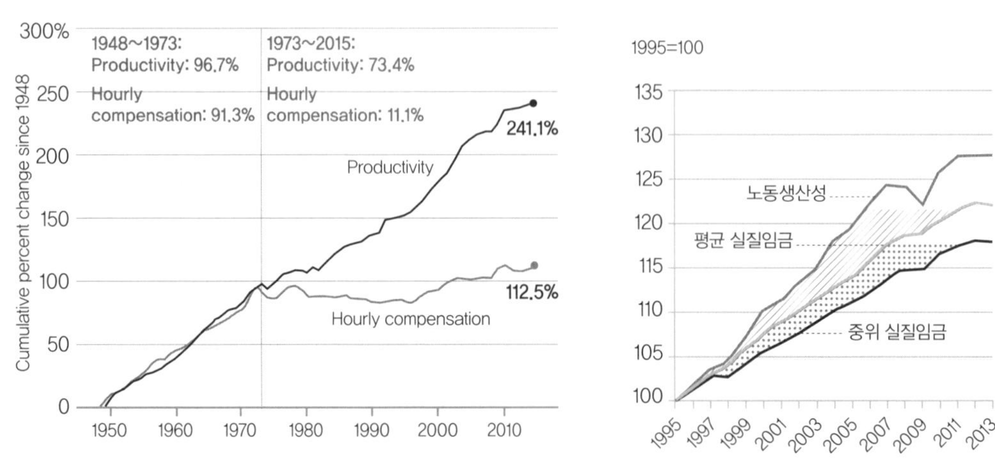

출처: 김유선(2016); Economic Policy Institute(2016); OECD(2017)

〈그림 2-2〉 불평등의 확대: 소득10분위 집단의 소득 격차(위), 상위 10% 집단의 소득비중(아래)

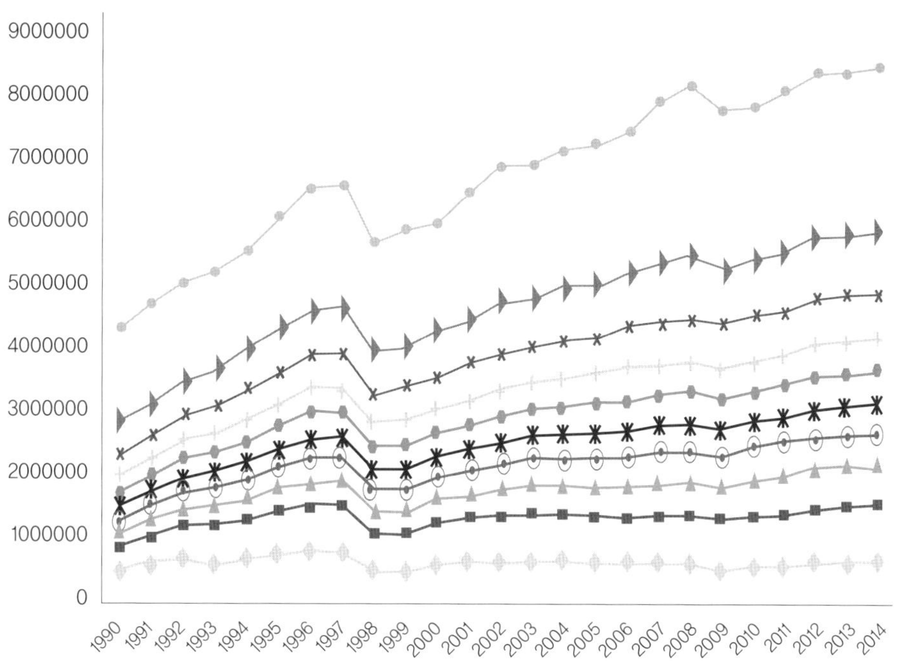

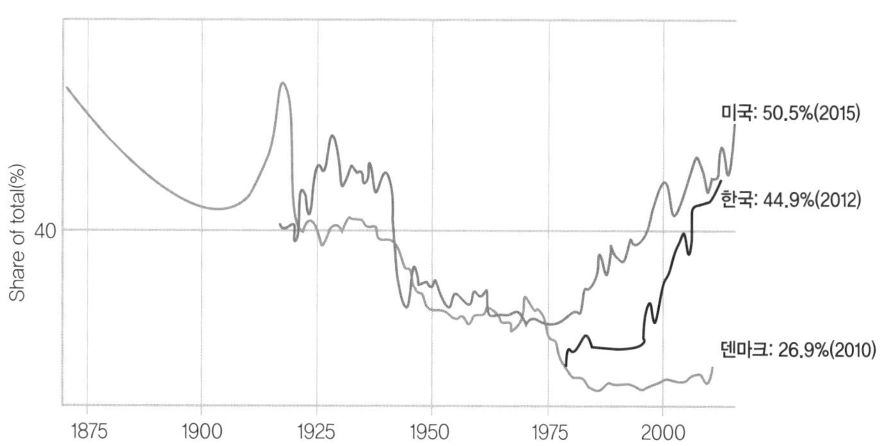

출처: 이우진 (2016); World Wealth and Income Wealth Database(http://wid.world)

여 2014년에 이르러 그 격차가 2.14배까지 크게 증폭된 것으로 나타난다(한국은 1.52배). 오른쪽 그림은 OECD 24개 회원국들의 경우를 보여주는데, 대부분의 회원국들에서 1995년 이후 노동생산성과 임금의 괴리가 확대되어온 것으로 드러났다.

〈그림 2-1〉에서 확인할 수 있는 것은 한국, 미국, OECD 회원국에서 지난 20년(한국과 OECD) 또는 40년(미국)에 걸쳐 노동생산성과 실질임금 사이의 격차가 지속적으로 확대되어 대부분의 선진국가들에서 심각한 문제가 발생하고 있음을 보여주고 있다는 사실이다. 세계화가 급속히 진행되고 있는 현대 자본주의 국가에서 노동생산성은 크게 증가하고 있으나 임금 인상이 크게 지체되어 불평등이 누적되어 증가하면서 대중의 수요 기반이 약화되어 글로벌 저성장이 장기화되고 이로 인해 경제사회적 지속가능성이 위태로워질 가능성이 매우 높아졌다.

이와 관련하여 가장 주의를 기울여야 하는 문제는 노동생산성과 실질임금 간의 격차에서 비롯되는 불평등의 증가다. 〈그림 2-2〉는 1990년부터 2014년 사이에 한국에서 소득 10분위 집단의 소득 격차가 크게 확대된 것을 보여준다. 그중에서도 특히 최상위 10%의 소득이 가장 많이 증가했고, 그다음으로 두 번째와 세 번째 집단에서 소득이 증가했다. 나머지 70% 집단의 경우 소득 증가는 지극히 미미하거나 오히려 감소(최하위 10분위 집단)했다.

이러한 문제로 말미암아 1980년에 28.8%, 1997년에 33.4%에 불과했던 최상위 10% 집단의 소득 비중은 2012년에 44.9%까지 급증하기에 이르렀다(아래 그림). 통계청의 가계 동향 조사 자료와 달리 국세청의 소득세 자료를 이용한 김낙년(2014)의 연구에 의하면, 최상위 10%가 2010년에 이미 전체 소득의 48.05%를 차지했다. 이것을 보면 한국은 소득 분배가 양호한 유럽의 사민주의 국가 또는 사회적 시장경제 국가(예: 덴마크)들과 달리 영미권 국가에 근접한 매우 극심한 소득 불평등 추세를 보이고 있다.

자산의 불평등은 이보다 훨씬 심각하다. 상속세 자료를 이용한 김낙년(2015)의 연구에 따르면, 2013년에 최상위 1% 집단은 전체 자산(금융, 부동산, 기타)의 26%, 상위 10% 집단은 66% 정도의 자산을 소유한 것으로 밝혀졌다. 이러한 현상은 현대 자본주의가 상속 자본주의의 경향을 강하게 갖는다는 피케티(Picketty, 2014)의 진단처럼, 극심한 자산 불평등을 노정하고 있는 한국 자본주의도 상속 자본주의로 빠르게 진화하고 있음을 보여준다.

노동생산성과 임금의 격차가 지속적으로 확대되고 그로 인해 불평등이 갈수록 확대되는 데는 크게 세 가지 원인이 작용하는 것으로 알려져 있다. 세계화와 국제교역의 확대, 기술 발전과 인적 자본의 격차 확대, 공공정책의 차이가 그것이다(성경륭, 2013). 이 중에서 앞의 두 가지 요인은 인위적으로 조절하기가 매우 어렵다. 이에 반해, 공공정책의 경우 정치적 조건이 갖추어지면 감세, 복지 축소, 규제 완화, 노동 배제의 보수적 정책 기조를 적정 과세(증세 포함), 복지 확대, 규제 개혁, 노동 포용의 진보적 정책 기조로 전환시켜 상당한 변화를 만들어낼 수 있다.

그러나 공공정책을 변화시키는 것도 그리 쉬운 일은 아니다. 1980년대부터 신자유주의가 세계를 휩쓸면서 감세, 복지 축소, 작은 정부, 규제 완화, 경쟁력 강화 등과 같은 보수적 정책 패러다임이 광범위하게 확산되어 세계적으로 강력한 이념적 헤게모니를 형성하고 있기 때문이다. 이 과정에서 대기업과 재벌 집단, 금융 세력, 상위 자산·소득계층이 정치권력과 정부 관료를 포획하여 강력한 기득권 동맹을 형성하여 신자유주의의 이념과 정책 패러다임을 강고하게 구축하기에 이르렀다. 이에 반해, 신자유주의의 확산을 저지할 수 있는 노동자, 하위 계층, 중소기업, 자영업자 등 사회적 약자 집단들의 대항적 권력은 급속히 약화되었다(Reich, 2015).

미국의 경우 2008년에 발생한 극심한 금융위기라는 정치적 호조건하에 탄생한 오바마 행정부도 정권 획득에는 성공했지만, 강력한 기득권 동맹에 가로막혀 사회적 약자 집단의 고용·소득·복지를 증진하는 진보 개혁적 정책을 추진하는 데는 큰 진전을 보지 못했다. 그 결과, 미국에서는 노동생산성과 임금의 격차가 더욱 커진 한편 소득과 자산의 불평등도 확대되었다. 이런 상황에서 감세, 규제 완화, 복지 축소를 주장하는 트럼프 행정부가 들어섰기 때문에 앞으로 미국에서의 불평등은 더욱 확대되고, 그에 따른 경제사회적 고통도 더욱 악화될 것으로 보인다.

한국의 경우에도 외환위기 이후 노동생산성-임금 격차와 소득 불평등이 계속 확대되어왔고, 특히 9년의 보수정권을 거치면서 대규모 감세와 복지 지출의 억제, 규제 완화, 대규모 토건 투자, 부동산 투기 조장 등이 이루어졌기 때문에 문제가 계속 악화되어왔다. 따라서 현 상태가 지속되거나 방치되면 한국 사회에는 파국적 결과가 초래될 가능성이 높다. 높은 수준의 비정규직 비율과 악화되는 고용 불안정, 이에 따른 임금 감축과 불평등 증가로 인해 국민들의 삶은 더욱 피폐해질 것이다. 이로 말미암아 결혼 기피, 출산 기피, 소비 축소, 저성장의 장기화, 고용 악화의 악순환, 노후 준비 부족, 불안감과 불행감의 확산, 세계적 수준의 자살률과 인구 감소 등과 같은 문제가 연쇄적으로 발생할 것이다.

이러한 상황은 국내외에서 박정희 패러다임을 '한강의 기적'이라고 평가하며 예견되었던 것과는 정반대의 결과다. 박정희 패러다임의 출발은 기적을 만들 것으로 기대되었지만, 반세기의 세월이 흐르면서 그것은 결국 '한국의 비극'으로 귀착되고 말았다. 그러므로 현 상황을 방치하면 한국 사회는 '5불의 사회' '절망적 사회'가 될 것이며, 1928년 미국의 상위 10%가 국민소득의 49%를 차지했을 때 주식 거품과 부채가 붕괴하면서 대공황이 발생했던 것처럼 한국 사회도 조만간 그와 유사한 대붕괴를 겪게 될지도 모른다.

한국 사회는 몰락하는 박정희 패러다임의 끝자락에 와 있고, 더 이상 머뭇거릴 시간이 없다. 약자든 강자든 모두의 생존을 위해서라도, 국가와 재벌이 성장 연합을 구축하여 노동을 배제하고 저임금에 기반하여 수출 극대화를 추진했던 낡은 경로에서 과감하게 벗어나 아직까지 가보지 않았던 경로로 변경해야 한다. 새로운 경로는 노동자 집단과 약자 집단을 적극적으로 포용하여 노동생산성에 상응하는 임금을 지급하고 안정적인 복지 혜택을 제공하는 길이며, 노사 협력과 교육 혁신을 통해 창의성과 혁신성을 지속적으로 향상시키는 일이다. 그러려면 약자 집단은 대항력과 혁신 역량을 키우고 강자 집단은 포용의 손길을 내밀어야 한다. 국가는 기득권 세력과 연합하던 과거의 관행에서 탈피하여 양 집단이 공생할 수 있도록 협력을 촉진하고 고용·복지·교육·과학기술과 같은 핵심적 공공재를 생산하는 일에 집중해야 한다. 그래야만 공생과 지속가능 경제의 기틀이 구축될 것이며, 이런 국가를 '혁신적 포용국가' 또는 '포용혁신국가'라고 부르고자 한다.

02
혁신적 포용국가의 모델과 원리: 한국형 사회적 시장경제 구축

비교 제도 분석을 통해 세계 각국의 경제적 번영과 쇠퇴를 고찰한 애쓰모글루와 로빈슨(Acemoglu and Robinson, 2012)의 관점을 적용하면, 박정희 패러다임의 성과와 한계, 그로 인해 초래되고 있는 '한국의 비극' 현상을 다음과 같이 정리해볼 수 있다. 먼저, 이들은 경제적으로 번영하는 국가와 쇠퇴하는 국가를 구별 짓는 결정적 차이가 정치제도와 경제제도의 포용성 정도라고 여긴다. 포용적 정치제도와 경제제도를 구축하여 국민들에게 정치 참여와 시장 참여(이익 실현)의 기회를 충분히 부여하면, 국민들은 정치권력의 약탈적 행동을 적극적으로 견제하는 것은 물론, 기술 혁신과 인적 자본 활용을 통해 경제적 번영을 이룰 수 있다고 주장한다. 한편, 어느 나라가 왕정과 같은 약탈적 정치제도와 노예제와 같은 약탈적 경제제도를 구축하면 독재 권력을 제어할 수 있는 길이 차단되고 그로 인해 모든 노동의 성과가 약탈당하기 때문에 기술 혁신과 인적 자본 향상은 위축되고 경제적 쇠퇴가 초래된다.

이런 시각에서 보면, 박정희 정부부터 전두환 정부 시기까지 한국은 약탈적 정치제도를 가지고 있었으나 1987년 민주화시기를 거치면서 점차 포용적 정치제도로 이행한 것으로 이해할 수 있다. 이와 달리, 경제제도는 정반대의 경로를 보였다. 아직 변변한 기업이 없었던 초기 산업화 상태에서 박정희 정부가 주도한 대기업 중심의 제조업 육성이 시작되자 다수의 기업과 재벌 집단이 빠르게 형성되었고, 이 과정에서 농업 부문의 불완전 고용 노동자들이 대거 산업

부문으로 이동하여 고용이 확대되는 현상을 보였다. 그리하여 박정희 정부의 초기와 중후기까지 경제제도는 노동자들의 저임금을 이용하는 약탈성을 보였지만, 다른 한편으로 고용 확대를 통해 산업 부문에 진출한 노동자 대중의 소득을 증가시키고 1990년대 초중반까지 중산층을 크게 확대하는 포용성도 늘어나는 특이한 모습을 보였다.

그러나 산업화가 경공업에서 중화학공업의 단계로 본격적으로 이행하면서 외환위기를 전후하여 상품시장과 금융시장이 급격히 개방되고 노동시장의 규제가 대폭 완화되자, 한국의 경제제도는 약탈적 제도로 빠르게 전환하기 시작했다. 특히 IMF의 구제금융을 받는 조건으로 노동시장 규제가 크게 완화됨으로써 2002년에 비정규직이 최대 56.6%까지 증가하는 위험한 상황이 발생했다(김유선, 2016). 물론 비정규직 비율은 2016년에 44.5%까지 줄어들었지만, 비정규직 종사자의 절대 수는 2016년에 874만 명으로 그 수치가 최고치에 도달했던 2007년의 879만 명과 대동소이한 규모로 유지되고 있다. 이런 상황의 배경은 공산권 붕괴와 세계화의 급진전에 따라 국제 경쟁에 내몰린 대부분의 한국 기업들이 노사 협력, 대·중소기업 동반성장, 개방적·협력적 기술 혁신에 기반한 국제 경쟁력을 갖추지 못하거나 그런 노력을 소홀히 한 채 기업 비용 중 임금 비중을 최소화하여 이윤을 최대화하고 자신들만 생존하려 했기 때문이다.

상황이 이렇게 바뀌면서 개발시대에 고용 확대와 임금 증가를 가져온 경제제도의 포용성은 빠르게 사라지고, 그 대신 시장제도 전반, 특히 재벌 집단과 중소기업 관련 제도, 독과점과 불공정거래 관련 제도, 고용·노사·임금 제도, 조세·복지 제도 등이 모두 대기업과 정규직, 상위계층 등 강자를 중심으로 재편됨으로써 경제제도의 약탈성이 빠르게 증가했다. 이로 말미암아 대기업과 재벌 계열 기업, 상위 계층과 같은 강자 집단의 이익과 소득은 지속적으로 늘어나고, 중소기업과 수많은 비정규직, 대다수 중하위층의 이익과 소득은 제자리걸음을 면치 못하게 되었다. 이렇게 되면, 극심한 노동생산성-임금 격차와 급증하는 소득 및 자산 불평등 구조(〈그림 2-1〉과 〈그림 2-2〉 참조)가 정치적으로 민주화된 한국 사회에서 경제적 쇠퇴를 가져오는 신형 노예제나 카스트 제도로 예기치 않게 변질되는 문제가 발생한다. 비정규직이 광범위하게 확산된 상태에서 국민의 절반 정도가 아무리 노력해도 정규직 급여의 절반밖에 받을 수 없거나, 수백만 개의 중소기업들이 아무리 노력해도 납품 단가 후려치기나 기술 탈취 등과 같은 대기업들의 횡포에 지속적으로 희생당하고 있다면, 외형적으로는 포용적 경제제도를 가지고 있지만 실질적으로는 약자 집단에 대한 차별과 배제, 약탈이 자행되는 신종 카스트 체제가 작동하는 것이다.

이것은 실로 중대한 문제로서, 한국 사회가 재벌 대기업 집단과 상위층, 소수의 정규직 중심으로 구축된 차별적·약탈적 경제제도를 개혁하지 않는 한 박정희 패러다임의 한계를 극복하고 지속가능한 경제성장을 추구하기가 불가능함을 보여준다. 그러므로 현 시기 한국의 가장 큰 과제는 약탈적 경제제도를 포용적 경제제도로 전환하여 지속가능한 경제구조와 안정적 고용 기반과 삶의 기반을 만들어내는 일이다. 그리하여 수명을 다한 박정희 패러다임에 갇혀 저임금과 불평등, 불행과 저출산이라는 갖가지 사회경제적 위험에 시달려온 한국 사회의 낡은 발전 경로를 포용적 성장과 사회경제적 공생이 가능한 새로운 대안적 경로로 빠른 속도로 전환하는 것이 무엇보다 시급한 과제다.

그러면 구체적으로 한국 사회의 대안적 발전 경로를 어느 방향으로 설정해야 하는가? 아래의 〈표 2-1〉에 제시된 바와 같이 비교정치경제학의 관점에서 역사적으로 존재했던 국가-시장 모델은 대략 네 가지로 정리해볼 수 있는데, 이 중 한국에서 도입된 모델은 국가 단독 지배 모

〈표 2-1〉 비교정치경제 모델

국가-시장 모델	특징
국가 단독 지배 모델 (developmental state 또는 state corporatism)	권위주의적 발전국가 또는 국가조합주의 모델, 박정희-전두환 정부 시기
국가-재벌 공동 지배 모델 (corporatism without labor)	노동 배제적 국가-재벌 조합주의 모델, 2차 대전 이후의 일본, 1987년 민주화 이후의 한국(노태우 정부에서 박근혜 정부까지)
자유시장 모델 (liberal market economy)	자유시장 중심의 영미형 모델, 국가 개입 최소화와 규제 완화, 김영삼 정부 이후 보수정부의 정책 이데올로기(신자유주의)
사회적 시장경제 모델 (social market economy)	자유 시장경제와 사회복지의 결합, 사회통합적 시장경제 지향, 2차 대전 이후의 독일형 사회적 시장경제 모델과 노르딕 국가들의 사민주의형 사회적 시장경제 모델

델과 국가-재벌 공동 지배 모델, 자유시장 모델의 세 가지였다. 앞의 두 모델은 권위주의 시기부터 민주화 직후까지 국가 단독으로, 또는 국가와 재벌이 공동으로 위로부터 동원과 통제에 의해 경제성장을 추진했던 국가-시장 모델, 즉 박정희 패러다임의 두 가지 형태였다. 따라서 단기적으로 경제적 성과를 보였던 두 모델은 장기적으로는 노동 배제, 임금 억제, 불평등 증가, 결혼 기피와 출산 기피에 따른 인구위기 등을 가져와 경제 붕괴와 함께 사회 붕괴를 초래할 가능성이 매우 높은 지속불가능한 모델이라고 할 수 있다.

한편 한국은 김영삼 정부 중반부터 국가-재벌 공동 지배 체제가 존속하는 가운데 빠른 속도로 감세와 규제 완화 등 국가 역할의 축소와 시장 개방과 민영화 등 시장 역할을 극대화하는 자유시장 모델을 실험하기 시작했다. 그런데 이 모델은 앞의 〈그림 2-1〉과 〈그림 2-2〉에 제시된 것처럼 노동생산성과 임금의 극심한 격차와 더불어 급격한 불평등 증가를 수반하기 때문에, 이론적·경험적으로 지속가능한 모델이 아님이 밝혀졌다(Reich, 2015; Krugman, 2007; Bartels, 2008).

특히 이 모델은 세계화와 기술 발전, 그리고 대기업 친화적 공공정책으로 인해 소득과 자산의 '상향 분배'가 끊임없이 이루어져 고용 불안정, 소득 정체(또는 소득 감소), 부채 증가로 인해 다수 구성원과 국민경제가 경제적 파탄에 빠질 가능성이 매우 높다는 것이 세계적으로 입증되었다. 미국에서 1929년의 대공황과 2008년의 대규모 금융위기처럼 주기적으로 대규모 경제위기가 반복된 것은 고용 불안정을 조장하고 불평등을 증가시키는 자유시장 모델의 내재적 특성에 기인한다. 우리나라에서는 민주화 이후 김영삼 정부가 무역 및 금융 개방과 노동시장 규제 완화를 급격하게 추진한 결과 1997년 말에 경제공황에 버금가는 외환금융위기를 겪었는데, 이것은 자유시장 모델의 과격한 실행이 얼마나 위험한 결과를 초래하는지 잘 보여주었다.

다시 말해, 네 가지 모델 중 한국은 박정희 정부 이래 민주화 직후까지 국가 단독 지배 모델과 국가-재벌 공동 지배 모델 두 가지를 실행해왔고 1990년대에 들어와서는 단기적으로 자유시장 모델을 실험했으나 그 결과가 모두 파국적인 것으로 드러났다. 따라서 한국에 남겨진 마지막 선택은 사회적 시장경제 모델뿐이다. 잘 알려진 대로 사회적 시장경제 모델은 두 가지 경로로 발원되었다. 우선 가장 전형적인 경로는 2차 대전 직후 독일에서 시작되었다. 당시 독일은 극우 나치의 동원경제에서 벗어나 자유시장경제를 실현하는 동시에 동구권 전체로 급속히 확대되고 있던 소련식 공산주의적 통제경제의 위협에 맞서기 위해 사회적 시장경제 모델을 구축하기 시작했다. 이 모델의 핵심은 경제적으로는 자유로운 시장경제를 추구하더라도 시장경제의 작동에서 비롯되는 고용 불안, 임금 격차, 빈곤, 질병, 노후 불안 등 각종 사회적 위험에 대해 안정된 사회보장을 제공함으로써 시장경제를 교정하고 보완하여 경제성장과 사회통합을 동시에 달성하는 것이었다.

사회적 시장경제 모델의 다른 경로는 노르웨이, 스웨덴, 핀란드, 덴마크, 네덜란드 등 노르딕 국가들에서 실행되었다. 일찍이 19세기 후반부터 사회주의를 실현하기 위한 '의회주의의 길'을 선택한 이들 국가는 시장경제를 중심에 두되 민주적 절차를 통해 합법적으로 국가권력을 장악하고, 강력한 거시경제 정책과 조세 정책, 광범위한 복지 정책과 고용 정책을 통해 고용 안정, 불평등 축소, 복지국가 건설, 교육과 과학기술 진흥을 통한 국제 경쟁력 향상, 사회통합과 사회연대의 실현을 추구했다. 이런 노력의 일환으로, 1990년대 이후에는 복지국가와 시장 경쟁의 충돌을 해소하기 위해 소득 보장, 적극적 노동시장 정책, 노동시장 유연성을 결합한 '유연안전성 모델'을 발전시켜 경제위기에 대응하고 지속가능한 성장과 복지 기반을 재구축했다.

사회적 시장경제의 독일 모델과 노르딕 모델은 유럽연합 회원국에 널리 확산되어 유럽연합을 '사회적 유럽'으로 발전시키는 근거가 되었다. 사회적 유럽이란 시장 확대를 추구하는 '경제적 유럽'을 넘어서서 유럽연합 회원국 내부에서, 또한 회원국 상호간에 사회통합과 사회적 결속을 증진하려는 것이었다. 특히 고용 보호와 사회보장을 제공하기 위한 최소한의 기준을 마련하고, 취약 지역과 취약 계층에 대해서는 유럽지역발전기금(European Regional Development Fund)과 유럽사회기금(European Social Fund)을 통해 재정적 지원을 제공했다. 이로써 유럽 전체가 하나의 공동체 속에서 최소한의 사회보장과 사회적 연대를 실현할 수 있는 기반을 마련했다.

이렇듯 독일, 노르딕 국가, 유럽연합 회원국들은 영미권의 자유시장 모델이나 동아시아의 개입주의적 발전국가 모델과 구별되는 사회적 시장경제라는 공통의 모델을 추구하고 있다. 그러나 이들 사이에 조세 제도와 징세 규모, 복지 투자 규모, 복지 제도의 내용, 노동 보호 정도, 노사 관계의 특징, 적극적 노동시장 정책의 정도 등 여러 측면에서 다양한 차이와 변이가 존재하는 것도 사실이다(Aiginger and Leoni, 2009).

그럼에도 불구하고, 전체적으로 보아 유럽 국가들은 세계의 여타 국가들과 비교하여 포용성과 혁신성을 결합하여 '유럽의 기적'이라 할 수 있는 경제성장과 사회통합을 동시에 실현했다고 이해할 수 있다. 즉, 포용성의 측면에서 보면 내각제와 다당제라는 정치제도하에 높은 수준의 정치적 포용성을 구현했으며, 높은 고용률과 함께 동일 노동-동일 임금의 원칙하에 고용과 임금 차별을 철폐하고 요람에서 무덤까지 포괄적인 사회 안전망을 구축하여 높은 수준의 경제사회적 포용성을 달성했다. 이런 구조 속에서 유럽 국가들은 많은 비용을 수반하는 높은 수준의 사회 안전망과 복지국가 체제가 국제 경쟁력을 약화시키고 재정적 지속성을 약화시키지 않도록 끊임없는 교육 혁신을 통해 국민들의 창의력과 혁신 역량을 증진시키려 노력해왔다. 특히 세계 최고의 복지국가를 발전시킨 노르딕 국가들은 세계 최고의 창의적 교육국가로 발전하여 과학기술과 문화적 창의성을 높이는 데 혼신의 노력을 기울였고, 그 결과 세계 최고의 혁신 역량과 국가 경쟁력을 실현하기에 이르렀다. 다시 말해, 사회적 시장경제를 발전시킨 유럽 국가들, 특히 노르딕 국가들은 포용성과 혁신성을 최적의 수준으로 결합시켜 충실한 사회보장과 역동적인 혁신경제를 성취하는 데 성공했다고 결론지을 수 있다.

이런 점을 감안할 때, 한국 사회는 앞으로 유럽에서 장기간 동안 실험된 사회적 시장경제 모델로의 경로 변경을 적극적으로 모색해야 한다고 본다. 그러나 유럽의 모델을 단순히 모방해서는 안 되며, 시장경제의 역동성과 복지국가 건설을 통한 사회 통합의 요구를 결합시키기 위해 사회적 시장경제 모델을 채택한 포용성과 혁신성의 원리를 한국 사회의 실정과 가능성에 맞게 적용하는 방법을 찾는 큰 숙제가 있다. 어떤 경우에도 외국의 제도를 그대로 이식하는 것은 불가능할 뿐만 아니라 바람직하지 않다. 다만 민주주의와 시장경제를 채택한 나라에서 두 제도의 갈등 요인을 줄이고 상생적 상호작용을 통해 체제 성과를 높이기 위해 유럽 국가들이 발견한 '기적의 원리'가 포용성과 혁신성이라는 두 가지 원리였음을 확인할 수 있을 뿐이다. 우리의 과제는 두 가지 원리, 혹은 여기에 유연성이라는 원리를 추가하여 어떻게 한국형

〈표 2-2〉 발전국가와 포용국가의 차이

주요 영역	발전국가	포용국가
지배 구조	국가 단독 지배, 국가-자본 공동	국가-시장-사회 협치
정책 노선	선성장-후분배, 국제경쟁력	선분배-후성장, 분배-성장 선순환
정책 중점	배제성, 모방성, 유연성(수량적)	포용성, 혁신성, 유연성(기능적)
시장 구조	재벌과 대기업의 독과점 조장, 비정규직 양산	독과점 해소, 대·중소기업 협력, 비정규직 최소화
사회경제적 결과	불평등 심화, 빈곤 확대, 성장잠재력 약화, 저출산 심화, 자살률 확대	불평등 축소, 중산층 확대, 빈곤 감소, 성장잠재력 증가, 저출산 해소, 자살률 감소

변종, 혼종 혹은 신종 모델을 창출해내느냐 하는 것이다. 이 원리들을 중심으로 '한국의 비극'을 넘어서기 위한 창의적 응전이 절실히 요구되는 시점이다. 국가론의 관점에서 보면, 현재의 신자유주의적 시장경제를 한국형 사회적 시장경제로 전환시키기 위해 사회경제적 포용성·혁신성·유연성을 증진시키는 국가를 혁신적 포용국가로 이해할 수 있다. 이 국가는 사회경제적 전환을 이루기 위해 정치, 경제, 사회 등 여러 영역에서 다양한 정치 세력 및 사회경제 집단들과 대화와 타협을 추진해야 하기 때문에 정치적 포용성도 폭넓게 갖추었다고 볼 수 있다. 한국의 비극을 극복하기 위해 요구되는 이 새로운 국가는 〈표 2-2〉에 정리된 바와 같이 박정희 시대 이후 한국 사회의 주류적 국가 패러다임으로 고착되어온 발전국가 또는 신자유주의적 발전국가와 지배 구조, 정책 노선, 정책 중점, 시장 구조, 사회경제적 결과 등에서 뚜렷한 질적 차이를 보인다.

우선 지배 구조 측면에서 보면, 발전국가는 국가가 단독 또는 자본과 공동으로 경제와 사회를 위로부터 지배하는 데 반해, 포용국가는 국가-시장-사회 사이의 협치 체제를 발전시킨다. 정책노선 면에서는 발전국가가 선성장-후분배와 국제 경쟁력을 추구하는 데 반해 포용국가는 선분배-후성장과 분배에 기반한 성장 잠재력 증진을 추구한다. 정책 중점 면에서는 발전국가는 재벌 대기업과 상위 계층만을 포용하고 나머지 집단은 배제하며 혁신성보다는 모방성에 더 치중하고 노동시장의 수량적 유연성에 집착한다. 그러나 포용국가는 중소기업, 하위계층,

비정규직, 실업자를 최대한 포용하며, 혁신성과 기능적 유연성을 더 중시한다. 시장 구조 면에서, 발전국가는 재벌과 대기업의 독과점을 조장하고 정규직과 비정규직 사이의 격차를 증가시키지만 포용국가는 독과점을 해소하고 대·중소기업 간 동반 성장을 촉진하며 비정규직을 최소화하는 정책을 추진한다. 마지막으로, 사회경제적 결과에 있어서는 발전국가가 불평등 심화, 빈곤 확대, 성장잠재력 약화, 저출산 심화, 자살률 확대를 초래하는 데 반해 포용국가는 불평등 축소, 중산층 확대, 빈곤 감소, 성장잠재력 증가, 저출산 해소, 자살률 감소 등을 가져온다. 이렇게 볼 때 '한국적 비극' 상황에 빠져 있는 한국 사회는 신속하게 발전국가 모델에서 포용국가 모델로 전환해야 한다는 것을 확인할 수 있다.

03

혁신적 포용국가로의 이행을 위한 정책 과제

유럽의 사회적 시장경제 국가들 중 특히 노르딕 국가들이 포용성과 혁신성을 결합하여 지속적으로 높은 수준의 경제사회적 성과를 올려왔던 데 비해, 한국은 세계 11위 수준의 큰 경제규모를 달성하고도(2016년 GDP 1.4조 달러) 아직 이 두 가지 측면에서 세계적 수준의 국가들과 큰 격차를 보이고 있는 것으로 판단된다. 〈그림 2-3〉에서 보듯, 노르딕 국가들은 포용성과 혁신성에서 세계 최고 국가에 올라 있으나 한국은 사회보장 정도로 측정된 포용성 수준이 OECD 최하위권에 속해 있으며 연구개발 실적 등으로 측정된 혁신성에서도 OECD 중간 정도다(연구개발 성과의 활용도는 최하위권임). 이와 함께 국민들이 느끼는 삶의 만족도에서도 터키, 그리스와 함께 OECD 최하위권에 속한다.

이것을 보면 한국은 짧은 기간에 세계 11위의 경제대국에 도달하는 데는 성공했지만, 경제성장과 사회통합을 결합하여 지속적 발전 기반을 만드는 데는 실패한 것으로 진단할 수 있다. 다시 말하면, 한국은 세계적 경제대국에 진입했으나 여전히 박정희 패러다임에 사로잡힌 나머지 포용성과 혁신성을 증진하여 양적 성장에서 질적 발전으로 나아가는 경로로 전환하지는 못한 것이다. 게다가 세계 시장에서 일부 첨단 산업 분야를 제외하면 전반적으로 중하위 수준의 기술에 머물며 가격 경쟁력을 유지하기 위해 비정규직 고용과 임금 약탈에 치중하고 있는 것이다.

〈그림 2-3〉 포용성과 혁신성의 국제 비교 (2015)

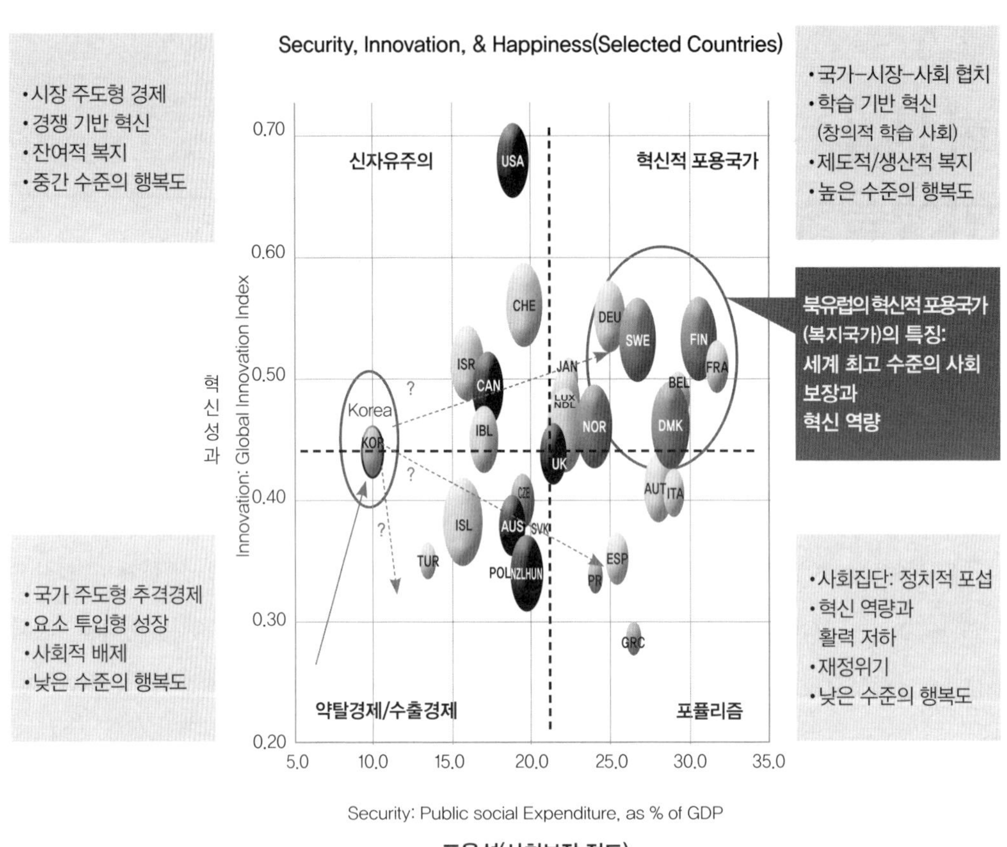

이래서는 희망이 없다. 따라서 개방형 경제구조를 가지고 있는 한국이 국제 경쟁력을 유지하기 위해서라도, 나아가 고용 증진 및 질적 향상, 임금 확대, 불평등 축소 등을 통해 사회통합과 지속적 경제성장을 동시에 도모하기 위해서라도 과거와는 완전히 다른 새로운 국가발전 전략, 즉 '혁신적 포용국가' 전략을 추진해야 한다. 이 전략의 핵심은 포용성과 혁신성을 모두 극대화하여 최대 다수의 국민들이 정치 영역과 사회경제 영역에 최대한 참여하여 창의성과 혁신성을 발휘하고 최대한의 이익을 향유하게 하는 것이다.

〈그림 2-4〉에 제시된 모델은 혁신적 포용국가 전략을 어떻게 실천할 것인가를 보여주고 있

〈그림 2-4〉 혁신적 포용국가 이행 모델: 사회경제적 전환의 과제

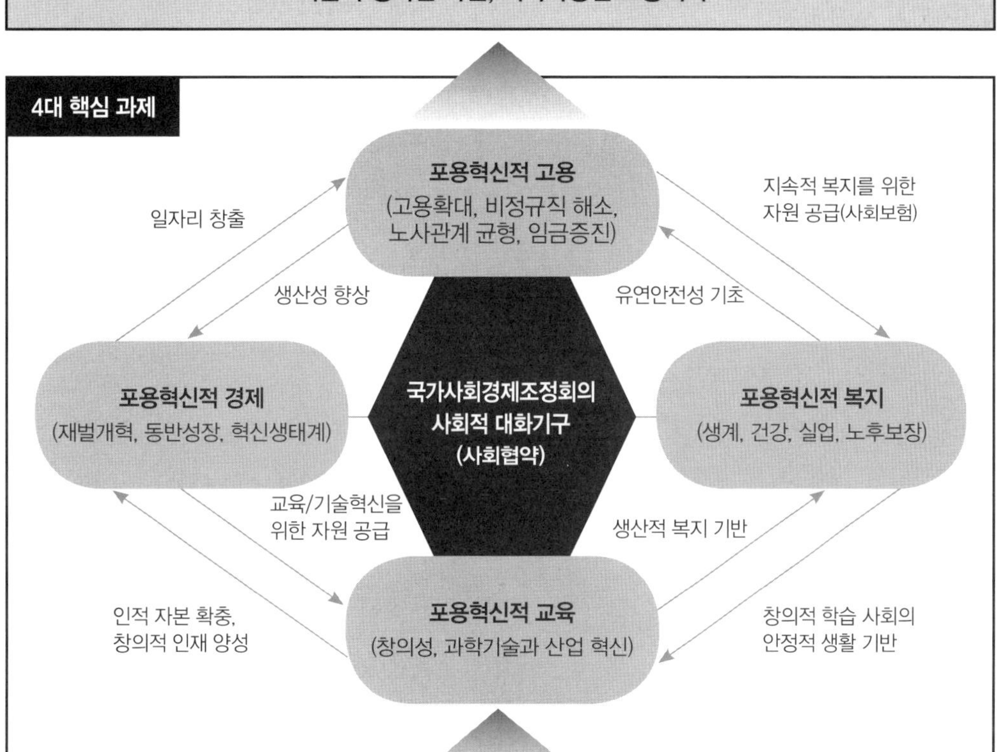

2대 선도 과제

정치적 포용혁신 : 대화정치, 합의정치
사회적 포용혁신 : 사회적 대화, 사회협약

다. 우선 이 모델은 정치적 포용과 사회적 혁신이라는 두 가지 선도 과제를 실행하면서, 그 토대 위에 포용성과 혁신성을 유기적으로 결합하여 역동적 선순환을 생성하기 위해 포용 노동, 혁신 경제, 포용 복지, 혁신 교육이라는 네 가지 핵심 과제를 추진하는 것이다. 각각의 구성 요소에 어떤 변화가 필요한지 정리하면 다음과 같다.

❙ 2대 선도 과제

1. 정치적 포용혁신

혁신적 포용국가를 건설하기 위해서는 다양한 갈등(경제 영역에서의 대·중소기업 갈등, 기업 내의 노사 갈등, 소득 상·하위 계층 사이의 분배 갈등 등)을 해결하고 고용·복지·교육 분야에서 많은 재정 투자를 감당해야 한다. 그러나 사회경제적 갈등 해결과 재정 투자 확대는 정치권과 이익집단 사이의 담합에 의해 방해받을 가능성이 크다. 정치권과 강자 집단(재벌 대기업, 자산·소득 상위 계층, 대기업 정규직 노조 등)은 다양한 형태의 정경유착과 이익·지지 교환 관계에 의해 서로 밀착되어 있을 가능성이 크기 때문이다.

따라서 차기 개혁정부가 포용성과 혁신성을 증진하여 기존의 경제 우위·성장 중심의 경제 사회 체제를 사회·경제 균형의 관점에서 고용·복지·교육을 중시하는 통합적 사회경제 체제로 전환하기 위해서는 기존의 정치세력들과 폭넓은 대화를 통해 최소한의 합의를 이끌어내야 한다. 각 정치세력들이 상이한 목표를 추구하더라도 공생과 지속가능성의 공동 목표를 달성하기 위해서는 혁신적 포용국가와 한국형 사회적 시장경제를 구축해야 한다는 데 합의할 필요가 있다는 것이다. 이를 위해 차기 민주정부는 정치적 포용 노선을 통해 다양한 정치세력과 폭넓은 대화를 추진하고, 공동의 정책 과제에 대해 대화정치와 합의정치를 실현해야 한다. 그리하여 정치적 포용과 합의를 통해 사회·경제 영역에서 광범위한 국가혁신을 촉진해야 한다.

2. 사회적 포용혁신

혁신적 포용국가와 한국형 사회적 시장경제로의 거대한 전환을 이루기 위해서는 정치 영역의 대화 정치와 합의 정치 외에 사회 영역에서도 다양한 사회집단 사이에 활발한 사회적 대화를 추진할 필요가 있다. 과거의 노사정 대화를 살펴보면 대화의 초기 단계부터 너무 큰 문제를 다루거나, 각 주체들이 자신들의 요구를 최대한 관철시키기 위해 주요 쟁점을 처음부터 과도하게 정치화하여 실패하는 경향이 있었다.

따라서 의미 있는 대화를 통해 사회적 갈등을 해결하고 더 큰 이익을 공유하기 위해서는 다음과 같은 접근이 필요하다. ① 큰 문제를 작은 문제로 나누고, ② 대화를 통해 해결할 수 있는 공통의 과제를 합의로 선정하고, ③ 호혜와 양보 또는 변증법적 대화의 과정을 통해 공동의 합의에 도달하여 사회협약을 체결하고, ④ 이를 공동으로 실천하여, ⑤ 최종적으로 결과(좋은 결과이든 나쁜 결과이든)를 공유하는 것이다.

이런 접근의 가장 큰 이점은 예전에는 존재하지 않았거나 미약했던 상호 신뢰를 확보할 수 있다는 것이다. 그리하여 상대를 신뢰하게 되면, 그다음 단계에서는 더 많이 협력할 수 있고, 더 어려운 문제도 대화로 해결할 수 있으며, 집단지성과 대중의 지혜를 발휘할 수 있고, 나아가 상호 협력을 통해 더 큰 이익과 공익을 생산하여 대화의 각 주체들이 과거보다 더 많은 이익을 실현할 수 있게 된다. 이것이 신뢰와 협력의 힘, 즉 사회자본의 힘이다.

애덤 스미스는 『국부론』에서 분업의 힘을 강조했는데, 한국처럼 노사 등 사회집단 사이의 분열과 대립이 심각한 곳에서는 분업이나 기술의 힘보다 신뢰와 협력의 힘이 잠재적으로 훨씬 더 큰 효과를 불러올 것으로 예상할 수 있다. 다시 말하면, 사회적 대화를 통해 신뢰와 협력의 사회자본을 풍부하게 형성하면 예전에는 존재하지 않았던 '생산성 증가 효과'나 '사회평화 배당 효과'를 얻을 수 있다는 것이다. 그리하여 사회적 포용혁신은 다양한 집단을 사회적 대화 프로세스에 포용하고, 이를 통해 광범위한 협력적 혁신을 일으킬 수 있는 사회혁신 전략이라고 볼 수 있다.

4대 핵심 과제

1. 포용혁신적 고용

"일자리는 생명"이라는 말이 있다. 일자리는 자본주의 시장경제에서 대다수 사회 구성원들이 생계를 유지하는 소득의 원천인 동시에, 자아실현, 사회적 관계 형성, 노후 준비를 위한 수단이라는 복합적 의미다. 그러나 외환위기 이후 우리나라에서는 일자리의 양과 질에서 중대한 문제가 발생하기 시작했다. 우선 1987년 정치 민주화 이후 노조 설립과 노동 파업이 확산된 이후 산업 로봇 도입 등 공장 자동화가 빠르게 진행되었고, 1997년 외환위기 이후 정리해고와 비정규직이 합법화되면서 고용의 양적 축소와 질적 악화가 동시에 진행되었다.

따라서 앞으로는 일자리의 양을 지속적으로 확대하고 비정규직 축소와 임금 격차 해소 등 일자리의 질적 향상을 도모하는 포용적 고용 정책이 중심이 되어야 한다. 먼저 일자리의 양을 확대하기 위해서는 자동차·기계·전자 등 기존 주력 산업의 고도화를 추진하여 산업 경쟁력을 제고하고, 동시에 사물인터넷과 클라우드 서비스 등의 IT 산업, 스마트 자동차, 지능형 로봇, 융복합 신소재, 의료·바이오 산업, 4차 산업혁명 등 신산업을 적극적으로 육성해야 할 것이다(임춘택, 2016). 이와 함께, 기후변화에 대응하면서 콘드라티예프 6차 상승을 주도할 재생에너지, 전기 자동차, 에너지 절약형·생산형 주택, 친환경 소재, 환경 산업 등도 적극 육성해야 한다(삭스, 2015). 특히 '에너지·생태 뉴딜'의 관점에서 이 분야에 대한 정부 투자를 늘려가면 어느 시기부터 일자리가 폭발적으로 증가하는 것은 물론, 정부 개입 없이 자생적으로 움직이는 큰 시장이 형성될 것으로 예상된다.

고용의 질적 측면에서 가장 시급한 일은 비정규직을 최소화하는 것이다. 현재 전체 노동자의 최대 44.5%에 달하는 비정규직을 축소하기 위해서는 입법을 통해 비정규직 고용의 허용 범위를 계속 줄여나가야 한다(김유선, 2016). 이와 함께 비정규직 노동자의 임금을 '동일 노동-동일 임금'의 원칙에 따라 정규직 노동자 임금의 최대 70~80% 수준까지 인상하는 방안도 적극적으로 추진해야 한다. 이렇게 하면 노동자에게는 임금 수준을 높이는 효과가 있고, 기업에 정규직 고용을 압박하는 효과도 발생하여 전체적으로 고용의 질을 크게 개선할 수 있을 것이다.

고용의 양적 확대와 질적 개선은 포용 측면의 정책 과제인데, 고용의 혁신 측면에서도 고려할 점이 많다. 이런 관점에서 가장 중요한 과제는 노동자들에게 지속적으로 교육 훈련을 실시하여 새로운 지식과 기술을 습득하게 하고 관리 역량을 증진시키는 것이다. 그래야 고용 보호를 강화하면서도 노동자의 창의성과 생산성을 증가시킬 수 있다. 고용의 질적 개선과 고용의 혁신성을 동시에 증진하는 데 성공한 가장 좋은 사례는 노르딕 국가들에서 찾을 수 있다. 이들 국가는 관대한 실업보험, 적극적인 노동시장 정책, 노동시장의 유연성 등 세 가지 요소를 결합한 '유연안전성 모델'을 구축하여 경제성장, 고용 확대, 복지 체제 유지에 큰 성과를 거두었다. 1990년대와 그 이후 일련의 경제위기에 직면해서도, 기업들은 유연한 고용 조정을 통해 경쟁력을 증진할 수 있는 한편, 실업자들은 기존 급여의 최대 80%에 해당하는 실업급여를 받으면서 국가가 운영하는 직업교육과 직업 알선 서비스를 통해 빠른 시간 내에 더 나은 직장을 구할 수 있다.

우리나라에서도 적극적 노동시장 정책을 좀 더 확대할 필요가 있다. 고용보험의 적용 대상자를 늘리고 급여 수준과 기간을 더 확대해야 한다. 교육 훈련 프로그램은 노동자들의 역량 증진과 산업 구조조정을 병행한다는 차원에서 대폭 확충해야 할 것이다. 노동시장 유연성과 관련하여 해고를 자유롭게 허용하는 수량적 유연성은 최대한 억제해야 한다. 이미 단기 계약직으로 근무하는 다양한 형태의 비정규직 고용이 높은 수준에서 허용되고 있기 때문이다(2016년 44.5%). 이에 비해 근무 배치, 임금 총액, 근무 기간 등을 조정하는 기능적 유연성과 임금 유연성은 좀 더 많이 허용될 필요가 있다. 특히 임금 유연성은 임금피크제를 도입하되, 재직자의 근무 기간을 다소 연장하는 방안과 연계하면 임금 총액의 여유분으로 청년 고용을 확대할 수 있으므로 사회적 대화와 합의를 통해 적극 추진할 필요가 있다.

한국형 사회적 시장경제 모델을 구축한다는 측면에서 볼 때, 최고의 정책 목표는 일자리를 필요로 하는 모든 국민들에게 질 좋은 일자리를 제공하는 데 두어야 할 것이다. 따라서 일자리의 양적 확대와 질적 개선을 추구하는 포용혁신적 고용 정책은 국민의 사회경제적 안전을 돌보는 차기 민주정부의 가장 중요한 정책으로 설정되어야 한다.

2. 포용혁신적 경제

박정희 모델에서 비롯된 재벌 대기업 집단 중심의 경제구조는 독과점, 정경유착, 중소기업 지배, 대·중소기업 간 임금 격차, 중소기업의 이윤 압박에 따른 비정규직 고용 확대, 불평등 심화 등 한국 경제를 약탈경제로 변질시켜온 주된 요인이다. 따라서 출자총액제한제도의 재도입, 지주회사 규제 강화, 일감 몰아주기 근절, 금융계열사의 재벌 확장 제한, 대표소송제 활성화 등을 통한 경영 투명성 증진 등 다양한 수단을 활용하여 재벌 체제를 획기적으로 개혁할 필요가 있다(최정표, 2017). 그래야 혁신보다 지대를 더 많이 추구하는 약탈경제를 공정한 경쟁이 이루어지는 공정경제로, 나아가 중소기업이 역량을 최대한 발휘하여 번영할 수 있는 포용경제로 전환시킬 수 있다.

재벌 개혁을 통해 공정하고 포용적인 경제 질서가 갖추어지면 대·중소기업들은 다양한 형태의 협력경제, 즉 산업 분야에 따라, 또는 지역에 따라 협력과 상생을 지향하는 동반 성장 경제를 구축할 수 있게 된다. 나아가 이러한 대·중소기업 간의 협력적 관계는 개방형 혁신을 통해 혁신경제를 발전시키는 중요한 여건을 조성한다. 오늘날처럼 각 분야의 기술이 빠르게 고도화되고 다양한 기술과 산업의 융복합을 통해 끊임없이 신산업이 탄생하는 시대에는 개별 기업이 폐쇄적 틀 속에서 단독으로 기술 혁신을 추구하는 것은 불가능하고 경쟁력 측면에서도 크게 불리하다. 따라서 개방적 협력 체계하에 관련 기업, 연구 기관, 대학과 함께 긴밀한 산학연 협동을 추진하는 것이 필수적이다.

산학연 협동 네트워크 속에서 다수의 기업들이 특정 지역에 집적하면 점진적으로 산업 클러스터 또는 혁신 클러스터로 발전하기도 한다. 클러스터의 유형에는 실리콘밸리(미국)나 케임브리지 과학단지(영국)와 같은 민간 주도형(대학과 기업)과 소피아앙티폴리스(프랑스)와 대덕연구단지와 같은 정부 주도형이 있는데, 성공적인 클러스터에는 참여자 상호간의 신뢰와 협력, 지식 공유, 지속적인 기술 개발, 다양한 기술 융합, 이에 기반한 활발한 창업과 같은 공통점이 있다. 공간적 집적을 이루는 오프라인 클러스터와 달리, 최근에는 기업, 연구소, 대학 사이의 협력이 인터넷과 클라우드 기술을 이용하여 특정 지역의 경계를 넘어 글로벌 차원으로 발전하기도 한다. 온라인으로 클러스터가 구축되기도 하는 것이다.

오프라인이든 온라인이든 클러스터는 개방적 협력과 혁신의 비교우위가 얼마나 강력한지를 보여준다. 그러나 한국의 재벌은 주로 중심 기업과 계열 기업의 폐쇄적 틀 내에서 정보·지식·기술을 공유하는 체제이기 때문에, 원천적으로 비교열위의 상태에서 기술 개발과 기업 경영이 이루어진다고 볼 수 있다. P&G는 폐쇄적 R&D가 아니라 개방적 '연계 개발(C&D)'의 관점에서 전 세계의 관련 기업이나 연구소·대학 등과 협력함으로써 기술 개발 시간을 단축하고 필요한 첨단기술을 최대한 빨리 획득하여 시장 경쟁을 주도하고 있다. 이에 비해, 한국의 재벌 지배 체제는 기술력과 경쟁력 측면에서 현저히 뒤떨어진다고 볼 수 있다. 따라서 구조를 근본적으로 혁신하지 않은 채 과거처럼 폐쇄형·추격형·모방형 성장 전략을 지속할 경우, 한국의 재벌 집단 전체, 나아가 국민경제 전체의 혁신 역량과 경쟁력이 큰 위기에 처할 가능성이 높다고 할 수 있다.

이런 구조 속에서 한국의 재벌 집단은 경제개발의 초기 단계부터 4차 산업혁명이 빠르게 진행되는 현 시기까지 개방적 기술 혁신을 소홀히 한 채 납품 중소기업, 비정규직 노동자, 일반 소비자들을 광범위하게 약탈하는 전략을 채택해왔다. 따라서 현재의 재벌 지배 체제가 개혁되지 않으면 한국 경제를 공정·포용경제, 협력·혁신경제로 전환하여 경제주체의 상생을 도모하고 국민경제를 역동적 경제로 발전시키는 것이 불가능하다. 결국 한국 경제의 재도약은 재벌 체제를 개혁하는 데서 출발해야 한다.

3. 포용혁신적 복지

1942년, 2차 대전이 한창 진행되던 와중에 발표된 「베버리지 보고서(Beveridge Report)」는 전쟁으로 고통당하던 영국 국민들에게 '요람에서부터 무덤까지' 직면한 다양한 사회적 위험(실업·질병·은퇴 등)에 대해 사회보험제도로 삶의 안전을 보장하는 복지국가를 건설하겠다고 발표했다. 이것은 급격한 산업화와 전쟁으로 인해 온갖 사회적 불안에 노출된 국민들의 삶을 국가가 보장할 것이라는 큰 기대를 불러일으켰다. 영국과 독일이 빠른 속도로 복지국가의 원형을 만들어가자, 다른 산업국가들도 자본주의 시장경제로 인해 비롯된 실업, 빈곤, 빈부 격차, 질병, 노후 불안 등의 여러 문제에 대응하기 위해 각국의 실정에 맞는 복지국가 체제를 갖추기 시작했고, 전 세계로 확산되어나갔다.

선성장·후분배(복지)의 논리에 따라 철저히 성장을 향해 질주해온 우리나라의 경우, 복지는 늘 경제성장의 부속물로 취급되었고 극빈자를 지원하는 생활보호제도 등 발전국가 초기의 복지제도는 '잔여적' 수준을 넘지 못했다. 그러던 것이 산업화가 중화학 공업의 단계에 접어든 1976년 사회보험으로서의 의료보험제도가 도입되었고, 민주화 직전인 1986년부터 최저임금법과 국민연금법이 도입되는 등 복지제도의 급격한 팽창이 이루어졌다. 그 후 김영삼 정부 초기인 1993년에는 고용보험법이 제정되었고, 1999년 김대중 정부에서는 국민기초생활보

〈표 2-3〉 정규직과 비정규직의 사회보험 가입률 비교 (%)

사회보험 / 고용형태	국민연금			건강보험					고용보험		
	미가입	직장 가입자	지역 가입자	미가입	직장 가입자	지역 가입자	의료수급권자	직장 가입 피부양자	미가입	가입	비대상
임금노동자	28.6	65.7	5.6	2.7	68.6	16.2	0.9	11.6	32.1	60.3	7.6
정규직	2.0	97.6	0.4	0.0	98.8	0.9	0.1	0.3	3.0	83.1	13.9
비정규직	56.7	32.1	11.2	5.5	36.9	32.3	1.8	23.5	62.7	36.2	1.0

출처: 통계청(2011)

장법이 제정되어 국민들이 시혜가 아니라 사회적 기본권으로서 복지 혜택을 누릴 수 있게 되었다. 이어 노무현 정부에서는 사회보험의 대상자가 크게 확대되는 한편, 보육·아동 복지·노인 복지 등 가족 복지 분야의 서비스가 크게 늘어났다. 사회서비스 분야의 확대는 이명박 정부와 박근혜 정부에서도 이어졌다. 이처럼 저부담·저복지 구조를 가지고 있는 한국에서 점진적으로 복지 확대가 이루어진 것은 진보 세력의 권력 자원이 취약한데도 주기적으로 반복되는 대통령 선거에서 승리하기 위한 정당 간 선거 경쟁이 갈수록 격화된 데서 비롯한 정치적 결과로 이해된다(성경륭, 2014).

이처럼 제도적으로 완비되고 있는 한국의 복지 체제는 앞으로 두 가지 관점에서 더욱 획기적으로 변화·발전되어야 한다. 우선 과거의 '선성장·후복지'의 경제 우선적 사고를 넘어서서 '선복지·후성장'의 포용적 복지의 관점을 견지해야 한다. 지난날 경제와 성장을 앞세운 공공정책이 결국 '한국의 비극'을 가져왔고, 한국을 극심한 불평등과 저성장의 늪으로 밀어 넣었기 때문이다. 이제 이런 비극적 경로에서 과감히 벗어나 복지와 분배를 통해 국민 생활을 안정시키는 동시에, 국민의 소득과 구매력을 증진하여 소득 주도·수요 주도적 경제성장을 일으켜야 한다. 안정된 사회보장 체계를 갖추어야 국민들은 기술 개발과 새로운 사업 창업, 나아가 직업 선택에서 적극적으로 위험을 감수할 수 있게 된다. 따라서 포용적 복지는 기술 혁신과 위험 감수를 통해 역동적 혁신경제를 만드는 필수조건이라고 보아야 한다. 그러므로 앞으로 복지

〈그림 2-5〉 사회복지비 규모와 내부 구성 요소 변화 (GDP 대비 비중, %)

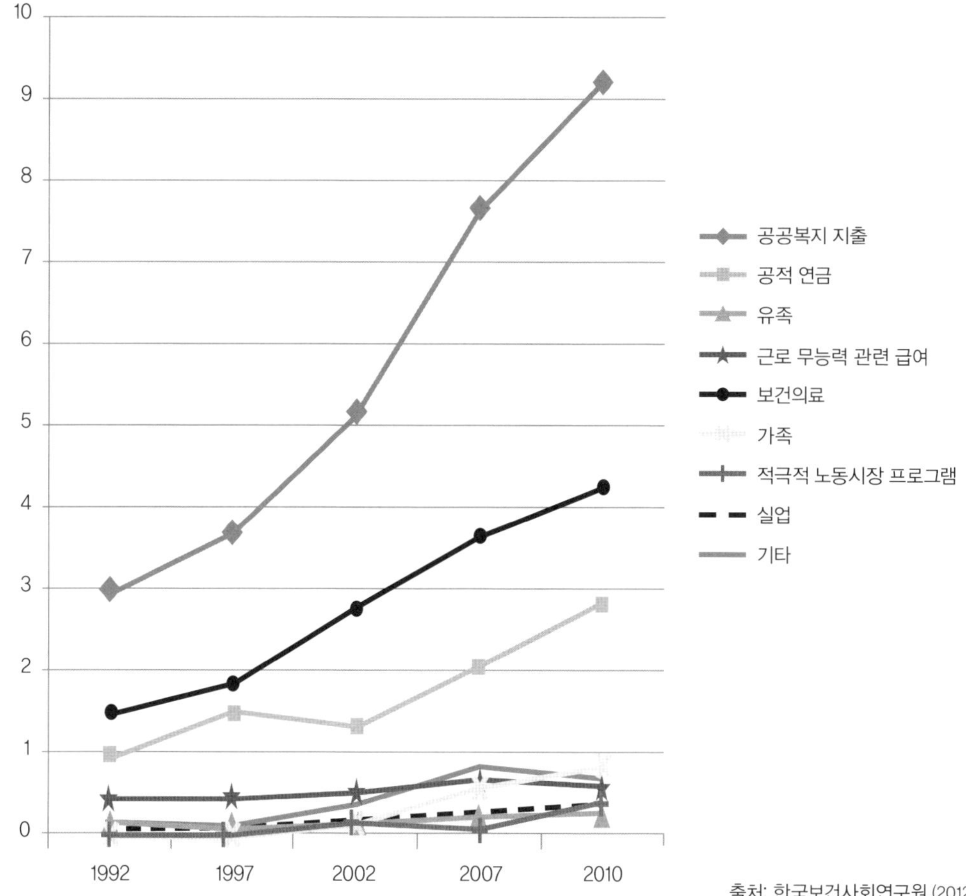

출처: 한국보건사회연구원 (2012)

와 분배를 비용과 경쟁력 저해 요인으로 보는 낡은 관점을 탈피해야 한다.

이런 두 가지 관점을 견지하면서 한국의 복지 체제는 향후 포용성을 더욱 확대하고 사회투자 분야에 대한 투자를 더욱 확대하여 혁신성과 지속가능성을 증진하는 방향으로 발전해야 한다. 먼저, 복지제도의 포용성을 증진하려면 〈표 2-3〉에 제시된 것처럼 현재 30%대에 머물고 있는 비정규직(2016년 현재 최대 870만 명 수준)의 사회보험 적용률을 대폭 늘려야 한다. 이를 위해 비정규직을 지속적으로 축소하고, 기업 근로자의 사회보험 가입을 의무화해야 하며, 국가도 비정규직의 사회보험 가입을 촉진하기 위해 일정 부분 재정적 부담을 떠맡아야 한다. 또한 2015년 현재 상대적 빈곤율은 13.8%에 달하고 있으나 국민기초생활보장제도의 수급률은 2.6%에 불과한 실정을 감안하여, 앞으로 생계가 어려운 많은 국민들(최대 500만), 특히 빈곤율이 49%에 달하는 빈곤 노인들을 위해 기초생활보장제도의 지원 범위를 적극적으로 확대해야 할 것이다. 그 외에 실업이나 빈곤으로 인해 건강보험이나 국민연금, 기초생활보장제도 등 주요 복지 혜택에서 배제된 사람들을 위한 다양한 노력이 경주되어야 한다.

다음으로, 현재 과도하게 건강보험과 국민연금 중심으로 구성되어 있는 사회복지 체계의 구조를 혁신하는 노력을 기울여야 한다. 〈그림 2-5〉에서 보듯, 2010년 현재 우리나라 복지 재정의 약 80% 정도는 건강보험과 공적 연금(국민연금, 공무원연금 등)에 투입되고 있는 실정이다. 이와 달리, 국민들의 인적 자본과 재고용 가능성을 증진하는 데 필요한 적극적 노동시장 정책과 일·가정을 양립하는 데 필요한 가족 복지 분야의 복지 재정은 극히 미미한 수준이다. 이 상태로는 고용의 양적·질적 발전을 도모하고 저출산·고령화 문제를 해결하는 것이 불가능하다. 따라서 차기 민주정부는 복지제도와 복지 재정을 더욱 확충하여 복지의 포용성을 크게 확대하되, 동시에 국민들의 혁신 역량과 복지 체제의 지속가능성을 증진하기 위해 사회투자 분야에 대한 복지 지출을 더 빠른 속도로 증가시켜야 할 것이다.

4. 포용혁신적 교육

혁신적 포용국가를 건설하여 박정희 모델로부터 비롯된 '한국의 비극'을 해결하고 실업과 비정규직으로 고통당하는 수많은 국민 대중을 살려내기 위해, 새로운 국가 모델의 핵심에 포용혁신적 고용 정책을 배치하고 이를 실현하려면 일련의 경제개혁과 복지개혁을 단행해야 한다고 주장했다. 이러한 통합적 사회경제 모델의 근원적 혁신성과 경쟁력, 지속가능 관점에서 보면 장기적으로 교육이 가장 중요한 요소다. 교육이야말로 인간이 가진 다양한 지적·감성적 잠재력과 창의성을 계발하여 학문, 문화예술, 기술 혁신, 창업과 기업 경영 등으로 발현시킬 수 있는 가장 본원적이고 강력한 수단이기 때문이다. 따라서 '창조적 학습사회'(스티글리츠, 2016)를 구축하여 지속가능하고 경쟁력 있는 혁신적 포용국가를 건설하는 것을 핵심적인 미래 국가 발전 전략으로 설정해야 한다. 창조적 교육 혁명을 통해 혁신적 포용국가 발전을 선도하고,

나아가 한국형 사회적 시장경제 모델의 혁신성, 경쟁력, 지속가능성을 극대화하는 데 힘써야 할 것이다.

이런 관점에서 교육 분야에서도 포용성과 혁신성을 증진하는 노력을 기울여야 한다. 먼저, 포용성의 관점에서는 이론적으로 '요람에서부터 무덤까지' 모든 국민이 전 생애 주기에 걸쳐 마음껏 학습할 수 있는 여건을 갖추어야 할 것이다. 특히 아동 교육과 중장년 교육, 나아가 노인들을 위한 평생교육을 대폭 확대해야 한다. 상대적으로 학습활동에 소홀할 수 있는 직장인, 가정주부, 군복무 중인 병사, 재소자에게도 다양한 형태의 교육 기회가 주어져야 한다. 이러한 교육 활동은 초중등학교와 대학 등 정규 교육기관과 연계할 수도 있고, 여러 분야의 민간 학원을 활용할 수 있도록 학습 바우처를 제공할 수도 있을 것이며, 인터넷과 스마트폰을 활용하여 온갖 종류의 지식과 기술을 습득할 수 있도록 다양한 온라인 플랫폼을 구축·연계할 수도 있을 것이다. 어떤 방법을 채택하든, 포용적 교육의 목표는 모든 국민이 인생의 모든 단계에서 지속적으로 학습하는 창조적 학습 사회를 구축하는 것이다. 이를 위해 국가는 재정적 측면에서 충분히 뒷받침하고, 한국 사회 전체의 학습기관을 유기적으로 연결하는 네트워크 연결자로서의 역할도 담당해야 한다.

한편 혁신성의 측면에서 볼 때, 한국 교육은 최대한 빠른 시간 안에 혁명적 변화를 도모해야 한다고 판단된다. 학생 인구가 급증하던 지난 세월 동안 암기와 입시 경쟁으로 점철되어온 한국 교육이 극심한 저출산으로 인해 학생 인구가 급격히 줄어드는 동시에 창의성을 중심으로 하는 지식 기반 경제 시대와 4차 산업혁명 시대에 접어든 현 시기에도 여전히 맹위를 떨치고 있기 때문이다. 암기 위주, 입시 위주의 교육은 일류 대학에 진학해야만 일류 기업에 입사할 수 있다는 일류주의적 사고와 각 개인별 미래 생존 전략에 강력한 경로 의존성을 형성하여 변화를 어렵게 만든다. 그러나 현 시기 한국 사회의 창조적 잠재력이 미래 한국 경제의 잠재력을 결정하고 이것이 미래 한국의 혁신적 포용국가와 사회적 시장경제 모델의 지속가능성을 결정한다고 할 때, 암기와 점수 경쟁을 위주로 하는 한국 교육은 한국 사회의 진보를 가로막는 가장 큰 장애물이라는 점을 분명히 알아야 한다.

따라서 현재의 암기 교육과 서열 경쟁이 한국의 미래를 망치는 근본 원인이라는 인식을 가지고 교육혁명 차원의 변화를 추진해야 할 것이다. 교육혁명은 다양하게 모색될 수 있는데 그 핵심은 주입식 교육을 벗어나 관찰, 사색, 독서, 체험, 질문, 대화, 토론을 중심으로 하는 창의적 교육으로 전환하는 것이다. 이러한 원리는 가정, 학교, 직장 등 학습과 교육이 일어나는 모든 곳에서 적용되어야 할 것이다. 포용적 복지국가와 사회적 시장경제의 전형이라고 알려진 핀란드와 덴마크 등 노르딕 국가들의 가정과 학교에서는 부모와 교사가 일방적으로 주입하는 식으로 교육하지 않는다. 모든 교육 현장에서는 학생들이 스스로 의문을 갖고 답을 찾아가게 하는 데 초점을 맞춘다(Sahlberg, 2011; 오연호, 2014). 답을 찾는 과정에서 학생들은 다양한 체험과 활발한 토론을 통해 생각을 풍부하게 하고, 개별적 학습만이 아니라 다른 학생들과 협력적 관계 속에서 집단지성을 살리는 협동적 학습을 하도록 격려를 받는다. 그리고 어느 학생이 학습에 어려움을 호소하면 주위에 있는 모든 사람이 그 학생에게 다양한 도움을 제공하여 기꺼이 함께 문제를 풀고 인식의 지평을 넓히는 데 동참한다. 이렇게 하여 학습은 개인만의 생존 전략이 아니라 주변 친구들과 공동의 생존 전략이자 협동 전략으로 발전한다.

한국처럼 암기 교육과 입시 경쟁이 구조화된 곳에서는 창의적 학습으로의 전환이 매우 어려울 수 있다. 그러나 저출산으로 인해 대학 진학 인구와 취업 인구가 급격히 줄고 있는 현실은 역설적으로 한국 교육의 대전환을 가져올 수 있는 절호의 기회이기도 하다. 좋은 대학과 좋은 기업에 들어갈 수 있는 기회가 상대적으로 증가하고 있기 때문이다. 이런 상황에서 각 대학이 과거처럼 전 교과목의 총점을 중심으로 신입생을 선발하지 않고 학생들의 창의성, 독특성, 다양성, 미래 대비 능력 등을 중심으로 선발한다면 결과적으로 의미 있는 변화를 만들어낼 수도 있다. 정부가 이런 방향으로 입시제도를 허용한다면 학교에서도 새로운 교육 방식을 자유롭게 채택할 수 있을 것이고, 과거보다 대학 선택의 범위가 훨씬 넓어진 상태에서 학생들도 재능, 개성, 잠재력을 최대한 키워 자신이 원하는 대학과 학과, 나아가 취업 분야를 선택할 수 있을 것이다.

한국의 교육이 이런 방향으로 변화해나가면, 그것은 개인의 자아실현과 행복을 추구하는 데도 도움이 되고 최종적으로는 미래 한국 사회의 창의성과 발전 잠재력을 극대화하는 데에도 결정적 기여를 하게 될 것이다. 이런 점에서 미래의 대한민국이 박정희 식 발전국가 패러다임에서 벗어나 혁신적 포용국가로 전환하고 재벌 중심의 시장경제를 국민 통합을 지향하는 사회적 시장경제로 전환되게 하는 궁극적 힘은 사회경제 개혁과 함께 교육혁명을 통해 한국의 교육을 창의적 교육으로 전면 혁신하는 데서 나온다고 볼 수 있다.

Chapter 2

혁신적 포용국가의 정책 과제

//////////////////

노동에 정당한 보상 없는 사회는 지속가능할 수 없다. 사회정의에도 맞지 않고, 구매력과 사회의 혁신 역량이 고갈되기 때문이다. 우리나라는 이제 새로운 길을 가야 한다. 우선 비정규직의 문제가 있다. 무분별한 비정규직 활용은 금지해야 한다. 비정규직의 임금을 현재 50~60% 수준에서 최소 정규직의 80% 수준으로 끌어올려야 한다. 또 최저임금위원회의 활성화를 통해 최저임금이 인상되어야 하고, 생산성 임금제 혹은 생산성 협약 임금제가 도입되어야 한다. 연공급(호봉제)에서 직무-직능급으로의 임금 체계 개편이 필요하고, 임금 체계 개편과 연계해서 장시간 노동 체제를 혁파해야 한다.

노사는 경영으로부터의 손실과 이익을 함께하는 공동운명체다. 따라서 근로자 측도 노동이사제 등을 통해 직장의 경영 과정에 참여하여 그 책임과 권리를 함께해야 한다. 또 근로자들이 겪는 여러 문제에 효과적으로 대처하고, 청년실업과 비정규직 문제를 해결하기 위해 지역 차원에서 노사가 협력해야 한다. 서울형 노사 협력 모델과 광주형 일자리 모델이 모범 사례가 될 것이다. 그 외에도 근로자의 교섭력을 높이는 방향으로 법제도 운영이 이루어져야 하고, 실직자의 생활 안정을 위해 고용보험 적용이 확대되어야 한다.

1장

고용 혁신
– 당당한 노동과 협력적 노사 관계

01
삶이 팍팍한 이유

우리는 일상생활에서 “다 먹고살자고 하는 짓인데……”라는 말을 자주 한다. 누구나 먹고살기 위해 일한다. 이 말을 확대해보면 경제성장은 삶의 질을 높이자고 하는 것이지, 경제성장 자체가 목표는 아니라는 얘기다. 실제로 세계 최초로 ‘산업혁명’을 실현해낸 영국에서 오늘날의 시장경제 이론에 가장 가까운 경제 이론을 제시한 앨프리드 마셜(Alfred Marshall)조차도 “영국이 산업혁명을 한 것은 영국 국민을 ‘신사’가 되게 하기 위한 것이었는데, 오늘날 영국 국민들은 공장에서 열악한 환경 속에 하루 종일 일에 시달리고 집에 가서는 잠자기 바쁜, 짐승과 같은 생활을 하고 있다”고 개탄한 바 있다. 그래서 장시간 노동을 개선하고 임금 인상이 이루어져야 하며 주택과 교육, 의료는 사회가 책임져야 한다고 강조했다. 그렇게 되어야 임금과 물질적 안락함만이 아닌 독립심과 자긍심을 추구하고 다른 사람들을 존경하는 자세를 키우게 되며, 시민으로서의 사적·공적 의무를 받아들이게 된다고 했다(김재훈, 2014).

그런데 언제부터인가 우리의 삶은 그렇게 돌아가지 않는다. 입으로는 노동이 세상 무엇보다 고귀하고 가치 있는 것이어서 값을 매길 수 없는 것이라 한다. 좀 더 기대 수준을 낮춘다면, 경제성장만큼만, 실질노동생산성 상승만큼만 실질임금이 올라도 좋을 것이다. 그러나 〈그림 1-1〉에서 보는 바와 같이 1998년 이후 실질노동생산성과 실질임금 상승 격차는 해마다 벌어졌고, 이제는 당연한 것처럼 되어버렸다. 2000~2014년의 경제성장률은 4.4%였는데, 실질임금 상승

〈그림 1-1〉 실질임금과 실질노동생산성 상승의 추이

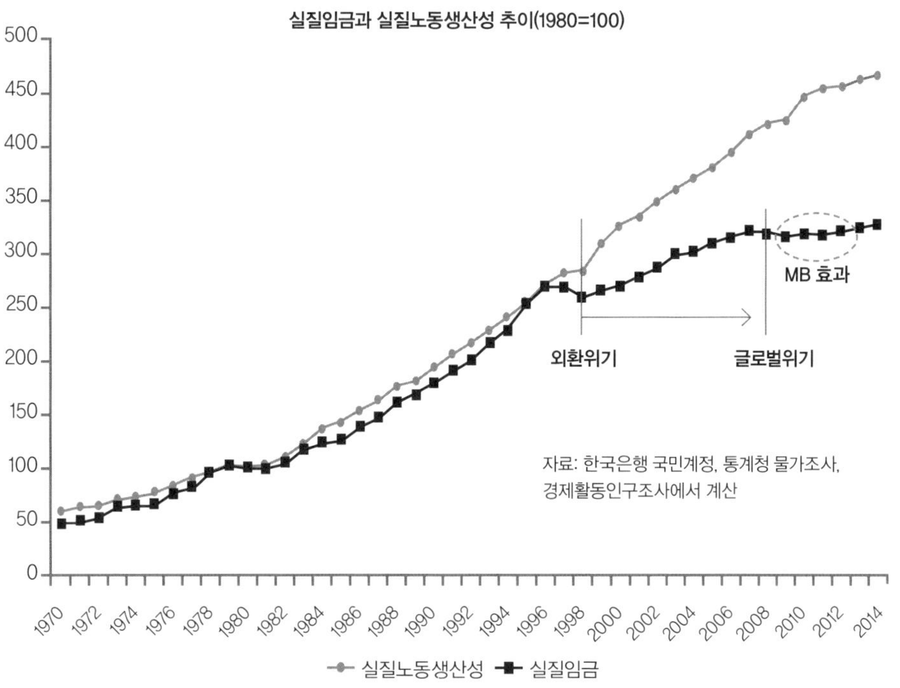

자료: 통계청

〈그림 1-2〉 근속 기간별 근로자 비율

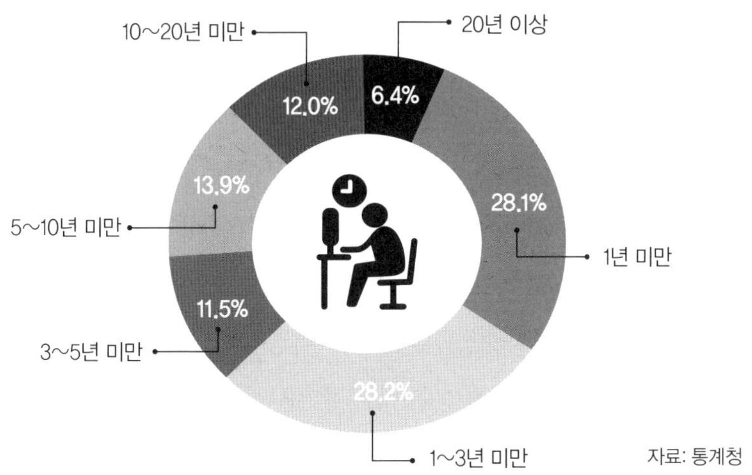

자료: 통계청

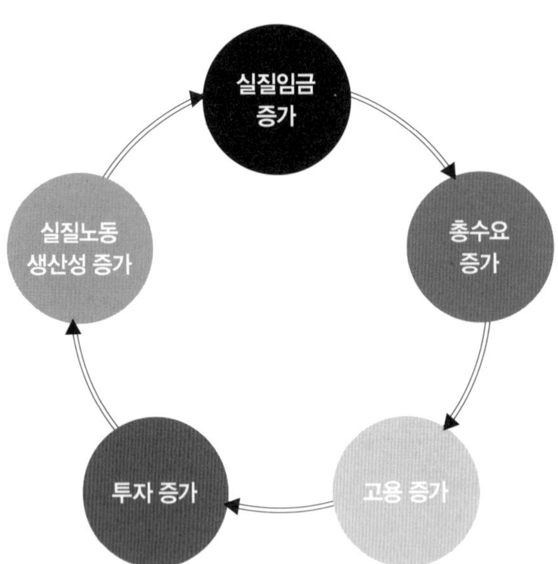

〈그림 1-3〉 임금과 경제성장의 연관 관계

률은 1.4~2.6%였다. 이를 보면 우리 삶이 왜 이렇게 팍팍해졌는지를 알 수 있다.

무엇보다도 체감 실업률이 높아서 일자리를 구하기가 무척 어렵다. 2016년 6월 현재, 공식 실업자 수는 100만 명이지만 실제 실업자는 307만 명에 이른다. 일자리가 있다 해도 불안한 일자리가 많다. 미래 설계가 불가능한 비정규직이 620만 명(정부 발표 통계)으로, 32%를 차지하고 있다(2016. 3.). 일용직을 포함한 추계는 더 높아서 839만 명, 즉 44%에 이른다. 우리나라는 미국 등 외국에 비해 평생직장의 비율이 높다고 하는데, 실제로는 10년 이상 근속한 근로자의 비율이 18.4%(2016)으로 선진공업국(OECD) 평균 33.2%, 독일 41.1%에 비해 현저히 낮은 실정이다. 20년 이상 근속한 근로자는 6.4%에 불과하다. 반면 근속 1년 미만 근로자의 비율은 28.1%(2016)로, 선진공업국 평균 18.1%, 독일 13.8%에 비해 훨씬 높다. OECD 국가 가운데 한국보다 열악한 나라는 칠레와 터키뿐이다. 상시적 구조조정이 일상화되어 있어서 고용보험 가입자 중 한 해 이직자가 48.5%(2013)나 된다.

이러다 보니 임금 불평등이 가장 열악한 나라에 속하게 되었다. 임금을 10개 계층으로 나누었을 때 가장 높은 계층은 가장 낮은 계층에 비해 4.79배(2015)를 받고 있어서, OECD 평균의 3.5배, 스위스 2.7배, 스웨덴의 2.3배에 비해 현저히 높다. 우리보다 더 불평등한 나라는 미국

(5.01배), 이스라엘(4.9배), 터키(4.8배)뿐이다. 저임금 계층 비율은 24.7%로, OECD 평균 17.1%, 벨기에 6.0%, 스위스 9.2%에 비해 현저히 높고 더 높은 나라는 미국(25.0%)뿐이다. 최저임금보다 낮은 임금을 받는 근로자가 264만 명으로 13.7%이고, 국민연금 가입자가 전체 근로자의 68.6%, 이 중 정규직은 96.6%인 데 비해 비정규직은 32.4%에 불과하다. 노후를 심각하게 걱정하고, '헬조선'이란 말에 공감할 수밖에 없는 현실이다.

문제는 노동의 가치가 제대로 평가되고 대우받지 못하는 데 그치지 않는다는 것이다. 이래서는 나라 경제 전체가 제대로 성장할 수 없다. 〈그림 1-3〉에서 보듯이 실질임금의 증가 없이는 총수요(=내수)의 증가가 있을 수 없고, 총수요의 증가 없이는 고용 증가, 투자 증가, 국가경제 전체의 성장이 있을 수 없다. 국민 전반의 혁신 역량이 고갈되어 혁신을 통한 성장도 이루어질 수 없다. 총체적 성장의 연쇄 효과가 나타나지 않고, 악순환에 빠지는 것이다.

세계사적으로 과거 로마제국부터 현대의 미국에 이르기까지 많은 국가들의 성공과 실패 원인을 분석해봤을 때, 실패한 국가는 '착취적 제도', 성공한 국가는 '포용적 제도'가 그 주된 원인이었다는 최근 연구 결과가 큰 울림으로 다가온다(『국가는 왜 실패하는가』). 즉, "국가가 실패하는 이유는 경제성장을 저해하거나, 심지어 발목을 잡는 착취적 정치제도를 기반으로 착취적 경제제도를 시행하기 때문이다. 결국 제도의 선택, 즉 제도의 정치가 국가의 성패를 이해하는 데 핵심적인 열쇠"라는 것이다. 우리 사회는 제도 개혁을 이루지 않으면 국가 전체가 실패할 상황에 처해 있다. 그런 만큼 근로자들이 처한 대표적인 문제들에 대한 대책을 세우는 데 사회가 집중해야 할 때다.

02
비정규직 문제의 해결

앞에서 열거한 수치들에서 본 바와 같이, 정규직과 비정규직 간 임금 격차가 심각하게 벌어졌고, 비정규직은 정규직으로 넘어가는 '가교'가 아니라 한번 비정규직은 영원한 비정규직이 되는 '함정' 내지 '무덤'이 되었다. 정규직으로의 전환률이 매우 낮은 것이다. 그러므로 우선 비정규직의 정규직화가 필요하다.

비정규직의 정규직화는 공공부문부터 우선적으로, 단기간에 추진되어야 하고, 그런 다음 지불 능력이 되는 대기업에서 정규직화가 유도되어야 한다. 말하자면, 10대 재벌에서 49만 명이 정규직화가 이루어지고, 그다음 20대 재벌에서 18만 6,000명, 일반 대기업 순이어야 한다. 이를 위해 우선 공공부문과 민간 부문에서 기업들의 비정규직 활용 현황, 정규직 전환율에 관한 정보 공시가 의무화되어야 한다. 이를 바탕으로 정규직화 성과에 대해 세제 혜택을 주든가, 공공사업 참여를 제한하는 등 당근과 채찍 방법을 활용해야 한다.

그리고 무분별한 비정규직 근로자의 활용을 금지해야 한다. 1980년대 이후 세계적으로 비정규직 근로자의 비중이 높아진 것은 경제의 서비스화가 진행된 때문이었다. 서비스 부문은 속성상 제조업과 달리 소비 변동과 상관없이 일상적으로 계속 생산해서 재고를 창고에 쌓아놓을 수 없고, 시간적으로나 공간적으로 생산과 소비를 일치시켜야 한다. 소비자들이 몰려들 때 그에 맞추어 근로자의 숫자를 늘려야 하니 비정규직 채용이 늘어날 수밖에 없다. 여름에 해변에서 관광객을 맞는 근로자를 겨울까지 계속해서 고용을 유지할 수 없는 사정을 생각해 보면 쉽게 이해할 수 있다. 그 결과 소위 '노동의 유연화'가 미국과 유럽을 중심으로 늘어났고, 그것이 현재 일반화된 것이다.

이에 비해 우리 사회는 1997년 외환위기 이후 외주(아웃소싱)가 일반화되고, 제조업의 작업 공정 내에 파견 근로가 일상화되었다. 주로 저임금 착취를 위해서다. 이는 경제의 정상적인 메커니즘을 벗어나는 착취의 일상화, 제도화다. 이제는 우리 사회가 비정규직 활용의 사유를 제한하여 오남용을 방지해야 한다. 간접 고용의 원청 노동자성을 인정하고, 특수고용직의 노동 3권을 보장해야 한다는 말이다.

둘째, 비정규직에 대한 '정상적인' 임금 인상이 이루어져야 한다. 비정규직 근로자에게도 '동일 노동-동일 임금'의 원칙이 적용되어야 한다. 동일 노동에 대한 평가가 제대로 이루어져서 비정규직의 임금을 현재 50~60% 수준에서 최소 정규직의 80% 수준으로 끌어올리도록 해야 한다. 앞에서 본 바와 같이 비정규직은 불가피하게 유연 생산을 할 수밖에 없는 부문에서 고용하므로 그만큼의 비용을 추가로 부담하게 한다. 시간 외 수당 가산율, 퇴직금 지급을 통해 비정규직 고용에 대한 임금 보정이 이루어져야 한다.

업종의 특성상 비정규직 근로자를 쓸 수밖에 없는 건설하도급 분야에서는 다단계 하도급을 막기 위해 실질적으로 공사를 담당하는 최종 하도급 근로자들에게 시중 노임단가 내지 그 지역 건설 노동자 과반수 이상이 적용받는 임금(적정 임금)을 적용하여 건설 노동자들의 임금 인상을 유도해야 한다. 발주자가 원청회사나 하도급회사에 (재)하도급하는 경우 적정 임금을 준수하고, 적정 임금 준수 여부를 확인하는 감독 권한을 발주자 내지 원청 회사가 갖도록 하는 계약 방식으로 적정 임금을 확산시켜야 한다.

물론 우리 사회에서는 앞에서 본 바와 같이 장기근속이 선진국보다 낮은 상황이고, 은퇴자 중 많은 사람이 자영업에 종사하고 있어서 이런 곳에 취업한 비정규직의 임금을 인상할 경우 동네 가게의 생존이 큰 타격을 입을 수 있다. 앞에서 본 바와 같이 비정규직의 정규직화는 공공부문과 300인 이상 대기업에서 먼저 실시되고 순차적으로 확산되어야 한다. 그리고 그 과정에서 소비자들의 구매력이 높아지면 자영업의 경영을 개선할 시간을 벌 수 있다. 이렇게 해도 자영업의 경영이 개선되지 않을 경우에는 영세 자영업을 위해 중앙이나 지방정부에서 한시적으로 보조금을 지원하여 업주들의 지불 능력을 지원하고, 그 임금은 지역 화폐(혹은 지역 상품권)로 지불하여 다시 동네 영세 자영업자에게 순환될 수 있도록 해야 할 것이다.

03
임금 격차 해소

❙ 저임금의 해소

한국 경제에서 중간 소득(중위 소득) 50%에 미치지 못하는 빈곤 인구의 비율은 2006년 13.8%에서 2013년 14.1%로 높아졌다. 또 소득 수준을 10단계로 나누었을 때 최하층에 대한 최고층의 배율(10분위 배율)은 2006년 12.9배에서 2013년 17.8배로 소득 분배가 악화되었다. 여기에 무주택 가구가 841만 가구로 전체 가구의 44%인 데 비해, 3채 이상 보유한 가구는 72만 가구로 6.7%이다(2015 주택 소유 통계). 우리 사회에서 빈곤화와 양극화가 더욱 심해지고 있다는 뜻이다.

소득이 최저임금에 미치지 못하는 인구가 222만 명으로 11.5%(2015. 8.)이고, 근로장려금과 자녀장려금의 평균 연간 지급액은 87만 원으로 한 달에 7만 3,000원에 불과하다. 실직자에게 지급하는 실업급여가 실직 전 임금을 대체하는 비율은 상한액을 받는 수급자의 경우 실직 전 소득의 27.9%에 불과하다. 사회적 안전망이 극히 낮은 수준이라는 의미다. 이런 현실 속에서 우선 임금 격차를 해소할 필요가 있는데, 대표적인 것이 최저임금의 현실화다.

2015년 말 현재 대기업 대비 중소기업의 월평균 임금 수준은 62%이며, 2017년 최저임금은 월 135만 원, 시급 6,470원에 불과하다. 이를 개선하려면 최저임금을 3년간 단계적으로 상향

〈그림 1-4〉 한국의 평균 임금 격차(최대 87배)

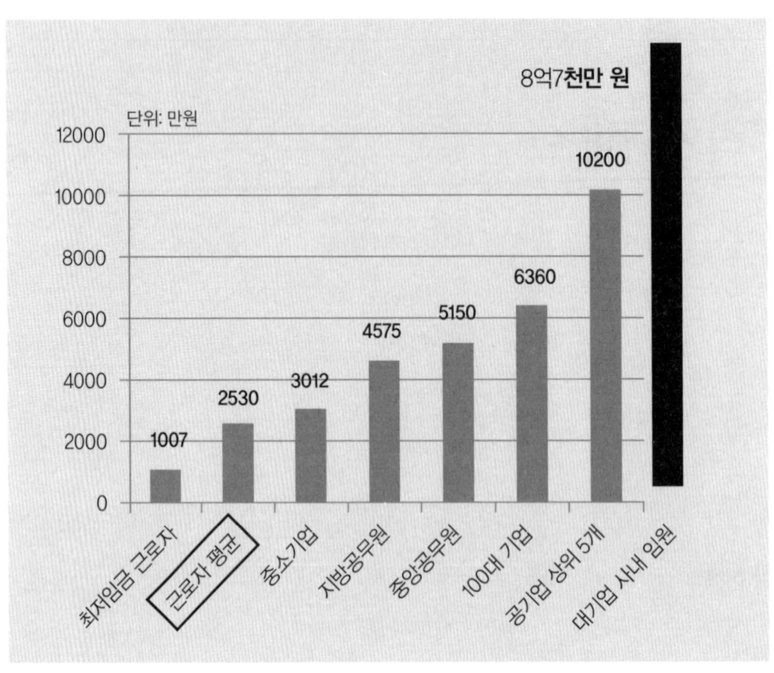

조정해야 한다. 이 경우 5년 후에도 동네 영세 자영업자 및 중소기업의 지불 능력이 되살아나지 않으면 지역 차원에서 생활임금을 10,000원으로 하되, 차액분은 지방정부에서 지역 화폐로 지급하는 방안도 구사할 필요가 있다. 이렇게 하면 근로자와 지역 자영업자가 상생할 수 있을 것이다.

그리고 최저임금위원회 구성원의 공익 대표성을 강화해야 한다. 특히 중앙정부와 지방정부와 위탁, 도급, 임대차, 조달 등의 거래 관계에 있는 민간 기업체에 대해서는 최저임금의 150% 수준의 생활임금을 준수하도록 특약을 설정하여 생활임금을 확산하도록 해야 한다.

동시에 임금 격차를 해소하기 위해 생산성임금 혹은 한국형 연대임금제를 실시해야 한다. 앞의 〈그림 1-1〉에서도 본 것처럼 1997년 외환위기 이후 실질노동생산성과 근로자 임금의 격차가 커졌고, 특히 이명박 정부 이후 실질임금은 더욱 정체되어 기업의 임금 약탈이 심해졌다. 그 결과, 〈그림 1-4〉에서 보는 것처럼 최대 임금 격차가 무려 87배에 이르렀다. 이를 줄이기 위해서는 기업의 임금 결정 방식에서 생산성 임금제 혹은 생산성 협약 임금제를 도입하도록 해야 한다. 생산성 임금제는 실질임금 상승률을 노동생산성 증가율과 동일하게 설정하는 것이다. 이를 위해 노사 간 협약을 통해 미리 정해둔 생산성 목표를 달성했을 경우 경영 성과를 노사 간에 분배하는 것이 생산성 협약 임금제다.

이를 위해 생산성 (협약) 임금제 시행 기업에 세제 혜택, 보조금 우선 지급, 공공사업 참여 우선권 부여 등의 인센티브를 제공하는 방법이 있을 것이다. 또 노조의 협상력을 강화하고 노사 관계를 민주화할 필요가 있다. 이를 위해서는, 사회 분위기를 바꿔서 오바마 전 대통령의 말처럼 "좋은 일자리와 안정된 고용을 원한다면 노조에 가입해야 한다"는 인식이 확산될 필요가 있다. 스웨덴처럼 노조에 가입한 근로자에게는 고용보험 등에서 혜택을 주도록 제도적 뒷받침을 할 필요도 있다.

이와 더불어 최근 미국과 유럽에서 실시하는 것처럼 최대 임금 격차를 제한할 필요가 있다. 예컨대 공공기관 최고경영자의 소득은 최저임금의 10배, 대기업에서는 30배를 목표로 가이드라인을 제시할 필요가 있다. 이는 법적 구속력은 없지만, 단체 협상 과정에 압력으로 작용할 수 있을 것이다.

❙ 임금 체계 개혁으로 비정상적 고임금 해소

임금 격차를 줄이기 위해서는 지나치게 낮은 임금은 높여야 하고, 지나치게 높은 임금은 낮춰야 한다. 일부 극소수만 혜택을 받는 고임금이 전체 임금 체계를 왜곡하고 있으니, 이에 대한 개혁도 필요하다. 이를 위해서는 호봉제(연공급)에서 직무-직능급으로의 임금 체계 개편이 필요하다.

연공서열제도에 의한 연공급은 기업의 임금 부담이 심할 수밖에 없다. 그래서 기업은 아주 손쉬운 방법으로 근속이 오래된 기존 정규직을 퇴직시키고 기간이 정해진 계약직을 주로 사용하거나 도급을 주어 연공급에서 오는 임금 부담을 회피한다. 1년차 직장인이 받는 연봉을 100으로 볼 때, 20년 근속자의 경우 우리나라 283(30년 근속의 경우 330.6), 독일 188, 스페인 176, 영국 149를 받는다. 이렇듯 우리나라는 연공급 임금 반영률이 매우 높다. 그러나 실제 20

〈그림 1-5〉 제조업의 근속 연수별 임금 격차 국제 비교

(0~1년 초임=100)

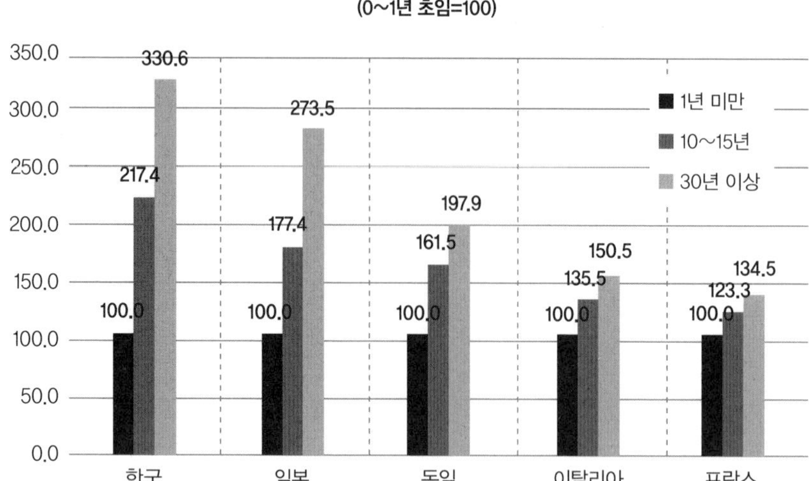

자료: 한국노동연구원, 「노동력 고령화와 임금 체계 혁신(2011)」

년 이상 근속자는 100만 명 정도에 불과해서 민간 부문에는 28만 명, 공공부문에는 72만 명이다. 일본의 경우도 254로 우리나라보다는 낮지만 역시 연공급 체계의 영향을 받는 만큼, 높은 수준이다(박경환, 2014).

1. 현황과 문제점

우리나라의 임금 체계는 연공서열형이며 유연성도 떨어진다. 우리나라의 호봉제 비중은 2009년 72.2%에서 2015년 65.1%로 줄었다가, 2016년 상반기 말 기준으로 70.3%(100인 이상 사업장 3,691개소 가운데 2,566개소, 복수 응답 포함)로 다시 늘어나서, 아직까지는 호봉제가 지배적인 임금 체계다(고용노동부, 2016). 1997년 외환위기를 기점으로 연봉제가 확산되었지만 연봉제의 확산이 임금 체계의 연공성 완화에 미치는 영향은 적었다고 평가된다.

사업체 노동력 조사 결과에 따르면, 100인 이상 사업체 중 연봉제를 도입한 곳의 비중이 1997년 3.6%에서 2015년 74.5%로 증가했다. 그러나 연봉제를 도입한 사업장과 그렇지 않은 사업장 간 호봉제 운영 비중의 차이가 크지 않아 연봉제와 호봉제가 공존하는 경우가 많다. 그

〈그림 1-6〉 임금 체계 변동 추이

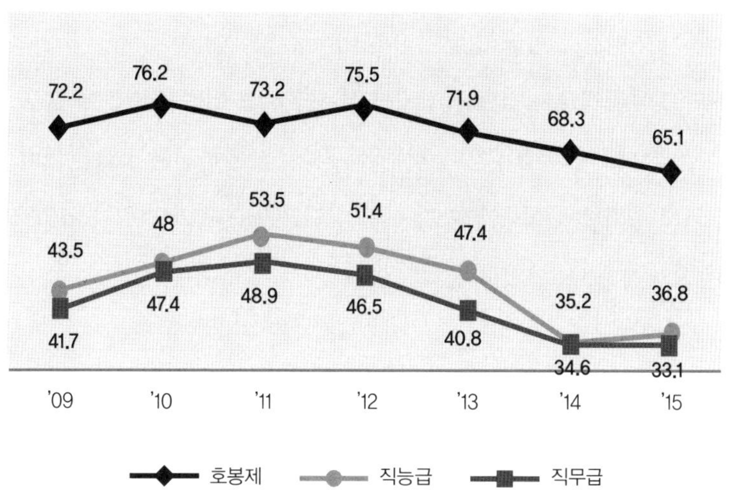

자료: 사업체 노동력 조사 부가 조사(100인 이상)

리고 평가에 따라 임금을 차등 지급하지 않고 임금 구성 항목만 연봉으로 통합한 형태인 연수(年數)형 연봉제도 20% 정도에 이른다는 연구 결과도 있다.

그러므로 기업으로서는 장기근속자에 대한 비용 부담이 높아지고, 많은 근로자가 그 임금의 혜택을 볼 수는 없으니 임금근로자를 조기 퇴직시킨다. 결국 이른 퇴직 후에는 생계를 위해 소모적으로 자영업에 진출하여 과당 경쟁함으로써 자영업의 생존율은 낮아졌다. 동시에 임금 비용을 낮추기 위해 비정규직 일자리만 양산되고, 노인 빈곤율은 세계 최고 수준에 이르고 있다. 반면 주요 선진국들은 기술 진보, 글로벌 경쟁, 고령화 등에 따라 직무·성과 중심의 임금 체계 개편을 꾸준히 추진해왔다. 이 제도하에서는 비정규직에 '동일 노동-동일 임금'을 적용할 수 있다.

연공급(호봉제)은 산업화 초기에 시장이 급속하게 확대되어 양질의 일자리가 계속 창출되는 시기에는 적합했다. 근로 조건이 더 좋은 일자리로 이동할 기회가 많기 때문에 이직을 방지하고 장기근속을 유도하는 데 도움이 되었다. 그러나 산업화가 진전되고 고도성장이 한계에 이른 상황에서는 위에서 언급한 문제점이 더 커진다. 직무급제를 시행하기 위해서는 그 필수

조건인 직무 분석과 직무 평가에 대한 연구가 필요하다(유규창, 2014). 우리나라에서도 최근에는 직무 분석과 직무 평가가 상당히 많이 이루어지고 있다는 것이 해당 분야 전문가들의 지적이다. 그렇지만 직무급제로의 전환 과정에서 겪어야 하는 어려움 때문에 정부, 기업, 노조 중 어느 주체도 적극적으로 나서지 않는다. 직무급 제도를 도입하려는 노력은 2007년 노무현 정부에서도 임금과 고용의 유연성을 높이기 위한 방안으로 논의와 지원이 있었으나, 충분히 진행되지 못한 채 오늘에 이르고 있다(박경환, 2014).

2. 대책: 직무-직능급으로의 전환

직무급은 임금의 주된 부분이 직무의 특성, 즉 난이도, 업무 강도, 책임의 정도, 요구되는 기술 등에 따라 결정되는 임금 체계다. 근로자 개개인에 대해 자의적으로 임금을 결정하는 것이 아니라 객관화된 직무의 특성에 따라 임금이 결정되기 때문에 임금 차별의 소지가 낮아지는 동시에 미숙련, 여성 등 취약 계층에 대한 공정한 대우도 가능하다는 점에서 외국에서도 선호한다. 사용자 입장에서도 직무 가치에 따라 보상할 수 있는 장점이 있어서 기업 경쟁력 측면에서도 바람직한 임금 체계로 보고 있다.

호봉제에서 직무급으로 전환 과정은 우선 공공부문에서 실시한 후 민간 부문으로 확산시키는 것이 바람직하다. 민간 부문 가운데에는 공무원에 준하는 직급 체계를 채택하는 곳이 많

〈그림 1-7〉 임금 체계별 장·단점 비교

	연공급	직능급	직무급
기준	근속 연수	직무수행 능력	직무 가치·난이도
장점	안정적 인력 운용	능력 중심 평가 탄력적 인력 운용 숙련 향상 동기 부여	일의 가치와 보상 일치 명확한 직무 구분
단점	경직된 임금 체계 동기 부여 부족 장기근속 인건비 증가	평가 공정성 부족 연공급화 가능성	직무 평가 비용 인력 배치 유연성 부족

자료: 고용노동부

기 때문이다. 그리고 이미 민간 부문에서도 36% 전후의 기업들은 도입하고 있기도 하다. 외환위기 이후 직무급의 도입 노력이 상당히 전개되었다. CJ(2003), 태평양(2001), 오리온(2002), 삼양사(2002), 외환은행(2002) 등 대기업과 은행을 중심으로 도입되었고, 외국인 투자기업에서도 직무급을 도입하기 시작했다(고용노동부, 2016). 하지만 업계 전반을 보면 매우 제한적으로 이루어져서 널리 확산되었다고는 평가하기 어렵다.

3. 기대 효과

첫째, 비정규직 채용을 줄이고 차별을 해소하는 데 결정적 대안이다. 우리나라의 경우 비정규직에 대한 차별을 시정하기 위한 법과 제도는 유럽식을 차용해왔다. 하지만 전통적인 연공급에 근거하고 있는 임금 체계는 비정규직의 임금 격차를 시정하는 데 도움이 되지 않는다. 유럽 국가 기업에서 동일 노동-동일 임금의 관행은 비정규직 차별 시정 관련법과 일치하지만, 국내 기업의 호봉제 관행은 직무급 임금 체계에 기반한 차별 시정 관련 법규와 상이하여 비정규직 차별 시정에 혼란을 가중시키고 있다. 직무에 따라 동일 노동-동일 임금이 실현되면 기업은 굳이 비정규직을 선호할 이유가 없다(박경환, 2014).

둘째, 다양한 원인에 따른 임금 격차를 해소할 수 있다. 직무 등급에 따라 보수가 정해지면 기업 규모별, 성별, 학력별 원인 등에 의한 임금 격차를 해소할 수 있다. 직무에 따른 임금의 차등은 있어도 차별은 없기 때문이다. 프랑스에서 형성된 직무 등급표는 직종을 숙련도에 따라 구분한 것으로, 산업별 노사협약에 의해 정해졌다. 그리고 고용계약에는 근로자의 직무 등급이 명기되어야 한다. 이는 국가의 법률로도 보장된다. 이러한 전통은 정규직과 비정규직은 물론 대기업과 중소기업도 균등하게 대우하는 기반이 되었다.

독일 금속산업에서 직무급제는 '산업 횡단적 임금 체계'로, 금속산업 안에서는 동일 노동-동일 임금의 원칙이 구현되고 있다. 직무급 임금 체계는 기본급이 85%이며, 나머지 15%는 성과급이나 위험수당으로, 각 기업의 여건에 따라 달라진다. 이 과정은 광범위한 직무 분석과 직무 평가를 바탕으로, 특히 노사 공감대를 형성하며 진행되었다(박경환, 2014).

셋째, 노인 빈곤율을 낮출 수 있다. 우리나라 대다수 노인들이 연금만으로 생활하기엔 힘들기 때문에 노후에도 노동시장으로 내몰린다. 그러므로 경직된 연공급 임금 체계를 바꿔서 직장에서 공식적으로 은퇴하는 시기를 늦춰야 한다. OECD가 지난해 기준으로 각 나라별 실질 은퇴 연령과 공식 은퇴 연령의 차이를 분석한 자료에 따르면, 한국 남성의 실질적 은퇴 연령이 71.1세로 가장 높았다. 공식 은퇴 연령인 60세보다 11.1년을 더 일하는 셈이다. 연금 등 노후 생활을 대비할 수 있는 사회적 안전망이 취약하기 때문이기도 하지만, 경직된 임금 체계로 기존 일자리에서 빨리 퇴출되기 때문이기도 하다. 일본은 실질 은퇴 연령이 69.9세였는데, 공식 연령은 65세로 4.9년 많다. 미국과 영국은 실질과 공식이 각각 66세와 64세로 같다(《머니투데이》, 2014. 11. 26.).

넷째, 근로 형태에 대한 근로자의 선택권이 넓어진다. 차별이 없기 때문에 학업이나 일과 가정을 양립하고 싶어할 경우 자발적인 비정규직은 증가한다. 정규직, 비정규직 가리지 않고 시간 선택제가 확산될 것이다.

다섯째, 노동조합이 산업별 조직으로 전환된다. 직무급제로의 전환은 노사의 합의가 없이는 불가능하다. 강압적인 노사 관계로는 진행될 수 없고, 그래서도 안 된다. 그렇다면 노동자 측의 협조를 얻어내기 위해서 기업별 노조보다는 산업별 노조를 육성하여 접근할 필요가 있다. 동일 산업 내 동일 노동-동일 임금의 접근법은 산업별 노조에서도 추구하는 것으로 매우 바람직하다. 산별 노조는 동일 산업 내 비정규직과 실업자까지 포괄하여 그들의 이해를 대변할 수 있다. 독일 금속산업의 1992년부터 2001년까지 진행한 산업 횡단적 직무급 임금 체계 개편은 좋은 사례다.

여섯째, 기업의 인건비 부담을 줄일 수 있다. 비정규직을 무기 계약직으로 전환하여 고용 안정을 이루면서 직무급 도입으로 임금 유연화가 이루어진다면, 비정규직 차별이 해소되고 기업은 인건비 절약이라는 이점을 얻는다.

일곱째, 순환근무제와 고시제도의 폐해를 제거하고 전문성을 높일 수 있다. 직무에 따른 보수 체계는 직무의 고유한 특성을 높이고 개인들이 필요한 역량을 쌓도록 격려한다. 따라서 순환근무제가 전반적 능력은 높이지만 특정 분야의 전문성을 쌓지는 못하는 문제점을 해소하게 된다. 이는 특히 공직 사회에서 큰 효과를 발휘할 것이다. 마찬가지로 직무의 고유한 특성에 따라 노동시장이 재편되면 일반적 능력을 묻는 고시제도는 필요 없어질 것이다.

여덟째, 오늘날 젊은 층에게 더 적합한 직업 세계가 될 수 있다. 오늘날 젊은 층은 훗날의 승진과 보수를 위해 지금 회사에 무한히 충성하려 하지 않는다. 정해진 시간에 퇴근해서 자기 시간을 갖기를 원하며, 일한 만큼 대우받기를 원한다. 특히 상사에 대한 무조건 복종을 끔찍이 싫어하고, 합리적인 기업문화를 원한다. 직무급제는 그러한 문화에 적합하다.

04
근로자의 교섭력 강화

❙ 노동법 해석의 신축성 확대

첫째, 근로자의 쟁의행위 인정 범위를 확대해야 한다. 현재 헌법으로 보장되어 있는 노동 3권을 실질적으로 제약하는 법률 조항으로 위력업무방해죄가 있다. '위력'이란 사람의 자유의사를 제압·혼란시킬 만한 일체의 세력을 말한다. 근로자의 쟁의행위가 사업자의 업무를 방해하는 측면이 있기 때문에 법률적으로 금지한다고 해석할 수 있는 것이다. 그런데 헌법재판소의 2010년 결정에서는 단체행동권의 핵심인 쟁의행위라는 헌법상 기본권 행사에 본질적으로 수반되는 업무의 지장은 원칙적으로 불법으로 보아서는 안 된다고 판단한 바 있다. 고용주의 업무에 지장을 초래하는 것을 당연히 전제하기 때문이다. 그렇기 때문에 업무방해죄에 '위력' 요건을 삭제해야 한다.[01]

---

01 이에 대해 대법원은 2011년 3월 17일(선고 2007도482 전원합의체 판결) "업무방해죄는 위계 또는 위력으로써 사람의 업무를 방해한 경우에 성립하며(형법 제314조 제1항), 쟁의행위로서 파업(노동조합법 제2조 제6호)도 단순히 근로계약에 따른 노무의 제공을 거부하는 부작위에 그치지 아니하고 이를 넘어서 사용자에게 압력을 가하여 근로자의 주장을 관철하고자 집단적으로 노무 제공을 중단하는 실력 행사이므로 업무방해죄에서 말하는 위력에 해당하는 요소를 포함하고 있다. 그렇지만 근로자는 원칙적으로 헌법상 보장된 기본권으로서 근로 조건 향상을 위한 자주적인 단결권, 단체교섭권 및 단체행동권을 가지므로(헌법 제33조 제1항) 쟁의행위로서 파업이 언제나 업무방해죄에 해당하는 것으로

둘째, 손해배상 소송/가압류제도의 문제점을 시정해야 한다. 노동조합의 쟁의행위에 대해 사용자 측이 손해배상 소송을 통해 근로자들의 생계에 파멸적 타격을 주었으므로 사실상 쟁의행위가 불가능했다. 그러나 노조법에서는 '정당한' 쟁의행위로 인한 손해에 대해 손해배상을 청구할 수 없다고 하고 있다. 반면 불법행위 책임법에 따르면 손해배상을 청구할 수 있기도 하다. 이에 대한 해석에 사회적 합의가 필요하다. 노동조합과 그 조합원의 파업행위의 정당성 판단에 (입법이 아닌) 해석의 신축성이 필요하다.

셋째, 공격적 직장 폐쇄 문제에 대한 해법을 마련해야 한다. 직장 폐쇄란 사용자가 노동쟁의의 상대방인 근로자들에 대하여 노동쟁의를 자기에게 유리하게 이끌어가거나 자신의 주장을 뒷받침하기 위해 근로자들의 노무를 집단적으로 거절하거나 근로자들을 사업장에서 퇴거시키는 행위다. 반면 쟁의행위는 "파업·태업·직장 폐쇄 기타 노동관계 당사자가 그 주장을 관철할 목적으로 행하는 행위와 이에 대항하는 행위로서 업무의 정상적인 운영을 저해하는 것"을 말한다(노조법 제2조 제6호). 즉, 직장 폐쇄는 근로자의 쟁의행위에 대한 사용자의 대항 행위, 즉 사용자의 쟁의행위로 파악할 수 있다.

그러나 근로자와 노동조합은 「헌법」 제33조에서 보장하고 있는 근로 3권의 행사로서 파업 등 쟁의행위를 할 수 있고, 사용자는 그에 대한 대항 행위로서 방어적 직장 폐쇄를 단행할 수 있을 뿐이다. 여기에 재산권과 관련하여 헌법재판소는 헌법 제23조 제1항 제2문은 재산권은 보장하되 "그 내용과 한계는 법률로 정한다"고 규정하고, 제2항은 "재산권의 행사는 공공복리

볼 것은 아니고, 전후 사정과 경위 등에 비추어 사용자가 예측할 수 없는 시기에 전격적으로 이루어져 사용자의 사업 운영에 심대한 혼란 내지 막대한 손해를 초래하는 등으로 사용자의 사업 계속에 관한 자유의사가 제압·혼란될 수 있다고 평가할 수 있는 경우에 비로소 집단적 노무 제공의 거부가 위력에 해당하여 업무방해죄가 성립한다고 보는 것이 타당하다"라고 했다.

그러나 위 대법원 판결에서 대법관 박시환, 김지형, 이홍훈, 전수안, 이인복은 다음과 같이 반대 의견을 제시했다. "위력에 의한 업무방해죄에 관하여 형법에 우리와 거의 동일한 규정을 두고 있는 일본에서는 폭행이나 협박 등 폭력적 수단으로 사용자의 업무를 방해하는 경우만을 처벌 대상으로 삼고 있을 뿐이고 이러한 폭력적 수단을 수반하지 아니하는 단순 파업은 업무방해죄에 의한 형사 처벌이 문제되지 않는다는 것이 학설 및 판례의 입장이다. 아울러 일본 이외에 현재의 유럽 각국이나 미국에서도 위법한 쟁의행위는 주로 손해배상 등 민사상 책임이나 징계 책임의 문제로 삼을 뿐이고…… 이러한 측면에서도 단순 파업을 위력으로 포함시키는 다수 의견의 견해는 보편적 입장을 벗어나 있다." 요컨대, 위계, 위력, 업무 방해 등의 의미가 매우 추상적이고 광범위해서 명확성의 원칙에 반한다는 것이다(김재윤, 2016).

에 적합하도록 하여야 한다"고 규정하여 재산권 행사의 사회적 의무성을 강조하고 있다. 특정 재산권의 이용이나 처분이 소유자 개인의 생활 영역에 머무르지 않고 일반 국민 다수의 일상생활에 큰 영향을 미칠 경우에는, 공동체의 이익을 위하여 개인의 재산권을 규제하는 법률을 제정할 수 있다는 것이다(김운회, 2016).

따라서 직장 폐쇄는 노사 간 힘의 불균형이 현저하게 나타날 경우 힘의 균형 회복이 필요하기 때문에 '최후 수단'으로서 인정되는 것이다. 그러나 우리 사회에서는 사업장에서 빈발하고 있는 직장 폐쇄와 사설 경비용역업체의 투입 및 폭력행위 등은 정당성 관점에서 대항성·방어성·상당성으로 보기 어려운 사례가 많다. 직장 폐쇄의 정당성 판단 및 효력과 관련해서는 직장 폐쇄의 본질에 걸맞은 해석이 필요하고, 입법 면에서는 직장 폐쇄에 관한 정의 규정 및 정당성 요건의 명확화, 허용 및 절차, 효력 규정을 정비해야 한다. 나아가 경비용역업체의 투입 및 폭력행위 등과 관련해서는 노동관계법뿐만 아니라 형사법까지 적용하여 엄정한 법 집행과 제도 개선이 수반되어야 한다(한인상, 2012). 물론 이러한 근로자의 교섭력 강화는 노사 대타협의 정신 아래 행사되어야 함은 물론이다.

근로행정 강화를 통한 노사 관계 정상화

첫째, 불법 파견 등을 근로감독관의 대거 증원으로 적발해야 한다. 제조업에서는 저임금 착취를 위해 비정규직을 활용하면서 불법 파견이 일상화되었다. 불법 파견이냐 도급이냐의 문제는 현행 법률 체계하에서도 근로감독관의 철저한 현장 조사를 통하면 많은 부분을 해결할 수 있다. 또 영세 제조업체나 서비스업종에 최저임금제를 준수하지 않는 사업장이 많은데, 이 문제도 근로감독관 증원을 통해 사각지대를 해소할 수 있다. 물론 영세 자영업 또는 중소기업의 지불 능력이 없는 경우라면 복지 체계를 강화해서 구조조정을 촉진할지, 정부에서 지불 능력을 지원할지에 관한 사회적 선택이 필요하다.

둘째, 검찰의 공안부 대신 노동 전담부에서 노동 사건을 전담 조사해야 한다. 법 집행을 담당하는 정부 부서인 검찰 공안부에서 노동문제를 담당함으로써 노동문제에 대한 전문성이 결여된 상태에서 공안적 시각으로 바라보고 쟁의행위나 노동조합 활동을 억제하는 방식을 취해왔다. 이러한 검찰 행정은 일제의 군국주의 시대의 유물이다. 이제는 선진적이고 민주적인 노사 관계를 지향해야 하므로, 검찰에 노동 전담부를 따로 만들어 사용자들의 부당 노동 행위, 불법 직장 폐쇄 수사 등에 대해 균형 있고 전문적인 노동 감독 행정을 할 수 있어야 한다. 같은 이유로 사법부에도 노동법원이 설립되어야 한다.

셋째, 국제적인 보편적 노동 기준에 맞지 않는 시행령과 행정 지침을 개정해야 한다. 전교조에 해고자가 포함되었다는 이유로 법외 노조화하는 문제도 시행령의 개정으로 해고자의 교원노조 참여를 허용함으로써 행정적 차원에서 해결할 수 있다. 원칙적으로 노동조합은 정규직, 비정규직, 해고자, 실직자를 모두 아우르는 조직이 되어야 한다.

근로자 경영 참여제

근로자는 직장에 고용된 동안 정해진 소득을 받아 가면 끝나는 게 아니다. 경영이 악화될 때에는 구조조정을 당하기도 하고, 감봉이 되기도 하며, 폐업이나 도산 등의 위험을 공동 부담하는 존재다. 경영의 손실과 이익을 함께하는 공동운명체인 것이다. 따라서 일상적으로 직장의 경영 과정에 참여해서 그 책임과 권리를 함께할 필요가 있다. 구체적인 방안으로는 노동이사제가 있는데, 이는 자본 투자분과 노동 제공분에 따른 주식의 적정 비율을 책정해서 근로자들에게도 이윤분배권과 정보공유권을 주고 이를 주식회사의 이사회에서 노동이사제를 통해 관철시키는 것이다.

좀 더 보편적으로는 노사 공동 결정 제도를 도입할 필요가 있다. 노사협의회를 통해 주요 경영 사항에 관한 정보를 공유하고, 노사가 경영상의 결정을 함께 내림으로써 노사의 협조와 참여를 높이는 효과가 있다. 독일에서는 일찍이 1919년 바이마르헌법에 근로자 참여권이 명시되고, 1920년 사업장평의회법에 반영되었다. 그 이론적인 토대는 1928년 독일 일반노동조합연맹(ADGB) 연구소장 프리츠 나프탈리(Fritz Naphtali)의 「경제 민주화 보고서」를 통해 마련되었다. 법체계를 통한 노사 관계 및 사업장의 민주화, 근로자 지향적인 사회복지 정책, 사기업의 횡포를 방지하기 위한 공기업과 협동조합의 확대, 공공투자에 대한 의사결정에 노측 대표 참여 보장 등을 포함했다.

본격적으로는 2차 대전 이후 1951년 광산·철강업공동결정법과 1952년 사업장조직법을 통해 노사에서 같은 인원 수가 참여하는 노사 공동 결정 제도가 정착되었다(광산철강업공동결정법에 헌법소원이 제기되기도 했으나, 1999년 2월 합헌 결정이 내려졌다). 또한 1967년 노사정 간 공동협조운동을 통해 더 확대되었고, 경제위기 때마다 시도된 노사정 대타협을 통해 더욱 확대 실시되었다. 스웨덴에서는 1938년 샬츠요바덴협정으로, 아일랜드에서는 1987~1990년의 제1차 사회연대협약의 '국가 재건 프로그램'으로 실시되었다. 네덜란드에서는 바세르나협약으로, 핀란드에서는 산업평화와 협조적 노사 관계를 위한 소득 정책을 통해 실시되었다.

주목할 점은 유럽에서 경제 민주화 요구가 급진 좌파에서 비롯한 것으로 오해하는데, 주로 기독교회, 자유주의 사상가 및 개혁적 보수 진영에서 나왔다는 사실이다. 그 의도는 급진 좌파 세력의 확산을 막고 사회적 평화를 유지하기 위한 수단으로 활용하려는 것이었다. 국유화나 사회주의혁명 같은 위협적 급진주의 대신, 개혁과 형평을 지향하면서 투쟁보다 통합, 대립보다 공동 책임 등을 전략으로 채택한 점진주의가 경제 민주화로 이어진 것이다(안두순, 2013). 또 독일에서는 2차 대전 이후 미군정이 정치권력과 소수 대기업 그룹과 유착하면서 나치 파시즘이 대두되었다고 보고, 대기업의 경영을 근로자가 감시하도록 한 것이라는 해석도 있다.

우리나라는 세계경제포럼이 발표한 2016년도 국가 경쟁력 순위에서 138개국 가운데 3년째 26위에 머물렀다. 그중에서도 노사 간 협력은 135위로 사실상 꼴찌다. 노사 공동 결정 제도의 실시를 확산시키려면 우선 공공부문부터 시작할 필요가 있다. 이를 위해서는 공공기관 운영에 관한 법률, 지방출자출연기관 운영에 관한 법률을 개정함으로써 제도적 정합성을 높일 수 있다. 노사 공동 결정 제도는 노사 간 협력에 새로운 장을 열 것이다. 그리고 이는 지역에서 시작해서 전국 단위로 수렴될 때 쟁점이 분산됨으로써 더 효과적으로 진행될 수 있다.

05
지역 노사 대타협 모델

한국 사회에서는 근로자가 노동조합을 만들어 자신의 권익을 주장하기 위해서는 초인적인 용기가 필요하다. 게다가 오늘날은 비정규직이 일반화되어 있고, 특히 영세 사업장에 파견되는 노동자들은 노조를 만들어서 자신들을 보호하기가 거의 불가능하다. 가령 2014년 부산 지역의 경우 중소영세사업장 비율이 94%를 넘어서고 있으며, 중소영세사업장이 전체 비정규노동자의 80%를 고용하고 있다(윤영삼, 2014). 산별 노조에 가입하면 된다고 하겠지만, 거리감이 있는데다 가입해서 얻을 것은 별로 없는 데 비해 피해만 많을 거라고 생각하는 경우가 많다.

결국 노조가 아니더라도 근로자들이 스스로 삶에 도움이 되는 것을 필요로 하고 육아와 교육 문제에 대한 공동 노력, 주말농장이나 여행 모임 등 상호 부조나 상호 자조적인 시스템을 원하는 동시에, 지역이란 공간 차원에서 현장의 모순과 문제에 어떻게 대처할 것인지 공동으로 모색할 필요가 생겼다(박재철, 2012). 게다가 최근 전통적인 대규모 사업장들도 구조조정을 겪게 되었다. 한편 일자리의 양극화가 날로 심각해져가고 청년실업이 만연해서 어떻게든 그들을 위한 일자리를 마련해야 하는데, 이 심각한 상황에 대한 대응책은 중앙정부보다는 지역사회와 지방정부가 찾아야 하며 중앙정부는 이를 지원하는 것이 선진국의 경험에 미루어 보아 더 효과적인 것으로 나타났다(김재훈, 2016).

이런 여러 가지 상황을 살펴볼 때 지역 차원의 노동조합 육성과 지역적인 집단 교섭이 중요한 시대가 되었다. 일자리를 나누고 대·중소기업 간 격차를 해소하며 좋은 일자리를 확보하는 것은 지역 공동의 노력을 통할 때 훨씬 효과가 크기 때문에, 노사 간의 기업별 교섭을 사회적 교섭으로 전환할 필요성이 높아졌다(현정길 외, 2008). 즉, 지역 노사정위원회의 사회적 논의를 통해 노동 의제에 대한 선도적 지역 교섭 모델을 창출해야 하며, 이를 바탕으로 산별 교섭을 위한 토대를 구축해야 한다. 이런 과정을 거치면서 산별 교섭의 의무화 등 제도화와 함께 한국형 산별 체계가 확립될 것이다.

민주노총 지역 본부 구성원들에게 설문 조사한 결과(김유선 외, 2009)에 의하면, 노동조합이 지역에서 전략적으로 추진해야 할 사업으로는 '시민운동과의 결합력 강화'(26.9%), '지역 차원의 사회 공공성 이슈 선도'(26.1%)를 꼽았다. 또 지역 본부가 주로 하고 있는 사업과 향후 지역 본부가 강화해야 할 사업에 대해 지역 투쟁 사업장 지원 비중을 줄이고(37.5%→17.6%), 미조직 비정규직 노동자 조직화(13.3%→26.9%)와 사회 노동 정책 개발(1.7%→8.4%) 비중을 늘려야 한다고 지적한 바 있다.

이렇듯 지역 차원에서 노사민정이 함께한다면 노조활동에 대한 지역 차원의 참여를 높이고 지역사회의 다양한 문제에 노조가 참여하면서 지역사회의 주요 주체 중 하나라는 책임의식을 지니게 될 것이다. OECD에서도 좋은 거버넌스를 위한 5가지 원칙을 제시하고 있는데, 개방성, 광범위한 참여, 책무성, 효과성, 일관성이다(OECD, 2001). OECD와 유럽연합 모두 국정운영에 참여를 촉진하기 위해서는 먼저 정부의 의지 및 리더십과 더불어 노사를 비롯한 시민의 참여를 촉진시키는 제도적, 재정적 노력이 필요함을 지적하고 있다(유럽 19개국에서 시행 중). 미국 위스콘신 주의 '직업훈련 파트너십', 독일 슈투트가르트 지역의 재생 프로젝트 '산업단지 협력 파트너십' 등의 사례에서 볼 수 있듯, 지역 문제 해결과 경제위기 극복을 위해 지역 주체들이 적극적이고 주도적으로 노력하고 정부의 지원과 리더십이 바탕이 되어 더욱 활성화되고 있다(부천 지역 노사민정협의회, 2012).

▌서울형 노사 협력 모델

서울시는 노사 협력을 통해 노동 시간 단축을 위한 모델을 창출해낸 데 이어, 2016년 9월 29일에 근로자이사제 조례를 제정해서 노동자가 선출하고 시장이 임명한 노동이사가 정원 100명 이상의 서울시 산하 13개 공공기관의 이사회에 참여하도록 했다. 이 조례는 시정 운영의 투명성, 노사 및 시 정부의 소통 제고를 위한 노력의 일환으로 도입되었다. 3년 임기의 노동이사가 지닌 권리와 권한은 이사회 내에서 소수라는 특성(이사회 정원의 3분의 1 초과 금지 조항, 실제로는 3분의 1 이하) 탓에 제한적일 수밖에 없다. 그러나 노동이사의 존재 자체가 일터의 민주화를 실현하기 위한 투쟁에서 중요한 무기가 된다. 노동자의 의견, 불만, 피드백을 이사회에 전달하고, 또 이사회에서 논의된 중요한 정보를 노동자와 노동조합에 전달할 수 있기 때문이다. 이에 따라 노사 간의 소통이 더욱 촉진되고, 불필요한 갈등을 줄일 수 있다. 또 노동자의 경험과 피드백이 반영될 수 있어 정책의 효율성과 일관성을 제고할 수 있다. 경영진에서 일선 노동자의 의견을 반영한다면 효과적인 정책을 세울 뿐 아니라 경영 책임성과 투명성을 높이는 결과도 가져올 수 있다.

서울시의 경우, 노동이사로 출마하기 위해서는 해당 기관에서 최소 1년 이상 근무해야 한다. 정원 300명 미만의 공공기관의 경우 1명, 정원 300명 이상의 공공기관의 경우에는 2명의 노동이사를 선임해야 한다. 노동이사의 정원 제한 때문에 노동이사의 이사회 참여가 실제로 얼마나 일터의 변화를 이끌어낼지 평가하기는 아직 어렵다. 그러나 서울연구원의 사례를 통해 가능성을 엿볼 수 있다. 작년 12월 12일, 30명의 후보가 2주간 선거운동을 벌여 234명의 연구원 노동자가 노동이사 선출을 위한 투표를 실시했고, 상위 2명이 서울시에 추천되어 최종적으로 1명이 노동이사로 임명되었다. 노동이사가 선임된 이후, 경영진에서는 비정규직 인력의 정규직화와 비정규직 노동자의 처우 개선을 위해 태스크포스를 구성했다. 노동이사의 선임, 직원 협의회 및 경영진과의 협력이라는 관점에서 괜찮은 출발을 한 셈이다(김철, 2016).

❙ 광주형 일자리 창출 모델

광주형 일자리 창출 모델은 독일 폭스바겐의 아우토5000을 모델로 삼았다.

"광주시가 주도하고 지역의 이해 당사자들 및 시민들이 참여하여 형성하는 차별화된 전략적 '연대'의 활성화를 통해, 생산 관계의 다양한 '혁신'을 지향하는 자동차산업의 신규 투자를 유치함으로써 광주 지역에 새롭게 일자리를 창출함과 동시에, 이를 계기로 광주 지역(자동차산업) 노동시장의 구조화된 왜곡을 완화시켜 이 지역 노동시장에 사회통합적 가치를 고양시키고 지역경제의 활력을 도모하려는 방법론"으로 제시된 것이다(한국노동연구원, 2015). 이러한 구상은 우리 사회에서 크게 진행되어 있는 노동시장의 구조적 왜곡을 크게 완화시킬 신기원으로 향후 광주 지역 노사와 시민사회의 노력에 투자자인 기업의 호응이 있을 경우 그 효과와 발전이 기대된다.

광주형 모델은 광주의 독특한 사회경제적 현실을 그 배경으로 한다. 광주의 20대 청년층 고용률은 2011년 55.7%에서 2014년 53.9%로 더욱 낮아졌고, 전국 평균 57.4%에 비해 훨씬 낮은 수준이다. 저임금근로자의 비중도 28.2%로 전국 평균에 비해 높고, 대구·부산·대전 다음으로 많다. 연간 1천만 원 미만의 소득자가 35.4%, 1~2천만 원이 23.5%, 2~3천만 원이 21.6% 등 4천만 원 미만이 80.5%를 차지한다.

광주의 대표적인 사업장인 기아차 광주 공장의 생산량은 2000년 16만 대에서 2013년 48만 대로 3배나 성장했고, 자동차 부품업이 광주 지역에서 창출한 부가가치 중 차지하는 비중이 1.8%에서 10.6%로 높아졌다. 기아차의 고용 규모가 1.4배 증가하면서 부품사의 고용 규모는 2.6배 증가했다. 이렇듯 양적으로는 성장했으나 질적으로는 부정적인 요소가 더 많아졌다. 사내 하청이 일반화되었고, 심지어 정규직보다 사내 하청 노동자의 수가 더 많은 부품사도 있다. 기아차의 평균 연봉은 약 1억 원이며, 사내 하청은 5천만 원, 1차 협력사인 K사의 생산직 연간 평균 임금은 4,800만 원, 1차 부품사의 사내 하청 노동자는 3천만 원, 2차 부품사는 2,800만 원, 그 사내 하청 노동자는 2,200만 원으로, 최저와 최고의 임금 격차는 약 5배나 된다.

그래서 광주형 일자리 창출 모델은 "이러한 노동시장의 구조적 원인을 어떻게 제어하면서 그것이 신규 일자리의 창출과 지속을 보장토록 하는 방안을 어떻게 구축할 것인가에 대한 답을 담고자 한 것"이다. 그러기 위해 " '혁신'과 '연대'의 두 가지 방법론적 수단을 강화하여 새로운 실천을 벼리고, 그를 통해 현존하는 노동시장의 왜곡된 구조화와 그로 인한 신규 일자리 창출 유인의 약화 문제를 해결"하려 한다. 광주형 일자리에서 추구하는 혁신은 "노사 간의 파트너십 증진과 한국적 맥락에서 요구되는 '노동의 인간화'의 실현을 통한, 이른바 '균형 잡히고 사회통합성을 지향하는 생산관계'의 수립"이다.

광주형 모델을 추진하려면 노사 간 신뢰와 파트너십을 진작해야 한다. 특히 노동조합 경영 참여의 촉진은 광주형 일자리에서 가장 중요하게 생각하는 혁신책이다. 경영 참가의 요소로는 노동이사제의 도입, 노사협의회의 강화, 자율적인 작업팀의 형성 등이다. 나아가 작업 단위(팀)의 분권화 및 권한 강화와 자율화 등 작업장 단위의 참여 역시 소홀히 하지 않는다. 그 외에도 다양한 혁신 방안들을 제시했는데, 경쟁력 강화와 고용 안정의 교환, 숙련 형성 및 교육 훈련의 강화, 임금 수준 및 임금 체계의 혁신, 노동 시간의 단축과 '유연 3교대제'(생산라인의 특성에 맞춘 교대제)의 실현 등을 추진한다. 구체적으로 살펴보자.

임금 수준에서는 일종의 '적정 임금'을 추구한다. 이는 신규 입직자를 기준으로 연봉 총액을 광주시의 평균 임금 내지 1차 협력업체의 수준(4천만 원 정도)을 고려해서 책정하는 것을 뜻한다. 이렇게 하면 기존 광주 기아차의 임금 수준보다는 낮지만, 광주 지역 자동차산업 및 광주 지역 전체와 비교했을 때는 상대적으로 고임금이 된다. 이는 기존의 양극화된 임금 구조의 중상위 지점을 차지하므로 적정한 수준이라고 본다. 임금 체계는 연공급이 아닌 숙련급이나 직무급 형태로 설계한다. 연공급 체계를 전적으로 배제하기 어려우면 연공-임금 곡선의 기울기를 완만하게 설계하는 것도 고려할 수 있다. 이러한 임금 수준과 임금 체계로 확보된 비용 절감분의 일부는 하청업체 근로자들의 근로 조건이 향상되는 방향으로 활용한다. 또 불합리한 고임금이 투자 동력을 제약하는 것도 완화시켜서 신규 일자리 창출도 꾀한다.

이렇게 함으로써 부품사의 노사 관계에서 낮은 조직률과 기업별 교섭 체계로 인한 산업 내 임금 격차를 개선하고, 도급 구조와 원하청 간의 수직적 관계를 수평적 관계로 전환하려는 것이다. 따라서 신규 기아차 공장이 40만 대 규모라고 하면 기아차와 부품사에서 각각 5,000명,

즉 1만 명의 신규 고용을 창출하리라 기대한다. 신규 공장이 생산한 40만 대의 판로가 문제될 수 있는데, 이것이야말로 투자주체인 사용자가 지역노사민정협의회에 참여해서 함께 차종 및 판로의 모색을 해나가야 할 것이다. 사용자의 참여를 위해서는 정부 차원의 관심과 지원이 필요한 것이다.

▌지역 노사 협력 모델의 전망

지역 노사 협력 모델은 산별 교섭의 토대가 될 수 있다. 법에 있는 단체협약의 지역적 구속력이 발휘되고 확대되어 양극화 해소에 일조함은 물론, 산별 협약의 가능성을 열어줄 것이기 때문이다. 지금까지 산별 교섭은 보건의료노조(민주노총)와 금융노조(한국노총)가 시행한 바 있으나, 의미 있는 성과를 내지는 못했다.

둘째로 지역 노사 협력 모델은 단체협약의 지역적 구속력을 확대시킨다. 한국 사회에서 심각하게 확대된 차별을 줄이는 데 단체협약의 적용 확대는 효과적일 것이다. 단체협약 효력 확장이 산별 교섭의 효과를 체감하게 해주는 설득력 있는 기제로 작동할 수 있기 때문이다. 다만 단체협약 적용 확대를 현실화하기 위해서는 '노동조합 및 노동관계조정법' 제36조 1항을 개정해야 한다.

또 지역노사민정협의회가 그 실질적인 성과를 내기 위해서는 대통령 직속 기구이거나 법적 구속력을 보장받아야 한다. 그렇지 않으면 사용자 대표가 참여할 가능성이 전혀 없기 때문이다. 앞에서 본 광주 일자리 창출 모델에서도 모델에 따른 임금 체계와 작업장 체계가 성립하려면 기존의 사업장 체계와 다른기업 형태를 띠어야 한다. 그러나 투자자인 현대자동차가 전혀 그렇게 할 의사가 없어서 아직은 기획 단계에 머무르고 있는 것을 보면, 지역 노사 협력 모델의 성공을 위해서는 강력한 정치적 및 법적 뒷받침이 뒤따라야 한다.

그래서 태생적 한계로 기능을 상실한 '경제사회발전 노사정위원회'를 대통령 자문 기구에서 법적인 권위와 집행력을 가진 대통령 직속 기구(노사정위원회 혹은 노사민정위원회)를 신설해

산업계 대표 기업의 노사 대표가 한자리에 앉을 수 있는 기회가 마련되어야 한다. '국민의 집'을 완성한 타게 에를란데르 스웨덴 총리가 장기간에 걸쳐 매주 정기적으로 노사민정의 관련자들과 회의를 거쳐 사회적 합의를 이루었듯이, 중앙정부와 정치권에서 이 문제를 사회적 합의를 통해 실질적으로 해결함으로써 비전 수립과 새로운 성장 동력의 풍토가 형성될 수 있다. 또 아일랜드의 사례처럼 노사 협상 주체들이 상황에 대해 충분히 공부하고 토론하면, 일단 협상의 기초는 마련될 것이다.

06

산업 구조조정 대책: 고용보험 가입자 확대(보험료 경감) 정책

한국 경제는 지금 후발 개도국의 추격과 세계 무역시장의 위축에 따라 중심 산업에서 산업 구조조정을 겪고 있으며, 이는 향후에도 지속될 가능성이 크다. 실직자의 생활 안정 체계는 재고용을 위한 재교육과 직업 탐색을 거치는 동안 물질적, 정신적 여유를 갖게 해서 스스로 노동 덤핑으로 빠지지 않게 방지해준다. 근로자의 사회경제적 지위가 끊임없이 추락하는 것을 방지하는 데 절대적으로 필요한 것이다. 이는 곧 경제 전반의 인적 자원 수준 향상에도 커다란 요인으로 작용한다. 여기에서 고용보험은 고용 안전망의 근간이 된다.

고용보험은 지난 10여 년 동안 적용을 확대하면서 사각지대 해소를 위해 노력해왔으나, 임금근로자의 가입률은 2016년 현재 68.8%인 데 비해 비정규직은 42.8%(임시 일용직은 22.4%), 월평균 100만 원 미만 근로자는 19.9%에 불과하다. 이 상태에서 구조조정을 당해서 일자리를 잃을 경우 곧바로 생계 곤란에 직면할 가능성이 크다. 더욱이 자영업자는 0.4%로 안전망의 범위 밖에 있다.

이런 상태에서는 고용보험이 실직으로 인한 빈곤을 예방하는 안전망 역할을 하고 있다고 할 수 없다. 65세 이상의 고령자들의 노후를 위한 국민연금이 28%밖에 소득을 보전해주지 못하는 상황에서는 고용보험의 가입자 확대 정책이 절실하다.

고용보험의 사각지대가 발생하는 원인은 근로자 본인에게도 있지만, 주로 사업자가 기피하기 때문이다. 그 외 정보나 홍보 부족, 행정 지도의 취약함 등도 이유다. 특히 2010년부터 사회보험 징수 업무가 건강보험공단으로 일원화되었음에도 불구하고, 소득을 제대로 파악하거나 사각지대를 해소하지는 못한 상태다.

따라서 저임금 근로자에 대한 사회보험료 지원이 필요하다. 영세 자영업자의 경우, 소득을 파악하는 인프라 확충과 함께 확대 실시되어야 한다(현재 시행 중인 '취업 성공 패키지 사업'과 병행하여 실시할 수 있다). 근로장려세제는 직장 가입자의 경우 사업주가 사회보험에 가입하는 유인을 고려하지 않기 때문에 사회보험 사각지대가 해소되기 어렵다. 그러므로 고용보험 가입자의 확대가 중요하다.

근로자가 사회보험에 가입할 만한 이유를 제공함으로써 사회보험의 사각지대를 해소할 수 있다. 비공식 고용을 줄이는 조치로서 승수 효과를 통해 재정과 관리 능력을 개선하고, 비공식 고용을 추가로 줄일 수 있다. 이때 최저임금 이상을 받는 근로자에 지원을 한정함으로써 법정 최저임금 준수율을 높여 저임금 노동시장을 개선하는 효과를 볼 수도 있고, 비임금 노동비용 인하를 통해 노동 수요를 촉진하게 될 것이다.

근로 조건부 급여의 성격을 지닌 근로 유인 보상 정책을 통해 영세 자영업자의 임금 근로 전환이 증가하게 된다. 사회보험 재정 측면에서 볼 때는 실업급여 지출이 계속 증가하겠지만, 가입자가 증가하면 보험료 수입도 증가하여 상쇄할 수 있고, 노후 보장으로 인한 공적 부조 재정의 절감 효과를 거둘 수 있다.

07
고용 혁신의 기대 효과

이렇듯 고용 혁신을 이뤄내면 현재 우리나라가 겪고 있는 심각한 문제들의 상당 부분이 해결될 것이다.

첫째, 고용의 질이 개선되고 노동 가치가 실현될 것이다. 고질적으로 확대된 임금 불평등을 완화하고, 일자리의 숫자뿐만 아니라 질도 높아질 것이다. 또 근로 조건이 개선되고, 건강한 노사 관계를 구축할 수도 있다. 요컨대 노동과 노동의 가치가 존중받는 정의로운 사회가 구현되리라고 기대할 수 있다.

둘째, 경제 혁신의 원동력이 될 것이다. 고용 혁신은 고용의 안정성을 높이고, 노동에 대해 정당한 보상을 함으로써 근로 의욕을 북돋워 생산성을 향상시킬 수 있을 것이다. 분배의 개선이 나아가 전체 경제의 성장으로 이어진다는 말이다. 지속적 교육 훈련은 기술 혁신, 경영 혁신을 가능케 해서 혁신경제의 밑거름이 될 것이고, 고용 안정과 소득 보장으로 출산율을 높임으로써 저출산 고령화에 따른 저성장의 위기를 극복할 수 있을 것이다. 결국 건강하고 안정적인 협력적 노사 관계를 구축함으로써 안정적이고 예측 가능한 기업 경영이 가능해진다.

셋째, 복지 체계가 효율화될 것이다. 임금 불평등의 개선은 곧 1차 소득 분배가 개선된다는 뜻이며, 이는 복지 재원을 적재적소에 활용할 수 있는 토대가 된다. 또 일자리 창출을 통해 고용률을 높임으로써 지속적 복지를 위한 자원을 공급할 것이다.

넷째, 교육 혁신을 위한 자원이 공급된다. 근로자의 소득을 안정시키면 근로자의 학습 동기가 강화되고, 학습할 수 있는 환경이 조성된다. 그러면 직장 내외의 교육·훈련·학습이 활성화되어 창의적 학습 사회의 토대가 마련된다.

다섯째, 뒤처진 기술 훈련, 제한된 고용 지원 서비스 문제가 해결된다. 한국 경제는 과거 고도성장 기간에 각종 기술 교육과 과학 인력 양성을 통해 과학기술 인력을 지속적으로 확대해 온 것이 특징이다. 그러나 최근 세계적으로 진행되고 있는 급속한 기술 혁신을 따라갈 수 있을 만큼 기존 노동 인력에 대한 숙련 향상 체계가 마련되어 있지 않은 실정이다. 따라서 극히 제한된 인구층에만 지원되는 고용 지원 서비스를 개선해서 숙련 인력에 대한 다양한 재교육 체계 등을 마련하게 된다.

//////////////

한국은 지난 60년간 박정희 식 경제 개발 정책을 기반으로 성장해왔다. 하지만 저성장기인 지금, 더 이상 박정희 식 정책은 통용되지 않는다. 오히려 이 정책이 가져다준 폐해 때문에 많은 어려움을 겪고 있다.

경제 개혁의 출발점은 재벌 개혁에 있다. 재벌 개혁은 재벌 죽이기나 재벌 해체가 아니다. 재벌의 탈법적인 행위를 규제하고 재벌이 더욱 투명하게 경영되도록 하는 데 있다. 또한 재벌을 상생 협력과 동반성장에 참여시켜 함께 성장하는 경제 생태계를 마련하려는 것이다.

한편 재벌을 대신할 수 있는 새로운 경제성장의 엔진으로 중소기업과 소상공인을 육성해야 한다. 이들은 숫자적으로 많을 뿐만 아니라 일자리의 보고이기도 하다. 특히 벤처는 혁신 경제의 총아다. 우리는 1기 민주정부 때부터 꾸준히 벤처를 육성해왔다. 앞으로도 계속 벤처를 육성하며 4차 산업혁명 시대에 대비해야 한다.

개혁된 재벌 대기업과 중소기업, 소상공인, 벤처를 중심으로 국민 성장 시대를 열자.

2장

경제 혁신
– 재벌 개혁과 협력적 생태계

01
재벌 개혁

재벌 개혁의 필요성

경제 개혁의 핵심은 재벌 개혁에 있다. 왜 그런가? 왜 재벌을 개혁해야 하는가? 이 물음에 대해서는 지난 60년간의 경제발전 과정을 되돌아보면 금방 그 답을 찾을 수 있다.

지난 60년간 박정희 식 경제 개발 정책이 한국 경제를 지배해왔다. 박정희 모델로도 불리는 이 정책은 정치가 관료들과 함께 경제를 이끌어가면서 특히 재벌을 중심으로 경제성장을 이룩하는 정책이었다. 이는 일본이 전후에 경제성장을 이룩한 방식이었다. '몰아주기 식 성장 정책'이라고 일컬어지는 이 정책은 한정된 자원을 특정 기업이나 산업에 몰아줌으로써 빠른 경제성장을 이룩하려는 것이었다. 만주에서 일본군 장교를 지내기도 한 박정희 대통령은 경제개발 초기에 이 전략을 도입하여 한국 경제를 크게 성장시켰다. 이후 정권이 여러 차례 바뀌었지만, 이 정책은 계속되었다.

하지만 이 정책은 불균형 성장이라는 한계를 지니고 있었다. 국가가 가진 한정된 자원을 특정 재벌에만 우선적으로 배분함으로써 특정 재벌만 성장하도록 특권을 제공했기 때문에, 같은 재벌이라도 이 산업에 참여할 수 없었던 재벌은 성장의 이익을 차지할 수 없었다. 물론 국내에는 여러 산업이 있기 때문에 재벌기업들은 각각의 산업을 나누어 가질 수는 있었지만, 재

〈그림 2-1〉 박정희 모델

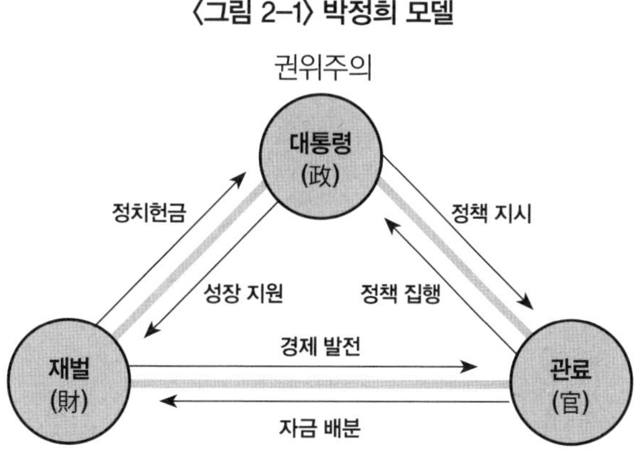

벌도 성장의 혜택을 고르게 누리지는 못했다. 재벌뿐만 아니라 재벌과 거래하는 기업들도 마찬가지였다. 재벌의 산하 기업들이나 주요 거래 기업들은 성장의 혜택을 향유했지만, 그렇지 못한 기업들은 성장의 혜택을 제대로 누릴 수가 없었다.

박정희 대통령도 불균형 성장의 문제점을 알고 있었기 때문에 경제가 어느 정도 성장하고 난 뒤에는 균형 성장으로 방향을 전환할 생각이었다. 하지만 독재자의 길을 걷다 암살당했고, 그 이후의 정권들도 불균형 성장 정책을 유지하면서 이를 시정할 기회를 놓쳐버렸다. 특히 박정희 식 경제 정책은 부패와 정경유착의 온상이었다. 특혜를 받은 재벌들은 자원을 우선적으로 분배해준 관료들을 대접하거나 정치가들에게 불법적인 정치자금을 제공하는 등 잘못을 저질렀다. 이러한 부정적인 면은 경제가 성장할 때는 크게 부각되지 않았다. 오히려 빠른 경제성장을 이룩한 덕분에 불균형 성장을 지지하고 당연시하는 분위기마저 있었다.

기업 간 거래 관계도 마찬가지였다. 재벌에 속하지 못하는 기업이나 재벌과 거래 관계를 가지지 못하는 기업이더라도 경제가 성장하면 그 혜택의 일부를 향유할 수 있었다. '낙수 효과'라 불리는 이 현상은 경제성장의 혜택이 마치 떨어지는 물줄기처럼 여러 기업들에게 퍼져나가는 효과를 말한다.

그러나 한국 경제의 고성장 시대가 저물고 저성장 시대가 도래하자 상황은 역전되었다. 낙수 효과는 고갈되었고 불균형 성장의 폐해는 더욱 늘어났다. 가장 심각한 것이 기업의 양극화

〈그림 2-2〉 한국의 경제성장률 추이

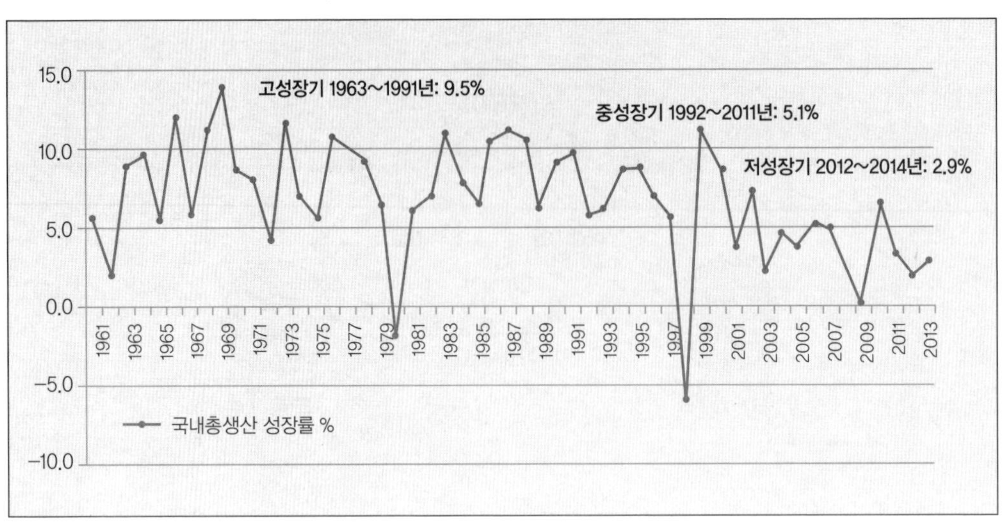

였다. 성장의 혜택을 향유한 기업과 그렇지 못한 기업과의 격차는 더욱 벌어졌고, 재벌기업과 중소기업 간 격차도 더욱 커졌다.

기업 간 양극화는 오히려 한국 경제를 저성장의 나락에 빠지게 하는 원인이기도 했다. 기업 간 양극화는 곧 생산과 투자의 양극화를 가져와 성장하는 산업과 그렇지 못한 산업과의 격차를 더욱 벌어지게 했다. 또한 이는 소득 양극화를 불러왔다. 재벌기업의 기본임금은 매년 오르고 상여금과 복리후생은 더욱 좋아지는데, 그렇지 못한 기업과 근로자의 여건은 점점 더 나빠졌다. 특히 재벌기업과 중소기업, 정규직과 비정규직의 격차는 날로 커졌다.

이것이 한국 경제의 발목을 잡고 있다. 소득 양극화는 소비 양극화를 가져오고 소비 양극화는 다시 기업 매출의 양극화, 생산의 양극화, 투자의 양극화를 가져와 경제 전체의 성장 동력을 약화시키는 결과를 가져왔다.

이명박 정권 때는 기업 친화적인 정책을 통해 경제성장 7%, 1인당 국민소득 4만 달러를 달성하겠다고 내걸었지만 구조적으로 악화된 상황을 탈피하지는 못했다. 그 뒤를 이은 박근혜 정권에 대한 국민의 기대는 컸다. 박정희 대통령의 딸이었기에 아버지처럼 경제성장을 이뤄주리라 기대했다. 또한 경제 민주화를 경제 정책의 기치로 내건 만큼 불균형과 양극화를 해소해줄 것이라 믿었다. 하지만 박근혜 정권은 국민들에게 큰 실망과 좌절을 가져다주었다. 경제 민주화는 고사하고 잘못된 경제 운영으로 가계부채만 늘어갔다. 오히려 박정희 식 경제 정책의 폐해였던 권위적 통치 방식과 재벌과의 정경유착만 강화되었다. 이것이 촛불 혁명의 도화선이 되었다. 분노한 국민들은 "이게 나라냐?"라고 되물었고 재벌 개혁을 목 놓아 부르짖었다.

이제 정부와 정치가 답할 차례다. 수명이 다한 박정희 식 경제 정책을 버려야 한다. 오히려 그 정책이 남겨놓은 불균형 성장의 폐해를 극복해야 한다. 또한 재벌 중심의 성장 정책을 버리고 재벌을 대신할 새로운 성장 축을 마련해야 한다. 그 출발점에 재벌 개혁이 놓여 있다.

재벌 개혁의 내용

그렇다면 재벌의 무엇을 개혁해야 하는가? 가장 중요한 개혁의 대상은 재벌의 잘못된 행위다. 탈세와 비자금 조성, 뇌물 공여, 분식 회계와 같은 탈법적인 행위를 막아야 한다. 또한 재벌 오너의 개인적인 이익을 위해 계열사 간에 내부거래를 하거나 일감 몰아주기와 같은 행위도 못하게 해야 한다.

특히 국민들의 원성을 사고 있는 것이 담합과 납품 단가 후려치기, 골목상권 침범이다. 담합은 그 피해가 고스란히 국민들에게 전가된다. 담합을 통해 재벌들은 초과 이익을 얻지만, 이는 제품의 가격에 반영되어 국민들이 손해를 보게 된다. 또한 납품 단가 후려치기는 재벌들이 우월적 지위를 활용하여 거래 기업들이 가져야 할 정당한 이익을 빼앗는 행위다. 소위 갑질이다.

재벌들의 골목상권 침범도 지탄의 대상이다. 재벌과 같은 큰 기업들은 해외 시장 등에서 글로벌 기업과 당당히 경쟁해야지, 자영업자들의 생활 터전인 골목상권에까지 진출해서는 안 된다.

재벌의 이러한 행위들은 법으로 규제해야 하며 이러한 행위들로 인해 피해가 발생하면 징벌적 손해배상 등으로 이익의 몇 배를 물도록 해야 한다.

또한 재벌 오너 등이 중대한 경제 범죄를 범하였을 때는 '무관용의 원칙'을 지켜야 한다. 예전처럼 재벌 오너라는 이유만으로 집행유예를 선고받거나 사면받아서는 안 된다. 오히려 중대

〈그림 2-3〉 재벌의 경제력 집중

30대 재벌의 매출액 집중도 추이(단위: %)

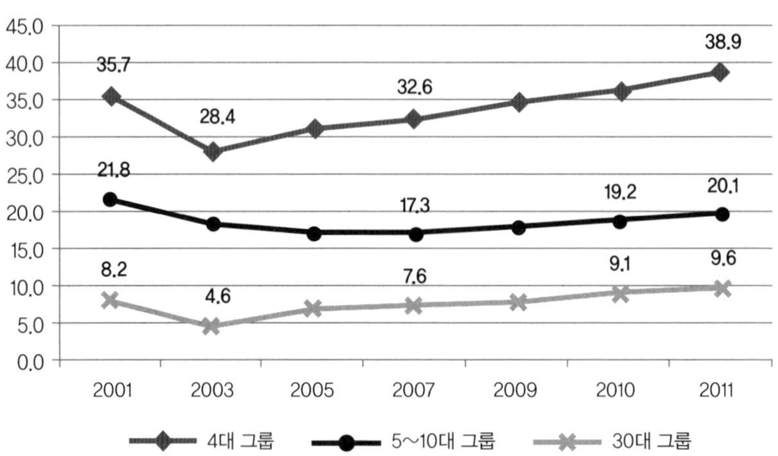

출처: 황인학(2013)

한 범죄를 저지른 오너는 두 번 다시 기업 경영에 참여하지 못하도록 해야 한다.

이러한 원칙과 행위 규제도 중요하지만 재벌 개혁에서 더 중요한 것은 이러한 행위가 가능한 구조를 무너뜨리는 데 있다. 그 하나가 재벌의 경제력 집중이다. 2011년 기준으로 30대 재벌의 매출액 집중도는 38.9%나 되고 총자산 또한 37.4%나 된다. 이렇게 특정 재벌에 경제력이 집중되면 잘못된 행위를 하기가 쉽다. 따라서 재벌의 경제력 집중을 완화하거나 방지하는 조치들이 많이 이루어졌다.

그중 하나가 출자총액 제한 제도다. 이 제도는 재벌기업 순자산의 일정 비율 내에서만 국내의 다른 회사에 출자할 수 있도록 함으로써 재벌의 문어발 식 확장을 방지하는 제도다. 우리나라에서는 1987년에 처음 도입되었다가 재벌의 많은 저항에 부딪혀 유명무실해졌고, 이명박 정권 때 폐지되었다. 이후 재벌의 계열사가 급증하여 2008년에 241개였던 재벌의 계열사 수가 2013년에는 352개로 늘어났다. '출자총액 제한 때문에 투자를 할 수 없다'는 핑계도 이 제도를 폐지한 이유 중 하나였는데, 폐지된 후에는 오히려 투자가 감소하는 현상마저 나타났다.

재벌 구조 개혁의 또 다른 영역은 지주회사 규제다. 지주회사란 여러 회사의 주식을 소유함으로써 사업 활동을 지배하는 것을 주된 사업 목적으로 하는 회사를 말한다. 재벌의 모회사 내지 지배 회사가 지주회사인 셈이다.

지주회사 제도는 독점의 수단으로 19세기 말 미국에서 발생하여 발전했지만 1914년부터 법으로 금지되었다. 한국도 1987년에 지주회사 설립을 금지했지만 1997년 외환위기 이후에 기업 구조조정을 원활히 하기 위하여 1999년부터 설립을 허용했다.

하지만 이 제도가 계열사 확장에 악용되거나 재벌을 세습하는 수단으로 활용되곤 한다. 따라서 지주회사가 자회사 주식을 의무적으로 소유하는 비율을 높이거나, 자회사나 손자회사의 설립까지만 허용하고 증손회사의 설립은 금지하는 등의 규제가 필요하다.

만약 재벌의 구조 개혁이 힘들다면 적어도 투명하게 운영되도록 해야 한다. 이것이 지배 구조의 투명성 개혁이다. 특히 우리나라 재벌의 오너들은 평균 1% 미만의 주식을 가지고 전 계열사를 지배하고 있다. 극소수의 지분이지만 계열기업들이 상호 주식 보유 등을 통해 서로를 지배하고 있기 때문에 오너들이 강한 지배권을 행사한다. 이를 방지하기 위해서는 소액 주주들의 목소리를 높여야 한다. 또한 대표소송제도 등을 통하여 대주주를 견제할 수 있는 제도를 도입할 필요가 있다.

국민연금을 비롯한 기관투자자들이 적극적으로 주주권을 행사하도록 하는 방법도 있다. 특히 주주권 행사의 모범 기준인 스튜어드십 코드(Stewardship code)를 적극적으로 도입하여 재벌들이 공정하고 투명하게 운영되도록 해야 한다. 이 밖에도 감사위원 선임을 더욱 체계화하거나 노동자가 추천하는 이사들을 경영에 참여시킴으로써 기업 경영의 감시 활동을 강화할 수도 있다.

결국 재벌 개혁은 재벌 죽이기나 재벌 해체가 아니다. 재벌 개혁은 재벌들이 불법적인 행동이나 불공정한 행위를 못하게 막고, 건전하고 투명하게 경영 활동을 하게끔 하는 것이다. 또한 재벌 개혁은 지난 60여 년간 재벌 주도 성장 과정에서 발생한 불균형을 바로잡아 기업들 간에 공정한 경쟁이 이루어지게 하는 조치이기도 하다. 따라서 재벌 개혁은 진정한 시장경제로 가는 길이기도 하다.

02
동반 성장과 중소기업 육성 정책

❙ 동반 성장 정책

그렇다면 재벌 말고 새로운 성장 축이 있는가? 바로 중소기업이다. 중소기업은 사업체 수나 종사자 수에서 대기업과는 비교가 되지 않을 정도로 많다. 2014년의 사업체 수를 보면 대기업이 3,123개(0.1%)인 데 비해 중소기업은 354만 2,350개(99.9%)다. 종사자 수도 대기업이 193만 5,109명(12.1%)인데, 중소기업은 1,402만 7,636(87.9%)이다. 즉, '9988(99%와 88%)'인 것이다. 더구나 중소기업에 딸린 가족 수를 생각하면 대한민국 국민의 70%가 중소기업에 속한 셈이다.

특히 중소기업은 일자리의 보고다. 최근 일부 재벌들은 고용을 줄이기도 하지만, 중소기업에서는 계속 고용을 늘리고 있다. 지난 5년간만 살펴봐도 대기업의 취업자 수는 28만 명이 늘어났지만 중소기업은 227만 명이 증가했다. 고용과 일자리, 그에 딸린 가족을 생각하면 국민 성장의 중심 축은 중소기업에 두어야 한다.

중소기업을 새로운 성장 축으로 육성하기 위해서는 어떻게 해야 하는가? 크게 세 가지 방안이 있다.

하나가 재벌과의 동반 성장이다. 재벌과 함께, 혹은 재벌의 힘을 빌려 중소기업을 성장시키자는 것이다. 우리나라 중소기업의 거래 관계를 자세히 살펴보면, 절반에 가까운 중소기업들

〈그림 2-4〉 대기업과 중소기업

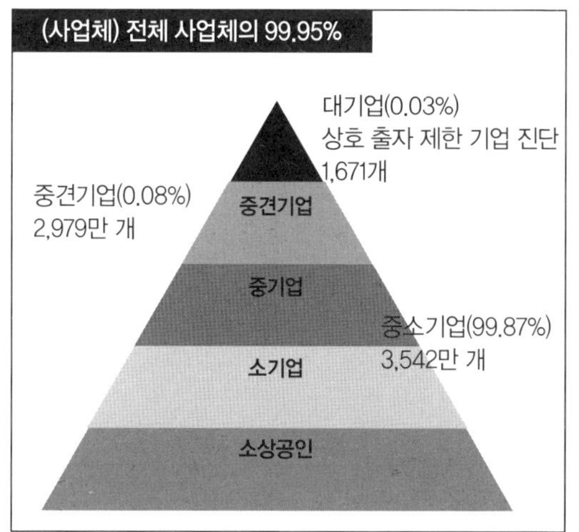

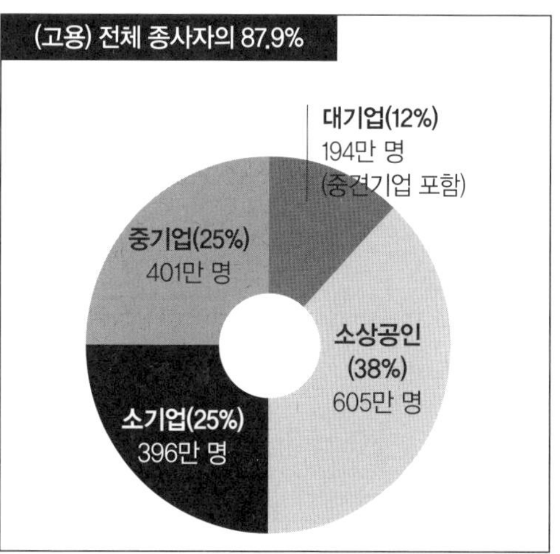

이 직간접적으로 재벌 대기업과 거래한다.

문제는 중소기업들이 대기업과의 거래에서 피해를 입는 경우가 많다는 점이다. 대기업들이 우월적 지위를 남용하여 납품 단가를 일방적으로 인하하거나, 불공정한 하도급 계약을 강요하기도 한다. 또한 서면 계약을 체결하지 않고 구두로 발주한 뒤 구두로 계약을 취소해버리기도 한다. 경우에 따라서는 중소기업의 기술을 도용하거나 핵심 인재를 빼가기도 한다.

이러한 관행이 대기업과 1차 거래 관계에 있는 중소기업에 행해지면, 그 파장은 2, 3차 거래 기업에까지 영향을 미친다. 헌법(제119조 경제민주화법)에도 명기될 만큼 이런 피해는 많이 일어난다. 중소기업 사업자 단체인 중소기업중앙회도 선거 때만 되면 시정을 요구할 정도다.

이러한 문제는 국가와 재벌·대기업이 함께 해결하기 위해 노력해야 한다.

우선 국가는 경제민주화법 등을 통해 대기업이 우월한 지위를 남용하지 못하도록 규제해야

헌법 제 119조 경제민주화법

1항: 대한민국 경제 질서는 개인과 기업의 경제상 자유와 창의를 존중함을 기본으로 한다.

2항: 국가는 균형 있는 국민경제 성장과 적정한 소득 분배, 시장 지배와 경제력 남용 방지, 경제주체 간의 조화를 통한 경제민주화를 위해 경제에 관한 규제와 조정을 할 수 있다.

한다. 또한 경제 검찰에 해당하는 공정거래위원회의 위상도 높이고 그 활동도 강화해야 한다.

하지만 이러한 규제나 감시보다 재벌·대기업이 앞장서서 중소기업과의 상생 협력과 동반 성장을 강화해야 한다. 일부 대기업에서는 이미 그 중요성을 인식하고 중소기업과의 동반 성장을 도모하고 있다. 상생협력실과 같은 조직까지 갖추고 있다. 다만 이러한 활동이 형식에 그치지 않고 적극적으로 이루어져야 한다.

최근 기업 간 경쟁은 개별 기업만이 아니라, 기업 집단 간 경쟁 혹은 기업 생태계 간 경쟁으로 바뀌고 있다. 삼성전자가 거래 기업의 휴대폰 배터리의 품질 문제로 큰 손실을 입은 사례나 도요타 자동차가 거래 기업의 브레이크 품질 문제로 곤욕을 치른 사례들이 이를 웅변하고 있다. 그러므로 대기업들은 거래 기업들을 착취하기보다는 이들을 포용하고 거래 기업과의 동반 성장을 모색해야 한다.

이것은 비단 거래 관계뿐만 아니라 시장 관계에서도 일어나는 일이다. 대기업이 거래 기업들을 착취하게 되면 일시적으로는 이익도 늘고 혜택을 보는 듯이 보인다. 하지만 거래 기업들이 임금을 줄이고 고용을 회피하게 되면 시장에서의 소비도 줄고 경기도 위축되어 결국에는 대기업의 매출 감소로 이어진다. 이것을 '착취의 저주'라고 한다. 최근 저성장기에 접어들면서 재벌 대기업의 매출마저 계속 감소한 것은 바로 이 때문이었다.

〈그림 2-5〉 포용의 음덕, 착취의 저주

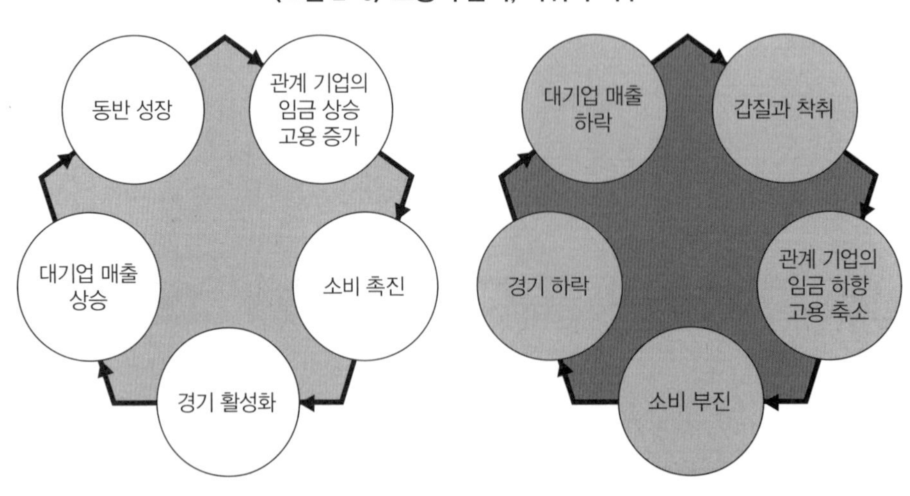

이에 비해 대기업이 거래 기업과의 동반 성장을 모색하게 되면 거래 기업의 고용이 늘고 결국에의 대기업의 매출 증대로 이어진다. 이것을 '포용의 음덕'이라고 한다. 대기업들이 단기적인 이익에 눈이 멀어 스스로 착취의 저주를 받기보다는 거래 기업들과의 동반 성장을 모색하여 장기적으로 성장해야 한다.

기업의 목표는 단기적인 이익이 아니라 장기적인 성장이다. 이 목표를 달성하기 위해서라도 대기업들은 중소기업과의 동반 성장을 추구해야 한다.

❙ 강소기업 정책

두 번째 중소기업 육성 방안은 강소기업 육성 정책이다. 일반 중소기업을 강한 중소기업, 즉 강소기업으로 육성하는 것이다.

독일의 히든 챔피언(hidden champion)이나 일본의 니치 톱(niche top) 기업들을 보면 크게 네 가지 길을 거쳐 강소기업으로 성장했다. 〈그림 2-6〉에 그 방법을 설명해놓았다.

먼저 정부는 중소기업들의 연구개발을 지원해야 한다. 현재 정부의 연구개발 지원 금액은 19조 원(2014년 기준)으로 미국과 일본, 중국, 독일, 프랑스 다음으로 많다. 특히 GDP 대비 비율로는 세계 최고다. 하지만 연구개발 지원금의 대부분은 정부출연기관(14%)이나 대학(23%)에 지원되며, 중소기업에 지원되는 비율은 16%에 지나지 않는다.

이 비율을 높일 수도 있지만, 출연기관이나 대학의 연구개발 활동에 중소기업을 참여시키거나 이들의 연구 성과가 중소기업에 흘러들어갈 수 있게끔 제도를 만드는 것도 대단히 중요하다. 또한 중소기업들이 어렵게 연구개발을 하더라도 대기업이 이를 빼앗아 감으로써 중소기업들의 혁신 의지를 꺾어버리는 상황은 심각하다. 중소기업의 기술을 보호하는 법률을 제정하거나 기술을 탈취할 경우 징벌적 손해배상을 부과하는 제도도 필요하다.

한편 해외시장 진출에 대해서는 우리나라가 많은 노하우를 가지고 있다. 경제개발 초기에 종합상사를 설립하여 재벌기업들의 해외시장 진출을 도와 크게 성공한 경험을 바탕으로, 중소기업 전용 종합상사를 설립하여 중소기업들의 해외시장 진출을 적극 지원해야 한다. 또한

〈그림 2-6〉 강소기업이 되는 길

1. 범용품을 만드는 일반 중소기업이 기술 개발이나 제품 혁신을 통하여 강한 기업으로 성장하는 길
2. 범용품을 만드는 중소기업이라도 해외시장을 개척하여 강한 기업으로 성장하는 길
3. 위의 두 길을 동시에 달성하면서 성장하는 길
4. 각각의 길을 통하여 성장한 기업이 나중에 기술 개발과 해외시장 개척을 통하여 한 단계 더 도약하는 길

기업뿐 아니라 많은 국민이 이미 해외에 진출해 있기 때문에 이들의 힘을 빌려 중소기업들의 해외 진출을 지원하는 방법도 있다.

이렇게 보면 대기업의 동반 성장 정책이 얼마나 중요한지도 알 수 있다. 정부가 중소기업의 연구개발과 해외 진출을 직접적으로 지원하는 데는 한계가 있다. 정부의 기술 평가 능력이나 해외 진출 지원 능력이 민간 기업에 비해 떨어지기 때문이다.

지난 60년간 우리가 집중적으로 성장시킨 재벌 대기업은 우리의 귀중한 자산이기도 하다. 대기업들이 앞장서서 협력 중소기업의 연구개발을 지도하고 중소기업들과 함께 해외시장에 동반 진출한다면, 국민들은 쌍수를 들고 환영할 것이다. 강소기업 육성 정책도 대기업의 상생 협력 차원에서 이루어진다면 더욱 큰 효과를 발휘할 것이다.

중견기업 활용 정책과 근로자

대한민국의 귀중한 자산 중에는 재벌 대기업뿐만 아니라 중견기업도 있다. 중견기업이란 중소기업을 졸업한 뒤 공정거래법상 상호 출자 제한 기업에는 속하지 않는 기업을 가리킨다.

이들은 중소기업과 대기업 사이에 속하는데, 이들을 지원하여 대기업으로 육성하는 정책이 필요하다. 중견기업을 대상으로 연구개발 자금을 지원하거나, 한국투자공사(KIC) 등과 함께 국내외 기업을 인수합병하도록 지원하는 것 등이다. 더구나 중견기업은 많은 지원이 필요

하지 않으며, 오히려 칭찬이나 인정과 같은 유인책이 효과적일 수도 있다.

중견기업을 육성하는 정책은 여러 가지 면에서 중요하다.

첫째는 이들이 중소기업의 모범이 되기 때문이다. 중견기업은 중소기업을 거쳐 대기업으로 성장하는 과정에 있는 기업이므로 중소기업에는 꿈과 희망이기도 하다.

둘째는 보호 중심의 중소기업 정책에서 탈피할 수 있다. 우리나라에서는 중소기업을 보호하는 정책이 많아서 일부 중소기업은 그 혜택 때문에 중소기업을 벗어나지 않으려 하기도 한다.

셋째는 재벌 개혁에도 도움이 되기 때문이다. 재벌 개혁은 정부 주도하에 규제를 중심으로 이뤄지기보다는 시장 자율에 맡기는 것이 가장 이상적이다. 중견기업들이 대기업으로 성장할 수만 있다면 대기업들 간의 경쟁을 통해 재벌 개혁이 이루어질 수 있다. 특히 재벌 대기업은 3세나 4세 중심이지만 중견기업은 창업 경영자가 많아 기업가 정신이 왕성하다. 이들 기업들이 대기업과 경쟁할 수 있는 여건만 마련된다면 경제의 활성화에도 크게 기여할 것이다.

중소기업 육성 정책에서 마지막으로 강조하고 싶은 것은 정책의 대상이 기업뿐만 아니라 중소기업에서 근무하는 근로자여야 한다는 점이다. 지금까지의 중소기업 정책들이 기업에만 초점이 맞추어져 있다 보니 중소기업 사장에게 많은 혜택이 돌아갔다. 만약 사장과 근로자 사이에 착취의 구조가 있다면 이는 곧 실패한 정책이다. 근로자들도 정책의 대상이 되어야 앞에서 지적한 바와 같은 '포용의 음덕'이 중소기업에서도 이루어질 수 있다.

〈표 2-1〉을 보면 대기업과 중소기업 간의 임금 격차의 구조를 알 수 있다. 임금 총액은 중소기업이 323만 원으로 대기업의 62.9%에 불과하다. 대기업과 중소기업의 근로자 간의 양극화가 극심하다. 하지만 정액 임금만을 놓고 보면 대기업의 75.6% 수준이다. 미국의 76.0%나 일본의 77.9%, 독일의 73.9%에 버금가는 수준이다. 문제는 특별 급여다. 성과급과 상여금에 해당하는 특별 급여는 중소기업이 37만 원인 데 비해 대기업은 128만 원으로, 28.9%에 불과하다.

이러한 구조로는 중소기업이 우수 인력을 보유하기가 어렵다. 좋은 인력들이 중소기업에 가야 중소기업의 생산성이나 부가가치가 향상되는데 이러한 구조로는 힘들다. 여기에 대기업의 단가 후려치기라도 더해지면 중소기업은 경영마저 어려워진다.

〈표 2-1〉 대기업과 중소기업의 임금격차(전 산업, 2016년)

구분	임금 총액	정액 급여	초과 급여	특별 급여
중소 규모(5~299인)	323만 원	266만 원	20만 원	37만 원
대규모(300인 이상)	513만 원	352만 원	33만 원	128만 원
중소 규모/대규모 비율	62.9%	75.6%	59.6%	28.9%

이러한 구조를 해결하기 위해서는 대기업의 상생 협력과 동반 성장이 필요하지만, 중소기업 근로자를 위한 정부 정책이 뒷받침되어야 한다. 채움 공제 제도처럼 중소기업에 일정 기간 이상 근무하면 목돈을 마련할 수 있도록 하거나 근로자의 임금 부족분을 주거 복지 등으로 보전해주는 정책 등이 필요하다. 중소기업 사장도 이익이 나면 일정 비율을 특별 급여의 형태로 직원들에게 나누어주는 조치들이 필요하다. 그래야 직원들이 더 열심히 일하고 생산성도 올라갈 것이다.

필요하다면 정부도 적극 나서서 특별 급여에 대하여 소득세와 법인세를 감면해주는 등의 정책을 취해야 한다. 그러면 중소기업 사장도 기쁜 마음으로 특별 급여를 지급할 것이다. 또한 근로자도 실질 급여가 올라가므로 소비할 여력도 늘어난다. 이것이 돌고 돌아 중소기업의 매출 향상과 경기회복으로 이어진다면, 이것이야말로 제대로 된 정책인 것이다.

03
소상공인 육성 정책

소상공인 정책의 중요성

중소기업 중심의 성장 전략에서 가장 중요한 위치를 차지하는 것이 소상공인이다. 중소기업이 9988이라면, 그런 중소기업의 대부분을 점하고 있는 것이 소상공인이다.

2014년 통계에 의하면, 중소기업 사업체 수의 86.4%를 점하는 것이 소상공인이며 종사자의 43.1%를 소상공인이 점하고 있다. 한국 경제의 제일 밑바닥을 이루는 경제의 토대인 것이다. 그러므로 소상공인들이 안심하고 돈을 벌 수 있어야 국민 성장이 이루어진다.

하지만 현실은 대단히 어렵다. 우선 소상공인이 지나치게 많다. 주변만 둘러보아도 금방 알 수 있다. 외국과는 달리 한국은 동네 골목 곳곳에 가게들이 있다. 이곳에도 손님이 있을까 싶은 곳에도 가게들이 있다. 이것은 통계에도 드러난다. 인구 1,000명당 소상공인 수를 보면 미국이 11명이고 일본이 27명인데, 한국은 60명이나 된다. 특히 수도권에는 절반 가까이 밀집해 있다.

업종별로 보면 도소매업이 29%, 음식숙박업이 20%, 운수업이 12%로 생활 밀착형 업종이 대다수다. 특히 음식 숙박업을 하는 소상공인이 외국보다 많다. 일본과 비교해보면, 도소매업의 경우 인구 1,000명당 일본이 6명인데 한국은 17명으로 3배 가까이 많고, 음식 숙박업의 경

〈그림 2-7〉 자영업자 생존율

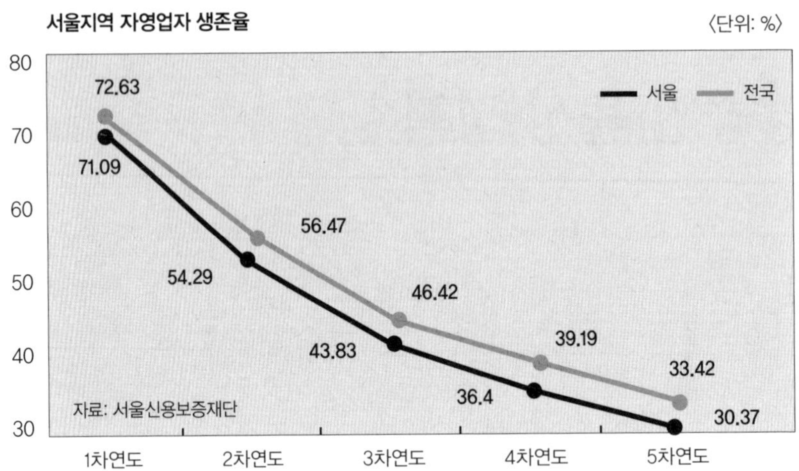

우는 일본이 3명인데 한국은 12명으로 4배나 많다.

문제는 이들 대부분이 영세하다는 점이다. 직원이 없는 단독 사업자가 82%를 차지하고 있으며 연간 매출액(종합소득세 과세표준기준)이 4,600만 원 미만이 전체 사업자의 51.8%이고, 월 100만 원도 못 버는 가게가 21.2%나 된다.

또한 소상공인들은 과당 경쟁에 노출되어 있다. 저성장으로 소비가 위축되어 창업 후 5년 생존율이 30%밖에 되지 않는다. 특히 최근에는 기업의 구조조정과 베이비붐 세대(1945~1965년생)의 은퇴가 겹쳐지면서 자영업에 진출하는 사람들이 늘고 있다. 이러한 구조에서 소상공인 진흥 정책을 입안하기는 대단히 어렵다.

가장 중요한 정책은 진입 자체를 억제하는 것이다. 언론 홍보나 금융 기간 대출 제한 등으로 시장 진입 자체를 억제하는 것이다. 하지만 정부 정책만으로는 억제하기가 대단히 힘들다.

차선책이 있다면 준비된 창업을 하도록 해야 한다. 퇴직이 가까워진 근로자에게는 퇴직 전에 창업 교육을 받게 한다든지, 체험 가게를 만들어 일정 기간 가게를 체험하고 난 뒤 진입하게 하는 정책 등이 필요하다. 하지만 현실적으로는 50%가 넘는 가게들이 창업을 검토한 지 6개월도 안 되어 창업한다.

그러면 마지막 정책은 사회 안전망을 구축하는 것이다. 소상공인에게도 고용보험을 확대

적용하고 공제 제도 등을 만들어, 가게를 그만두더라도 최소한의 생활은 할 수 있도록 해야 한다.

한국 경제가 고성장기일 때는 이러한 안전망이 별로 필요 없었다. 장사가 안 되어 폐업하더라도 새로운 일자리가 있었기 때문이다. 하지만 지금과 같은 저성장 상황에서 폐업은 자칫 한계 계층으로의 추락을 의미한다. 그러므로 이들을 떠받쳐주는 사회 안전망이 더욱 필요하다.

❙ 소상공인 정책의 내용

정부 정책의 핵심은 진입해 있는 소상공인들을 어떻게 하면 보호하고 육성하느냐에 있다. 그 중 가장 중요한 것이 소상공인들의 매출을 확대시키는 정책이다.

매출 확대 정책에는 직접적인 방법과 간접적인 방법이 있다. 직접적인 방법으로는 소상공인을 조직화하여 공동 브랜드를 구축하거나 함께 판촉하게 하는 방법이 있다. 주변의 전통시장을 방문해보면 깨끗하고 예쁘게 단장된 곳이 많은데, 상가 번영회를 만들어 함께 장사하고 함께 판촉을 한다면 매출을 높일 수 있다.

간접적인 매출 확대 방법은 교육과 컨설팅이다. 하지만 장사로 바쁜 소상공인들을 교육하고 컨설팅하기는 대단히 힘들다. 그러므로 교육도 주로 PC나 모바일로 하고 단기 상인 대학도 만들어 장사를 하면서 공부도 할 수 있게끔 해주어야 한다.

또한 컨설턴트들이 직접 가게를 찾아가 자문해주는 컨설팅이 필요하다. 아니면 지역에 성공한 소상공인들, 예를 들어 백년가게(20년 이상 장사하는 소상공인 가게)를 지정해 이를 중심으로 현장 교육과 컨설팅이 이루어지게 해야 한다.

매출 확대와 더불어 중요한 정책이 비용 절감 정책이다. 비용을 줄여야 이익이 나고 돈을 벌 수 있기 때문이다. 일반적으로 가게의 평균 영업비용은 재료비가 61%이고 인건비가 16%, 세금 11%, 임차료 10% 등이다. 그런 만큼 재료비를 줄이는 것이 가장 중요하다. 식당의 경우, 정부가 농수산물 유통을 효율화하여 산지에서 신선한 재료를 싸게 구입할 수 있게끔 해주어야 한다. 또한 지역 식당들을 조직화하여 공동 구매나 공동 물류 등으로 재료비를 줄이게끔 하는 방법도 있다.

소상공인들이 가장 민감하게 반응하는 것이 신용카드 수수료다. 매출액의 0.81~1.98%의 카드 수수료를 내는데, 1천만 원 매출에 20만 원 정도이니 그렇게 많지 않다고 생각하겠지만 장사가 안 될 때는 이마저도 아쉽다.

원래 이 수수료는 소비자가 부담해야 하는 것이다. 그런데 우리나라에서는 이 수수료를 가게가 부담하고 있다. 어찌 보면 일종의 갑질이다. 소비자는 왕이기 때문에 수수료를 부담하지 않고, 카드 회사들은 재벌이나 대규모 금융기관 소속이기 때문에 수수료를 한 푼도 부담하지 않는다. 결국 가장 힘없는 가게들이 부담하는 것이다.

더구나 정부가 세원 확보를 위해 전 국민에게 카드 사용을 권장하면서 카드사들은 엄청난 수익을 챙기고 있다. 2015년만 하더라도 8개 카드사의 당기순이익이 2조 158억 원이다. 물론 카드 수수료 이외의 다른 영업 수익도 있지만, 가게들의 입장에서는 억울하다.

카드 수수료 이상으로 억울한 것이 임차료다. 서울만 하더라도 2016년에 임차료는 평균 23.08%나 인상되었다. 중구의 경우에는 51.92%나 올랐다. 오죽하면 '조물주 위에 건물주'라는 말까지 생겼을까?

최근에는 상가 세입자들이 건물주의 임대료 인상 요구에 견디다 못해 다른 곳으로 내몰리는 젠트리피케이션(gentrification)이 사회문제로 대두되었다. 세입자들이 열심히 노력하여 상권을 형성하면 건물주들이 임대료를 인상해서 세입자들이 집단적으로 내몰리는 것이다. 가로수길이나 경리단길과 같은 곳은 초기에 상권을 개척했던 세입자들은 쫓겨나고 재벌계 가게들이 그 자리를 차지했다.

외국에는 상가 세입자를 보호하는 법률이 많다. 일본만 하더라도 임차권이 임대권보다 우선시된다. 일본의 가게들을 보면 대를 이어 장사하는 곳이 많은데, 그 이유는 젠트리피케이션도 없거니와 임차료가 급격히 오르지 않기 때문이다.

이에 비해 한국은 장사가 될 만하면 임차료가 인상되니 고객을 유지하고 상권을 개척할 수가 없다. 이러한 상황에서는 상업이 발전할 수도 없고, 대를 잇는 가게도 찾기 힘들다. 적폐 차원에서라도 임대차 계약은 근본적으로 바뀌어야 한다.

04
벤처 육성과 혁신 주도 성장

벤처의 중요성

우리나라는 지난 60년간 재벌이라는 성장 축으로 고도성장을 이룩했다. 하지만 저성장이 일반화된 경제 환경하에서는 하나의 성장 엔진만으로는 한계가 있다. 더구나 경제 규모도 커졌기 때문에 더 강한 성장 엔진이 필요하다. 그렇기에 재벌·대기업뿐만 아니라 중소기업과 소상공인과 같은 성장 엔진이 중요해지는 것이다.

여기에 덧붙일 수 있는 것이 바로 벤처다. 기술 지향적이고 모험적인 벤처가 한국 경제의 새로운 성장 엔진으로 대두되고 있다.

벤처는 혁신 경제의 총아다. 특히 4차 산업혁명이 시대의 화두로 떠오른 한국에서 벤처의 중요성은 말로 할 필요가 없을 정도다. 인공지능이나 빅데이터, 사물인터넷, 로봇, 자율 주행차, 바이오, 신재생 에너지 등 모든 새로운 분야에 벤처가 필요하다. 하지만 한국 경제가 착취적 경제에서 포용적 경제로 나아가는 데도 벤처는 필요하다.

포용적 경제에 있어서 제일 중요한 것은 복지와 사회 안전망이다. 제대로 분배되어야 소비도, 성장도 가능하다. 과거에는 분배가 먼저인지, 성장이 먼저인지를 두고 싸웠지만, 이제는 분배가 곧 투자이고 성장을 위해서도 필수 불가결한 요소가 되었다.

최근에는 복지 측면에서 일자리가 강조되고 있다. 1차적인 복지에 해당되는 일자리가 확보되어야 2차적인 분배적 복지가 줄어들기 때문이다. 거꾸로 일자리와 고용이 없으면 복지와 사회 안전망에 너무 많은 재원이 든다. 더구나 일자리는 개인의 존엄과 가정의 행복을 위해서도 필수 불가결하다. 따라서 포용적 경제에 있어서는 일자리를 늘리고 고용을 안정화시키려는 동인이 강하게 작용한다.

문제는 고용과 복지를 너무 강조하다 보면 경제의 활력이 줄어들 수 있다는 점이다. 안정된 경제에서 다이내믹한 혁신이 일어나기 힘든 것과 마찬가지다. 이 문제를 해결해줄 수 있는 것이 바로 벤처다. 벤처는 안정성은 떨어지지만 모험적이고 도전적이기 때문에 경제에 큰 활력을 불어넣는다.

한국이 지닌 저력은 일찍부터 벤처의 중요성을 인식하고 꾸준히 육성해왔다는 점이다. 제1기 민주정부부터 벤처를 육성하여 2016년에는 이미 3만 개를 넘어섰다. 이 중 매출 1천억 원이 넘는 기업도 474개나 되며, 매출 1조 원대 기업도 6개나 된다.

벤처의 실적을 보면 기존 기업들보다 성장성이 높고 혁신성 또한 높은 것을 알 수 있다. 2016년 기업당 매출액 증가율(8.6%)을 보면 대기업(-4.7%)이나 중소기업(8.0%)보다 높다. 또 벤처 기업의 매출액 대비 연구개발비는 중소기업의 3.4배, 대기업의 1.6배이고, 벤처의 72.6%

〈그림 2-8〉 벤처 기업 수 증가

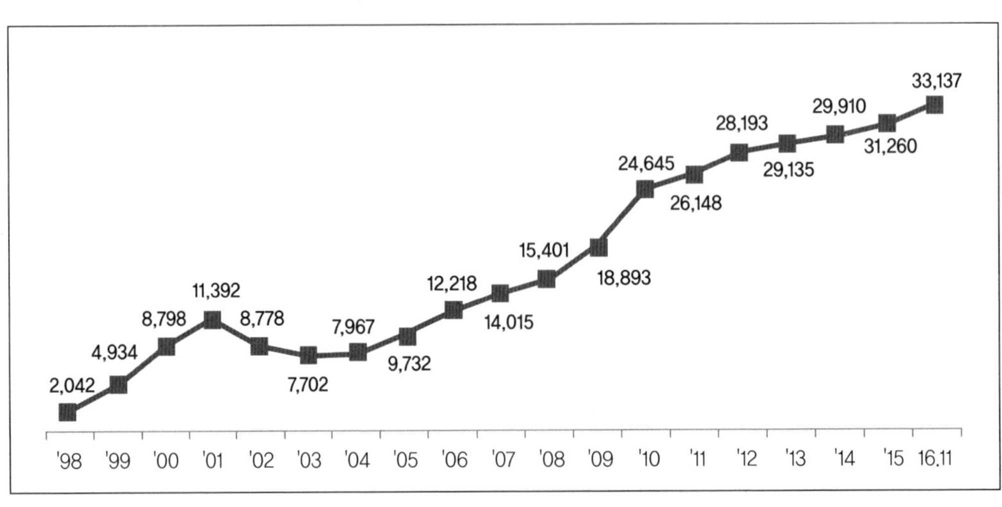

가 부설 연구소나 연구 전담 부서를 두고 있다. 전체 코스닥 상장기업 중 벤처 출신 기업 수가 70% 수준으로, 이 숫자는 2009년 이후 최대치를 기록하고 있다.

고용 창출력 또한 높아서 기업당 종사자 수도 일반 중소기업보다 5.8배나 높다. 그런 면에서 벤처는 고용의 보고이기도 하다.

▌벤처기업 육성 정책

따라서 이러한 추세를 더욱 가속화시켜 한국 경제의 혁신성을 높여야 한다. 아래 그림은 벤처의 성장 단계를 보여주고 있다.

벤처기업은 도전적으로 시작하지만 모험성 때문에 죽음의 계곡(death valley)을 건너지 못하고 소멸하는 경우가 많다. 이 단계를 지나 성장하더라도 기술 개발과 제품 생산, 판매처 확보, 자금 조달 등 많은 어려움을 겪어야 한다. 이 또한 잘 극복하면 기업 매각이나 주식 상장 등을 통해 성공하게 된다. 따라서 단계별로 벤처 육성 정책을 실시할 필요가 있다.

〈그림 2-9〉 기업의 성장 단계

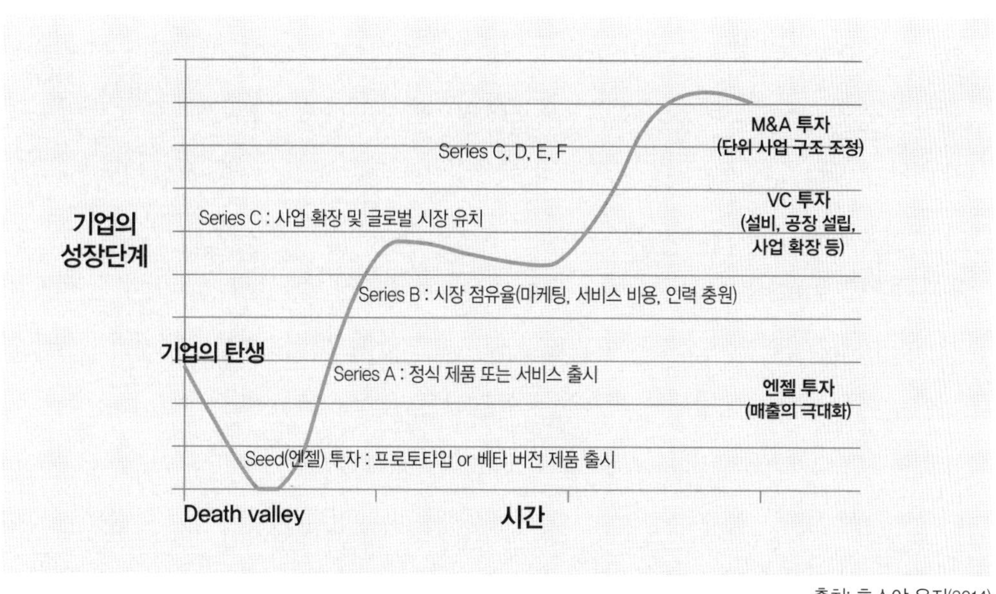

출처: 호소야 유지(2014)

우선 혁신적인 벤처 창업가가 많이 나올 수 있는 토대를 만들어야 한다. 벤처 창업가는 일반적으로 대학이나 연구소, 민간 기업, 군대 등에서 많이 배출된다.

대학에서는 창업 강좌나 창업 학과, 벤처 동아리를 대폭 확대해야 한다. 이를 위해서는 우선 대학의 역할이 바뀌어야 한다. 오랫동안 대학은 연구와 교육을 중시해왔다. 학술지에 실린 논문 수를 기준으로 연구 수준을 평가하기 때문에 연구를 위한 연구를 하는 경우도 있었다.

이제는 실사구시의 입장에서 실용적인 연구를 과감히 장려해야 한다. 또한 대학의 기능에 창업을 추가하여 연구와 교육, 창업이 삼위일체가 되게끔 해야 한다.

정부 출연 연구기관도 마찬가지다. 기업에서 응용 가능한 기술 개발에 중점을 두어야 한다. 또한 연구원들이 직접 창업하는 분위기를 형성하고, 나중에 혹시 실패하더라도 연구기관에 다시 복직할 수 있는 길을 만들어주어야 한다.

민간 기업도 벤처 창업의 보고가 되도록 해야 한다. 그러려면 사내 벤처를 권장하고 세제 혜택 등을 부여하여 창업을 활성화시켜야 한다. 또한 혼자서 창업을 모색하기보다는 혁신 공동체를 구축하여 함께 연구하고 창업하는 기반을 조성한다. 각 지역별로 혁신 클러스터를 조성하여, 대기업과 중소기업, 대학, 연구소, 창업 기업가, 컨설턴트, 일반 시민이 함께 머리를 맞대고 창업할 수 있는 장을 만들어주어야 한다. 여기에 규제 프리존까지 만들어주면 금상첨화다.

한편 벤처가 죽음의 계곡을 넘어 성장하기 위해서는 투자가 활성화되어야 한다. 현재 한국의 벤처 투자 펀드는 3조 원 규모로 GDP의 0.12%다. 이것을 미국 수준(0.29%)으로 확대할 필요가 있다. 문제는 정작 자금이 필요한 것은 불확실성이 높은 초기 단계라는 것이다. 이 단계에서 큰 역할을 하는 것이 엔젤 투자자다. 정부는 적극적으로 이들을 도와주어야 한다.

현재 정부는 민간이 1억 원을 투자할 경우 최대 9억 원까지 연구개발 자금이나 수출 자금을 매칭하여 지원해주는 제도를 갖추고 있다. 투자는 민간에 맡기고 정부가 뒤에서 지원해주는 셈이다. 나중에 민간이 정부 지원금을 되살 수 있는 제도도 있다. 이러한 제도들을 더욱 보완하고 확대하여 벤처들이 더욱 모험적으로 도전할 수 있게 해주어야 한다.

대개 이러한 시도는 회사를 상장함으로써 보상받는다. 그런데 그 전에 인수합병을 지원함으로써 조기에 보상을 받게 하거나, 코스닥 상장 전 단계인 코넥스(KONEX) 시장 등을 활성화하여 중간 사다리를 갖춰줄 필요가 있다.

특히 성공한 스타 창업가를 많이 육성해야 한다. 그래야 벤처 창업가들이 이들을 모델로 삼아 창업에 도전하게 된다. 또한 스타 창업가들도 사회적 책임감을 가지고 신규 창업가들의 멘토가 되거나, 새로운 창업에 도전하여 다시금 성공하는 기업가가 된다.

하지만 창업 지원에 있어서 제일 중요한 것은 실패를 용인하고 재도전을 권장하는 사회적 분위기와 제도를 만들어주는 것이다. 특히 한국은 실패를 용인하지 않거나 실패의 굴레에서 좀처럼 헤어나지 못하게 하는 제도들이 많다.

창업에서는 여러 번 실패하는 것이 당연하다는 인식이 확산되어야 하고, 정부의 지원이나 평가에서도 실패 경험을 더 높이 평가해주어야 한다. 또한 연대보증제도를 폐지하고 회생제도의 적용범위도 확대해야 한다. 특히 벤처기업이 파산할 경우, 압류 제외 재산을 확대하고 체납세금에 대한 2차 납세 의무도 폐지해주어야 한다. 성실하게 기업을 경영한 벤처 경영자라면, 체납 세금에 대한 가산금을 면제해주어 재기할 수 있도록 발판을 마련해주어야 한다.

이처럼 벤처 육성 정책은 단계별로 제대로 된 지원 시스템을 갖춰야 한다. 그래야 창업 생태계가 조성되고 잘 돌아가는 것이다. 정부는 생태계가 돌아갈 수 있도록 지원하는 데 중점을 두어야 한다. 창업은 결국 민간이 하는 것이기 때문에, 시장의 몫은 시장에 맡기고 이를 지원하는 역할에 충실해야 한다. 필요하다면 정부 조직 내에 벤처중소기업부와 같은 조직을 만들어 지원을 총괄해야 한다.

이제 박정희 모델의 핵심이었던 재벌을 개혁해야 한다. 재벌이 투명하게 경영되도록 해야 하고 재벌이 상생 협력과 동반 성장의 축이 되도록 해야 한다. 또한 중소기업과 소상공인, 벤처를 육성하여 이들이 경제성장의 새로운 축이 되도록 해야 한다. 이 결과 대기업과 중소기업, 소상공인, 벤처가 다함께 우리 경제를 지속적으로 이끌어나갈 수 있도록 하여야 한다. 이것이 박정희 모델을 대신하는 새로운 60년의 경제 시스템이다.

//////////////

'지체된 복지' '중산층 중심 복지' '노동시장과 괴리된 복지'로 요약되는 현행 복지제도는 사회 안전망 역할을 제대로 하지 못하고, 때로는 사회 발전의 장애 요소가 되기도 한다. 포용국가의 복지제도는 전 국민에 대한 기본 생활 보장을 강화하고, 개개인의 취업 가능성을 증진시키기 위한 사회투자를 병행함으로써 시장경제가 야기한 양극화와 불평등 문제를 해소하는 동시에 사회 안정과 경제발전의 기반을 제공하는 중추적 기능을 수행해야 한다.

기본 생활 보장은 소득, 의료, 주거 분야에서 국가, 기업, 개인의 상호 협력하에 추진되어야 한다.

소득 보장은 국가가 책임지는 국민기초생활보장제도를 내실화하여 근로 능력이 취약한 계층의 소득을 보장하고, 최저임금제와 근로장려세제를 활용하여 근로 빈곤을 원천적으로 해소하는 것이다. 건강 보장은 포괄적 본인부담상한제를 기반으로 최소한의 개인 부담과 건강보험제도의 보장을 강화해야 한다. 또한 어린이와 노인의 건강 확보를 위해 국가의 책무가 강화되어야 한다. 그리고 집 걱정, 임대료 부담 없이 국민들이 살아갈 수 있도록 공공 임대주택 공급을 늘리고, 주거비 보조 대상을 확대해야 한다.

포용국가는 사회 투자 차원에서 적극적으로 노동시장 정책을 수행해야 한다. 근로자 개인이 노동이동 과정에서 직면하는 복합적인 복지 수요에 대응하여 소득을 보장하고 직업 훈련과 정보를 제공하여 더 높은 삶의 질을 누리도록 한다.

3장

복지 혁신
– 기본 생활 보장과 사회투자 강화

01
한국의 복지, 무엇이 문제인가?

현재 한국의 복지제도는 시장경제가 야기하는 양극화와 불평등 문제 해결에 제대로 대응하지 못해 구멍 뚫린 안전망이나 다름없다. '지체된 복지' '중산층 중심 복지' '노동시장과 괴리된 복지'로 요약되는 한국 복지제도의 미비점을 구체적으로 살펴보자.

한국의 사회복지 지출은 1990년 이래 꾸준히 증가해왔다. OECD 기준으로 1990년에 GDP의 2.7% 수준이던 복지 지출은 2016년에는 10.4%에 이르고 있다. 그런데도 한국의 복지 지출은 2016년 OECD 국가군 평균 21.0%의 절반 수준이며 35개 OECD 국가군 중에서 34위로 거의 최하위다.

경제 수준이 2016년 기준 OECD 국가군 중에서 1인당 GDP 수준에서는 22위, 국내총생산 측면에서는 8위인 것에 미뤄 볼 때, 한국은 복지 수준이 상대적으로 낮은 복지 지체국이다. 이는 그동안 선성장·후분배의 경제성장 논리에 따라 복지에 대한 사회적 자원 투자가 미뤄진 결과다.

〈표 3-1〉 연도별 공공사회지출(SOCX)의 GDP 대비 비율(%)

연도	1990	1995	2000	2005	2010	2013	2014	2015	2016
비율	2.7	3.1	4.5	6.1	8.3	9.3	9.7	10.1	10.4

출처: OECD a(2016)

〈표 3-2〉 각국의 조세제도와 사회보장제도를 통한 지니계수 개선 효과(2013년)

	한국	덴마크	스웨덴	프랑스	독일	그리스	멕시코
시장소득 지니계수(A)	0.336	0.442	0.443	0.504	0.508	0.380	0.478
가처분소득 지니계수(B)	0.302	0.254	0.281	0.294	0.292	0.343	0.454
개선 효과((A-B)/A) %	10.1	42.5	36.6	41.7	42.5	9.7	4.0

출처: OECD b(2016)

다른 선진국에 비해 상대적으로 적은 복지 재원이 그나마 중산층에 집중적으로 사용되고 있는 점은 더 큰 문제다. 1960년대 이후 한국의 사회보장제도는 공무원→대기업 근로자→영세 자영업자 순으로 대상 범위를 확대해왔다(박능후, 2015). 사회보험을 비롯한 각종 사회복지제도를 행정적으로 관리가 용이한 집단부터 우선적으로 적용하면서, 소득 파악이 힘들고 행정 관리가 어려운 소규모 기업 근로자, 비정규 근로자, 도시 자영업자들 중 상당 비율은 각종 사회보험제도에 가입되지 않고 사각지대에 남아 있다.

2011년 기준 경제활동 인구 중 공적 연금에 전혀 가입되지 않은 비율이 28.1%(김원섭, 2013)이며, 전체 근로자의 14.9%가 고용보험 사각지대에 놓여 있다. 고용보험 사각지대 비율은 정규직(5.1%)에 비해 비정규직(46.5%), 300인 이상 대규모 사업자 근로자(2.8%)보다 300인 미만 중소기업 근로자(16.9%)가 월등히 높다(최인덕, 2013). 중산층을 이루는 공공부문 종사자와 대기업 근로자 중심의 현행 사회보장 체계는 저소득층 보호에 중점을 두어야 하는 사회보장제도 본래의 기능과는 동떨어진 것이며, 그 결과 소득 재분배 기능이 제대로 작동하지 않고 있다.

한국 사회보장제도의 미약한 소득 재분배 기능은 소득 불평등도를 측정하는 지니계수로 쉽게 확인할 수 있다. 조세와 사회보장 부담금을 납부하기 전인 시장 소득의 지니계수와 이들을 납부하고 국가로부터 받는 사회보장 급여를 모두 감안한 가처분소득의 지니계수를 비교해 보면 한국은 0.336이 0.302로 변화되어 10.1% 개선되었다. 이는 멕시코, 그리스 등과 같이 조세제도와 사회보장 체계가 미비한 국가들과 비슷한 수준이다. 이에 반해 덴마크, 스웨덴이나 프랑스, 독일 등 유럽 국가들의 조세와 사회보장제도를 통한 소득 재분배 효과는 40% 내외로 한국의 4배에 달한다.

한국의 경우 중산층 중심의 기존 사회보장 체계를 구조적으로 개선하지 않은 채 재원 투입 규모만 늘린다면 사회보장제도를 통한 양극화 해소나 불평등 완화는 기대하기 힘들다. 저소득층에게 더 많은 혜택이 돌아가도록 사회보장제도의 구조 개혁이 선행되어야 하는 것이다.

'노동시장과 괴리된 복지' 역시 한국이 극복해야 하는 주요 단점이다. 대부분의 복지 수요는 개인이 처한 노동시장 상황과 관련되어 발생한다. 예를 들면 노동자가 실직한 경우 지급되는 실업수당, 출산을 전후한 출산휴가와 육아휴직, 근로자의 질병 이환에 대처하는 건강보험제도, 직무 수행 중 혹은 직무와 관련하여 발생한 사고와 질병에 대처하는 산재보험, 퇴직 후 받게 되는 국민연금 등 많은 복지제도가 노동시장에서 개인의 활동 상태와 관련되어 수급 요건이 정해지고 수급액이 결정된다. 그러나 종전의 복지제도 개혁 논의는 개인의 노동시장 상태를 충분히 고려하지 않은 채 진행되어왔다. 그 결과 복지제도는 실효성이 떨어지고, 국민들의 복지 체감도가 높지 않을 때가 많다.

대표적인 예가 실업급여 관련 제도다. 1인 이상 근로자를 고용한 모든 사업장이 고용보험제도에 당연히 가입되지만, 2013년 공식 실업자 중 실업급여를 받은 비율은 42.6%에 그친다(이지연, 2014). 만약 잠재 실업자와 실망 실업자를 모두 포함하면 이 비율은 10%대로 떨어진다. 실업급여 수급 요건은 최소한 6개월 이상 고용보험료 납부인데, 1년 미만 단기 근속 후 이직과 재취업을 반복하는 비정규 근로자가 실업 집단의 다수를 이루고 있어 실업급여를 받지 못하는 실업자가 많은 것이다. 단기 근속의 노동시장 상황을 반영하지 못하는 실업급여제도는 실효성이 떨어질 수밖에 없다.

이처럼 중산층 중심의, 노동시장과 괴리된 복지로 요약되는 한국 복지제도는 전통적인 복지국가가 중시하는 전 국민에 대한 기본 생활 보장도 제대로 수행하지 못하고, 새로운 사회경제적 여건이 요구하는 사회투자적 기능도 미약한 상태에 머물러 있다.

02
복지 혁신, 무엇을 지향하는가?

혁신적 포용국가는 전통적 복지국가가 중시하는 전 국민에 대한 기본 생활 보장과 함께, 새로운 시대에 요구되는 인적 자본을 향상시켜 취업 가능성을 증진하는 사회투자를 동시에 추구한다. 즉, 전통적 복지국가가 방점을 두었던 기본 생활 보장을 공고히 하면서, 여기에 더해 혁신의 원천으로서 개인의 자질 향상을 꾀하는 사회투자를 기본 생활 보장만큼이나 중요시하는 것이다.

기본 생활 보장을 중시하는 전통적 복지국가는 사회보험을 중심으로 하는 이른바 베버리지 식 사회보장 체계로서 장기 근속자가 주를 이루는 산업화 시기에 적합한 방식이다. 한국은 산업화 과정에서 전통적 복지국가 모형을 벤치마킹하여 복지제도를 발전시켜왔지만, 전 국민에 대한 기본 생활 보장은 여전히 미진한 상태다. 소득, 의료, 주거 분야에서 기본 생활을 제도적으로 보장하는 것은 선진국으로 진입하기 위해 반드시 이뤄야 하는 사회기반에 해당한다. 따라서 전 국민에 대한 기본 생활 보장이 일정 수준에 도달할 때까지 한국의 복지제도는 상당 기간 전통적인 복지국가 모형을 근간으로 삼아야 한다.

동시에 한국의 복지제도는 변화된 노동시장 상황에 적절히 반응하는 사회투자 체계를 발전시켜야 한다. 그렇다면 어떤 특성이 반영되어야 할까?

첫째, 극히 불안정한 노동시장 상황이 반영되어야 한다. 한국 근로자의 평균 근속 연수는

〈그림 3-1〉 OECD 주요국의 근로자 평균 근속 연수(2014년)

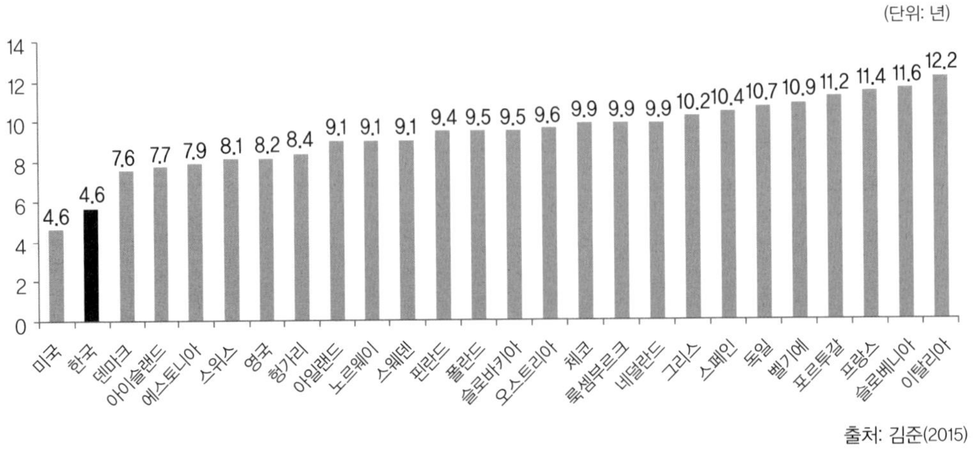

출처: 김준(2015)

5.6년으로, OECD 국가군 중 최하위 그룹에 속한다(김준 2015). 1997년 경제위기 이후 평생직장의 개념은 사라지고 잦은 직장 이동과 젊은 나이의 강제 퇴직이 한국 노동시장의 보편적 현상으로 나타나고 있다.

짧은 근속 기간, 실직과 재취업을 반복하는 비정규 노동자의 대다수는 근로 빈곤층으로 전락할 위험이 매우 높다. 근로 빈곤에 노출되고 있는 비정규 근로자에 대한 안정된 소득 보장은 기존의 사회보험 방식으로는 제대로 된 성과를 얻을 수 없다. 이들에 대한 새로운 형태의 소득 보장 방안이 강구되어야 한다.

둘째, 노동 활동 중에 직면하는 다양한 이동성이 고려되어야 한다. 생애 처음으로 노동시장에 들어와서 나이 들어 퇴직할 때까지 개인 근로자는 평생 한 직장에 머무는 것이 아니라 여러 형태의 노동 이동을 겪는다. 다른 직장으로 옮겨 가는 전직, 일자리를 잃었다가 되찾는 실직과 재취업, 교육과 훈련을 위한 이직과 복직, 육아 등 가사를 돌보기 위한 휴직과 재취업, 퇴직 이후 다시 일자리로 돌아오는 재취업 등을 일생에 거쳐 겪는다. 노동 이동을 겪을 때 사람들은 소득이 불안정해지고 새로운 일자리를 찾기 위해 여러 가지 준비를 해야 한다. 즉, 노동 이동 시기에 복합적인 복지 욕구가 발생하며, 이를 적절히 해소해줄 수 있어야 한다는 말이다. 따라서 포용국가의 복지 혁신은 노동 이동 시에 발생하는 복지 욕구를 적극적으로 충족할 수 있도록 설계되어야 한다.

셋째, 급속한 기술 발전으로 인한 사회변동에 적응하려면 노동자들의 지속적인 재훈련과 교육이 필수적으로 요구된다는 현실이 반영되어야 한다. 효율성과 생산성이 높은 신기술은 낡은 기술을 소유한 노동자를 사양화시켜 노동시장에서 퇴장의 압력으로 작용한다. 기업은 이를 빌미로 조기 퇴직을 강요함으로써 법정 정년을 10년 이상 남겨둔 젊은 나이에 강제 퇴직하는 사례가 빈발하는 것이 한국의 노동시장 상황이다. 근로자의 조기 퇴직은 단순히 인적자본의 쇠퇴에 그치지 않는다. 소득 중단에 따른 생활 불안으로 개인적 삶이 뒤흔들리고, 가족 관계의 와해, 친구 관계의 단절 등 사회적 관계망까지 약화되는 경우가 많다. 이러한 일련의 사태를 사전에 예방하기 위해서는 근로자들의 지속적인 자기계발과 재훈련을 통한 신기술 습득이 필요하다. 자기계발과 재훈련에는 비용이 드므로 체계적인 지원이 있어야 가능하다. 이러한 역할의 상당 부분을 복지제도가 담당해야 한다.

기본 생활 보장과 사회투자를 중시하는 포용국가의 사회복지제도는 다음의 정책 과제를 중심으로 전개된다.

03
소득 보장

포용적 혁신국가는 전 국민의 안정된 소득 보장을 복지 정책의 으뜸 가는 기조로 삼는다. 그만큼 인간다운 삶을 누리는 데는 소득 보장이 중요하기 때문이다. 소득 보장은 두 가지 축으로 전개된다. 첫째, 일을 하는 사람은 빈곤에서 벗어날 수 있는 수준의 소득이 보장되어야 한다. 여기서 빈곤의 기준은 가구 소득이 중위 소득 50%를 넘어서느냐 여부다. 일을 하는 가구의 소득 보장 수단은 최저임금제도와 근로장려세제다.

둘째, 일을 하지 못하는 사람은 기본 생활을 영위할 만한 소득이 보장되어야 한다. 기본 생활 보장에 필요한 소득 수준은 국민기초생활보장제도에 상세히 규정되어 있다. 일을 하지 못하는 가구에 대한 소득 보장은 국민기초생활보장제도의 실효성을 확보하고 고용보험제도를 개혁하여 실업수당을 강화함으로써 달성된다.

영역별 소득 보장 수준

2013년 이후 우리나라의 소득 보장 기준선 관련 논의는 기존의 최저생계비 대신 중위 소득의 일정 비율을 사용하는 경우가 많다. 이는 저소득층 소득 보장의 근간이 되는 국민기초생활보장제도에서 각종 급여 기준선으로 중위 소득의 일정 비율을 사용하기 시작한 것이 직접적인

〈표 3-3〉 2017년 기준 중위 소득 관련 주요 소득 보장 지표

	1인 가구	2인 가구	3인 가구	4인 가구	5인 가구	6인 가구	7인 가구
기준 중위 소득	1,652,931	2,814,449	3,640,915	4,467,380	5,293,845	6,120,311	6,946,776
중위 소득 50%	826,465	1,407,224	1,820,457	2,233,690	2,646,922	3,060,155	3,473,388
중위 소득 30%	495,879	844,335	1,092,274	1,340,214	1,588,154	1,806,093	2,084,033

출처: 보건복지부(2017)

원인이지만, 대부분의 OECD 회원국이 중위 소득의 일정 비율 혹은 평균 소득의 일정 비율을 빈곤 기준선으로 사용하고 있는 데 영향을 받았다.

일을 하는 가구의 소득 보장 수준을 중위 소득의 50%로 설정할 경우, 2017년 기준 3인 가구(부부와 자녀 1인으로 구성된 가구)는 월 1,820,457원 이상의 소득이 보장되어야 한다. 일을 하지 않는 가구(노인 부부 가구, 실업 가구)의 소득 보장 수준은 중위 소득의 30%로 설정할 것을 제안한다. 그 이유는 국민기초생활보장제도에서 의복, 음식 및 연료비와 그 밖에 일상생활에 기본적으로 필요한 비용을 감당하는 생계급여의 수준이 중위 소득의 30%이기 때문이다. 이 비용에는 의료비와 주거비, 교육비는 포함되지 않고 단순히 의복비, 식품비, 연료비, 일상 활동비뿐이라 최소 보장의 원리를 충족하지 않는다는 비판이 제기될 수 있다. 그러나 의료비, 주거비, 교육비가 필요한 가구는 별도의 급여로 지급되므로 모든 가구에 대해 일률적으로 보장하는 최저 보장 소득에는 이런 비용을 포함시키지 않는 것이 타당하다. 2017년 기준 2인 가구는 월 844,335원, 3인 가구는 월 1,092,274원이다.

전 국민의 기본 생활 보장 – 국민기초생활보장제도의 개혁

국민기초생활보장제도는 전 국민의 최저 생활을 법적으로 보장하는 사회 안전망이다. 이 제도가 원래 입법 내용대로 충실히 시행된다면 최저 생활이 보장되지 않는 빈곤층이 없을 것이다. 그러나 현실은 그렇지 않아서 다수의 취약 계층이 최저 생활을 보장받지 못해 어렵게 살아

〈표 3-4〉 부양 의무자 폐지에 따른 급여별 추가 재정 소요: 2018~2022년

(단위: 억 원)

	2018	2019	2020	2021	2022	합 계	연평균
생계급여	34,759	36,246	37,837	39,505	41,252	189,600	37,920
의료급여	44,442	46,876	49,286	51,644	53,913	246,162	49,232
주거급여	10,475	10,653	10,844	11,042	11,247	54,261	10,852
자활급여	3,112	3,213	3,306	3,386	3,452	16,469	3,294
해산급여	12	12	12	12	11	59	12
장제급여	196	194	192	189	186	957	191
합 계	92,996	97,194	101,477	105,778	110,061	507,508	101,502
-국 비	73,467	76,756	80,117	83,495	86,865	400,699	80,140
-지방비	19,529	20,438	21,360	22,283	23,196	106,809	21,361

출처: 국회예산정책처(2016)

가며, 때로는 극단적인 선택으로 생을 마감하는 경우도 빈발하고 있다.

국민기초생활보장제도가 있음에도 불구하고 보호의 사각지대가 발생하는 주된 요인으로 부양 의무자 규정과 재산의 소득 환산 규정을 지적할 수 있다.

부양 의무자 규정은 국가가 빈곤 가구를 보호하기 이전에 경제 능력이 있는 가까운 친척이 돌보아야 한다는 것이다. 부모 자식 간에 강한 유대감을 가지고 부양과 봉양을 당연한 윤리로 받아들이던 과거의 가족관으로 보면 부양 의무자 규정은 일견 타당하다. 그러나 현실적으로는 부모의 봉양 의무가 가족에 있다는 의식이 31.7%(2015년 성인지 통계)에 불과한데, 멀리 떨어져 살고 있는 자녀에게 부모 부양 의무를 강제하는 것은 비현실적인 발상이 아닐 수 없다. 부양 의무자 규정의 폐지가 필요한 시점이다. 문제는 필요 재정을 어떻게 감당할 것인가다. 〈표 3-4〉에서 볼 수 있듯, 부양 의무자 규정을 전면적으로 폐지하면 연간 10조 원 가까운 추가 재원이 필요한 것으로 추정된다.

부양 의무자 규정을 완전 폐지하는 것이 바람직하나, 연간 10조 원의 추가 예산을 투입하는 것은 현실적으로 어렵다. 차선책으로, 시급성이 큰 급여부터, 혹은 사회적 취약 계층부터 단계

적으로 부양 의무자 규정을 배제하는 방식을 고려할 수 있을 것이다. 물론 이 두 방식을 혼합하여 취약 계층에 급여를 먼저 확대하는 방식도 있다.

급여를 단계적으로 확대할 경우 기본적인 의식주를 해결한다는 차원에서 생계급여와 주거급여에 한하여 우선적으로 부양 의무자 규정을 적용하지 않고, 그다음에 의료급여까지 확대할 수 있을 것이다. 대상자 특성별로 단계적으로 확대해서 노인과 장애인에 대해 먼저 부양 의무자 규정을 적용하지 않고 일정 기간 지난 후 전체 신청자로 확대하도록 한다.

국민기초생활보장제도의 두 번째 개혁 과제는 재산의 소득 환산 규정을 적정하게 재조정하는 것이다. 재산의 소득 환산 규정이란 일정 수준을 초과하는 재산은 매월 일정 비율로 소득을 발생시킨다고 간주하는 규정이다. 소득은 없으나 재산이 많은 사람들이 기초보장수급을 하지 못하도록 막아 사회적 형평을 유지하려는 의도에서 만들어진 규정이다. 그러나 이 규정이 비현실적으로 적용되면서 보호의 사각지대를 만들거나, 지나치게 낮은 급여를 받는 경우가 빈번하다. 예컨대 노인 부부 가구가 서울의 소형 아파트 1억 원짜리를 보유하고 그곳에서 아무 소득 없이 살고 있는 경우, 재산의 소득 환산을 적용하지 않으면 월 844,335원의 생계급여를 받을 수 있다. 그러나 현행 재산의 소득 환산 규정을 적용하면 기본 재산액 5,400만 원을 초과하는 아파트가액 4,600만 원에서 월 478,400원의 소득이 발생하는 것으로 간주되어 노인 부부가 받는 생계급여액은 365,935원이 된다. 거주하고 있는 집에서 실제 소득이 발생하지 않는데도 소득이 발생하는 것으로 보고 생계급여액을 삭감하면, 결과적으로 기본 생활 유지에 필요한 소득을 확보할 수 없게 된다. 따라서 국민기초생활보장제도에서 지급하고 있는 생계급여가 기본 생활을 보장하는 실효성 있는 장치가 되려면 현행 재산의 소득 환산 규정을 대폭 개편해야 한다.

공공부조제도가 발달한 호주의 경우, 거주하고 있는 집은 소득이 발생하는 재산으로 간주하지 않는다. 우리의 경우에도 거주하고 있는 집에 대해서는 재산의 소득 환산 항목에서 제외하여 국민기초생활보장제도가 전 국민의 기본 생활을 실질적으로 보장할 수 있는 사회적 안전망이 되도록 개혁해야 할 것이다.

실업 가구의 소득 보장 – 구직급여 개혁

실업 가구의 소득 보장 기능은 기본적으로 고용보험제도에서 담당한다. 그러나 실업자에게 지급되는 구직급여 수준이 낮고 지급 기간이 짧아서 기본 생활 보장이 제대로 되지 않고 있다.

2017년 4월 기준 실업급여액은 하한액이 1일 46,584원, 상한액은 1일 50,000원이다.[01] 상한액이라 해도 월 150만 원은 3인 가구 중위 소득의 50%인 182만 원의 41.2% 수준으로, 소득 보장 기준선인 중위 소득 50%에 못 미친다. 상한액을 1일 6만 원, 월 180만 원 수준으로 상향 조정하여 3인 가구 중위 소득의 50%에 맞춰야 한다.

구직급여 수급 기간이 짧은 점도 개선되어야 할 사항이다. 실업자의 연령과 피보험 기간에 따라 최소 90일, 최대 240일로 설정되어 있는 구직급여 수급 기간은 일본(90~360일), 스페인(120 ~ 720일), 독일(180~720일), 덴마크(730일) 등 외국에 비해 지나치게 짧다. 우리의 경우에도 최소한 일본 수준인 360일까지 구직급여 수급 기간을 늘려야 한다. 그러면 실업자가 실업 기간 동안 안정된 소득 지원을 받으면서 자신의 노동 생산성 향상을 위한 재교육 기간으로 활용할 수 있을 것이다.

근로 빈곤 탈출 - 최저임금 인상과 근로장려세제 강화

일하는 사람은 빈곤하지 않아야 한다. 가끔 일을 하는 것이 아니라 하루 종일 매일같이 일하는 근로자라면 임금만으로도 빈곤하지 않을 자격이 있다. 최저임금 수준이 적정선을 유지한다면 이는 당연히 이뤄질 일이다. 1986년 최저임금법이 제정된 이후 최저임금은 저임금근로자의 소득 수준 향상에 지대한 영향을 미쳤다. 그러나 아직도 최저임금 수준은 적정 수준에 이르지 못해서 비판을 받고 있다.

---

01 구직급여 상한액은 정부 고시로 그 수준이 결정되나, 하한액은 최저임금의 90%로 규정되어 있다. 2017년 4월 현재 최저임금은 시급 6,470원으로, 8시간 상당액 51,760원의 90%인 46,584원이 구직급여 하한액이 된다.

〈그림 3-2〉 가구 형태별 소득 수준에 따른 근로장려금 변화 (2016년 급여 기준)

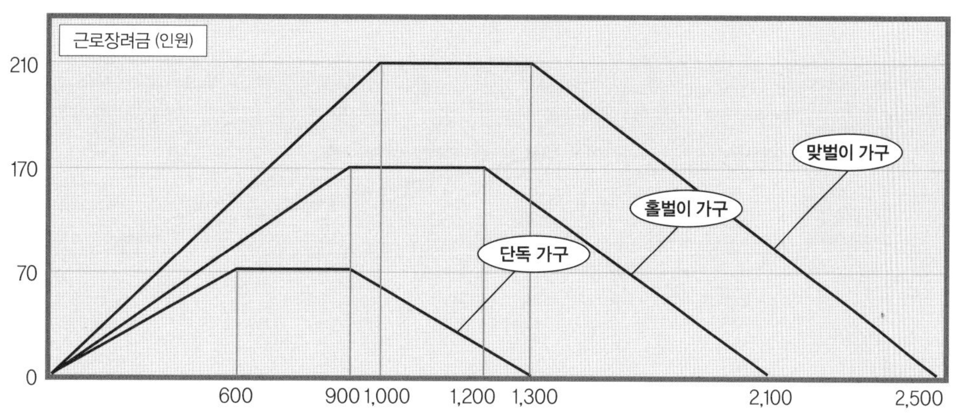

출처: 국세청(2016)

2017년 최저임금 수준은 시간급으로 6,470원, 월급으로는 1,352,230원이다. 월 1,352,230원은 3인 가구 기준 중위 소득의 37.1%이며, 2인 가구 기준 중위 소득의 48.0%에 그친다. 현재의 최저임금 수준으로는 3인 가구에서 한 사람만 일을 하면 풀타임으로 일하더라도 상대 빈곤선인 중위 소득의 50%에 미치지 못하여 빈곤 가구에 속한다. 적어도 풀타임으로 일하고 있다면 최저임금만으로도 빈곤선 이상의 소득을 얻을 수 있도록 최저임금이 인상되어야 할 것이다. 따라서 최저임금의 적정 수준은 3인 가구 중위 소득의 50%로 설정해야 한다. 그러려면 현재 3인 가구 중위 소득의 37.1%인 최저임금 수준이 중위 소득 50%가 되도록 지속적으로 인상되어야 한다.

그러나 임금은 민간 기업이 부담하는 것이고 최저임금 근로자의 대다수가 운영 상태가 좋지 않은 영세사업장에서 근무하고 있으므로, 기업의 최저임금 인상이 생각만큼 쉬운 일은 아니다. 단기간에 최저임금을 대폭 증액하면 이를 감당하기 힘든 영세사업장이 도산하거나 근로자의 해고가 빈번해질 가능성이 높다. 장기적으로는 적정 최저임금을 감당할 수 없는 기업은 자연스럽게 도태되고 더 생산성이 높은 영역으로 노동력을 옮겨 가는 게 올바른 방향이다. 그런데 이행기 동안 발생하는 실업은 결코 가벼운 문제가 아니다. 따라서 저임금근로자의 적정한 소득 보장을 위해 최저임금을 인상하는 동시에 국가가 근로자의 소득 일부를 보전하는

〈그림 3-3〉 가구 형태별 소득 수준별 자녀장려금 변화 (2016년 지급 기준)

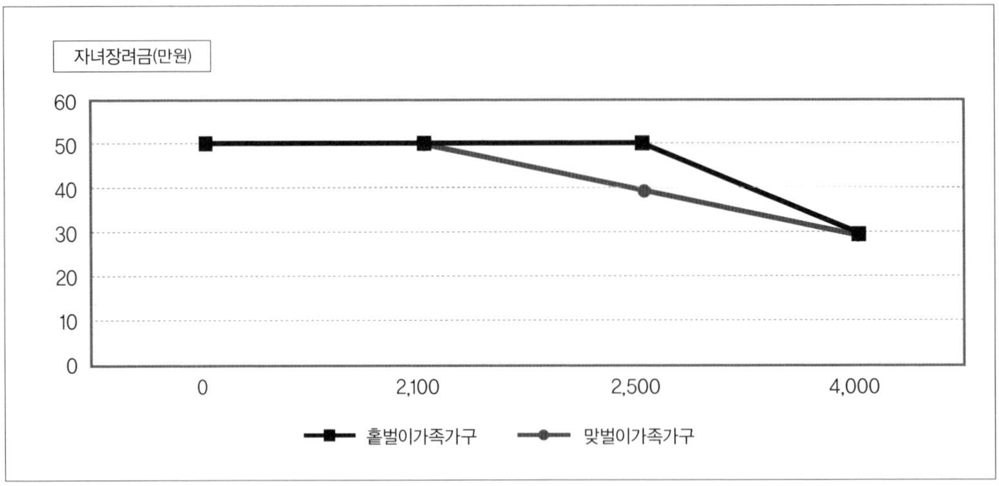

자녀장려금(만원)

60
50
40
30
20
10
0

0 2,100 2,500 4,000

홑벌이가족가구 맞벌이가족가구

출처: 국세청(2016)

근로장려세제와 자녀장려금제의 적극적인 활용이 뒤따라야 할 것이다.

일정 수준 이하의 임금을 받는 근로자를 대상으로 소득을 보전하는 근로장려금제도는 가구 유형과 임금 수준에 따라 근로장려금을 달리 지급한다. 2016년 기준으로, 맞벌이 가구의 경우 연간 받는 임금이 1,000~1,300만 원이면 근로장려금은 최대 금액인 연간 210만 원(월 17.5만 원)을 받게 되며 이 금액은 3인 가구 중위 소득의 4.8%에 해당한다.

최저임금으로 1년간 일을 한다면 임금 총액이 1,623만 원이므로 근로장려금은 154만 원이 된다. 최저임금과 근로장려금을 합한 금액 1,777만 원은 3인 가구 중위 소득의 40.7%로, 상대빈곤선을 넘지 못한다. 그러므로 최저임금 수준이 중위 소득의 50%에 도달하기까지 근로장려금 수준을 높여 저임금근로자의 소득을 적극적으로 보전할 필요가 있다.

근로장려금의 인상은 두 가지 방향으로 진행되어야 할 것이다. 첫째, 최대 급여액을 인상하는 것이다. 인상 수준은 최저임금 상승폭 등 여러 요인을 감안하여 결정하되, 현재 수준보다 2배 인상하는 방안을 검토할 필요가 있다. 즉, 3인 가구 중위 소득의 4.8% 수준인 근로장려금 최대액을 중위 소득의 10% 수준까지 늘리되 1년마다 1% 포인트씩 단계적으로 인상하는 것이다.

〈표 3-5〉 3인 가구 중위 소득의 비율로 표시된 제도별 부담 비율 조합(%)

	현행	기업 주도형	정부 주도형	절충형
최저임금	37.1	45.0	37.0	42.0
근로장려금 최대 급여액	3.5(4.8)*	4.0	10.0	6.0
자녀장려금	1.1	1.0	3.0	2.0
합 계	41.7(43.0)*[03]	50.0	50.0	50.0

둘째, 최대 급여액을 받는 소득 구간을 늘리는 것이다. 현재 최대 급여액을 받을 수 있는 소득 구간을 1년치 최저임금 수준인 1,623만 원으로 확대 조정해야 한다.[02]

이처럼 근로장려금 최대 급여액을 인상하고 최대 급여액을 받을 수 있는 소득 구간을 확대하는 것은 저임금근로자의 소득 보장을 기업의 몫으로만 맡겨두지 않고 정부도 그 일부를 담당하겠다는 의지를 보여주는 것이다.

자녀장려금은 아동수당의 성격을 가진 소득 보장 프로그램으로서, 가구 소득이 일정 수준 이하라면 자녀 1인당 연간 50만 원을 지급한다. 맞벌이 가족의 경우 연간 가구 소득 2,500만 원까지 자녀 1인당 50만 원이 지급되며, 2,500만 원을 초과하면 일정 비율로 감액된다. 가구 소득 4,000만 원일 경우 자녀장려금은 1인당 30만 원이고, 이 수준을 초과하면 자녀장려금은 지급되지 않는다.

현행 연간 지급액 50만 원은 3인 가구 중위 소득의 1.1%에 해당하므로, 가구의 소득 보장 강화 효과가 크지 않다. 자녀장려금을 중위 소득의 5%까지 단계적으로 인상하여 저임금근로자의 소득 보장에 실질적으로 기여해야 할 것이다.

---

02 2017년 근로장려금 최대 급여액은 3인 가구 중위 소득의 4.8%에 해당하나, 최저임금으로 1년간 버는 소득자는 최대 급여액을 받지 못하고 감액된 근로장려금을 받는데 이는 중위 소득의 3.5%에 해당한다. 따라서 2017년 최저임금 소득자의 임금과 근로장려금, 자녀장려금의 실제 합계액은 중위 소득의 41.7%다. 최저임금과 근로장려금 최대 급여액 및 자녀장려금 모두 받으면, 단순 합계액은 중위 소득의 43.0%다. 2018년 이후에는 법 개정을 통해 최대 급여액을 받을 수 있는 소득 구간 내에 최저임금 소득이 속한다는 전제하에 최저임금과 근로장려금 최대 급여액 및 자녀장려금을 단순 합하여 가구 소득을 산정한다.

최저임금, 근로장려금, 자녀장려금은 모두 저임금근로자의 적정 소득을 보장하기 위한 수단이다. 어느 한 가지 수단에만 의존하기보다 사회적 대화와 타협을 통하여 기업 부담과 정부 부담 간의 균형점을 찾는 것이 바람직하다.

일을 하는 저소득 가구에 중위 소득 50%의 소득을 보장하는 정책 혼합 방안을 예시적으로 제시하면 〈표 3-5〉와 같다. 현재 최저임금은 3인 가구 중위 소득의 37.1%, 근로장려금 최대 급여액은 4.8%, 자녀장려금은 1.1%로, 이를 합하면 3인 가구 중위 소득의 43.0%에 해당한다. 정부가 근로장려금과 자녀장려금을 거의 증액하지 않고 최저임금만 인상하는 기업 주도형 방안이라면 최저임금 수준을 3인 가구 중위 소득의 45.0%로 인상해야 한다. 반대로 기업의 추가적인 부담 없이 정부 부담 증액으로 해결하려 한다면 근로장려금 최대 급여액을 3인 가구 중위 소득의 10.0%로 인상하고, 자녀장려금을 중위 소득의 3.0%로 인상하는 정부 주도형 모델을 실행해야 한다. 정부와 민간 기업의 부담을 배분하는 방식을 사용한다면 절충형에 따라 시행하면 된다. 다만 사회적 대화 과정에서 각 부담 주체 간 부담 비율은 얼마든지 달라질 수 있다.

04
의료보장

100세 시대를 맞이하여, 질 높은 의료 서비스는 삶의 질을 결정하는 중요한 요소다. 포용적 혁신국가는 접근하기 쉽고 양질의 서비스를 누릴 수 있는 보편적 의료보장 체계를 구축하는 데 방점을 둔다. 보편적 의료보장 체계 구축은 현행 건강보험제도의 보장성을 대폭 강화하여 민간 의료보험에 의존하지 않고도 전 국민이 양질의 의료 서비스를 누릴 수 있게 하는 정책을 근간으로 삼는다. 여기에 더하여 고령사회의 치매 문제에 대해 국가책임제를 도입하여 안락한 노후 생활을 누릴 수 있도록 한다.

건강보험 보장성 강화 – 포괄적 본인부담상한제 도입

우리나라 국민들은 외형적으로 보면 상당히 잘 갖춰진 건강보험제도에 의해 보장을 받는다. 전 국민의 97%가 강제 가입을 원칙으로 하는 국민건강보험제도에 가입되어 있고, 나머지 3%의 국민은 국가가 비용의 대부분을 부담하는 의료급여제도에 의해 보호를 받는 셈이다. 그럼에도 불구하고 국민들의 의료보장에 대한 불안감이 높은데, 전 가구의 75% 이상이 민간 의료보험에 가입하고 있는 현상이 이를 증명한다. 민간 의료보험에 가입하는 주된 이유는 공적인 건강보험제도의 보장성이 낮은 데 있다.

〈표 3-6〉 연도별 건강보험보장률 추이(%)

연도	2008	2009	2010	2011	2012	2013	2014
건강보험 보장률	62.6	65.0	63.6	63.0	62.5	62.0	63.2

자료: 국민건강보험공단(2015)

보장성이 낮다는 것은 두 가지 의미에서다. 첫째, 병원에서 제공하는 의료 서비스 중 보험 적용이 되지 않는 서비스, 이른바 비급여 서비스의 비율이 높다. 역대 정부는 비급여 서비스를 급여 서비스로 전환하여 비급여 비중을 줄이려는 노력을 꾸준히 해왔다. 그러나 비급여 서비스를 급여 서비스로 편입시키는 만큼 새로운 비급여 서비스 항목이 늘어나서 건강보험보장률은 지난 10년간 63% 내외에 머물고 있다.

둘째, 본인 부담금이 높아 중병 환자를 보유한 가구는 의료비 부담이 재난에 가까운 상황이다. 보험이 적용되지 않는 비급여 서비스로 인한 의료비 부담도 크지만, 보험 적용이 되는 의료 서비스의 경우에도 외래는 50%, 입원은 20%의 의료비를 본인이 부담해야 하는 까닭에 과도한 의료비 부담으로 가계가 파탄나는 경우가 빈번하다.

건강보험 보장성을 강화하려면 비급여 항목을 최대한 급여화하고, 본인부담금상한제를 실효성 있게 운영해야 한다. 그러나 과거의 경험을 되돌아보면 급여화가 이뤄진 것만큼 새로운 비급여 서비스가 등장했으므로 총 의료 서비스 중 급여 서비스가 몇 %인지 살펴서 보장률이 나아졌는지 따지는 것은 적절하지 않을 수 있다. 보장성 강화를 위해 기존의 비급여 중 의학적으로 필요한 비급여는 최대한 급여화하는 정책은 유지하되, 포괄적 본인부담상한제를 도입하여 개인의 의료비 부담을 대폭 완화하는 방안이 강구되어야 한다. 포괄적 본인부담상한제는 급여는 물론, 호화·고급 비급여를 제외한 모든 비급여 서비스를 이용하는 데 따른 본인 부담금에 상한제를 두는 제도다. 본인 부담 상한선을 가구 소득 수준에 따라 크게 부담이 되지 않게끔 설정하면, 굳이 민간 의료보험에 가입할 필요가 없으므로 국민들의 의료비 부담을 줄일 수 있고 건강보험제도의 실질적 보장성을 강화하는 효과도 기대할 수 있다.

▌어린이 건강의 국가 책임 강화

저출산 문제가 심각한 한국 사회는 교육비 못지않게 자녀에 대한 의료비 부담도 출산을 기피하는 주요한 요인으로 지목되고 있다. 어린 아동에 대한 의료비의 61%만 건강보험 재정으로 충당되고 나머지 39%는 개인이 부담하고 있다. 그 결과, 어린이를 대상으로 하는 민간 의료보험 시장의 규모가 연 4조 원에 이르고 있어서 어린이 의료비 부담에 대한 사회적 불안감이 매우 크다.

어린이 건강에 대한 국가 책임을 강화하는 것은 의료비 부담을 경감할 뿐만 아니라 삶의 초기 단계에 건강한 출발을 공평하게 보장함으로써 일생 전반에 걸쳐 불평등을 예방하는 초석이 된다.

구체적 정책 방안으로서 3세 이하 영유아의 입원 의료비 전액을 건강보험제도에서 부담하는 영유아 무료 입원제, 4~15세 아동·청소년의 중증 질환에 대한 의료비 전액 보장제를 실시한다. 또한 권역별 거점 어린이병원을 확충하고, 장애 어린이에 대한 포괄적 재활 서비스를 제공하도록 한다.

▌노인의 보건·의료·복지를 위한 통합 시스템 구축 및 운영

편안한 노후를 보장하기 위해서는 안정된 소득과 질 높은 의료 서비스가 확보되어야 한다. 노후 대책은 세우지 않고 산업화를 주도해온 한국의 노인 계층은 심각한 노후 빈곤과 신체적 건강 문제에 노출되어 있다. 한편, 노인 의료비 증가 속도가 지나치게 빨라 의료비 부담에 대한 사회적 우려가 높아지는 실정이다. 노인 의료비 상승을 억제하면서 건강하고 활기찬 노후 생활을 보장하려면 치료보다는 예방이 강조되고, 재활 서비스가 확충되어야 한다.

이를 위해 지역사회 중심으로 노인보건의료복지센터를 설치하여 예방과 진단, 재활, 지역사회 관리 등 포괄적인 서비스를 제공하는 방안이 강구되어야 한다. 포괄적 서비스를 제공하는 보건의료복지센터는 중증 질환을 조기에 발견하고 상급 의료기관에 의뢰하는 역할을 수행하는 동시에 노인의 만성질환 등을 체계적으로 관리하는 기능을 수행한다.

소득 보장 측면에서 OECD 국가 중 가장 높은 노인 빈곤율을 보이고 있으므로, 노인 계층을 위한 특단의 소득 보장 대책이 마련되어야 한다. 이미 시행 중인 기초연금의 급여 수준을 인상하는 방안과 국민기초생활보장제도의 보장성을 강화하는 방안을 중심으로 노인 빈곤을 해소하는 데 국가적 차원에서 노력을 기울여야 할 것이다.

05
주거 보장

❙ 주거 실태

개인의 일상을 지탱하는 의식주 보장의 중요성은 말할 필요도 없다. 그러나 의식주 중 먹고 입는 문제는 어느 정도 해결했지만, 주거는 여전히 미진한 상태에서 벗어나지 못하고 있다.

2015년 현재 전국 주택 보급률은 102.3%로, 가구 수(1,911만 1,000가구)보다 주택 수(1,955만 9,000호)가 더 많다(통계청, e나라지표). 외형적, 물량적으로 보면 주택은 충분한 것처럼 보인다. 그러나 실상은 전혀 그렇지 않다. 전체 1,911만 가구 중 주택을 소유한 가구는 1,069만 9,000가구로 56.0%에 그친다. 전체 가구의 44.0%인 841만 2,000가구가 자기 집을 소유하고 있지 않으며, 특히 서울의 경우 가구의 절반(50.4%)이 무주택 가구다(통계청, 2016).

무주택 가구가 부담하는 임대료(월 소득 대비 주택 임대료 비율)는 수도권이 21.6%, 광역시 16.6%, 도 15.8%, 전국 평균 20.3%로, 가구 경제에 큰 부담이 되고 있다. 더군다나 월 소득 대비 주택 임대료 비율이 해마다 증가하고 있어서, 주거비 부담으로 인한 서민들의 생활이 나날이 팍팍해지는 실정이다.

주거비 부담으로 인한 고통은 특히 학업을 마치고 사회로 진출한 사회 초년생들이 결혼이나 출산을 미루는 원인이 된다. 당연히 젊은 층은 집값과 월세가 낮아지길 원한다.

〈표 3-7〉 연도별 월 소득 대비 주택 임대료 비율 (%)

	2006	2008	2010	2012	2014
전국	18.7	17.5	19.2	19.8	20.3
수도권	19.9	22.3	20.9	23.3	21.6
광역시	18.5	19.3	16.4	16.8	16.6
도	17.8	15.9	14.4	14.5	15.8

출처: 국토교통부(2015)

이에 반해 자가 소유율이 70%에 달하는 65세 이상 고령자 가구의 경우 대부분이 집만 가진 가난한 노인이어서, 집값과 월세 수입이 오르길 기대한다. 집값을 두고 세대 간 갈등이 구조화되어 있는 셈이다. 따라서 주거 안정 방안을 강구할 때, 가구 수보다 주택 수가 더 많지만 청년층은 집 걱정과 임대료 부담으로 희망을 잃었고, 준비 없이 노후를 맞이한 고령층은 집값과 월세 상승을 바라는 세대 간 갈등 구조를 원만히 해소할 수 있어야 한다는 점을 염두에 둬야 한다.

도심의 비싼 땅값으로 인해 비교적 저렴한 도시 주변부에 집중된 신흥 주택은 직장과 멀리 떨어져 있어 매일 출퇴근 전쟁을 겪어야 한다. 장시간이 소요되는 출퇴근은 경제적으로 부담이 될 뿐 아니라 시간적 여유를 빼앗아 개인의 삶을 팍팍하게 만드는 주요 요인이 되고 있다. 무작정 새집을 짓기보다는 직장 가까운 곳에 저렴한 가격의 주택을 제공하는 것이 중요한 고려 사항이 되어야 하는 것이다.

▌주거 보장 정책 – 집 걱정, 임대료 부담 없는 주거 복지

1. 공공 임대주택 공급 확대

값싸고 안심할 수 있는 공공 임대주택의 공급을 대폭 확대해야 한다. 2016년 말 현재 공공 임대주택 재고 물량은 125만 호로, 전체 주택의 6.2%다. 적지 않은 물량이지만 전 가구의 44%

인 841만 가구가 무주택임을 감안하면 여전히 부족한 상황이다. 정부가 공급 가격과 임대료를 통제할 수 있는 공공 임대주택을 넉넉히 공급하면 주택 임대료를 안정시키는 기본 장치가 될 것이다.

공공 임대주택은 영구 임대, 10년 임대 등 다양하다. 공공 임대주택을 반드시 신축해서 공급할 필요는 없다. 농촌 지역에는 이미 상당수의 빈집이 있고, 도시 지역도 공동화 현상이 나타나면서 빈집이 생기는 것을 감안하면 신축과 더불어 기존 주택을 매입하여 공공임대로 전환하는 매입 임대 방식을 병행하는 편이 적절할 것이다. 지역별 특성에 맞게 신축과 매입을 혼용하되, 주택 임대 시장이 안정될 때까지 공공 임대주택의 재고량을 꾸준히 확대해야 한다.

공공 임대주택의 적정 재고량에 대해서는 여러 가지 목표치가 제기된다. 흔히 OECD 국가의 평균 수준을 목표치로 제시하지만, OECD 평균치 자체가 가변적이어서 적합하다고 볼 수 없다. 공공 임대주택을 지렛대로 하여 주택시장 전반의 임대료를 공적으로 통제할 수 있을 때까지는 공공 임대주택의 재고량을 늘려야 할 것이다.

2. 주거비 보조 강화

주거비 보조는 원래 저소득층의 임대료가 소득의 일정 수준을 넘을 경우 임대료의 일부를 지원하는 제도다. 쿠폰을 발행하거나 임차인에게 직접적으로 현금을 지급하는 방식이 있다. 우리나라의 경우 국민기초생활보장제도에서 지급하는 주거급여가 주된 보조 방식이다. 그 외 서울시에서 일부 차상위 가구를 대상으로 주택 바우처를 지급하고 있으나 그 규모는 크지 않다.

국민기초생활보장제도의 주거급여는 중위 소득 43% 이하의 소득을 가진 가구를 대상으로 급지와 가족 수에 따라 차등 지급된다. 2017년 주거급여를 받는 가구 수는 전국적으로 81만 가구로 추정된다. 수급 가구 81만 호는 전체 가구의 4.2%에 해당한다.

국민기초생활보장제도에 의한 주거급여는 저소득층에 대한 임대료 부담을 완화하는 데 실질적으로 기여할 것으로 기대되고 있다. 다만 그 대상이 기초생활보장수급 가구로 한정되어 있어 저소득층의 주거 안정에는 제한적으로 도움이 될 뿐이다. 중위 소득 43% 이하로 한정

〈표 3-8〉 급지별 가구 규모별 주거급여 기준 임대료

(단위:원/월)

구분	1급지 (서울)	2급지 (경기, 인천)	3급지 (광역시, 세종시)	4급지 (그 외 지역)
1인	200,000	178,000	147,000	136,000
2인	231,000	200,000	158,000	147,000
3인	273,000	242,000	189,000	178,000
4인	315,000	283,000	220,000	200,000
5인	325,000	294,000	231,000	210,000
6~7인	378,000	347,000	262,000	242,000
8~9인	415,800	381,700	288,200	266,200
10~11인	457,380	419,870	317,020	292,820

출처: 국토교통부(2017)

되어 있는 주거급여 대상을 단계적으로 확대하여 차상위 계층까지는 주거급여를 지급해야 한다.

06

긴 안목의 사회투자 – 적극적 노동시장 정책 강화

노동 취약 계층에 대한 노동 정책은 소득 보장에 방점을 두는 소극적 노동시장 정책과 취업에 방점을 두는 적극적 노동시장 정책으로 구분된다. 적극적 노동시장 정책은 1950년대 초 스웨덴이 완전 고용과 물가 안정을 달성하기 위해 최초로 시도했는데, 지금은 사회투자 차원에서 전 세계적으로 시행되고 있다.

한국은 1980년대 말부터 인력 부족 현상이 심화되고 인력 수급의 불균형 현상이 사회적 문제로 대두됨에 따라 적극적 노동시장 정책을 추진하기 위한 입법이 잇따랐다. 고용정책기본법은 고용 관련 법률을 포괄하는 기본법의 역할을 하고 있으며, 고용보험법은 실효성 있는 고용정책 수단을 제공한다.

일자리 절벽에 직면한 한국 정부는 최근 들어 적극적 노동시장 정책에 정부의 역량을 기울이고 있다. 관련 예산도 급속히 늘어났는데, 2012년 9조 9,050억 원이던 재정 지원 일자리 사업 예산은 2016년 15조 7,796억 원으로 4년 만에 59.3%나 늘어났다. 2016년 재정 지원 일자리 사업은 25개 부처 198개 사업으로 구성되며, 예산 총액은 동년도 GDP 1,637조 원의 0.96%에 해당한다.

재정 지원 일자리 사업 중 실업자에 대한 소득 지원은 소극적 노동시장 정책에 해당되며, 직업 훈련, 고용 서비스, 고용장려금, 창업 지원, 직접적 일자리 창출은 적극적 노동시장 정책이

〈표 3-9〉 연도별 재정 지원 일자리 사업의 부문별 예산 규모

(단위: 억 원, %)

	2012		2014	2016	
실업자 소득 지원	38,612		43,500	57,478(36.4)	
직업 훈련	13,250	13,250(21.9)	15,817	19,716(12.5)	19,716(19.7)
고용 서비스	4,110	4,110(6.8)	5,906	6,904(4.4)	6,904(6.9)
고용 장려금	13,615	13,615(22.5)	20,845	28,208(17.9)	28,208(28.1)
창업 지원	4,394	4,394(7.3)	5,570	19,148(12.1)	19,148(19.1)
직접적 일자리 창출	25,069	25,069(41.5)	28,448	26,342(16.7)	26,342(26.3)
합계	99,050	60,438(100.0)	120,087	157,796(100.0)	100,318(100.0)

출처: 국회예산정책처(2017)

다. 예산 구성은 고용장려금(28.1%)과 직접적 일자리 창출(26.3%)에 절반 이상을 사용하고 직업 훈련(19.7%), 창업 지원(19.1%), 고용 서비스(6.9%)는 상대적으로 비중이 적다.

2016년 적극적 노동시장 정책에 대한 예산 10조 원은 동년도 GDP의 0.6%에 해당한다. 이는 2003~2012년 OECD 주요국의 적극적 노동시장 정책 재정 지출의 평균인 0.56%(이대창 외, 2015)와 비슷하다. 한국의 적극적 노동시장 정책 예산이 결코 적지 않은 것이다.

적극적 노동시장 정책이 효과를 거두려면 근로자 개인이 일생 동안 경험하는 노동시장 참여와 이탈, 재진입의 경우를 세분하고 각 경우에 적합한 지원을 제공하는 체계적인 정책 틀이 먼저 정립되어야 한다.

이행 노동시장 이론(Schmid, 1998)은 개인이 노동시장에서 처하는 상황에 따라 요구되는 복지 욕구를 체계적으로 설명한다. 이에 의하면 노동 이동은 크게 다섯 가지 유형으로 구분된다. 노동시장 내에서 일을 하는 도중에 다른 직장으로 옮겨 가는 전직(Ⅰ), 일자리를 잃어서 노동시장에서 벗어났다가 되돌아오는 실직과 재취업(Ⅱ), 교육과 훈련을 받기 위해 노동시장에서 벗어났다가 되돌아오는 교육·훈련 이동(Ⅲ), 육아 등 가사를 돌보기 위한 휴직과 재취업(Ⅳ), 퇴직으로 노동시장에서 벗어났다가 다시 일자리로 돌아오는 재취업(Ⅴ) 등이 있다.

이행 노동시장의 관점에서 보면 실직과 교육·훈련, 가사 휴직과 퇴직은 단순히 노동시장에

〈그림 3-4〉 이행 노동시장 개념도

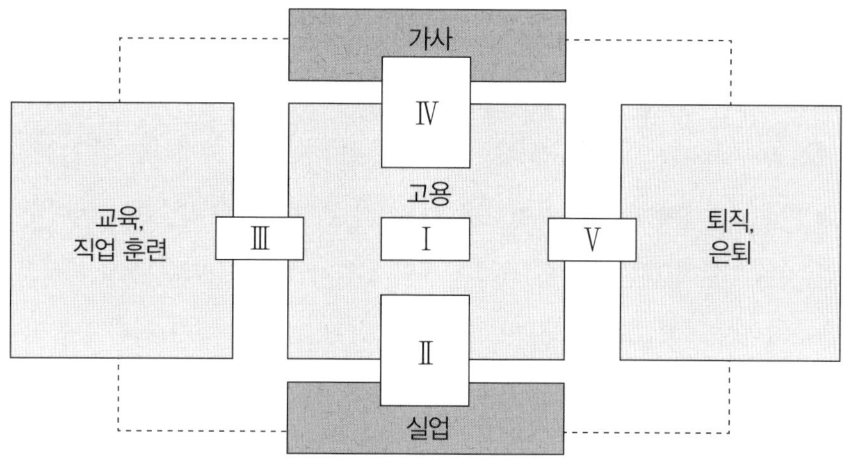

Ⅰ. 고용시장 내 단시간 노동과 전일제 고용 간 또는 피고용 노동자와 자영업 간의 이행
Ⅱ. 실업과 고용 간의 이행
Ⅲ. 교육·훈련과 고용 간의 이행
Ⅳ. 사적인 가사 활동과 취업 간의 이행
Ⅴ. 취업과 퇴직·은퇴 간의 이행

출처: Schmid(1998)

서 벗어난 것이 아니다. 이들은 모두 다음 단계에 노동시장으로 재진입하기 위한 이행 상태에 있다고 봐야 한다. 노동 이동을 겪을 때 대부분의 근로자들은 소득이 불안정해지고 새로운 일자리를 찾기 위해 여러 가지 준비를 한다. 즉, 노동 이동 시기에 복합적인 복지 욕구가 발생하는 것이다. 현행의 적극적 노동시장 정책에 의해서도 위에서 언급된 5개 유형의 노동 이동 형태별로 소득 지원과 정보 제공이 이뤄지고는 있다. 그러나 매년 50~60만 개의 일자리를 창출하는 성과를 거두기도 했지만, 여러 가지 미비점이 있다(주무현, 2014). 무엇보다 단기적인 고용률 향상을 지나치게 의식한 나머지, 직접적 일자리 사업에 치중하여 장기를 요하는 기술 훈련과 교육에 상대적으로 소홀하다. 또한 창출된 일자리는 대부분 민간 부문 일자리보다 업무가 느슨하고, 노동 강도 대비 시간당 임금이 높아 참여자가 해당 사업에 안주하고 말아서 민간 부문 노동시장으로 이동을 기피하는 폐해가 있다. 그리고 일자리 사업의 다양한 특성과 목적을 통합적으로 관리하는 조정 기구가 취약하여 국가적 차원의 자원 투입 우선순위에 따라 재원 배분이 이뤄지지 않는 비효율이 발생하고 있다.

이러한 미비점을 보완하면서, 포용국가의 복지 혁신은 노동 이동 시에 발생하는 복지 욕구를 적극적으로 충족할 수 있도록 정밀하게 설계되어야 한다. 중요한 점은 좋은 조건의 노동으로 진입할 수 있도록 여건을 만들어주는 것이다.

이를 위해 무엇보다 강조되어야 할 점은 근로자들의 생산성을 향상시킬 수 있도록 장기적인 안목에 의한 직업 훈련과 교육을 정착하는 것이다. 직업 훈련을 담당하는 기관에 대해 현재도 훈련 기관 역량에 대한 평가와 심사가 이뤄지고 직업능력개발계좌제를 시행하여 훈련 프로그램의 다양성을 제고하고 있지만, 그 성과는 만족스럽지 못하다. 특히 공급된 훈련 과정이 훈련생이 없어 개설되지 않는 경우가 발생하고, 지역·직종별 훈련성과 편차가 심한 점(나현미 외, 2014) 등은 직업 훈련이 과학적으로 설계되고 수요자 중심으로 운영되어야 함을 의미한다.

07
복지 혁신의 기대 효과

소득, 의료, 주거 분야의 기본 생활 보장과 사회적 투자 관점의 적극적 노동시장 정책을 중시하는 포용국가의 복지 정책은 현행 사회 안전망의 미비점을 보완하고 한국 사회의 지속적 발전 가능성을 제고하는 기반을 제공할 것으로 기대된다. 이는 국가의 일방적 부담이나 기업에 대한 강요가 아닌 국가와 기업, 개인이 협력하여 추진되어야 한다.

소득 보장의 경우 국가의 일반 재정에 의해 재원이 조달되는 국민기초생활보장제도와 근로장려세제는 국가의 책무가 강조되지만, 최저임금 인상과 이에 따른 부담은 전적으로 기업의 몫이다. 소득 보장을 실현함에 있어 제도별 대상 집단과 급여 수준을 어떻게 설계할 것인지에 따라 국가와 기업의 부담이 달라지므로, 주체 간 긴밀한 협력과 논의가 선행되어야 한다.

의료보장의 경우에도 개별 가구의 경제적 부담이 되는 본인 부담 상한액 수준, 비급여 대상의 범위 설정 등에는 사회적 합의가 전제되어야 한다. 주거 보장에 있어서도 임대료의 공적인 통제가 이뤄지려면 개별 임대 가구의 묵시적 동의와 지역 차원의 조례 제정 등 사회적 합의가 선행되어야 한다. 적극적 노동시장 정책을 사회투자 차원에서 시행하려면 큰 틀에서 사회적 합의가 있어야 한다. 노동 이행 시에 적절한 소득 보장이 주어지고, 개별 근로자가 필요로 하는 교육 훈련이 가능해지려면 주체 간에 긴밀한 협조가 있어야 한다. 한국 사회가 직면한 제반 난제를 해결하고 국가의 격을 한 단계 끌어올리기 위해 반드시 헤쳐 나가야 할 길이다.

////////////////

'교육 혁신'은 교육을 사람의 길에 일치시키는 개혁으로, 고용 혁신, 경제 혁신, 복지 혁신과 더불어 '혁신적 포용국가'를 실현하는 중요한 축이다. 혁신적 포용국가는 어느 특정 집단이 아니라 국민 모두가 고르게 성장하며 통합되는 사회통합 국가 모델이다. 혁신적 포용국가의 실현을 위해 다른 분야의 혁신도 필요하지만, '자본의 길'을 걸어온 '교육의 길'을 '사람의 길'로 정상화하는 교육혁신이 가장 필요하다고 볼 수 있다. 모두가 사람의 길을 갈 수 있는 교육, 나아가 모두가 각자 자신의 길을 떳떳하게 갈 수 있도록 하는 교육이 시행되고 그러한 교육이 정상적인 고용, 경제, 복지와 결합될 때, 자유, 평등, 정의, 행복이 실현되는 혁신적 포용국가를 만들 수 있기 때문이다.

'모두를 위한 나라, 약자를 위한 포용'을 추구하는 혁신적 포용국가는 "모든 아이는 우리 모두의 아이"라는 교육철학으로부터 시작된다. 학교가 아니라 아이가 중심에 놓이는 교육을 통해 한 명, 한 명의 아이를 소중히 길러낼 때, 그 교육은 경제, 고용, 복지에 선순환을 가져온다. 호기심과 협력 기반의 수업 실현, 고교학점제 기반의 맞춤형 교육 도입, 학생부 중심의 대입 전형, 대학다운 대학 만들기, 스스로 배우는 평생학습 사회 구축은 한 명의 아이도 낙오자로 만들지 않고 미래 역량(시민 역량과 직업 역량)을 갖추도록 하여 경제혁신, 고용혁신, 복지 혁신의 토대가 될 것이다.

4장

교육 혁신
– 창의적 학습 사회

01
사람의 길, 자본의 길, 교육의 길

"인간은 교육을 통해 사람이 된다."

헤겔의 말이다. 교육은 사람의 길을 가게 한다. '사람의 길'은 인간의 본성, 자질, 자유, 꿈, 정의, 행복이 실현되는 과정을 가리킨다. 교육이 사람의 길에 공평한 기회와 양질의 학습을 제공하면, '교육의 길'은 사람을 성장시키며 행복하게 한다. 하지만 교육이 불평등, 특권, 차별을 추동하는 자본에 종속되면 사람은 교육에 의해 성장할 수 없다. 오히려 시장의 불행한 노예가 되며, 과도한 경쟁으로 소진(burn out) 상태에 빠져 자아가 불안해진다. 이 경우 교육은 사람의 길을 열어주는 좋은 교육이라기보다는 '자본의 길'에 예속된 나쁜 교육이 된다.

인간은 정치적, 경제적, 지적인 본성을 지니고 태어난다. 타고난 본성이란 인간의 전 생애를 걸쳐 특정한 행위를 하도록 추동하는 잠재 능력이다. 첫째, 인간은 타자와 더불어 공동의 선(善)을 실현하려는 '정치적 본성'을 타고난다. 둘째, 인간은 욕구·욕망을 실현하고 이윤을 추구하는 '경제적 본성'을 타고난다. 셋째, 인간은 모방하고 배우며 새로운 것을 창조하는 '지적인 본성'을 타고난다. 교육은 이러한 인간의 보편적 본성이 건강하게 발현되도록 해서 모두가 행복한 사람이 되도록 하는 과정이다. 예컨대, 플라톤의 『프로타고라스』에 따르면, 인간의 마음에는 '정의'와 '염치'가 있다. 인간은 올바름(정의)에 기초하여 부끄러움(염치)을 느끼고 공동의 선을 추구하면서 '협력'하는 존재인 것이다. 공교육은 인간에게 내재한 이러한 정치적 본성을 활성화시켜주어야 한다. 그래야 국가 공동체에서 살아가는 사람들의 삶의 질이 향상된다.

교육은 모든 인간에게 보편적으로 주어진 정치적 본성, 경제적 본성, 지적인 본성을 발현시켜야 하지만, 나아가 각자의 자질을 발견하고 전문화시켜야 한다. 자질은 개인의 타고난 잠재력이다. 누구에게나 무엇인가를 잘할 수 있는 자질이 있다. 어떤 사람은 말을 잘하고, 어떤 사람은 계산을 잘하며, 어떤 사람은 운동을 잘한다. 자질을 개발하여 가장 잘할 수 있는 일을 하면서 자신의 노동에 걸맞은 경제적 보상을 받는 사람은 행복하다. 자신의 적성에 맞는 일을 하지만 경제적으로 풍요롭지 못할 때, 경제적으로는 풍요롭지만 자신의 적성에 맞지 않은 일을 할 때, 불행해진다. 그래서 모든 일자리에는 충분한 임금과 복지가 제공되는 사회적 제도가 뒷받침되어야 한다. 정리해보면, 모두가 지닌 정치적, 경제적, 학습적 본성을 일깨워서 시민 역량(aretē)을 키워주는 것이 시민 교육이라면, 각자가 지닌 특수한 자질을 발견하고 향상시켜서 직업 역량(technē)을 갖도록 하는 것은 직업 교육이다. 교육의 길은 교육을 받는 모든 인간이 우선적으로 본성과 자질을 활성화시켜 시민 역량과 직업 역량을 갖추도록 설계되어야 한다. 혁신적 포용국가의 한 축인 '창의적 학습사회'의 관점에서 보았을 때 각자 자신의 본성과 적성에 잘 맞아서 자신이 최고로 잘할 수 있는 일을 하도록 사회의 구성원을 조직화하는 것이 '정의'이다. 교육은 바로 이러한 정의를 실현한다. 사람과 더불어 정의를 실현하는 것이 정치라는 명제를 인정한다면, 교육은 사람을 길러내고 정의를 실현하는 최고의 길이다. 그래서 교육은 가장 위대한 정치이며, 정치의 수준은 교육의 수준을 넘지 못한다. 모든 아이를 서로 소통하고 협력하며 합의하는 좋은 시민으로 성장시켜야 하며, 창의적 해법으로 사회의 다양한 갈등 주체가 서로 포용하게 만드는 변증법적 리더십을 갖춘 현명한 리더를 길러내야 한다. 시민들이 상호주관적으로 포용하며 살아가는 혁신적 포용국가의 기초는 교육이다.

"인간은 교육을 통해 사람이 된다."

02
교육 현실의 진단

교육이 불평등을 야기하는 나라

우리의 교육은 과연 '교육이 가야 할 본래의 길'을 걸어왔는가? 인간의 세 가지 본성을 활성화시키는 시민 교육과 각자의 자질을 개발시키는 직업 교육을 실현해왔는가? 그동안 시민 교육은 시민의 덕목을 머리로 외우게 하는 데 그쳤다. 직업 교육도 개인의 자질과 적성을 활성화시키는 본질적 기능과 상관없이 돈 버는 직업인을 양성하는 과정이었다. 교육이 자본의 길을 따르면서 교육기관은 자본의 노예로 전락했다. 시민 교육의 핵심, 즉 정의와 염치에 따라 참여하고 협력하는 '정치적 본성'과 호기심에 따라 스스로 지식을 체계화하는 '지적인 본성'이 제대로 활성화되지 못한 것이다. 이제까지는 대학입시를 위한 암기 위주 주입식 교육이 주류였다. 그 결과, 우리는 시장이 반복적으로 추동하는 경쟁의 삶을 살아갈 뿐, 행복하지 않다. 사회적 갈등만 있을 뿐, 사회적 합의가 없다. 의심과 불안으로 살아갈 뿐, 사회적 신뢰와 연대가 없다.

우리의 교육은 '사람의 길'을 촉진하는 길을 걸어왔다고 볼 수 없다. 교육은 욕구 충족, 생존 본능, 출세주의, 부의 축적, 학벌주의 등으로 점철된 경제적 본성만을 자극하는 시장의 논리에 지배되어 기형적으로 전개되었다. 국가가 시장 논리에 지배되면 사회 양극화가 심해지는 것처럼, 교육도 시장 논리를 따랐기 때문에 사회적 불평등을 양산하는 매개체가 되어버렸다. '소득 격차'가 '교육 격차'를 낳고, '교육 격차'가 '사회적 불평등'을 낳는 것이다. 게다가 소득 격차를 완충하는 복지 체제가 잘 갖추어지지 않아서 사회적 불평등이 심화되고 있는 상황이다.

사회적 불평등은 교육을 통해 재생산된다. 우리나라 학생들 사이의 교육 격차는 두 가지 변수에 의한 것이다. 하나는 부모의 지갑 두께이며, 다른 하나는 정부 부담 공교육비다. 정부의 공교육비 부담이 감소하면서 공교육은 정상 궤도를 이탈한 상태이며, 공교육을 신뢰하지 못하는 학부모는 사교육에 아이를 맡기고 있는 상황이다. 즉, 신뢰받지 못하는 공교육 시스템 안에서 부모의 능력에 따른 사교육의 정도가 교육 격차를 만들어내는 셈이다. 교육은 고임금의 상위 직종에 진입할 수 있는 통로다. 상위권 대학에 진학할 경우 노동시장의 보상이 확실하다. 대학입시를 위한, 즉 경쟁에서 앞서기 위한 사교육을 받아 좋은 대학에 진학하고 좋은 직장을 구하면 그것이 다시 소득 격차와 사회적 불평등으로 이어진다.

▌부모가 공교육비를 부담하는 나라

2016년에 발표된 OECD 지표에 따르면, 우리나라에서 공교육비는 학부모의 민간 재원에 의존하는 정도가 높다. 반면, 공교육비 정부 부담 재원 비중이 낮다. 2013년 'GDP 대비 공교육비 교육예산'은 OECD 35개국 중에서 8위로 높은 편이지만, 학부모가 부담하는 '민간 부담 공교육비'는 3위다. 〈표 4-1〉에서 보는 바와 같이 '정부 부담 공교육비'가 GDP 대비 4.0%로 OECD 평균 4.5%보다 낮다. 공교육비에서 민간 부담 공교육비는 GDP 대비 1.9%로 OECD 평균 0.7%보다 2.7배나 높다. 학부모가 공교육에 많은 재정적 부담을 지고 있는 것이다.

GDP 대비 공교육비(4.0%)를 '공교육비 정부 재원 부담률'로 환산해보면 68%밖에 되지 않는다. 핀란드는 공교육비 정부 재원 부담률이 98%로, 핀란드에 비하면 턱없이 낮은 수준이다. OECD 평균인 87%와 비교했을 때에도 낮다. '공교육비 민간 재원 부담률'은 OECD 평균 13%이지만 우리나라는 32%로 매우 높다. 특히, 고등교육 단계에서 민간 재원 부담률이 OECD 평균보다 확연히 높다는 것을 알 수 있다. 공교육비 정부 재원 부담률이 낮다는 사실은 '정부 총지출 대비 교육 예산'에서도 확인된다. 국회예산정책처 2017년 3월 자료에 따르

〈표 4-1〉 GDP 대비 교육 단계별 공교육비 구성

(단위: %)

2013년 (2016년)	전체 교육 단계			초·중등교육 단계			고등교육 단계		
	계	정부 부담	민간 부담	계	정부 부담	민간 부담	계	정부 부담	민간 부담
한국	5.9	4.0	1.9	3.6	초 1.3 중 0.8 고 0.9	초 0.1 중 0.1 고 0.3	2.3	0.9	1.3
OECD 평균	5.2	4.5	0.7	3.7	초 1.4 중 0.9 고 1.1	초 0.1 중 0.1 고 0.2	1.6	1.1	0.5

주 1) 2016년에 발표된 2013년 통계, 2013년도 GDP는 1,429조 원임
2) GDP 대비 공교육비 산출식=(정부 부담 금액+민간 부담 금액)/GDP*100
3) 공교육비: 학교교육(유치원에서 대학교까지)에 투입되는 모든 비용
4) 정부 부담: 정부 및 지자체 부담 금액, 민간 부담: 학부모 및 법인 부담 금액

출처 : OECD, Education at a Glance(2016)

면, 정부 총지출 대비 교육 예산은 2012년 14%(정부 총지출 325조 원 중 교육 예산 45조 원)에서 2016년 13.8%(정부 총지출 386조 원 중 교육 예산 53조 원)로 감소했다.

우리나라에서 공교육에 들어가는 전체 비용이 6이라고 하면, 6의 3분의 1에 해당하는 2만큼을 학부모가 부담한다. 예컨대, 2015년 결산 기준으로 초중고의 공교육에서 학부모가 학교에 납부하는 학부모 부담 경비(현장학습비, 수련활동비, 학교 급식비, 기숙사비, 수준별 보충학습비, 특기 적성 활동비 등)는 4조 3,000억 원이었다(교복비 불포함). 나아가 정부가 대학 교육을 부모의 지갑에 의존한다는 점은 훨씬 심각하다. 2013년 GDP 대비 2.3%인 고등교육비에서 민간 부담이 1.3%였다. 부모가 자녀의 대학교육에 11조 원을 부담했던 셈이다. 그래서 우리나라의 공교육은 국가가 책임지는 '공적 영역'이 아니다. 공교육도 '사적 영역'으로 떠미는 나라인 것이다. 이는 헌법 31조의 정신에도 부합되지 않는다. "누구나 교육받을 권리"를 학부모의 책임으로 전가하고 있기 때문이다. 교육 선진국인 핀란드, 독일, 스위스에서 교육은 국가의 책임이다. 유아부터 대학 교육까지 국가가 책임진다. 국가의 가장 중요한 역할이기 때문이다. 따라서 공교육 예산을 GDP 대비 최소 1% 추가 확보하여 공교육을 책임져야 한다.

❙ 사교육이 삶의 질을 떨어뜨리는 나라

2017년 3월 14일, 교육부와 통계청이 발표한 '2016년 초중고교 사교육비 조사'에 따르면(〈그림 4-1〉), 2016년에 '학생 1인당 월 평균 사교육비'는 25만 6,000원이었다. 지난 10년간 학생 수가 감소했지만, 사교육비는 2007년 22만 2,000원에서 2016년 25만 6,000원으로 증가했다. '사교육비 총액'도 마찬가지다. 초·중·고 학생 수가 2015년 608만 명에서 2016년 588만 명으로 3.4% 감소했지만, 사교육비는 17조 8천억 원에서 18조 1천억 원으로 1.3% 증가했다. 18조 원이면 2016년 GDP 대비 1.2%에 해당한다. 어떤 나라의 학부모가 GDP의 1.2%를 사교육에 투자할까? 그런데 이것은 공식적 통계에 불과하다. 현실은 더 심각하다.

사실, 교육부와 통계청의 조사는 사교육비 실태를 정확히 반영하지 않는다. 우선 교육부는 사교육을 받지 않은 학생들까지 통계의 범주에 포함시킨다. 따라서 사교육을 받는 학생들의 사교육비는 교육부 통계치보다 높을 수밖에 없다. 실제로 2016년 사교육을 받는 학생들만

〈그림 4-1〉 학교급별 사교육비

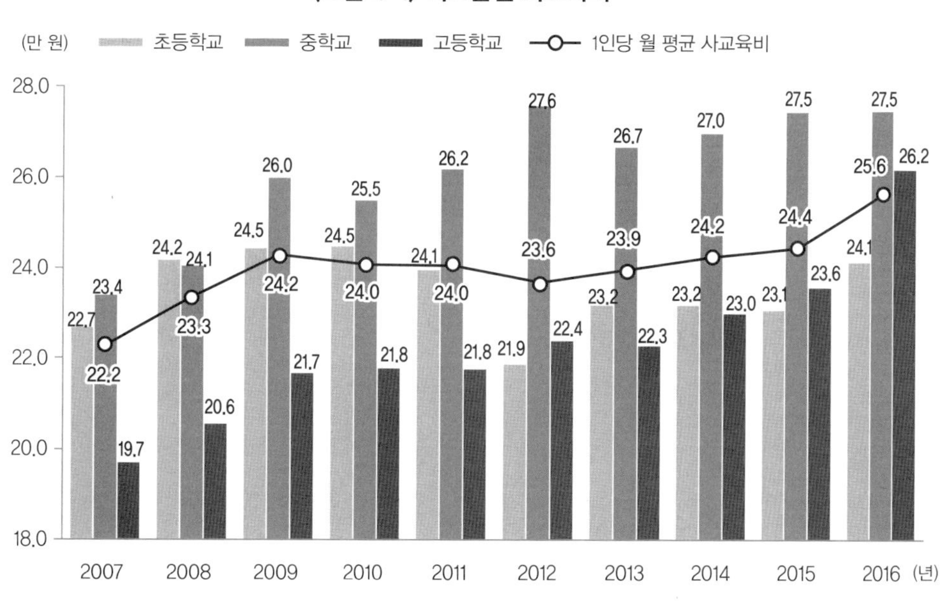

출처: 교육부·통계청, 「초·중·고 사교육비 조사」(2016)

〈그림 4-2〉 소득 수준별 1인당 월평균 사교육비와 사교육 참여율

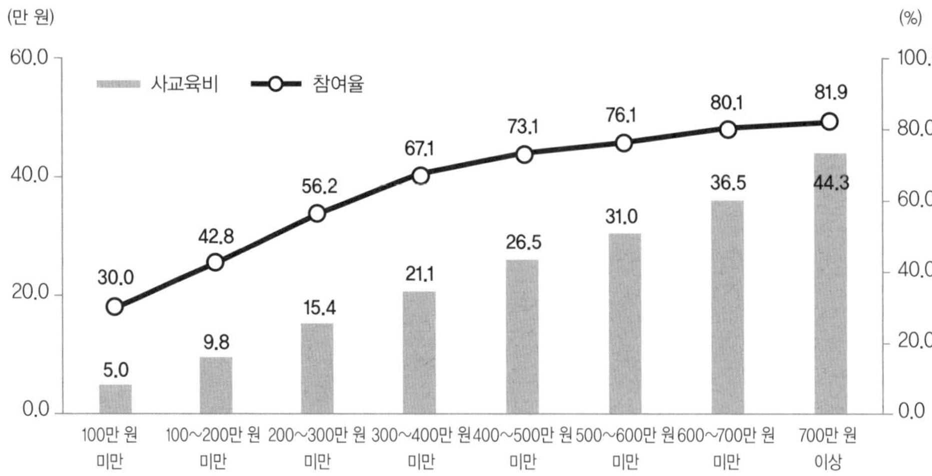

출처: 교육부·통계청, 「초·중·고 사교육비 조사」(2016)

을 대상으로 한 1인당 월 평균 사교육비는 37만 8,000원이었다. 게다가 교육부의 조사는 편의에 따라 상당한 부분을 누락시켰다. EBS 교재 구입비, 방과후학교 비용, 어학연수비, 유학비, 과외비 등은 사교육 통계에 반영되지 않는다. 이러한 사교육 실태를 반영하여 한국교육개발원은 연간 사교육비 총액을 30조 원으로 본다. KDI는 이보다 더 많게 33조 원으로 보며, 학원가에서는 40조 원 수준으로 추산한다. 연간 40조 원의 사교육비 총액은 23년 전 1993년 정부 예산(38조 원)보다 큰 규모이며, 2016년 우리나라 GDP인 1,599조 원 대비 2.5%에 해당한다.

모든 학부모가 연간 18조 원에서 40조 원에 이르는 사교육비를 균등하게 지출한 것은 아니다. 사교육비는 소득 수준별로 현격한 차이를 보인다. 교육부 통계에 입각한 〈그림 4-2〉는 소득 수준별 사교육비와 참여율 격차가 현격히 벌어지고 있음을 보여준다. 소득 수준 최상위 가구와 최하위 가구의 사교육비 격차가 44.3만 원과 5만 원으로 9.8배나 차이나며, 사교육 참여율도 81.9%과 30%로 현격한 차이가 있다. 이는 사교육에서 양극화 현상이 심각하다는 뜻이다. 즉, 부모의 소득 격차가 자녀의 교육 격차로 고스란히 이어지고, 교육 격차는 대학 격차로 연결되며, 좋은 대학을 나온 학벌은 다시 소득 격차로 귀결된다. 이러한 방식으로 사회적 불평등은 심화된다. 사교육은 중산층 이상의 자녀에게는 '계층 유지의 사다리'이지만, 중산층 이하

의 자녀에게는 올라갈 수 없는 '선망의 사다리'일 수밖에 없다.

2016년 8월 15일 YTN 염혜원 기자의 보도에 따르면, 우리나라 중산층은 소득이 줄어도 교육비를 좀처럼 줄이지 않는다. 자식이 잘되기를 바라기 때문이다. 소득이 줄면 교육비를 줄이는 것이 자연스럽다. 중산층 월평균 수입이 약 350만 원 정도인데, 중산층은 식료품 구입비, 문화 비용, 보건 비용 등은 줄이더라도 자식의 장래 때문에 교육비는 유지한다. 〈그림 4-2〉는 중상층 이상의 70%가 사교육에 참여하고 있음을 보여준다. 중산층 이하는 사교육 참여율도 낮다. 먹고사는 것이 우선이기 때문이다. 하지만 중산층 이상은 먹는 것, 입는 것, 여행하는 것을 줄이면서 자식의 대학입시 경쟁력을 높이기 위해 사교육에 투자한다. 사교육은 자식이 중산층은 유지하길 바라는 부모의 처절한 몸부림인 셈이다.

부모가 마땅히 누려야 할 삶의 질을 희생하면서까지 유지하는 사교육은 비윤리적이다. 저성장 시대에 정체된 임금으로 주거 비용과 고정 생활비에 더해 사교육까지 부담하려면 중산층 가정에는 상당한 희생이 따른다. 삶에 여유가 없다. 아이 하나를 키우는데도 힘든 중산층에게 아이 둘은 언감생심이다. 사교육으로 인한 고통은 신혼부부가 아이를 갖지 않는 중요한 이유가 되었다. 그런데 부모가 고통을 감내하면서까지 아이를 사교육으로 몰아가는 이유는 무엇일까? 학교에서 돌아온 아이를 곧바로 학원으로 떠미는 것은 비교육적이다. 경쟁을 위한 사교육은 아이가 배움의 즐거움을 느낄 수 있는 기회를 박탈하기 때문이다.

사교육은 학벌 사회, 부모의 인식, 학원가의 겁주기 전략이 빚어낸 합작품이다. 부모는 아이가 학교 성적을 잘 받아야 성공할 수 있다고 생각한다. 학교는 학생을 줄 세워 평가하고, 학원은 학교 평가를 잘 받기 위한 방법을 제공한다. 사교육은 점수를 잘 받기 위한, 즉 점수라는 목표에 도달하기 위한 수단이다. 공교육과 사교육의 역할 분담으로 아이는 시계추처럼 공교육과 사교육을 오간다. 학원가는 불안을 부추긴다. SKY 대학이 지배하는 차별과 불평등의 학벌 사회에서 아이가 좋은 대학에 진학하지 못하면 '패배자'가 될 것이라며 겁을 준다. 부모는 아이가 패배자가 되는 것이 두려워 학원에 보낸다.

사교육은 두려움의 덫이다. '사교육의 역설'은 이 덫에서 시작된다. 사교육은 돈과 노력을 허비하는 것을 넘어 아이 스스로 공부하는 방법을 잊어버리게 하고 공부하고 싶은 마음까지 앗

아버린다. 사교육에 길들여진 아이는 대학에 가도 자기가 하고 싶은 일을 알지 못해 방황한다. 스스로 학습할 수 없어서 학점을 잘 받기 위해 다시 학원을 다니기도 한다. 더 나아가 사교육은 아이에게 협력보다는 경쟁을 내면화시켜 시장의 성과주의나 능력주의의 노예가 되게 한다. 부모도 사교육비 충당을 위해 장시간 노동을 해야 한다. 사교육은 사람의 길을 차단한다.

▍성적이 아니라 학습이 필요한 나라

공부를 잘해야 '좋은 삶'을 살 수 있다는 부모의 믿음은 종교에 가깝다. 그 믿음이 요즘 시대에 꼭 실현된다고는 볼 수 없다. 하지만 이런 믿음이 '엄마'의 모성애와 결합되면 강력한 추동력을 얻는다. '엄마'는 자신의 욕망을 담아 자식의 생애를 설계한다. '엄마'는 아이가 공부를 통해 성공 신화의 길을 걷기를 기대한다. 공부를 잘해야 좋은 대학에 가고, 좋은 대학을 가야 좋은 직장, 좋은 평판, 좋은 혼인, 좋은 주거가 보장된다고 생각한다. 그래서 '엄마'는 생활비를 아끼며 기꺼이 아이의 사교육에 '묻지 마 투자'를 실행한다. 하지만 이러한 '묻지 마 투자'가 아이와 엄마를 행복으로 이끄는지 성찰해야 한다. 나아가 이미 우리가 직면한 위험 사회와 4차 산업혁명의 시대에도 공부를 잘해야 '좋은 삶'을 살아갈 수 있는지 고려해야 한다.

공부를 잘하는 학생은 학교 성적이 우수하다. 우리나라에서 공부를 잘한다는 것은 정확히 말하면 암기를 잘해서 선다형 문제를 잘 푸는 것을 의미한다. 암기 위주의 공부를 잘하면 좋은 대학에 진학한다. 학생에게는 엄청난 반복 훈련으로 시험문제의 패턴을 암기하고 신속하고 정확하게 답을 찾는 능력이 요구된다. 공교육과 사교육은 이러한 공부 능력을 극대화시켜주는 과정일 뿐이다. 대학 전형 중 하나인 수능 전형은 이러한 공부 방식에 최적화된 시험 형태다. 그런데 과연 이러한 방식으로 공부를 잘해서 시험을 잘 보는 아이가 디지털 시대에서 요청되는 미래 역량을 갖추고 '좋은 삶'을 살 수 있을까?

조지프 스티글리츠의 『창조적 학습사회』(2016)에서 말하듯, 우리는 그동안 선진국을 "따라잡기 위한" 공부를 해왔다. 스티글리츠에 따르면, "한국은 일본이 추진했던 정책을 배워 선진국과의 격차를 줄일 수 있었다". '수학능력평가시험(수능)'이라는 최고의 암기 테스트 시험 체

〈그림 4-3〉 국제성인역량조사(PIAAC)에서 한국인의 역량(2016년)

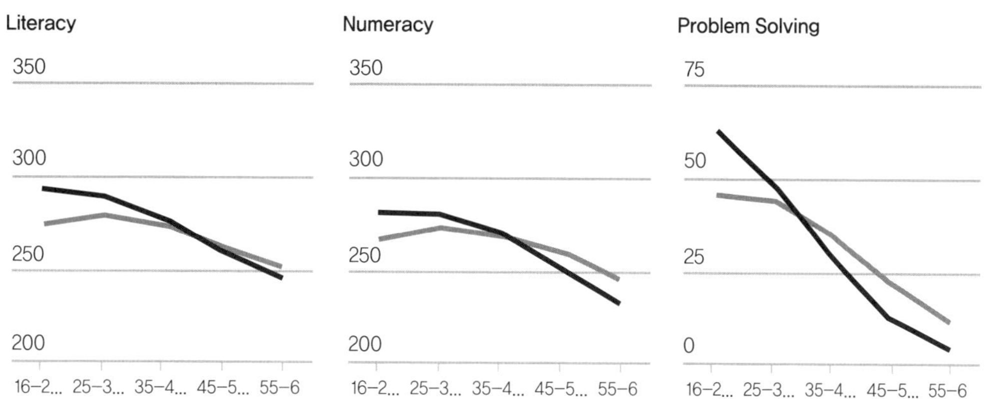

주 1) 진한 곡선: 한국, 연한 곡선: OECD 평균

출처: http://www.oecd.org/skills/piaac/skills-matter-9789264258051-en.htm(2017.3.25)
(Whst's New: Skills Matters: Further Results from the Survey of Adults Skills)

제를 개발했다는 것은 우리가 선진국의 지식을 따라잡기 위한 공부에 집중해왔다는 사실을 증명한다. 교육은 과거의 압축성장 시대에 최적화되어 있었다. 산업과 경제의 압축성장은 표준화된 제품을 빠르게 대량 생산하는 것이 핵심이었다. 교육도 마찬가지였다. 주입식 교육의 목표는 표준화된 인력을 최대한 빨리 배출하는 것이었다. 학생의 머리에 다량의 지식을 주입하고 잘 외웠는지 시험을 보며 그 성적으로 줄을 세운다.

스티글리츠가 주지하듯이, 이러한 암기 위주 공부 방식은 이제는 쓸모가 없다. 인터넷으로 순식간에 정보와 지식에 접근할 수 있기 때문이다. 지식과 정보를 고통스럽게 뇌에 주입할 필요가 없다. 미래에 필요한 능력은 인터넷에 퍼진 수많은 정보의 적절성을 판단하고 정보와 정보를 연결하여 체계적으로 종합하고 융합해내는 학습 역량이다. 미래의 삶에서는 학교에서 공부했던 지식만으로 살아갈 수 없다. 평생학습을 해야 한다. 살아가는 동안 정보의 바다에서 자신에게 필요한 것을 스스로 학습할 수 있어야 한다. 미래의 학교는 지식을 암기해서 시험 보는 장소가 아니라 "학습하는 법을 배우는" 학습 역량을 길러주는 장소가 되어야 한다.

주입식 교육과 그 부산물인 사교육은 사라져야 한다. 과거의 교육 방식을 유지하기 위해 매년 공교육과 사교육에 70~90조 원의 재원을 낭비할 필요가 없다. 번지수를 잘 짚어 투자해야 한다. 지금도 직장인은 10대에 배운 지식만으로 급변하는 디지털과 인공지능 시대를 헤쳐갈 수 없다. 지속적으로 학습해야 생존할 수 있는 사회가 도래하고 있다. 정해진 틀에서 정답을 잘 찾는 경쟁적 사교육을 받고 스펙만 쌓아온 사람은 어디에서도 환영받지 못할 것이다. 타인에 대한 공감 능력과 배려심이 없으니, 팀워크를 잘해낼 수 없기 때문이다. 과도한 사교육에 시달린 아이는 학습 에너지가 완전히 소진되어서 대학에 진학해도 스스로 학습하지 않는다. 사교육의 덫에 걸려 스스로 즐겁게 학습하는 법을 배우지 못했기 때문이다. 정작 자발적 학습이 중요해지는 성인 시기에는 학습 역량이 발휘되지 않는 것이다. 이러한 우리 교육의 현실은 〈그림 4-3〉의 국제 성인 역량 조사(PIAAC)에서 잘 드러난다.

한국인의 문해력(literacy), 수리력(numeracy), 문제 해결(problem solving)을 살펴보면, 10대에는 세 가지 역량이 모두 세계 최고 수준이지만 20대 초반부터 급격하게 하락하고 40대부터는 OECD 평균보다 낮아진다. 대학입시에 모든 것이 집중된 한국 교육이 낳은 슬픈 현실이다. 사교육의 덫이 추동하는 점수 경쟁에서 '10대 집중형 공부'를 해왔기 때문에 대학에 진학한 이후로는 학습 의욕을 잃어버린 것이다. 대학 진학 이후 새로운 것을 배우려는 내적 동기가 사라져서 더 이상 배우고 싶지 않은 것이다. 취업 이후에는 더 심각하다. 새로운 것에 호기심을 갖고 끊임없이 학습해야 하는데도, 지속적으로 스스로 배우는 학습 역량이 없어서 나이가 들수록 문해력, 수리력, 문제 해결 능력이 급격하게 감소한다. 이런 상황은 〈그림 4-4〉의 한국인의 학습 태도 비교에서도 나타난다.

학습 태도는 학습을 촉진하는 인지적, 정의적, 행동적 특성이다. 한국직업능력개발원이 2016년에 작성한 KRIVET Issue Brief 98호에 따르면 학습 태도는 "새로운 아이디어를 듣거나 읽으면 이를 적용할 수 있는 실제 상황을 떠올려보는 태도, 새로운 것을 배우기 좋아하는 태도, 새로운 것을 접하는 경우 이미 알고 있는 것과 관련지으려는 태도, 어려운 문제를 속속들이 파헤쳐 이해하는 것을 좋아하는 태도, 서로 다른 아이디어가 어떻게 연결되는지 파악하는 것을 좋아하는 태도, 어떤 일이 잘 이해가 되지 않으면 이를 더 잘 이해하기 위해 추가적인 정보는 찾는 태도" 등을 가리킨다. 16~24세 성인의 학습 태도는 23개국 중에서 22위이며, 55~65세 성인은 최하위다. 이 조사는 지속적으로 배우는 학습 역량과 밀접하게 관련된 청년

〈그림 4-4〉 한국인의 학습 태도 국제 비교(2016년)

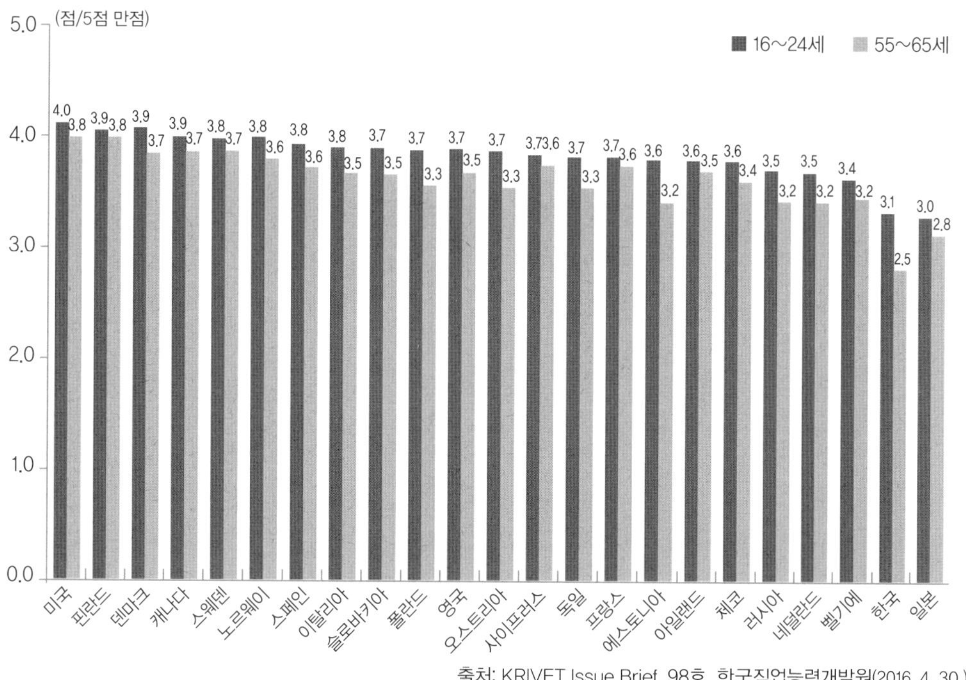

출처: KRIVET Issue Brief, 98호, 한국직업능력개발원(2016. 4. 30.)

의 학습 태도가 다른 나라와 비교해보았을 때 최하위 수준임을 보여준다. 이러한 학습 태도의 역주행은 현재의 교육 방식이 혁신되어야 하는 근본적인 이유다.

공부만 잘하는 소수의 아이를 길러내는 교육은 4차 산업혁명의 시대에 걸맞지 않다. 다수의 아이를 패배자로 만드는 교육 방식에는 미래가 없다. 첫째, 그러한 교육 방식이 호기심에 기초하여 평생 동안 지속되어야 할 자기주도적 학습 역량을 길러주지 않기 때문이다. 점수 경쟁으로 줄 세워진 우열의 교육 질서에서 형성된 학습 곡선은 지속가능하게 유지되지 않는다. 둘째, 그러한 교육 방식이 아이에게 건강한 자기 개념을 형성시켜주지 않기 때문이다. 사람은 각자 자신이 어떤 사람이라는 '자기 개념'을 가지고 있다. 점수로 서열화된 교육 체계가 지배하는 경쟁적 사회에서 다수는 공부를 못했다고 평생 열등한 자기 개념을 가지게 되고, 소수는 공부를 잘했다고 평생 오만한 자기 개념을 가지게 된다. 하지만 공부를 잘했던 우월한 소수도 스스로 더 나은 것을 배우고 익히는 학습 역량을 잃어버리는 데다 도덕성도 빈약하다. 그러한 소수가 사회의 지도자가 되었을 때 그 사회의 모습이 참담하다는 것을 박근혜 전 대통령의 반헌법적 통치 행위와 우병우, 김기춘, 조윤선의 오만한 행태에서 잘 볼 수 있었다.

미래 사회에서는 한 명 한 명의 아이가 소중하다. "모든 아이는 우리 모두의 아이다." 아이가 건강한 자기 개념을 가질 수 있도록 길러내야 하고, 아이의 재능을 찾아내어 길러주어야 한다. 정답 찾기를 잘하는 것은 하나의 재능일 뿐이다. 각 아이에게는 각각의 재능이 있다. 4차 산업혁명의 시대에는 독특한 재능이 경제적 가치를 만들어낸다. 누가, 언제, 어떤 능력을 발휘할지 알 수 없다. 공부 못하는 아이를 낙오자로 만들지 않는 교육이 필요하다. 사교육도 4차 산업혁명의 시대에 맞지 않다. 사교육은 자율성에서 나오는 창의적 사고력, 학습 태도, 평생학습 역량을 앗아가기 때문이다. 부모가 사교육을 하지 않아도 모든 아이에게 미래 역량을 길러주는 공교육 시스템을 구축하는 것이 교육혁신의 기본 방향이 되어야 한다.

03
현재와 미래를 위한 교육혁신

❙ 교육 정책의 기조 – 모든 아이는 우리 모두의 아이

아이는 사회의 거울이다. 사회의 모습이 그대로 아이의 삶에 투영되고, 아이의 모습에서 미래 사회의 모습을 볼 수 있다. 아이는 우리의 욕망과 희망이 투영된 우리의 아이이다. 또한 부모의 욕망과 희망이 투영된 부모의 아이이다. 부모의 아이로 길러진 한 아이, 한 아이가 모여 모든 아이가 되고, 모든 아이는 우리가 현재 어떤 삶을 살고 있는지, 앞으로 어떤 삶을 살게 될지 보여준다. 아이가 불행하다면 우리 모두가 불행하다. 〈그림 4-5〉에서 보듯이, 아이는 숙제, 시험, 성적 때문에 과도한 스트레스를 받는다. 우리 아이의 삶의 만족도는 OECD 회원국 중 최하위다. 2016년 기준으로 초중고생의 10명 중 7명(68.8%)이 학원, 과외, 학습지 등 사교육을 받는다. 초등학생은 10명 중에 8명(80.7%)이 사교육에 시달린다(《한국일보》, 2016. 5. 5.). 사교육으로 인해 아이는 놀 시간이 없다. 그렇다고 음악, 운동 등 취미 생활이나 여가 활동을 하는 것도 아니다. 아이의 모습은 부모의 모습과 비슷하다. 2016년 OECD '더 나은 삶 지수(Better Life Index)'에 따르면, 국민의 '삶의 만족도'는 OECD 회원국 중에서 28위로 하위권이다.

아동의 '삶의 만족도'와 국민의 '삶의 만족도'는 별반 다르지 않다. 모든 아이는 우리 모두의 아이이기 때문이다. 교육혁신은 부모의 삶과 아이의 삶이 연동되어 있다는 인식에서 출발해

〈그림 4-5〉 한국 아동의 삶의 만족도

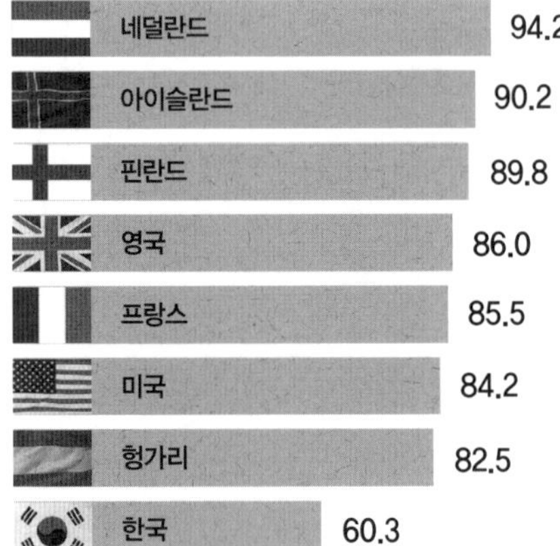

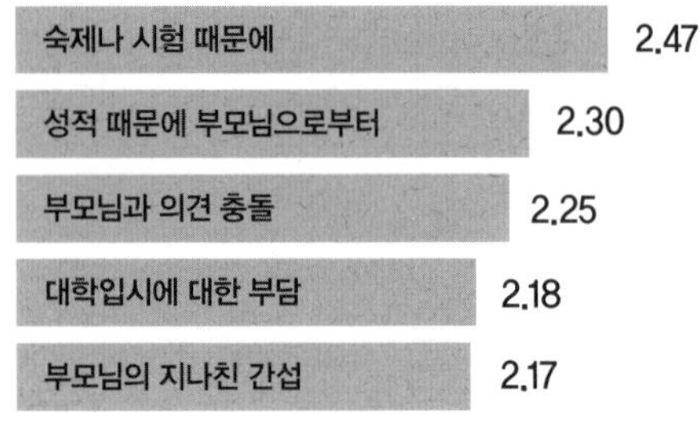

출처: 한국 아동, 삶의 만족도 OECD 꼴지, 한국일보(2016. 5. 5.)

야 한다. 부모의 삶이 행복할 때, 아이의 삶도 행복하다. 아이의 삶이 행복할 때, 부모의 삶도 행복하다. 아이가 자신이 살아가는 삶에서 의미를 찾으며 즐겁게 배울 수 있을 때, 부모도 자신의 삶에 만족할 수 있다. 각각의 부모가 자신의 삶이 좋다고 느낄 때, 각각의 아이도 행복한 아이로 성장할 수 있다. 이러한 맥락에서 아이를 위한 교육혁신은 부모를 위한 사회 혁신과 연동될 수밖에 없다. 복지, 고용, 안전이라는 측면에서 부모가 행복할 수 있는 사회를 만드는 것과 동시에, 모든 아이에게 정성껏 미래 역량을 길러주는 교육이 시행되어야 한다. "모든 아이는 우리 모두의 아이"라는 기조에는 공동체적 입장에서 모든 아이에게 미래 역량을 제공하기 위해 모두가 연대하고 책임진다는 의미가 담겨 있다. 그 연대와 책임의 중심에는 재원과 정책을 마련하고 시행하는 국가가 있어야 한다.

특히, "모든 아이는 우리 모두의 아이"라는 교육 정책 기조는 부모의 적극적 참여와 협조가 필요하다. 부모는 사교육이 자신의 삶과 아이의 삶을 얼마나 파괴하고 있는지 인식해야 한다. 사교육에 대한 '인식 전환'을 위해 학교가 교사, 전문가, 학부모, 학생이 참여하는 워크숍을 의무적으로 개최하도록 하는 정책을 실시할 필요가 있다. 나아가 교육에 대한 부모의 요구가 초등학교, 중학교, 고등학교의 교육 과정에 반영될 수 있는 통로를 구축해야 한다. 교육은 '사적 영역'이 아니라 '공적 영역'에서 논의되고 해결되어야 한다. 교육비가 '사적 영역'인 부모의 부담으로 전가되는 악순환을 극복해야 한다. 부모의 사교육에 대한 인식의 전환을 유도하는 부모 교육을 실시하고, 부모와의 소통 구조를 강화하며, 소통을 통해 부모의 자녀 교육에 대한 다양한 욕구가 공교육에서 담기도록 혁신 교육을 확대해야 한다.

▌정의를 실현하는 교육, 미래를 준비하는 교육

교육혁신이 "모든 아이는 우리 모두의 아이"라는 기조로 추진될 때, 교육은 정의를 실현한다. "각자에게 각자의 몫을 주는 것"이 보편적 의미의 정의다. 각자는 타고난 잠재력(가능성)으로서 다른 사람과의 '같음'과 '다름'을 지닌다. 인간의 본성이 같고, 개인의 자질이 다르다. 아이는 모두 인간 본연의 본성을 지니고 있는 동시에 각자 개별적 자질과 적성을 지니고 있다. 교육은 바로 각자에게 각자가 지닌 같음과 다름을 활성화시켜 각자의 몫을 하도록 해주는 것이다. 그래서 교육은 두 축으로 구분된다. 하나는 본성으로서의 '같음'을 활성화시켜주는 시민 교육이며, 다른 하나는 자질로서의 '다름'을 활성화시켜주는 직업 교육이다. 〈그림 4-6〉에 정리되어 있는 것처럼, 시민 교육은 모든 아이가 지닌 정치적, 경제적, 지적인 본성을 활성화시켜 시민 역량(사회 역량, 윤리 역량, 학습 역량)을 지닐 수 있도록 한다. 반면, 직업 교육은 모든 아이가 재능과 적성을 발견하고 활성화시켜 직업 역량을 가질 수 있도록 한다. 우리의 연대와 책임으로, 즉 국가 책임의 혁신교육으로 모든 아이가 유치원(어린이집), 초등학교, 중학교, 고등학교, 대학교의 과정에서 각자의 몫인 시민 역량과 직업 역량의 합인 미래 역량을 길러낼 때 교육은 정의를 실현하는 것이다.

모든 아이는 공교육이 제공하는 미래 역량으로 사회가 직면한 문제를 해결하고 미래에 다가올 도전에 응전할 수 있어야 한다. 우리는 위험 사회에서 살고 있다. 2014년 세월호 침몰은 위험 사회의 민낯을 그대로 보여주었다. 급속한 산업화의 부산물인 위험은 우리가 살아가는 공간에 상존한다. 압축적 성장은 수많은 위험을 양산했다. 삶의 질과 관련된 공기, 물, 토양이 오염되었다. 저성장으로 인한 일자리 부족, 저출산으로 인한 인구절벽, 안전한 먹거리의 부재,

〈그림 4-6〉 미래 역량=시민 역량+직업 역량

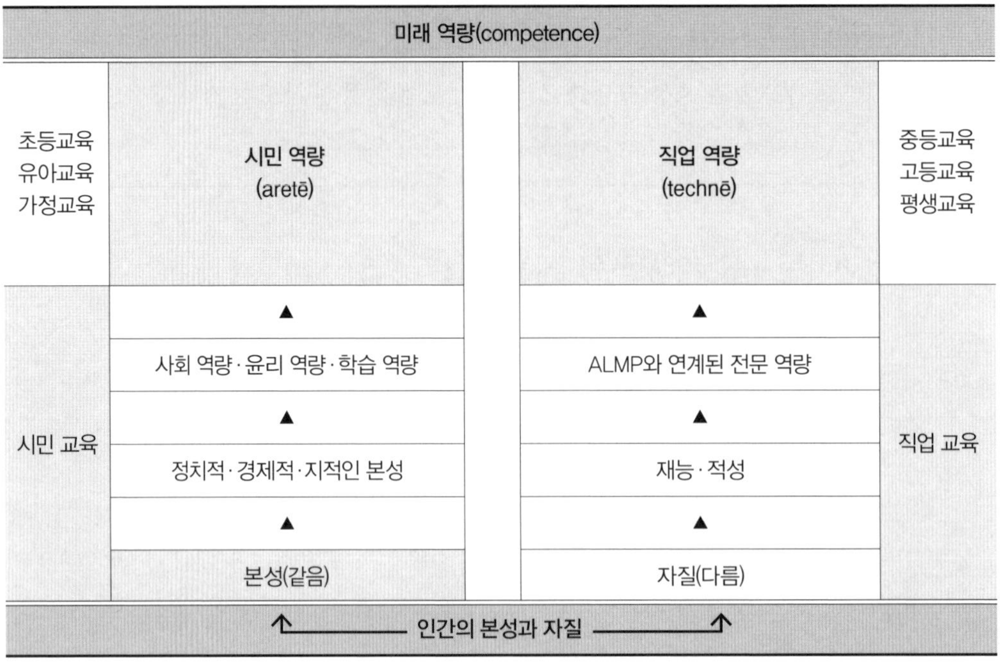

미래 역량(competence)			
초등교육 유아교육 가정교육	**시민 역량** (aretē)	**직업 역량** (technē)	중등교육 고등교육 평생교육
시민 교육	▲	▲	직업 교육
	사회 역량 · 윤리 역량 · 학습 역량	ALMP와 연계된 전문 역량	
	▲	▲	
	정치적 · 경제적 · 지적인 본성	재능 · 적성	
	▲	▲	
	본성(같음)	자질(다름)	
↑——— 인간의 본성과 자질 ———↑			

주 1) 사회 역량: 타자와 공감하면서 소통, 성찰, 참여, 협력할 수 있는 역량
2) 윤리 역량: 양심과 도덕에 따라 자신을 통제하며 욕구 · 욕망을 충족시킬 수 있는 역량
3) 학습 역량: 호기심에 따라 자유롭게 탐색하고 학습하며 지속적으로 지식을 체계화하는 역량
4) 직업 역량: 자신의 전문 분야에서 상상력을 발휘하여 창의적 융합을 극대화하는 역량
5) ALMP(Active Labour Market Policies): 수요자 중심의 적극적 고용시장 정책

원전 등 우리에게는 이러한 위험을 관리할 역량이 필요하다. 교육을 통한 시민 역량과 직업 역량의 활성화로 앞으로 일어날 수 있는 위험을 관리해야 한다. 나아가 그동안 축적된 제조업에 ICT, IoT, AI가 융합되는 4차 산업혁명의 시대가 오고 있는 만큼, 지속적으로 배울 수 있는 학습 역량이 필요하다. 일자리 지형이 급격히 변하고, 노동권과 같은 인간의 기본권을 위협하는 위험과 불확실성이 존재한다. 여전히 위험 사회와 불안 사회의 패턴이 상존하는 것이다. 교육이 모든 아이를 미래 역량을 가진 사람, 즉 학습적, 성찰적, 창의적, 협력적 사람으로 길러내어야 사람의 길이 펼쳐지는 미래를 준비할 수 있다.

❙ 교실 풍경을 바꾸는 교육혁신

시민 역량과 직업 역량으로 구성된 아이의 미래 역량은 우선 초·중·고의 단계별 교육 과정에서 길러져야 하며, 고등교육의 단계인 대학교에서 더욱 탁월한 역량으로 다듬어지도록 한다. 초등교육의 내용과 방식은 아이의 시민 역량이 활성화될 수 있도록 구성되어야 한다. 아이의 성장 발달에 맞추어 적절한 속도로 '사회 역량, 윤리 역량, 학습 역량'이 습득될 수 있도록 한다. 중등교육은 아이의 '시민 역량'을 더 높은 차원으로 발달시키는 동시에, 아이 스스로 재능과 적성을 발견하여 자신의 '직업 역량'을 활성화시킬 수 있도록 한다. 직업 역량이 활성화할 수 있는 기간으로서 자유학기제를 중학교와 고등학교에서 각각 한 번씩 제공한다. 아이가 '두 번의 자유학기제'를 통해 자신이 하고 싶은 것과 잘할 수 있는 것을 찾는다면 스스로 학습하게 될 것이다. 지금까지는 아이가 학교에 맞춰 공부했다면, 앞으로는 학교가 아이에 맞추어야 한다. 학교는 아이가 호기심에 따라 자유롭게 배울 수 있는 학습 역량을 키우는 장소가 되어야 한다.

1. 초등교육 혁신: 호기심, 놀이, 협력, 대화 중심의 성장 발달 활동 수업

아이의 성장 발달 측면에서 초등교육은 '마음과 몸'으로 배우면서 향후 '머리'로 배우는 중등교육을 준비하는 과정이다. 마음, 감정, 몸이 건강하게 성장하지 않으면 중등교육에서 머리로 학습하는 것이 어렵다. 초등교육의 문제점은 교육 과정이 주로 머리로 학습하도록 구성되어 있다는 데 있다. 첫째, 공부할 것이 너무 많다. 학습 분량을 과감히 줄이고, 호기심 기반 수업에 기초하여 음악, 미술, 활동을 쓰기, 읽기, 계산하기, 탐구하기와 융합할 수 있도록 교사에게 책임 수업권을 부여해야 한다. 아이가 호기심에 따라 질문하고 탐색하는 수업 방식이어야 아이가 스스로 배우는 학습 역량을 형성한다. 둘째, 현재 교실은 아이가 서로 공감하면서 소통과 협력을 경험하는 공간이 아니므로, 아이가 소통하고 참여해서 사회 역량을 기르는 협력 수업이 필요하다. 책상 배치를 서로 볼 수 있는 U자형으로 하는 것도 방법이다. 나아가 교사는 아이와 대화하면서 자연스러운 욕구·욕망이 올바름의 틀 안에서 추구되도록 지도해야 한다. 아이의 윤리 역량은 지속적 대화와 기다림을 통해 형성되기 때문이다. 향후 18세로 선거 연령을 낮추려면 초등생부터 사회 역량, 윤리 역량, 학습 역량을 포함한 시민 역량을 길러주어야 한다. 또한 고학년생을 중심으로 민주주의와 선거법에 대한 기초적 학습이 필요하다.

저학년을 중심으로 쉬는 시간 외에도 스스로 놀 수 있는 시간을 제공해주어야 한다. 아이는 놀이를 통해 자신이 무엇을 잘할 수 있는지 잠재적인 소질을 발견한다. 남과 어울려 사는 방법, 위기를 극복하는 법 등 살아가는 데 필요한 것도 배운다. 놀이는 아이의 시민 역량과 직업 역량을 자연스럽게 길러줄 수 있는 최고의 방법이다. 정부는 절대적으로 부족한 아이들의 놀이 시간과 공간을 확보할 수 있도록 정책적 지원을 아끼지 않아야 한다. 과학 교실을 놀이 교실로 변경하여 아이가 탐색할 수 있는 다양한 과학상자, 조립 도구, 실험 도구를 배치하고, 학교마다 음악 교실을 만들어 다양한 악기를 배우며 놀도록 해야 한다. 나아가 각 아이의 성장 발달 속도에 따라 1:1 맞춤형 성장 발달 시스템을 실시할 필요가 있다. 초등학교 아이의 기초학력 미달 비율이 18%에 이르고 있는 만큼, 기초학력 부진 학생에 대해 진단, 공유, 기록, 지원의 4단계 성장 발달 책임제를 운영해야 할 것이다. 그래야 기초학력 미달 학생의 학습권이 실현되어 상급 학교에서도 학습할 수 있게 된다. 학습 지원 전문 교사를 배치해서라도 한 명의 아이라도 낙오자가 없게 정성껏 교육해야 한다.

2. 중등교육 혁신: 교사별 평가, 고교학점제, 자유학기제, 고교평준화, 고교무상화

중등교육은 다섯 가지 방향에서 혁신을 추진해야 한다. 첫째, 중학교와 고등학교에서 학생 평가 방식이 바뀌어야 한다. 중학교에서는 절대평가에 기초한 교사별 평가를 도입하고, 고등학교에서는 학생의 성장과 발달을 고려해 공정한 기준에 의한 상대평가를 유지하며 교사별 평가를 실시한다. 둘째, 중학교와 고등학교에서 총 두 차례 자유학기제를 운영한다. 현재 중학교에서 실시하고 있는 자유학기제를 고등학교에 적용하여 학생이 자신의 적성을 재탐색할 수 있도록 한다. 셋째, 고등학교에서는 고교학점제를 실시한다. 대학처럼 학생이 자신이 배우고 싶은 과목을 선택해서 이수하도록 한다. 넷째, 선행학습이 없으면 따라가기 어려운 중학교와 고등학교의 교육 과정을 조정하고 학습 분량도 적정화되도록 한다. 다섯째, 고교 서열화를 해소하기 위해 일반고 중심으로 고교 유형을 개편하고 고교 교육의 무상화를 실현한다.

중학교의 절대평가에 기초한 교사별 평가에서, 교사는 우선 학생의 성장을 고려한 절대 기준(학업 성취의 목표치)을 설정한다. 교사는 자신이 수업하는 학급의 학생에 대해서만 가르친 내용에 대해 '성취(우수, 보통)'와 '미성취'로 평가한다. 이는 결과주의적 사고방식을 내면화시키면서 학생의 성장을 해치는 '일제식 평가'와는 다르다. 일제식 평가에서는 학급별로 가르치는 교사가 달라도 동일한 문항으로 모든 학생이 시험을 치른다. 이처럼 평가를 위한 평가에서는 획일화되고 표준화된 수업만 양산될 뿐이다. 교사별 평가가 도입되면, 교사는 학생이 참여할 수 있는 창의적이고 다양한 교육 과정을 개설할 수 있다. 한 학기가 소요되는 프로젝트 수업에서 과정 평가도 가능하고, 서술형 평가와 구술형 평가도 가능하다. 고등학교의 상대평가에 기초한 교사별 평가도 이와 비슷하지만, 학생의 학업 성취도에 대해 변별력을 확보할 수 있도록 엄정한 상대평가를 적용한다. 다만, 선다형의 객관식 시험 대신, 서술형 평가와 구술형 평가가 이루어지도록 한다. 학생이 즐겁게 성장하며 학습하고, 교사도 보람을 느끼는 교실 풍경이 만들어지면 학원가의 역할 감소로 사교육비도 감소할 것이다.

고등학교에서 교사별 평가는 고교학점제와 연계해서 실시되도록 한다. 고교학점제는 학생이 자신의 적성과 진로에 따라 수강할 과목을 선택할 수 있는 '학생 중심 개별 교육 과정'이다. 고교학점제를 운영하는 학교에서는 학급별로 반드시 이수해야 하는 필수과목이 있지만, 학생의 수요에 맞는 다양한 선택과목이 개설되도록 한다. 학생은 학업 수준과 지적 능력에 따라 교과목을 선택할 수 있어서 자신의 학습 역량을 발전시킬 수 있다. 교사별 평가를 통해 다양한 수업이 개설되면, 학생은 미래의 꿈과 관련하여 자신만의 교육 과정을 만들 수 있다. 나아가 특성화고, 마이스터고에도 고교학점제를 적용하여 학생이 현장에서 배우는 것을 학점으로 인정하며, 온라인 학습, 고등학교와 대학교 간의 AP(advenced Placement) 코스 등을 학점으로 인정한다. 고교학점제는 학생의 시민 역량과 직업 역량을 길러낼 수 있는 효과적인 제도다. 〈그림 4-7〉은 기존의 고교학년제와 고교학점제의 차이를 나타낸다.

초등학교와 중학교에서 사교육을 유발하고 교육 불평등을 심화시키는 고교 서열화와 관련하여, 외국어고(31개), 자율형 공립고(110개), 자율형 자사고(49개), 국제고(7개)는 단계적으로 일반고로 전환하도록 한다. 하지만 영재학교, 과학고, 체육고는 고유의 목적에 맞게 존치한

〈그림 4-7〉 고교학년제와 고교학점제 비교

구분	고교학년제	고교학점제
과목 선택	❖학습 속도 및 수준과 상관없이 해당 학년에서 제공하는 수업 수강 (고2 학생 → 전부 수1 선택) ❖탐구 및 제2외국어과목 정도만 선택	❖자신의 학습 속도에 맞는 수업 수강 (학생A→수1, 학생B→수2 선택) ❖필수과목을 제외한 나머지는 학생이 원하는 과목 선택(다양한 선택과목 제공)
이수 및 졸업	수강 —(합격/불합격)→ 이수 → 졸업 학습 결손 발생	수강 —합격→ 이수 → 졸업 수강 —불합격→ 재수강 —합격→ 이수 학습 결손 ☞ 재학습 기회 부여

다. 마이스터고는 특성화로 전환하고, 일반고-특성화고 체제로 단순화한다. 현재 전기와 후기로 진행되는 고입 전형 방식을 3단계 전형으로 변경한다. 1단계에서 특성화고를 선발하고, 2단계에서 일반고, 특목고를 동시에 선발하며, 3단계에서 각 단계에서 부족했던 인원을 충원한다. 이를 통해 고교 서열화가 해소되면 초등학교와 중학교에서 사교육은 자연스럽게 감소할 것이다. 나아가 일반고와 특성화를 중심으로 교사별 평가와 고교학점제가 정착되면 공교육의 수업 만족도가 높아진다. 그러면 고등학교에서도 사교육이 감소할 것이다. 마지막으로 고등학교의 자유학기제는 '자신이 누구인지, 무엇을 원하는지, 무엇을 잘하는지'를 모색하는 기회를 제공할 것이다. 자기 개념을 건강하게 만들며 스스로 학습할 수 있는 계기도 만들 수 있다. 자유학기제는 직업 역량과 학습 역량을 점검하는 두 번의 쉼표가 될 것이다.

3. 대학입시 혁신: 단기적으로 입시 전형 단순화, 장기적으로 학생부 전형으로 전환

대학입시 전형은 초등교육과 중등교육의 교실 생태계를 결정하는 가장 중요한 변수다. 대학입시 전형에 따라 초등학교, 중학교, 고등학교의 교육 내용과 교육 방식이 일사불란하게 맞추어지기 때문이다. 대입 경쟁이라는 전투에서 부모의 불안과 한편이 된 사교육 시장도 대학입

〈표 4-2〉 대학입시 전형별 모집 인원

구분	전형 유형	2018학년도		2017학년도	
수시	학생부(교과)	140,935명	40.0%	141,292명	39.7%
	학생부(종합)	83,231명	23.6%	72,101명	20.3%
	논술 위주	13,120명	3.7%	14,861명	4.2%
	실기 위주	18,466명	5.3%	17,942명	5.0%
	기타	3,921명	1.1%	2,473명	0.7%
소계		259,673명	73.7%	248,669명	69.9%
정시	수능 위주	80,311명	22.8%	93,643명	26.3%
	실기 위주	11,334명	3.2%	12,280명	3.5%
	학생부(교과)	491명	0.1%	437명	0.1%
	학생부(종합)	435명	0.1%	671명	0.2%
	기타	81명	0.0%	45명	0.0%
소계		92,652명	26.3%	107,076명	30.1%
합계		352,325명	100.0%	355,745명	100.0%

시 전형에 따라 전투병처럼 움직인다. 각 대학마다 다양한 독자적 입학 전형을 실시하고 있지만, 대학입시 전형은 크게 수시와 정시로 나뉜다. 수시와 정시의 비율은 현재 70 대 30 정도다(〈표 4-2〉). 수시는 학생부 위주 선발이며, 정시는 수능 위주 선발이다. 학생부 교과 전형은 그 유형이 다양해서 학생부 종합 전형과 구분하기가 쉽지 않다. 학생부 전형은 각 대학별로 교과 성적, 자기소개서, 추천서, 비교과(출결, 봉사활동, 수상 내역, 소논문, 에세이, 종합적 정성 평가), 면접, 수능 최저 등급 요구 등의 평가 요소가 다양한 형태로 조합되어 실시된다. 상위권 대학일수록 학생부 종합 전형의 비율이 높고, 논술 전형에는 학생부와 수능 최저 등급이 요구된다. 수능 전형은 지방대학과 상위권 대학에서 보편적으로 가장 많이 활용되고 있다.

대학입시 전형은 '3년 예고제'가 적용된다. 교육 과정 개편에 따른 교육부의 대학입시 전형은 2017년 5월 9일 대선 이후 7~11월경에 발표될 것으로 예상된다. 즉, 현재의 대입제도는

2020년 대입까지 지속될 것이다. 2017년에 결정해서 1차적으로 적용할 2021년 대입 전형부터는 우선적으로 복잡한 전형을 단순화하는 데 초점을 맞춰야 한다. 현재는 대입 전형이 대학별로 달라서 너무 다양하다. 물론 대학의 자율성과 평가의 다양성을 존중해야 하지만, 교사, 학생, 학부모는 대학별 전형에 맞추어 대입을 준비하기가 너무 힘들다. 특히, 자녀의 대학 진학에 들어가는 사교육비 지출과 노력은 부모의 경제적, 정신적 삶을 힘들게 만든다. 일단, 학생부 종합 전형에서 사교육을 유발하는 비교과 영역의 반영 비율을 축소하고, 내신 성적 중심의 학생부 전형을 실시하도록 한다. 입시를 학생부 전형과 수능 전형으로 단순화하는 것이다. 입시 단순화와 더불어 입학사정관 중심의 학생부 전형이 투명하게 관리될 수 있도록 한다.

나아가 2021년 대입에 적용될 전형부터는 앞에서 제시한 초등학교, 중학교, 고등학교에서 길러진 학생의 미래 역량이 대학입시에 반영되게끔 해야 한다. 특히, 학생의 80% 정도는 교사별 평가와 연계된 고교학점제에 의해 작성되는 학생부 전형으로 대학에 진학할 수 있도록 조정한다. 학점제를 활용하며 고교 3년간 수립한 학생만의 독특한 교육 과정과 교사별 평가에 의해 작성된 학생부로 대학에 지원하도록 하는 것이다. 나머지 20% 정도의 학생은 수능 전형으로 대학에 진학할 수 있도록 한다. 장기적으로 수능 전형은 축소할 필요가 있다. 수능은 암기 위주의 일제식 평가로서 학생의 미래 역량을 길러주는 데 적합하지 않기 때문이다. 그러므로 교사별 평가와 고교학점제에 기초하여 학생의 성장 과정과 가능성이 기록된 학생부가 대학입시의 기준이 되어야 한다.

현재에도 학생부 전형은 지역 격차 해소와 고교 교육 정상화에 기여하고 있다. 2017년 서울 지역 10개 사립대 통계를 기준으로 비수도권 소재 고교 출신 학생이 학생부 전형에 의해 입학한 비율이 43.9%였지만, 수능 전형으로 입학한 비율은 29.4%였다. 서울 지역 입학생은 수능 전형 의존도가 상대적으로 높았다(《세계일보》, 2017. 3. 30.). 전체 학생을 대상으로 한 2017년 3월 교육부의 자료를 보아도 도시(특별시, 광역시, 중소도시) 거주 학생의 35~42%가 수능 전형으로 대학에 진학하며, 읍면 등 시골에서 거주하는 학생의 60%가 학생부 전형으로 진학했다. 그러므로 학생부 전형은 교육 여건이 취약한 지방의 학생에게 대학에 진학하는 '기회의 문'이 된다.

대학도 학생부 전형이 핵심 전형으로 정착되는 과정에 협조해야 한다. 교사가 교사별 평가를 통해 작성한 학생부를 신뢰하고, 성적만이 아니라 학생이 성장한 과정과 향후 발전할 가능성을 면밀히 검토하며 선발할 필요가 있다. 대학은 고교를 졸업한 학생에게 너무 많은 스펙을 요구해서는 안 된다. 그 대신, 학생부에 나타난 학생의 도전, 노력, 성취, 시민 역량, 직업 역량을 보고 선발하여 더 나은 시민으로 성장할 수 있도록 도와야 한다.

▌고등교육의 혁신: 대학다운 대학 만들기

1. 대학의 본질

대학의 본질적 기능은 무엇일까? 졸업생의 취직률과 교수의 연구 업적을 높이는 것은 아닐 것이다. 모든 아이들의 미래 역량을 길러주기 위한 공교육의 과정은 초등학교에서 시작되어 대학교에서 완결된다. 그렇다고 해서 배움의 길이 대학에서 끝나는 것은 아니다. 미래 사회에서는 대학을 졸업하고도 평생토록 '학습 역량'을 발휘하며 배워야 한다. 대학은 공교육의 마지막 단계라는 점에서 공교육이 추구하는 인재상이 최종적으로 만들어지는 지점이기도 하다. 개인의 특수한 직업 역량에 보편적인 학습 역량, 사회 역량, 윤리 역량이 견고하게 최고의 형태로 빚어지는 단계가 고등교육 과정이라고 볼 수 있다. 각 학생이 지닌 특수성과 보편성이 교육을 통해 최종적으로 조합되는 단계다. 대학교를 졸업하면 자신의 전공 분야에서 지속적으로 학습할 수 있는 역량과 더불어, 국가와 세계의 시민으로서, 직장인으로서, 가정의 일원으로서, 도덕성과 책임감에 기초하여 소통하고 참여하며 협력할 수 있는 '자유인'이 되어야 한다.

'대학다운 대학'은 이렇게 각 학생의 미래 역량(직업 역량, 학습 역량, 사회 역량, 윤리 역량)이 탁월한 수준에 이르도록 이끌어주어야 한다. 이것이 대학의 본질적 기능이고, 대학이 존립하는 근거다. 대학이 취직률, 연구 업적, 사업 수주 실적 등 가시적으로 보이는 성과에 집착한 나머지 본래 수행해야 할 본질적 기능을 수행하지 않으면 존립할 이유가 없다. 대학은 최고 단계의 '성찰적, 협력적, 창의적 사람'을 길러내야 하는 것이다. 하지만 이명박, 박근혜 정부를 거치면서 대학은 '대학다움'을 잃어버렸다. 대학은 교육부가 재정 지원을 미끼로 추진했던 상업주의적 고등교육 정책으로 시장의 노예로 추락하고 말았다. 상아탑의 이미지를 잃어버렸으며, 사회 불평등을 해소하면서 사회 통합을 견인하는 공공성까지 상실했다. 학생을 잘 길러냈다고 볼 수도 없으며, 장기적으로 국가의 경쟁력에 도움이 될 만한 의미 있는 연구를 수행했다고도 볼 수 없다. 그래서 대학 교육의 수준은 스위스국제경영개발원(IMD)의 2014년 발표에 따르면(IMD World Talent Report), 비교 대상이었던 60개국 중에서 53위에 지나지 않았다.

우리의 대학은 SKY 대학을 정점으로 구축된 '서열 체제'에 머물고 있으며, 이를 떠받치고 있는 것은 고교생의 점수 경쟁과 부모가 지출하는 거대한 규모의 사교육비다. 대학의 서열은 학벌을 중시하는 고용 구조로 연결되며 계층 고착화와 사회적 불평등으로 귀결된다. 거대한 사회적 비용을 희생시키면서 서열 체제가 유지되고 있는 것이다. 암기식 공부 이외에 다양한 잠재 능력을 가지고 있을 아이들이 대입부터 서열화된 불평등 구조에 유입되고 만다. 모든 아이가 소중한 시대에 아이들을 깊은 패배감에 빠뜨리는 꼴이다. 이러한 의미에서 대학은 사회적 불평등의 근원이라고 볼 수 있다. 어떤 대학에 진학하느냐가 불평등의 핵심적 근원이 된다는 것을 실감하기에, 부모는 자녀를 SKY 대학에 진학시키기 위해 천문학적 사교육비를 지출한다. 현재의 이러한 상황을 타파하려면 우선 고등교육의 국가 책무를 정상화하면서 대학을 전반적으로 상향 평준화할 필요가 있다. 국가 책임의 대학 상향 평준화로 막대한 사회적 비용을 줄이고 미래 역량을 갖춘 인재를 배출하는 사회적 혜택을 창출할 수 있다.

2. 고등교육의 국가 책무 강화를 통한 대학의 '상향 평준화'

우리나라의 경우 고등교육에 대한 국가 책무가 지나치게 낮다. 〈표 4-3〉에서 볼 수 있듯이, 4년제 일반대학, 교대, 산업대로 구성된 국공립대학의 비율이 22.4%이고 학생 수는 23.1%에 불과하다. 미국도 사립대의 비율이 66.3%로 높고 주립대의 비율이 33.7%로 낮지만, 주립대의 학생 수용률은 82.7%로 우리나라의 국립대 학생 수용률보다 월등히 높다. 즉, 사립대 비율이 높은 미국도 고등교육에 대한 국가 책무를 다하고 있는 것이다. 우리나라의 경우, 고등교육 수준에서 국공립대학의 학생 정원 비율이 지나치게 낮고, 독자적이고 다양한 주체에 의해 설립·운영되는 사립대학의 비중이 과도하다. 고등교육 비용을 국민에게 떠밀고 있는 것이다. 특히, 직업교육에서 매우 중요한 역할을 수행하고 있는 전문대의 경우, 대부분 사립이 담당하고 있다. 전

〈표 4-3〉 한국과 미국의 설립별 대학수와 재학생수 비교

(단위: 명, %)

구 분		한국(2016년 기준)	미국(2014년 기준)
대학수	국·공립대/주립대	45(22.4)	651(33.7)
	사립대	156(77.6)	1,282(66.3)
소계		201(100.0)	1,933(100.0)
학생수	국·공립대/주립대	480,735(23.1)	13,244,837(82.7)
	사립대	1,604,072(76.9)	2,771,341(17.3)
소계		2,084,807(100.0)	16,016,178(100.0)

주 1) 한국, 미국 모두 4년제 대학 기준임. 2) 미국 대학은 비영리대학(non-profit university)만 반영하였음.

출처 : 교육부·한국교육개발원(2016). 교육통계연보; NCES(2016). Digest of Education Statistics.

문대의 국공립대학 비율은 6%이고, 학생 수는 2%에 그친다.

문제는 국가가 책임져야 할 국립대학의 상황이 녹록치 않다는 점이다. 최근 공시 자료를 분석해보면 9개의 거점 국립대학의 학생 1인당 교육비는 1,494만 원으로, 주요 사립 5개 대학의 2,196만 원과 15개 사립대학의 1,641만 원보다도 훨씬 적다. 4,269만 원에 이르는 서울대에 비하면 턱없이 낮다. 거점 국립대학을 제외한 교원 양성 대학의 경우는 1,200만 원선에 머물고 있다. 지방 국립대학의 경우, 사립대와 비교하여 전임교원 확보율도 저조하다. 국공립대학의 학생 1인당 교육비가 주요 사립 5개 대학보다 약 500만 원이나 낮은 상황에서 양질의 교육은 상상하기 어렵다. 우선적으로 지방의 국공립대학을 중심으로 주요 사립대 수준의 교육이 제공될 수 있도록 재원이 투입되어야 할 것이다. 이는 고등교육에 대한 국가 책무 비중을 높여 교육의 공공성을 확대하는 길이다. 지방의 국립대학을 명문화하여 수도권 사립대에 대한 경쟁력을 갖추면 실질적으로 지역이 균형 있게 발전할 것이고, 이를 통해 수도권과 비수도권의 서열체제를 해소할 수 있을 것이다.

지방 국립대를 명문화하는 것과 함께, 발전 가능성이 있고 지역적으로 필요한 사립대는 공영

〈표 4-4〉 연차별 재정 소요 추가분 반영

(단위: 조 원)

정책명	2018	2019	2020	2021	2022	연평균
거점 국립대학 지원	1.1463	1.1463	1.1463	1.1463	1.1463	1.1463
지역 중심대학 지원	0.4964	0.4964	0.4964	0.4964	0.4964	0.4964
교원 양성대학 지원	0.0921	0.0921	0.0921	0.0921	0.0921	0.0921
사립대학 공영화 지원	–	–	–	1.5930	1.5930	0.6372
합계	1.7349	1.7349	1.7349	3.3279	3.3279	2.3721

※ **산정 방식**

- 거점 국립대학(권역별 1개: 강원대, 경북대, 부산대, 전남대, 전북대, 제주대, 충남대, 충북대, 인천대)의 학생 1인당 교육비 투자액을 주요 5개 사립대학 수준인 학생 1인당 2,200만 원으로 늘리는 데 필요한 예산 추계
- 그 외 지역 중심 대학들과 교원 양성 대학에 대해서는 주요 15개 사립대학 수준의 교육비인 학생 1인당 1,600만 원으로 교육비를 늘리는 데 필요한 예산 추계
- 사립대학 공영화 지원액 추계 방식은 각 시도별로 학생 1인당 교육비가 가장 높은 2~3개 사립대학을 선정한 뒤(총 30개), 이들 대학의 학생 1인당 교육비가 1,600만 원이 되기 위해 필요한 비용을 산정

형 사립대학으로 육성해야 한다. 부실 위험에 처해 있는 대학은 엄정한 평가 기준에 의해 구조조정을 해야 하지만, 지역경제 발전과 교육 문화 공동체 형성에 기여할 수 있는 지방 사립대에는 공영화의 기회를 주어야 한다. 공영형 사립대학은 정부와 협약을 통해 대학 지배 구조 및 운영 등을 재구조화하고, 정부는 재정 지원을 한다. 지원을 위한 선결 조건으로 재정 지표의 투명화, 대학 운영(이사회) 공정화, 감사 시스템 강화 등이 있다. 공영형 사립대학은 사립대학이 지배하는 한국 사회에서 대학의 공공성 강화에 기여하고 정부와 민간이 협력하는 좋은 모델이 될 것이다. 지방 국립대의 명문화와 공영형 사립대학의 지원에 드는 재정은 〈표 4-4〉와 같다.

3. 고등교육법의 정비

현재 고등교육은 교육기본법, 고등교육법, 교육공무원법, 국립대학회계법 등 다양한 법률로 규율되고 있다. 대학은 국립학교설치령, 사립학교법에 의해 초·중등학교와 같이 규율된다. 대학의 특성을 고려하여 국립대학과 사립대학의 운영 및 설치를 규율하는 기본적 법률이 없는 것

이다. 따라서 대학의 본질이라고 볼 수 있는 학문의 자유, 대학의 자치, 공공성, 사회적 책임을 실현하기 위해 대학의 운영 원리와 원칙, 재정과 시설 기준을 국립대학법과 사립대학법으로 규정하여 대학의 명확한 법적 기반을 확립할 필요가 있다. 예컨대, 국립대학법에는 국립대학 예산에 대한 국가의 공적 책무와 대학의 학문 자유, 대학 자치, 사회적 책무를 명기하도록 하며, 사립대학법에는 사학 비리를 방지하고 처벌하는 규범이 담겨야 한다.

표준적 고등교육 시스템을 확립하기 위한 거버넌스로서, 1999년 이후 현재까지 유럽 국가뿐만 아니라 전 세계 47개국이 참여하는 '볼로냐 프로세스'에서도 대학 운영 원리로 '학문 자유와 대학 자치' '국가의 공적 책임' '대학의 사회적 책임'을 명시하고 있다. 이상적인 대학은 연구, 교육, 봉사를 통해 지식을 생산하고 보급하며 최고 수준의 미래 역량을 갖춘 시민을 길러내는 곳이다. 대학은 이러한 이상형을 지향하며 정치, 경제, 사회, 문화 등 사회의 모든 영역에서 발전을 선도한다. 대학에 이러한 사회적 책무가 주어져 있기 때문에 학문의 자유를 누릴 수 있는 것이다. 연구 주제를 스스로 결정하고, 외부의 통제 없이 탐구하며, 자신의 관점에 따라 학생을 가르친다. 대학의 자치와 자율은 이러한 학문의 자유를 보장하기 위해 필요하다. 예컨대, 국립대학은 국가기관이기 때문에 국가로부터 예산을 배정받는다. 그렇다고 해서 국립대학이 교육부에 종속된 국가기관은 아니므로, 예산을 운영하는 측면에서는 자치성이 보장되어야 한다. 대학 자치는 학문의 자유를 실현하는 데 필요하기 때문이다.

대학은 특정 정부의 정치적 입장으로부터 자유로워야 하지만, 시장의 논리로부터도 독립성을 유지하며 사회적 책무를 다해야 한다. 대학이 시장 논리에 지배되면 사회적 책무를 소홀히 할 가능성이 크다. 대학이 배출하는 지식과 인재는 기업의 자본과 더불어 사회의 중요한 생산 요소이며, 창조적 지식과 우수한 노동력은 성장의 기본이다. 대학을 졸업한 사람이 최고 수준의 시민 역량과 직업 역량으로 무장된 미래 역량을 지니고 있다면 그 사회의 정치, 경제, 문화의 수준도 높을 수밖에 없다. 대학이 시장 논리에 지배되면 이러한 효과를 볼 수 없다. 정치나 시장의 논리에 의해 학문의 자유와 대학의 자치가 침해되면, 사회적으로 지적 수준이 붕괴되고 사회적 품격이 하락하며 경제적 성장이 멈춘다. 교육부가 실행한 '5·31 교육 개혁안'과 '국립대학 정책'은 이에 대한 좋은 예다. 전자로 인해 영미식의 신자유주의적 대학 설립 자유화 정책이 시행됨으로써 고등교육의 과잉 사태를 낳았으며, 부실, 부패 대학이 양산되었다. 후자도 마찬가지다. 시장과 정부가 협력해서 국립대학의 법인화를 추진했다. 서울대를 제외한 다른 국립대는 이러한 정책에 저항했고, 교육부는 막가파 식으로 대응했다. 상호 약탈 방식의 성과 연봉제를 도입하고, 총장 직선제를 폐지했으며, 평가와 재정 지원 사업으로 대학의 학문 자유와 자치를 말살해버렸다. 교육부가 대학을 '대학 아닌 대학'으로 만들었던 것이다.

교육부의 '개념 없는 고등교육 정책'으로 인해 대학은 학문의 자유와 대학 자치를 잃고 새로운 지식과 좋은 인재를 배출하는 사회적 책무도 다할 수 없게 되었다. 사회의 근본적인 문제를 해결해야 할 대학이 오히려 서열화를 조장하고 학벌주의를 고착화시켜 사회적 불평등의 근원이 되었다. 그래서 대학다운 대학을 만들기가 중요하다. 이를 위해 대학의 학문 자유, 대학 자치, 사회적 책무, 대학에 대한 국가의 공적 책임을 담은 국립대학법과 사립대학법이 시급히 제정되어야 한다. 이 두 법의 제정은 헌법 22조와 31조의 정신에도 일치한다. 대학이 과거의 유물인 1953년 '국립학교설치령'과 1963년 '사립학교법'으로 규율되고 있다는 것은 창피한 일이다. 미래의 인재와 지식을 위해 새로운 대학법이 필요하다.

직업 교육과 평생교육: 국가 직업 교육 확대와 한국형 지식공장 도입

직업 교육과 평생교육은 적극적 노동시장 정책을 담아내야 한다. 정부는 실업 문제를 시장에 맡기고 실업급여를 지급하는 소극적 정책에서 벗어나, 적극적 노동시장 정책과 결합된 직업 교육과 평생교육을 강화해야 한다. 청년실업률과 실직자가 증가하는 상황에서 교육, 노동, 취업, 창업의 창조적 네트워킹이 필요하다. 그동안 산업화 과정에서는 일과 교육이 분리되어 있었다. 하지만 앞으로는 일과 교육의 경계가 사라질 것이고, 일과 교육이 융합될 것이다. 특히, 4차 산업혁명이 주도하는 미래 사회에서는 그렇다. 지식의 유효 기간이 짧아지면서 '직업 기초 능력(모든 직업 분야에서 직무를 성공적으로 수행하는 데 공통적으로 필요한 능력)'과 '시민 역량(학습 역량, 윤리 역량, 사회 역량)'을 발휘하며 끊임없이 배워야 하기 때문이다. 직업 교육과 평생교육이 단순히 기술을 습득시켜주는 데 그친다면 적극적 노동시장 정책이 추구하는 목적은 달성될 수 없다. 전문적 기술에 기초한 직업 역량은 시민 역량과 결합되어야 한다. 우리는 미래 사회에서 지속적으로 배우면서 일해야 하며, 직업 교육과 평생교육이 융합되어야 한다.

고용노동부 산하기관인 한국폴리텍대학은 적극적 노동시장 정책을 실현하는 직업 훈련 기관으로, 8개 대학과 34개의 캠퍼스 체제로 운영된다. 2년제 학위 과정, 6개월에서 1년이 소요되는 다양한 비학위 직업 훈련 과정을 운영하고 있다. 중학교의 자유학기제를 활용한 직업 체험, 일-학습 병행제, 인력 수급의 불균형 해소, 산업 수요 및 고등교육의 신수요를 맞추기 위한 산학 연계 맞춤형 교육 과정, 프로젝트 기반의 학습, 취업·창업 지원 체계화, 청년실업자와 재직자를 위한 '평생 직업 교육 프로그램' 등 교육 과정에 적극적 노동시장 정책을 반영한다. 따라서 한국폴리텍대학을 국가가 책임지는 국가 직업 교육의 모델로 발전시킬 필요가 있다. 암기 위주의 고교 공부 경쟁에 뒤처진 학생들에게도 미래 역량을 향상시킬 기회가 주어져야 하므로, 지금 약 7,700명인 학생 수보다 2~3배 많이 입학시켜 직업을 가진 건강한 시민으로 성장하도록 한다. 캠퍼스를 60개까지 늘리고 2년간 무상교육을 실시한다. 구직자와 시민도 원하는 분야에서 무상으로 배우도록 한다. 지역적 안배를 고려해 희망하는 사립 전문대를 중심으로 공용화하면 한국폴리텍대학의 캠퍼스는 효율적으로 확대될 수 있다. 공영형 전문대학을 한국폴리텍대학의 지붕 아래로 모으는 것이다. 교육 과정의 측면에서, 학생의 '직업 기초 능력에 입각한 학습 역량'을 향상시키기 위해 수학과 물리를 포함한 교양교육이 확대되도록 한다. 직업 교육도 국가 책임으로 상향 조정하는 동시에 평생교육 기능을 수행하게 하는 것이다.

평생교육의 미래 콘셉트와 관련해서, 독일의 '지식공장(Wissensfabrik)' 사례를 국가적 차원에서 개발하고 시행할 필요가 있다. 독일에서 지식공장은 민간 단체이지만, 한국에서는 국책사업으로 추진하는 것이다. 지식공장은 평생교육과 직업 교육을 결합한 '플랫폼 모델'이다. 즉, 인간은 태어나서 죽을 때까지 평생토록 배워야 한다는 점에 착안하여, 모든 종류의 교육기관과 다양한 규모의 기업을 네트워킹하는 플랫폼을 만들고 수요자가 그 플랫폼을 활용해서 필요한 것을 언제든 배울 수 있도록 한다. 그래서 지식공장은 초등학교에서 아이에게 호기심 기반의 학습을 실시하기도 하고, 종합대학과 전문대학의 학생이 다양한 기업에서 직업적 체험과 인턴 활동을 할 수 있도록 하며, 지역적 산학 협력 클러스터가 형성되도록 조직화하기도 한다.

청년의 스타트업(창업)을 지원하기도 하며, 실직자가 교육기관과 기업이 연계된 프로그램에 참여하도록 해서 재취업하게 한다. 이러한 전국적 네트워킹 안에서 직업 교육과 평생교육이 실현되도록 하는 것이 중요하다.

04
미래의 길을 여는 '국가교육회의'와 '국가교육위원회'

교육부는 사라져야 할 관료 집단인가?

교육부의 의사결정은 일방적이고, 다양한 교육 주체가 참여해서 합의하는 절차가 없으며, 있다고 해도 형식적이다. 교육 정책은 시장의 차가운 경쟁 논리에 동조하기 때문에, 교육이 사회 불평등의 원인이 된다. 정권의 요구에 따라 교육 정책이 자주 바뀌는 바람에 일관성이 없으며, 갈등과 불안을 유발한다. 입시제도의 잦은 변경으로 학생과 학부모를 사교육의 덫에 가둔다. 나아가 나라의 근간인 민주주의 정신도 실현하지도 않는다. 총장 직선제 폐지, 성과급적 연봉제 도입, 대학 서열화의 방치, 대학 구조 개혁의 일방적 추진, 사립대의 비리 묵인, 역사 국정교과서의 도입, 학문 자유와 대학 자치의 파괴 등 정상적인 교육부라면 상상하기 어려운 '비민주적 갑질'을 국가의 교육 정책이라는 미명하에 집행해왔다. 교육부로 인해 어린이집, 유치원, 초등학교, 중학교, 고등학교, 대학교 등 모든 교육 현장은 이리저리 찢긴 채로 상처투성이다. 이러한 교육부가 계속 유지되어야 하는가?

교육부가 존속하려면 조직 내부의 성찰과 개혁이 전제되어야 한다. 기능과 권한도 조정되어야 한다. 현실적으로 교육부를 폐지할 수는 없다. 당장 교육부가 사라지면 교육에 대한 예산과 정책을 집행할 부처가 없기 때문이다. 교육부의 권한을 가진 국가교육위원회를 단기간에 설치하기도 어렵다. 따라서 교육부가 '자본의 길'이 아니라 '사람의 길'을 가도록 개혁하는 것

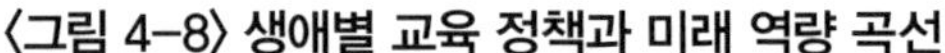

〈그림 4-8〉 생애별 교육 정책과 미래 역량 곡선

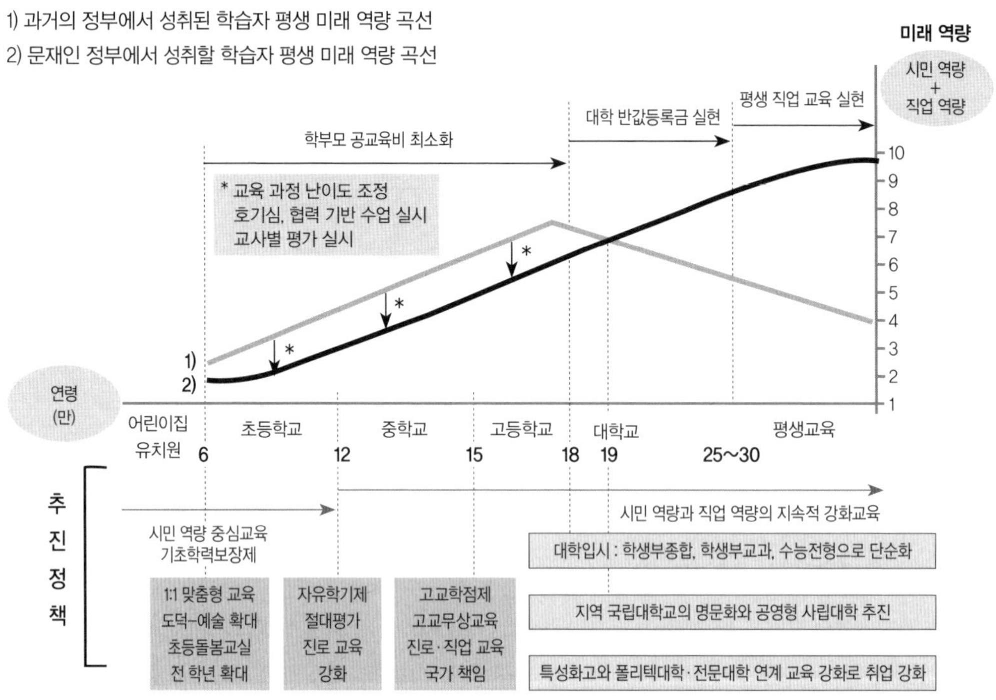

이 현실적인 방안이다. "소수의 아이와 소수의 대학에 자원을 집중했던 교육부"는 "모든 아이를 우리 모두의 아이로 길러낼 수 있는 교육부"로 바뀌어야 한다. 이러한 혁신을 성취하기 위해 우선 국가교육회의가 필요하다. 국가교육회의는 집권 후 곧바로 대통령령에 의해 대통령 직속으로 운영될 '교육 거버넌스'다. 〈그림 4-8〉에 기초하여 국가교육회의에서 결정된 교육 정책은 국무회의를 거쳐 집행되며, 사무처를 두어 주요 교육혁신 의제를 관리한다. 나아가 사무처 내에 '국가교육위원회 기획단'을 설치하고, 기획단이 국가교육위원회의 역할과 위상, 교육개혁 추진 로드맵, 구성 및 운영 방안 등에 대해 다양한 교육 주체와 국민의 의견을 수렴한다. 즉, 국가교육회의는 국가교육위원회 설립까지 징검다리 역할을 하면서 대통령의 주도하에 교육혁신에 착수하는 '전초기지'라고 할 수 있다.

국가교육위원회는 '사회적 합의의 절차'와 '교육 정책의 일관성'을 보장하는 제도이고, 교육 정책을 결정하는 독립적 상설 기구이며, 각종 교육 국책 연구기관을 연계하는 플랫폼이다. 교육부는 국가교육위원회와 협의하며 정책을 집행하도록 한다. 국가교육위원회는 우선적으로 미래 교육혁신의 청사진, 이에 따른 대학입시와 국가 교육 과정의 혁신을 심의하고 결정해야 한다. 이와 더불어 지방교육자치의 강화 방안, 고등교육법 제정과 고등교육평가원의 설립을 논의하고, 대학 서열화를 해소하는 대학 체제 혁신 방안도 마련해야 한다. 이러한 국가교육위원회 체제에서 가장 중요한 것은 절차적 정의다. 절차가 공정해야 결과도 정의롭다. 합의 체제에는 이론적으로 두 가지 방식이 있다. 하나는 롤스(Rawls)의 방식이고, 다른 하나는 하버마스(Habermas)의 방식이다. 전자는 인위적으로 무지의 베일을 만들고, 후자는 시장 또는 권력과 같이 논의를 왜곡시킬 수 있는 외부의 간섭을 배제한다. 전자는 협의에 참여하는 사람이 특정한 이해관계를 갖지 못하도록 하며, 후자는 특정한 이해관계를 가진 사람들이 갈등 안에서 진정성, 사실, 존중에 기초하여 자유롭게 소통하도록 한다. 국가교육위원회에서는 전자가 가능하도록 '추첨'으로 국민이 참여하도록 하며, 후자가 가능하도록 기구의 독립성은 물론 다양한 교육 주체의 참여도 보장해야 한다.

//////////////

국민소득이라는 거시적 경제지표에 우리의 삶을 연동시키던 시대는 갔다. 국가의 부는 늘어나는데 양극화로 인하여 국민의 삶은 고통스럽다. 국가경제와 재벌의 성장이 국민의 성장으로 연결되지 않기 때문이다. 글로벌 스탠더드에 의한 경제에서 국민 개개인의 경제, 지역경제로 관심을 돌려야 한다. 글로벌경제, 경쟁경제, 생산경제 중심에서 지역경제, 협동경제, 생활경제로 시각을 전환하는 것이다. 이것이 협동사회경제다.

저성장 · 고령화 · 인구 감소 시대로 진입하면서 사회경제 전 영역이 격변하고 있다. 편한 마음으로 아이를 낳아 기르고 안정적인 노후를 맞이할 수 있는 경제는 지금까지의 신자유주의 경제가 아니다. 지속가능한 사회, 지속가능한 경제를 위해서는 자연과 환경이 감당할 수 있는 범위 내에서 더불어 살아가는 사회경제 통합 모델이 필요하다. 물과 에너지, 의식주육(醫食住育, 의료 · 먹거리 · 주택 · 교육)을 기반으로 지역사회경제의 새로운 전략을 수립하고 시행해야 한다.

5장

지역 혁신

– 순환과 상생의 협동사회경제

01
경제는 사회 속에 있어야 한다

❚ 경제와 사회

며칠째 미세먼지 자욱한 한반도 하늘 아래서 하루 일과를 시작한다. 눈뜨자마자 휴대폰을 확인하고, 전깃불을 켜고, 수도꼭지를 열어 세수를 한다. 국적 모를 아침식사를 하고, 홈쇼핑에서 산 옷을 걸치고, 자동차 시동을 걸다가, 다시 집에 뛰어가 황사 마스크를 아이들에게 챙겨주며 중국을 원망한다. 사무실에 도착하면 인스턴트커피를 진하게 타서 마시고 점심시간을 기다린다. 칼국수나 스파게티를 먹고, 커피전문점에 들러 아메리카노를 주문한다. 오후에 쏟아지는 졸음을 쫓으며 자판기에서 시원한 캔커피를 사 마시고, 저녁 미팅 장소를 검색한다. 삼겹살에 소주 한잔, 대리운전으로 하루 일과를 마감한다. 다음 날, 그 전날의 일을 반복하여 돈을 벌기 위해 집을 나선다.

이렇듯 우리 삶은 글로벌로 연결된 사회경제구조 안에 포섭되어 있다. 나와 가족과 이웃과 외국, 그 연결 고리는 돈이다. 인류 최고의 발명품이라는 화폐를 통해 우리는 전 세계 모든 사람과 소통한다. 하지만 화폐는 상징일 뿐이다. 화폐를 통해 접속하는 것은 지구 구석구석에 있는 누군가의 노동이다. 커피를 생산하는 베트남과 에티오피아의 농민, 휴대폰과 양복을 만드는 중국의 노동자, 식당의 조리사, 대리기사와 돈을 매개로 그들의 일(노동)을 접한다. 우리는 단 한순간도 홀로 존재할 수 없다. 타인이 있어 내가 존재함을 인정해야 한다. 타인의 빈곤이 나의 풍요로움의 원천이 아니라, 타인의 풍요로움이 곧 나의 풍요로움으로 연결된다. 인류 역사상 최고 황금기라는 20세기는 두터운 중산층, 즉 더불어 풍요로워질 수 있음을 확인하는 시기였다. 그러나 1980년대 이후 더불어 살기보다 나만 더 잘살기 위해 치열하게 경쟁하면서 양극화된 세상으로 변했다. 더불어 풍요로운 세상을 복원해야 한다. 경제는 사회 속에 있어야 한다.

협동사회경제는 인류 역사를 관통하여 경제생활의 기본이었다. 부족국가 이전부터 분업과 협업은 풍요로움을 배가시켰다. 국가 안에 사회가 있고, 사회 속에 경제가 있으며, 경제의 울타리 안에서 구석구석 돈이 돌아다닌다. 복지국가는 신뢰를 바탕으로 사회를 건강하게 만들었다. 사회 속에서 경제는 발전을 거듭했다. 그러나 돈(금융)이 경제를 겁박하고 경제가 사회보다 우위에 서기 시작하면서 균형이 깨졌다. 돈을 다루는 경영·경제학과는 취업 깡패가 되고, 사회를 공부하는 인문학과들은 실업이라는 주홍글씨를 받아든다. 사회보다 돈을 앞세워 숨 쉬는 것조차 힘든 대기오염에도 화력발전소를 증설한다. 공기정화기 구매 능력이 건강을 결정한다. 모두 GDP 성장으로 기록된다. 식탁의 77%는 수입 먹거리인데, 정작 농산물 수입 개방을 주장했던 사람들은 우리 농산물을 소비한다. 자연과 사회를 벗어나 개인의 이익만을 추구한 결과다. 경제는 자연의 한계 내에 있어야 한다.

2008년 미국의 위기 이후부터 본격적으로 새로운 경제, 따뜻한 자본주의, 포용적 사회경제로의 패러다임 전환이 논의되고 있다. 날로 심화되는 불평등과 양극화가 지속가능한 발전을 가로막고 있다고 진단한다. 국제연합(UN)의 「스티글리츠 보고서」와 포스트2015의 지속가능 발전 개념은 사람보다 돈을 중시했던 20세기 후반의 신자유주의를 대체하려는 노력이다. 피케티의 분석에 따르면, 산업혁명 이전인 1700년 즈음 서구 주요 선진국의 총자본의 50~70%는 농지로 구성되어 있었다. 200년 전까지 경제의 중심축은 농업이었다. 19세기 그 비중이 급격히 하락했고, 지금은 총자본의 50~70%를 주택이 차지하고 있다. 중산층의 주택을 매개로 금융을 포함한 경제 시스템이 작동되고 있다. 양극화, 즉 중산층의 붕괴는 전 세계적인 사회경제 전반의 붕괴로 연결된다. 협동사회경제를 통한 포용적 발전이 시대적 과제다.

돈과 경제

"내 돈 가지고 내 맘대로 하겠다는데 웬 참견이야?" 옛날에 유행하던 말이다. 한동안 잠잠하다가 다시금 기승을 부리는 말이기도 하다. "부모 잘 두는 것도 능력"이란 말까지 나온다. 모든 가치를 돈이 압도하고 있다. '어떻게 벌었는지'보다는 '얼마를 가지고 있는지'가 중요하게 여겨진다. 우리는 지난 한 세대 동안 헌집이 새집보다 비싼 걸 당연하게 여겼다. 골동품도 문화재도 아닌 아파트 청약을 위해 위장 전입하고, 집은 주거용이 아니라 부의 증식 수단이라고 믿었다. 고도성장기의 일시적인 비정상적 현상이다. 하지만 우리 사회는 이것을 정상으로 여겨왔고, 저성장 진입 후에도 부동산 버블 붕괴를 인정하려 하지 않는다. 기성세대의 현재 자산 중 벌어서 저금한 것보다 부동산 가격 상승에 의한 것이 더 많다는 지적을 부정하기 어렵다.

'금수저 흙수저'가 시대를 읽는 열쇳말이 되었다. 대물림되는 부, 노력해도 불가능한 세상이라는 자조 속에 모두가 돈이 많기를 원한다. 손 안에 돈이 들어오는 방법은 일하거나, 훔치거나, 뺏거나, 줍거나 하는 것이다. 주운 돈은 대개 부동산 가격 상승분과 주식 가격 상승분이다. 언제부터인가 모든 돈이 똑같이 번 돈이 되었다. 일해서 돈 버는 사람은 순진한 바보로 취급받고, 편법과 불법을 통해 훔치거나 뺏어도 들키지 않으면 자식에게 자랑스러운 부모가 되고 사회적으로 높은 위치에 오른다. 부동산 투기와 투자의 경계가 모호한 상태에서 전 국민이 '부동산 불패 신화'를 믿는다. 장관 후보자와 고위 공직자들이 위장 전입을 부끄러워하지 않는다. 부동산의 시대가 가고 있다. 가계부채 1,300조 원의 시한폭탄이 눈앞에 있다. 부동산 담보를 중심으로 운용된 금융 산업은 파국의 중심에 있다. 돈과 경제에 대한 생각이 바뀌어야 한다.

모두들 돈을 많이 벌고 싶어한다. 얼마면 만족할까? 정확한 기준이 없다. 대부분 '남보다 많이'다. 그래서 배기량 2,000CC 세단이 국민차로 등극하고, 32평 아파트가 국민주택의 기준이 된다. 더구나 고용 불안정이 심화되고 연금조차 불안한 고령화 사회를 맞으면서 벌 수 있는 짧은 시기에 최대한 벌어야 한다. 30년은 부모 밑에서 자라고, 30년은 스스로 일하고, 30년은 은퇴 후 생활을 해야 하므로, 개인도 가정도 사회도 지금까지의 생애 주기별 계획을 전면 수정해야 한다. 고령화 사회의 노후에 대한 불안감이 남들보다 많은 돈을 갈구하게 한다. 복지 정책이 강화되어 자녀와 노후에 대한 안정성이 사회적으로 제공되면 비로소 '돈'에서 '사람'으로 시선이 바뀔 것이다. 생애 전 과정에 필요한 돈 이상을 벌어 자녀에게 대물림하기 위해 타인을 딛고 일어서려 하지 않을 것이다.

돈을 벌어서 무엇에 쓰는지도 중요하다. 생각보다 우리가 쓰는 돈은 단순하다. 가계지출의 4대 영역은 주택, 자녀 교육, 먹거리, 고령화 사회에서의 의료비다. 과거의 의식주가 현재는 의식주육으로 바뀌었다. 공교육은 누구나 빈부에 관계없이 성인이 될 때까지 공평한 기회를 주기 위해서고, 임대주택을 포함한 사회주택은 누구나 비바람을 피해 살아야 하는 최소한의 권리를 보장하기 위해서고, 전 국민의 의료보험은 건강하게 살 권리를 보장하기 위해서다. 문제는 사회와 국가가 보장해야 할 인간 기본권의 영역을 돈벌이 수단으로 바꾸었다는 것이다. 사교육과 입시 제도, 의료 민영화, 투기를 방관·조장하는 부동산시장이 그렇다. 먹거리는 대부분 외국 농산물에 의존하며, 지출을 줄이려 해도 가구당 월 70만 원 이상이 필요하다. 언론 매체와 광고는 끊임없이 더 많은 소비와 해외여행을 유혹한다. 그래서 더 많은 돈을 벌어야 한다. 부모 세대와 자녀 세대가 일자리를 놓고 경쟁하고, 정규직을 향해 치열한 경쟁을 벌인다. 개인의 무한 경쟁과 무한 소비를 충동하며 양극화를 심화시키는 사회경제 시스템 자체를 개조해야 한다.

02

더불어 살아가는 지속가능한 세 가지 경제

1970년대 후반부터 몰아친 신자유주의의 광풍은 대처의 '대안은 없다'는 구호 아래 야경국가를 재현하는 무제한적 시장 방임을 관철시켰다. UR/WTO를 앞세운 글로벌 시장경제는 의료, 주택, 전기, 수도, 복지처럼 국가와 사회가 맡아야 할 영역을 '민영화'하여 소수 특권 그룹의 돈벌이 수단으로 전락시켰다. 사람조차 돈을 벌기 위한 수단이 되었다. 노동조합이 약화되면서 1980년대 이후 생산과 부는 지속적으로 증가해도 가구 소득은 정체했고 맞벌이 가구가 증가했다. 1990년대 이후에는 구조조정을 통한 기업의 단기 이익 극대화와 주주 이익 극대화 전략이 만연하면서 고용 불안정이 심화되었다. 그로 인해 구매력이 감소되면서 급속한 양극화가 진행되었다. 신경제라 불리는 미국의 일시적 호황은 부동산 버블을 바탕으로 한 부채 기반 경제였음이 2008년 서브프라임모기지 사태를 통해 확인되었다. 자연과 사회와 사람을 배제하고 '돈'을 숭배한 신자유주의는 '대안이 없는 것'이 아니라 '대책이 없음'이 입증된 셈이다.

경제사회의 상호 의존성을 케이크로 표현한 헤이즐 헨더슨은 화폐로 표기되지 않는 자연부문과 호혜경제 부문, 그리고 화폐로 표기되지만 시장보다는 사회를 우선하는 경제로서의 공공부문을 강조한다(Hazel Henderson, 1982). 화려한 현대 경제의 민간 부문은 자연과 호혜경제와 공공부문 위에 핀 꽃일 뿐, 경제의 전부가 아니다. 시장에 드러난 민간 부문 경제는 스스로 독립하여 존재할 수 없다. 지금의 경제는 자연이 만든 화석연료를 땅속에서 꺼내는 비용만

〈그림 5-1〉 헤이즐 헨더슨의 경제 케이크

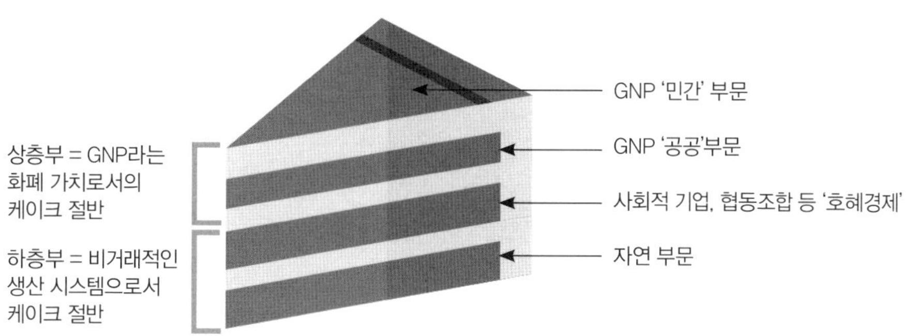

마이클 루이스, 팻 코너티, 『전환의 키워드, 회복력』(2015)에서 재인용

으로 가격을 산정한다. 자연이 오랜 시간 만들어온 것을 공짜라고 생각한다. 더구나 화석연료를 태워 돌이킬 수 없는 환경오염을 일으키고 이를 사회적 비용으로 전가한다. 수익의 사유화와 비용의 사회화를 더 이상 용납해서는 안 된다.

신자유주의 경제는 금융을 필두로 상품과 서비스의 개방을 우선하는 글로벌경제, 많이 생산해서 많이 팔아 최대 이익을 추구하는 생산경제, 단기 이익 극대화를 위해 구조조정과 경쟁을 최대한 부추기는 경제를 중심으로 작동된다. 자연을 더욱 파괴하고, 비용을 사회로 전가시키면서 지구 환경과 경제의 지속가능성을 뿌리부터 흔들고 있다. 신자유주의를 극복하고 미래의 포용적인 새로운 경제로 나아가기 위해서는 '사람의 경제'인 지역경제, 생활경제, 협동경제를 활성화시켜야 한다.

▌지역순환경제

2016년《포춘》지 선정 세계 100대 기업의 맨 앞자리는 부동의 1위인 소매 유통기업 월마트다. 그다음 상위 10개 기업 중 6개가 에너지기업이다. 7, 8위가 자동차기업이고, 애플이 9위다. 그 이후 100위까지도 대부분 유통, 자동차, 금융, 전자 및 전기통신기업이 차지한다. 중국과 아시아권의 약진이 두드러진다.

〈표 5-1〉《포춘》 지 선정 2016 상위 10대 기업

순위	회사명	매출 (백만 달러)
1	월마트(Walmart)	$482,130
2	State Grid	$329,601
3	China National Petroleum	$299,271
4	Sinopec Group	$294,344
5	Royal Dutch Shell	$272,156
6	Exxon Mobil	$246,204
7	Volkswagen	$236,600
8	Toyota Motor	$236,592
9	Apple	$233,715
10	BP	$225,982

자료 : 《포춘》 홈페이지

이들 기업의 뿌리는 국경을 초월한 세계 곳곳의 매장이고, 유전과 광산이며, 공장이다. 더 근본적으로는 자연이고, 개인의 지갑이다. 자연자원을 무료로 이용하고, 사람의 노동을 보태 부를 창출하며, 월스트리트에서 돈을 모은다. 모은 돈은 또다시 전 세계로 퍼져나가 더욱 확대된 기업망을 통해 증식한다. 어떠한 경우에도 자연과 개인의 지갑을 토대로, 또는 매개로 존재한다. 문제는 이 증식의 과정이 자연환경을 파괴하고, 글로벌 양극화를 심화시킨다는 것이다. 금융을 매개로 전 지구적 단위의 거대한 카르텔에 의해 작동되고 있다. 신자유주의 국가는 국제협약에 의해 이 질서를 유지시키는 역할을 한다.

부의 출발은 지역의 자연자원과 사람이다. 특히 에너지는 모든 경제의 출발점이다. 휘발유에서 식량까지 자연(태양)의 에너지가 응집된 것이다. 지금은 화석에너지의 시대를 마감하고 재생에너지의 시대로 전환되는 시점이다. 제러미 리프킨이 이야기한 문명 전환의 핵심 요소인 에너지 이용 체계와 커뮤니케이션(소통) 체계의 전환이 이루어지고 있다(〈그림 5-2〉 참조). 엘리트 에너지인 화석에너지에서 재생에너지로의 전환은 분산 에너지 시스템이 정립된다는 뜻이다. 수직적 정보 전달 체계가 인터넷과 모바일 기반 수평적 정보 전달 체계로 전환되어 권력의 분산이 이루어지고 있다. 촛불 혁명은 분산적이고 수평적인 커뮤니케이션 시스템에 의해 수직

〈그림 5-2〉 문명을 결정하는 에너지와 소통 체계

문명의 성격은 에너지 체계가 결정	
1차, 2차 산업혁명	3차 산업혁명
화석연료(석탄, 석유, 천연가스) 이기적인 자아 근면	재생에너지(태양열, 지열, 풍력) 생태학적 자아 공감

또 하나의 요소는 커뮤니케이션 체계	
1차, 2차 산업혁명	3차 산업혁명
인쇄, 전화, 라디오, TV 수직적 권력 중앙집권화된 에너지 관리	인터넷 수평적 권력, 협업 분산 에너지 체계

자료 : 제러미 리프킨, 『3차 산업혁명』 내용 정리

적 권력이 수평적 권력으로 이동하고 있음을 명확히 보여주었다. 바야흐로 새로운 문명, 지역의 시대가 오고 있다. 미래는 분산적 지역 에너지와 지역분권의 시대다.

경제 시스템 또한 지역경제 중심으로 관점을 이동시켜야 한다. 에너지 생산과 이용이 지역분산 시스템으로 작동되면 글로벌경제에 예속된 우리 이웃의 경제가 숨통이 트인다. 유리알 같은 작은 호주머니로 월스트리트를 살찌우고 정작 우리는 빈곤해지는 경제를 마감할 수 있다. 글로벌경제를 부정하는 것이 아니라 글로벌경제의 왜곡된 작동 방식을 바꾸자는 것이다. 국가 간 협약에 의한 국제적 분업이 삶을 짓누르는 방식이 아니라, 지역주민이 스스로 결정하고 참여하는 수평적 지역경제의 연대로 바꾸는 것이다. 개인과 가계가 모여 지역경제를 구성하고, 지역경제의 결합으로 국가경제가 구성되는 방식이 참다운 경제다. 사람에서 출발하여 사람을 위한 글로벌경제가 작동되어야 한다. 지속가능한 사회경제, 회복력이 담보되는 경제는 사람과 지역의 관점에서 출발하는 경제다. 지역순환경제의 핵심은 지역에 사는 사람들의 필요를 지역에서 1차적으로 충족시키는 것이며, 이는 생산경제에서 생활경제로의 관점 전환을 요구한다(〈그림 5-3〉 참조).

〈그림 5-3〉 지역공동체의 회복력

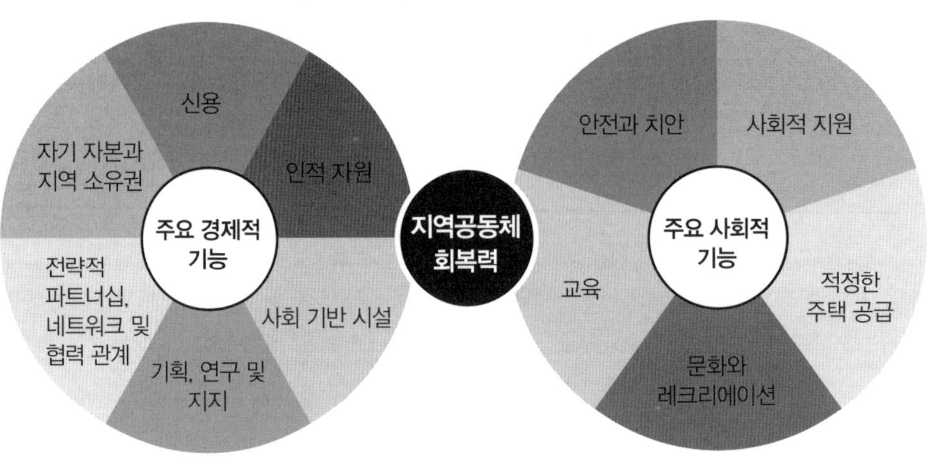

마이클 루이스, 팻 코너티, 『전환의 키워드, 회복력』(2015)에서 재인용

▌생활경제

생활경제의 기본은 '무엇이 필요하고 어떻게 생산할 것인가' '얼마나 생산하고 얼마를 벌 것인가' '어떻게 벌고 어떻게 쓸 것인가'의 문제다. 결국 나에게는 무엇이 필요하고, 누가 생산할 것인지, 나는 누구를 위해 무엇을 생산하고, 누가 생산한 무엇을 필요로 하는지 고민하는 것이다. 그것이 가능한 최소한의 범위를 내가 사는 곳에서 가장 가깝게 형성시키는 것이 중요하다.

1970~1980년대 압구정으로 상징되는 강남 개발과 목동 재개발에 이어 86아시안게임과 88올림픽을 전후하여 분당, 평촌, 일산에 거대 신도시가 형성되었다. 이어 특별시, 광역시 인근에 크고 작은 신도시가 우후죽순처럼 들어섰다. 부부 맞벌이가 본격화되고, 아이는 하나나 둘만 낳았다. 멀리 떨어진 직장으로 자가용 출퇴근을 시작했다. 주말에 일주일치 쇼핑을 했고, 대형 소매점이 빠른 속도로 매장을 늘려나갔다. 아파트와 자동차를 사고, 휘발유 값과 통행료를 지불하고, 주말 쇼핑과 외식, 주말여행과 해외여행이 일반화되었다.

선진국의 문턱에서 그토록 꿈꾸던 아메리칸드림이 우리 땅에서도 실현되었다. 아이는 어린이집과 유치원과 학원에, 집안 청소는 도우미에게, 빨래는 세탁소에, 먹거리는 마트와 반찬가게와 식당에 의탁하게 되었다. 이것을 위해 더 벌어야 했고, 나아가 강남 3구 입성을 위해 총력전을 펼쳐야 했다. 이런 생활방식을 지탱해준 것은 높은 성장률과 인플레이션 및 고금리, 부동산 가격의 끝없는 상승이었다.

중화학공업과 수출 주도의 대외 의존형 경제성장 모델이 종착역에 다다랐음을 우리 모두 알고 있다. 도시화를 통한 부동산 가치의 증대로 '부를 줍는' 부동산 불패 신화도 사라졌다. 예전보다 한 세대나 더 살아야 하는 고령화 사회에서 지금까지의 생산 중심의 관점으로는 벌기가 더욱 어려워졌다. 고용도 연금도 불안정해진 상황에서, 지역을 토대로 하는 생활경제의 촘촘한 망이 절실하다. 생활경제를 구성하는 4대 영역으로서의 주택, 보육과 교육, 의료와 복지, 먹거리에 대한 접근 방식을 지역경제망 안에서 재구성해야 한다. 더 버는 것이 불가능한 미래에는 덜 쓰면서도 삶의 질을 유지하고 발전시키는 방법을 찾아야 한다.

생활경제는 필요한 것을 생산하는 경제다. 돈을 벌기 위해 생산하고, 광고와 마케팅을 통해 필요를 창출하는 방식이 아니다. 생활을 구성하는 것은 헤이즐 헨더슨의 경제 케이크에서 볼 수 있듯이 돈이 필요 없는 영역이 많다. 생활경제망을 토대로 지역경제를 재구성하기 위해서는 사회적 '신뢰'를 회복해야 한다. 이웃이 경쟁자가 아니고 협력자여야 한다. 이웃과 경쟁하는 것이 아니라 이웃이 있어서 내가 존재할 수 있는 호혜적 관계여야 한다. 글로벌 경쟁은 국가와 대기업에게 맡기고, 지방정부와 지역주민은 협동조합과 사회적 기업 등이 중심이 되는 사회적 경제 및 사회연대경제에 집중해야 한다.

〈그림 5-4〉에서 보듯, 경제는 사적 이윤을 추구하는 시장경제 1섹터, 공공부문이 주도하는 2섹터, 사회적 경제를 중심으로 하는 자조적·호혜적·사회적인 3섹터로 구분할 수 있다. 신자유주의는 작은정부·규제 완화·민영화를 핵심으로 1섹터를 위한, 1섹터에 의한, 1섹터의 경제다. 직설적으로 표현하면 시장의 강자를 위한 경제다. 한편, 1섹터 안에 거대한 지하경제가 공존하고 있다는 사실에 유의해야 한다. 시장은 완전 경쟁 상황이고 효율적이며 투명하다는 경제학의 교리는 이미 박물관에만 존재한다. 신자유주의 이전의 복지국가는 1섹터의 시장 실패를 보완하고 적극적으로 조정하여 중산층을 두텁게 만드는 경제를 지향했다.

복지국가 모델과 신자유주의 모델은 정부와 시장의 관계에 대한 입장을 달리하며 이념적

〈그림 5-4〉 사회적 경제와 사회연대경제

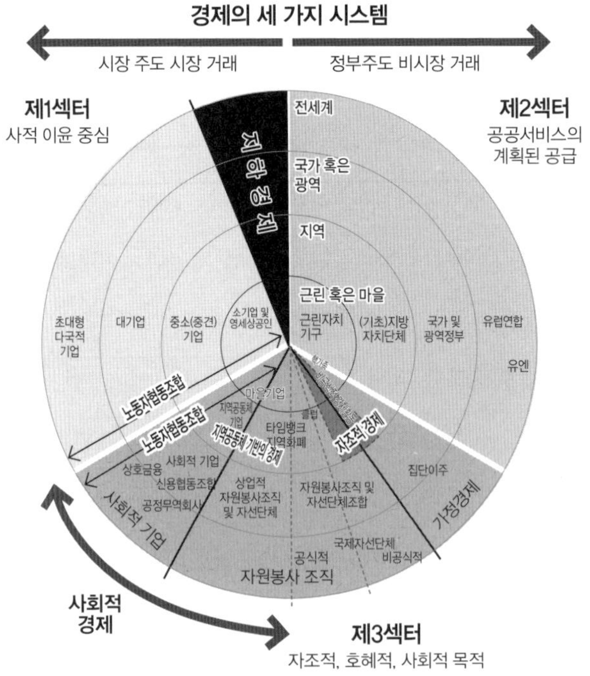

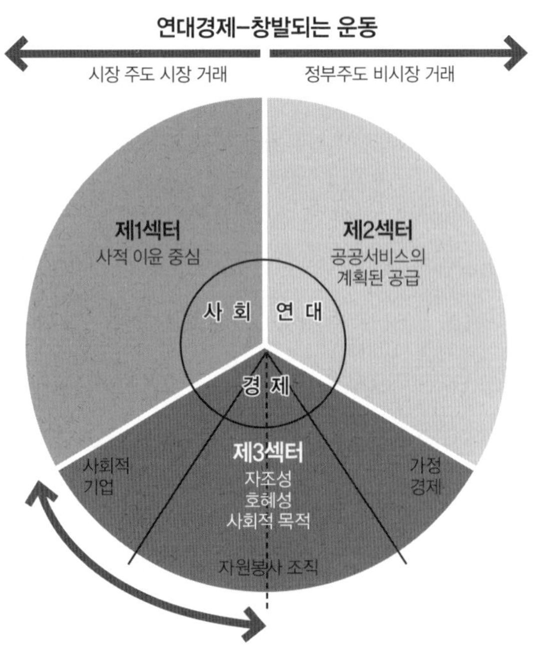

마이클 루이스, 팻 코너티, 『전환의 키워드, 회복력』(2015)에서 재인용

대립까지 초래했다. 이 두 모델은 시장이 먼저인지, 정부가 먼저인지를 놓고 논쟁했지만, 시장과 정부의 토대를 이루는 사람, 지역공동체, 사회는 간과하거나 애써 무시했다는 점을 지적해야 한다. 〈그림 5-4〉의 사회연대경제 모델은 이러한 대립의 탈출구를 제시한다. 시장과 정부는 대립하는 것이 아니라 경제와 시장이 사회 속에 있음을 보여준다. 사회적 경제가 1섹터 및 2섹터와는 별개로 존재하지만, 사회연대경제는 전 영역에 걸쳐 시장경제와 비시장경제를 포괄한다. 개인, 지역, 사회, 시장, 국가의 제요소가 대립적인 개념이 아니라 통합적으로 작동되는 경제인 것이다. 사회연대경제의 개념 틀에서는 시장과 정부(행정)와 사회적 경제가 상호 연결되고 시너지 효과를 발휘하는 조합이 가능해진다. 즉, 사회적 신뢰를 토대로 공정한 시장과 정부를 상정할 수 있다. 그런 경제는 '협동경제'를 지역생활경제망의 작동 원리로 채택할 것이고, 협동경제는 미래의 희망이 될 것이다.

협동경제

사회 속에 경제와 시장을 붙잡아두려면 돈의 흐름을 잡아야 한다. 신자유주의의 돈은 야생의 잔혹한 맹수와 같이 전 세계를 휘젓고 다닌다. 희대의 금융 사기인 2008년의 서브프라임 모기지 사태로 촉발된 금융위기 이후, 많은 미국인들은 신용협동조합으로 금융거래를 바꾸었다. 주택과 부동산을 매개로 욕망이 뒤범벅된 금융증권(파생상품 등)의 마약 같은 유혹에서 벗어나 이웃과 함께하는 지역의 상호금융으로 회귀한 것이다. 반면, 심각한 재정 위기에 빠진 미국 정부는 양적 완화라는 그럴듯한 이름으로 부도덕한 금융기관에 수갑 대신 '돈 폭탄'을 선물했고, 그 부담은 고스란히 국민의 세금으로 전가되었다. 라인홀드 니버(Reinhold Niebuhr)가 이 현실을 보았다면 '도덕적 개인과 부도덕한 국가'라고 일갈했을 것이다.

결국 현 시점에서 신자유주의 경제 질서가 국가 간 협약을 통해 바뀌기를 기대하기는 어렵다. 촛불 혁명처럼 지구 구석구석에서 지역 스스로 협동경제를 구축하고 연대하는 것이 근본적인 해결책이다. 나아가 건강하고 개혁적인 지방정부의 국제 연대를 통해 미래 어젠더를 제시하고 국가를 움직일 수 있어야 한다. 셰리 버먼(Sheri Berman)은 『정치가 우선한다–사회민주주의와 20세기 유럽의 형성』에서 "사회민주주의자의 과제는 자유주의를 자유시장에 대한 집착으로부터 '자유롭게' 하는 것이며, 그것의 '혁명적 잠재력'을 단지 부유한 자들에게만이 아닌 사회 전체로 퍼뜨리는 것이었다"고 주장하며, "시장과 자본주의는 경제성장과 부를 이끌어내는 귀중한 도구"이지만, 동시에 "시장이 하인으로서는 훌륭하지만 주인으로서는 끔찍하다"고 말한다. 궁극적으로 시장과 돈을 사회의 하인으로 위치시키고 사람이 주인이 되기 위해서는, 사회경제적 대타협과 정치적 합의를 통한 제도화가 요구된다.

'자연 속의 사회, 사회 속의 경제, 경제 속의 화폐' 원칙이 정립되어야 한다. 자본의 경제학에서 사람과 사회의 경제학으로 전환하고, 사람(노동)과 자연환경을 최우선시하며, 사회가 규율하는 시장 제도를 확립하여 단기 수익 극대화 모델을 폐기하고 지속가능성을 최우선으로 하는 경제 모델로 전환해야 한다. 주택·교육·의료 등은 사회적 협동조합과 공기업을 통한 공공재 공급 차원에서 접근하고, 금융·먹거리·서비스 등은 협동조합과 협동조합연합(복합체)을 통한 기본 생활재 시장 차원에서 접근해야 한다. 사람이 살고 있는 지역에서 그 사람들의 필요를 충족시키는 생활경제를 풍요롭게 함으로써 높은 삶의 질을 유지하기 위한 '협동경제'는 경쟁보다는 공동체 구성원의 협동에 근거한 사회적 경제, 사회연대경제가 우선이다. 더불어 살아가는 세상에서 화폐와 교환은 필수적이지만, 정의에 입각해야 한다. 공정함이 시장에서 왜곡되면 사회경제의 안정성은 붕괴된다.

〈그림 5-5〉는 2014년 8월 중순의 수박농가의 출하 전표다. 1,006통의 수박을 출하하여 108만 3,000원에 도매 가격이 형성되었고 수수료와 운임을 제한 농가 수령액은 11,190원이었다. 농가는 수박 1통에 11원을 받았다. 여기에서 모종과 비료, 농약 및 인건비 등의 비용을 제해야 한다. 4일 뒤 출하한 3,194통의 수박은 개당 460원을 받았지만 이 또한 생산비에 훨씬 못 미친다. 우리 사회는 부도 직전의 농가와 시장을 어떻게 평가해야 할 것인가? 농가가 경쟁력이 없는 것인가? 이 가격을 형성한 시장에 계속 맡겨둘 것인가? 하지만 이 농가는 이웃 수박농가들과 사전에 약속한 공동 계산을 통해 개당 3,000원 수준으로 받아 부도를 넘길 수 있었다. 다른 날 출하하여 더 받은 농가들과 합쳐서 평균값으로 공동 정산한 것이다. 5,000원 받은 농가는 2,000원을, 4,000원 받은 농가는 1,000원을 이 농가에게 나누어준 것이다. 대박을 포

〈그림 5-5〉 수탁판매대금 집계표

수탁판매대금 집계표

생산자명 및 품목(품종)이 공란일 경우 사무실로 연락바랍니다

정산일	2014 년 08 월 14 일
출하처	
성 명	17298

생산자명	품목(품종)	수량	판매액	수수료	운임	하역비	공제액계	지불액계	비고
	꿀수박	1,006	1,083,000	75,810	996,000	0	1,071,810	11,190	송금
합 계		1.006	1.083.000	75.810	996.000	0	1.071.810	11.190	

개당 11원 농가 수취

수탁판매대금 집계표

생산자명 및 품목(품종)이 공란일 경우 사무실로 연락바랍니다

정산일	2014 년 08 월 18 일
출하처	
성 명	17298

생산자명	품목(품종)	수량	판매액	수수료	운임	하역비	공제액계	지불액계	비고
	꿀수박	122	372,000	26,040	6,000	0	32,040	339,960	송금
	꿀수박	824	1,022,500	71,575	830,000	0	901,575	120,925	송금
	꿀수박	114	61,400	4,298	0	0	4,298	57,102	송금
	꿀수박	801	1,041,100	72,877	866,000	0	938,877	102,223	송금
	꿀수박	348	361,200	25,284	30,000	0	55,284	305,916	송금
	꿀수박	678	1,212,400	84,868	866,000	0	950,868	261,532	송금
	꿀수박	307	303,000	21,210	0	0	21,210	281,790	송금
합 계		3.194	4.373.600	306.152	2.598.000	0	2.904.152	1.469.448	

수박 3,194개
개당 460원 농가 수취

기하고 쪽박을 회피하려는 농민 협동의 힘이다. 이런 농민의 협동조직이 전국에 2,000개가 넘는다.

협동조합은 사회적 경제의 꽃이다. 협동조합의 출발은 산업혁명기에 가족 모두가 공장에서 일하고도 기본 생활비가 부족한 상황에서 마을 주민들이 공동으로 빵과 생활재를 구입하면서 시작되었다. 영국의 로치데일 소비자 협동조합의 성공을 계기로 프랑스의 노동자 협동조합, 독일의 신용 협동조합, 덴마크의 농업 협동조합 등 다양한 유형의 협동조합이 사람들의 필요에 의해 만들어졌고, 이탈리아에서는 비교적 최근에 사회적 협동조합이 태동하여 전 세계로 확산되고 있다. 경제위기 상황에서 더 강해지는 협동조합은 대안적 경제의 중심 모델로 평가받고 있다.

〈그림 5-6〉 이탈리아 북부 트렌토와 볼로냐지역의 협동경제

트렌토 COOP

농협 : 92개소, 2.2만 조합원, 2,693명 고용
신협 : 57개소, 12만 조합원, 2,887명 고용
생협 : 79개소, 10만 조합원, 2,663명 고용
서비스, 사회적 주택 : 295개소, 3만 조합원, 1만 명 고용

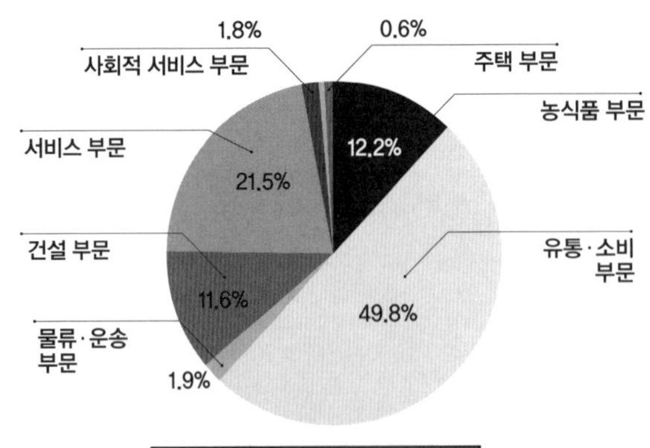

볼로냐 LEGA

회원 조합 235개, **총매출** 114억 유로
총고용 44,000명, **조합원수** 1,278,502명
매출 구성 : 농협 12.2%, 생협 등 49.8%
건설협동조합 등 11.6%, 서비스 21.5%

〈그림 5-6〉은 이탈리아 북부 트렌토와 볼로냐 지역의 협동경제 시스템을 수치로 요약한 것이다. 지역경제의 중심축을 담당하는 이들 지역의 협동경제는 신용 협동조합, 소비자 협동조합, 농업 협동조합, 노동자 협동조합, 사회적 주택·서비스 협동조합이 상호 협동하며 강력한 지역 단위 단일 연합회를 구성하고 있다. 지역의 다양한 생산 협동조합의 산물이 소비자 협동조합과 식당 협동조합 및 급식 협동조합을 통해 지역주민에게 공급된다. 유치원 협동조합이 설립되면 건축 협동조합이 시공을 맡고, 서비스 협동조합에서 보육교사를 파견하고, 급식 협동조합이 아이들의 식단을 책임지고, 필요한 재원은 신용 협동조합에서 조달한다.

이렇듯 서로 다른 협동조합 간의 협동은 지역경제망을 촘촘하게 연결하여 협동경제를 구현한다. 그리고 먼저 만들어진 협동조합이 수익금의 일부를 적립하여 나중에 설립된 협동조합을 지원한다. 파산한 협동조합의 직원은 연합회의 조정으로 인근의 협동조합에서 고용 승계하거나 재교육 과정을 거친다. 단기 주주 이익 극대화를 위해 비싼 돈을 들여 글로벌 회계 및 법률 컨설팅의 자문을 받고, 적대적 합병을 일삼고, 직원을 해고하고 비정규직을 확대하는 소위 경쟁력 있는 글로벌 주식회사 기업과는 근본적으로 다른 경제다.

03
오래된 미래, 우리 속의 생활협동경제

❙ 경제·역사

유발 하라리(Yuval Harari)의 『사피엔스』가 베스트셀러에 오르면서 많은 사람들이 흥미진진하게 읽었다. 우생학에 빠질 위험이 있어서 불편함이 없지 않았으나, 인간이란 무엇이고 어디로 향하는 것인지 자문해볼 수 있는 계기였다. 넉넉히 잡아 500만 년의 인간 역사에서 인간이 인간다워진 것은 불을 이용하고 농사를 지으면서부터다. 농업혁명으로 4대 고대 문명이 큰 강 하구에서 생겨났다. 집 짓는 사람, 쟁기 만드는 사람이 생겼고, 사회가 복잡해졌으며, '문명'이라 불렸다. 그러고도 아주 오랫동안 자연이 허용하는 범위 내에서 자연과 더불어 살아왔다. 문명 간의 교류도 실크로드와 같은 상업에 의존했다. 글로벌 스탠더드는 없었다. 자연을 극복하고 정복하겠다는 생각도 극히 최근의 일이다. 긴긴 농업혁명의 여운을 단기간에 흔적도 없이 날려버린 것이 산업혁명이다. 19세기 본격화된 산업혁명은 인류 역사 최대의 반전으로서, 화석에너지인 석탄과 석유를 이용한 기계에 의해 이루어졌다. 얼마 되지 않은 아주 가까운 과거의 일이다.

산업혁명 이전에 자본주의의 씨앗은 움트고 있었다. 중세의 끝자락을 향하던 14~16세기의 르네상스를 통한 인간성의 해방과 인간의 재발견에 이어, 16~17세기 종교개혁으로 '돈'을 버는 것이 하느님의 은총을 확인하는 행위라는 혁명적인 인식의 변화가 일어났다. 무역이 활발했던 지중해 연안 도시국가에 은행이 생겼고, 1492년 콜롬버스가 지브롤터해협을 벗어나 대서양 망망대해를 거쳐 중국과 인도를 찾아 나섰을 때, 지중해 연안과 그 언저리에 한정되었던 '유럽'이라는 지역은 더 이상 지역이 아니게 되었다. 황금을 쫓는 난폭한 대항해 시대가 열리며 세계가 하나로 연결되었다. 우리 사회에서 헌집이 새집보다 비쌌던 것이 반세기도 되지 않았듯이, 무역과 금융이 결합된 세계화와 자본주의의 역사도 길어야 500년에 불과하다. 산업혁명에 의한 새로운 질서는 불과 200년 남짓이다. 영원한 것이 아니다.

자연을 정복한 대가는 심각한 지구 환경 위기로 돌아왔고, 돌이키기 어려운 지경으로 나아가고 있다. 노예무역과 화석에너지로 흥한 서구 중심 자본주의는 1차, 2차 세계대전의 폐허 위에서 사회와 경제가 공존하는 복지국가로 발전했으나, 자연과 사람에게 향하는 힘은 충분치 않아서 신자유주의로 다시 회귀했다. 더욱 경쟁적으로 제3세계의 자원을 제1세계로 빨아들이며 화석에너지를 불태웠고, 글로벌화된 자본은 국가와 사회의 통제에서 벗어나 글로벌 금융제국을 건설하여 돈 나고 사람 나는 세상을 만들었다. 20세기 인류는 미래 세대의 자원을 가불하여 유사 이래 최고의 풍요로움을 누린 셈이다. 선진국은 지금의 풍요로움을 유지한 채 현재를 기준으로 기후 협약을 맺으려 하고, 중국과 같은 후발국은 화석에너지를 좀 더 써서 선진국에 진입한 후에 하겠다는 입장이 부딪치며 생태발자국은 높아만 가고 있다.

세계 생태 수도를 자임하는 독일의 프라이부르크의 에너지 자립 마을과 자전거로 배달되는 지역 농산물 꾸러미는 아주 오래된 미래다. 돈으로 계산되는 가치와 그렇지 않은 가치가 지역 공동체 안에서 함께 인정되면서 사회경제가 공정해진다. 서로를 신뢰하고 서로에게 감사한다. 소득이 증가하지 않아도 행복지수가 높아진다. 2008년 위기 이후 몬드라곤과 볼로냐와 퀘벡에 대한 관심이 높아진 것도 같은 흐름이다. 협동조합과 사회적 경제에 대한 관심은 자연과 사회와 경제가 동행하는 오래된 인류 역사의 재발견이고, 필연적 과정으로 이해해야 한다. 공정한 분업과 협업을 위한 사회적 노력은 인류 역사를 관통하는 공존의 질서다. 이제 우리 옆에 불쑥 모습을 드러낸 많은 맹아들을 살펴보며 희망의 길에 나서보자.

❚ 사회주택과 주거권

전세가 사라지고 있다. 정부가 나서서, 전세는 선진국에 없는 우리만의 이상한 제도이니 월세로 바꾸는 것이 선진국형이라고 주장한다. 우리나라 주택 보급율은 100%를 상회하지만 주택 보유율은 겨우 50% 수준이다. 절반이 집이 없으니 전세나 월세를 살아야 한다. 전세는 고도성장기 높은 인플레이션과 고금리 상황에서 생겨난 제도다. 부동산 가격이 물가나 금리보다 빠르게 상승하던 시기에 전세를 끼고 집을 사면 땅 짚고 헤엄치듯 자산이 늘어났다. 저금리 시대로 바뀌니 더 이상 전세 제도는 집주인에게 유리하지 않다. 경쟁적으로 월세로 전환하는 이유는 입주자 부담이 전세보다 월세가 2배 이상 높기 때문이다. 집을 가진 절반의 사람도 전전긍긍한다. 부동산 버블 붕괴가 두렵고, 대출금을 갚을 방법이 없는 깡통주택도 속출한다. 유일한 자산인 주택이 무너지면 노후가 무너진다.

주택 정책은 버블을 유지하기 위해 안간힘을 쓸 것이 아니라, 주거 안정성을 확대하는 방향으로 전환해야 한다. 새로운 주택의 공급보다는 인구절벽 이후 빈집과 지역사회 유지를 위해 지방정부가 주도하는 지역 차원의 대책이 필요하다. 특히 베이비부머의 은퇴와 지역으로의 인구 이동에 맞추어 중소도시와 농촌 중심지의 지구 단위 계획이 중요하다. 인구 감소와 고령화 시대에 대비한 콤팩트시티를 구상할 필요가 있다. 인구가 감소하기 시작하는 특별시와 광역시 등 대도시의 빈집 문제도 앞으로는 농촌 빈집만큼 심각해질 것이다. 정치사회경제의 한복판에 있던 '부동산', 그중에서도 주택에 대한 전면적인 정책 전환은 지역협동사회경제를 실현하기 위한 출발점이 될 것이다.

해결의 단초를 사회주택에서 찾을 수 있다. 공공 임대주택에서 협동조합 주택에 이르기까지 다양한 형태의 공공성 높은 주택은 자산 증식 욕망의 결정체가 아니라 가족 행복의 따뜻한 둥지가 될 것이다. 또한 도시의 청년 주거 문제를 해결하기 위해서도 소유 중심이 아닌 이용 중심의 주택으로 정책을 전환해야 한다. 도시의 주택 문제를 새로운 시각에서 접근하고 있는 두꺼비하우징의 사례는 지방정부의 적극적인 주택 정책 전환과 연계한 민간 부문의 새로운 비즈니스 모델이다. '자산 증식 수단으로서의 주택 시대'를 뒤로하고, 이용하는 사람의 주거

조건을 중시하고 그들의 공동체를 촉진시키고 있다.

〈주택 부문 사례: 두꺼비하우징〉

• 목적

지역 내 단독, 다가구, 다세대 등 저층형 주택 밀집 지역의 물리적·사회적·경제적 재생을 통한 주민 정주권 확보, 정감 있는 마을 공동체 형성 및 지역경제 활성화

• 사업

- 주택 관리: 저소득층(무상 관리) 및 일반 주민 대상 창문, 화장실, 전기 등 관리
- 주택 개·보수: 저소득층 및 일반 주민 대상 에너지 효율 개선, 도배, 장판 등 집수리
- 마을 만들기: 주민 참여와 민간 전문가 결합, 공공지원에 의한 마을 만들기, 산새마을(두꺼비하우징 시범 단지) 조성, 주민 참여형 재생 사업 등(※ 산새마을: 주민과 공무원들이 함께 노력하여 동네 사랑방, 마을회관, 공동 텃밭, 골목 벽화 등 마을 단위로 교육, 문화, 복지가 형성됨)
- 주거 복지 지원: 주택 개발 사업 관련 상담 및 교육, 주거 취약 계층에 대한 주택 복지 학교, 주거 실태 조사 실시

• 주요 성과

- 2017년 3월 공가(共家) 10호점 공급 완료, 11호점 진행 중

※ 공가: 빈집을 활용해 만든 1인 가구용 공유 주택, '비어 있는 空家에서 함께 사는 共家'

- 공가 유형: 셰어하우스(1인 가구, 사회 초년생, NGO 활동가), 안심 주택(대학생, 여성, 주거 취약 계층), 토지 임대부 사회주택 등
- 저소득층 무상 집수리 사업: 236가구('11년), 177가구('12년)

상생의 먹거리와 생활협동

소비자는 왕이라며 소비자 스스로도 그렇게 착각하고 있지만, 실제로는 그렇지 않다. 마트에서 소비자는 유통기업이 이윤 극대화를 위해 선택하여 진열해놓은 상품 중에서 제한된 선택

을 할 뿐이다. 생산자가 볼 때 선택권을 가진 왕은 소비자가 아니라 유통기업의 바이어다. 소비자 조직화를 통한 선택권의 확립이 진정한 소비자 주권이다. 예를 들어 우리나라 소비자는 유전자조작(GMO) 식품을 원하지 않는다. 그러나 우리나라는 GMO 농산물 수입 1위 국가다. 해외 곡물 대기업과 국내의 식품 및 유통기업이 원하기 때문이다. 정부가 나서서 GMO 표시는 불법이라고 엄포를 놓는 상황이다. 소비자의 권리 이전에 국민의 건강에 관련된 문제에 대한 문제 제기조차 원천적으로 차단하려 한다. 살인 수증기를 내뿜은 가습기 살균제에 대해서도 그렇게 대응하지 않았던가? 소비자가 기업의 '봉'이라면 이렇게 대응하는 정부에 대해 국민은 무엇인가?

친환경 농산물을 생산 유통하면 '빨갱이'로 낙인찍히던 시절이 있었다. 시민의 조직화에 극도로 민감하게 반응하던 독재정권 시절의 이야기다. 그러나 1970년대부터 생산자들의 유기농업 운동이 시작되었고, 1980년대 중반부터 한살림을 비롯하여 소비자들의 직거래 운동이 시작되었다. 민주정부 이후인 1998년에 생활협동조합법과 친환경농업육성법이 제정되었다. 시민의 자발적인 생활경제조직인 생협의 총매출은 1조 원이 넘는데 이는 동양 최대 규모를 자랑하는 가락동농수산물도매시장 총거래액의 3분의 1 수준이다. 직접 고용 일자리가 1만 명 수준이고, 농민 생산자와 가공유통 등 연계된 일자리 수도 그 이상이다. 최근에는 공정무역, 햇빛발전, 도농 상생, 마을 만들기를 넘어 지역공동체 경제 클러스터로 나아가고 있다. 100만에 육박하는 평범한 시민 조합원(가구 수 기준이므로 생협 가족은 훨씬 더 많음)의 작은 출자금이 모여 대기업 규모의 경제를 스스로 만들었다.

〈먹거리 부문 사례 1: 한살림〉

• 목적

- 농민, 생산자들과 도시 소비자 조합원들이 모심과 살림의 마음을 함께 느끼며 호혜와 협동의 관계 확대, 희망과 대안 마련

• 사업

- 밥상살림: 생산자 · 소비자 직거래를 통한 먹을거리 나눔, 건강한 밥상 자림을 위한 교육 · 홍보,

먹을거리 관련 제도 개선을 위한 정책 참여 활동

- 농업살림: 친환경 유기농산물 등 안전한 먹을거리 생산, 생태적인 지역 농업 유지·육성을 위한 기금 운영, 도농 공동체를 위한 교류와 협력 활동(우리 쌀 지키기, 우리 밀 살리기, 발아보리 가공 공장, 토박이씨앗살림, Non-GMO, 한살림 안성맞춤 식품, 농업회사법인 농지살림(주))
- 생명살림: 교육·연구·출판, 생활 실천 운동(생활실천: 햇빛발전협동조합, 가까운 먹을거리, 재사용병, 자주 관리, 자주 점검, 자주 인증, 도농 교류, 생산 안정 기금, 가격 안정 기금 조성 및 운영 등)

• 주요 성과

- 2015년 전국 22개 회원 생협, 매장 수 204개, 조합원 53만 명
- 매출 추이: 2,049억 원('12)→2,461억 원('13)→2,775억 원('14)→2,938억 원('15)

〈먹거리 부문 사례 2: 아이쿱〉

• 목적

- 서민들도 이용할 있는 유기농산물과 안전한 식품 공급
- 조합원이 선정한 물품만을 소비자에게 공급
- 친환경 농업을 통해 한국 농업의 대안 마련

• 사업

- 소비 부문(29개): 아이쿱생협사업연합회, 아이쿱소비자활동연합회, 아이쿱인증센터, (재)아이쿱협동조합연구소, (재)한국 사회적 경제씨앗재단, ㈜쿱서비스, ㈜쿱스토어, ㈜쿱스토어-광주전남, 대구, 부산, 울산, 경기, 대전충청, ㈜쿱생활건강, ㈜쿱수산, 아이쿱친환경급식(주), ㈜한국친환경유기인증센터, ㈜쿱에코하우징, ㈜쿱엔지니어링, ㈜클러스터지원그룹, ㈜쿱도우, ㈜맘씨, ㈜순수유, ㈜씨엘씨, ㈜아이쿱양조, ㈜알마, ㈜애간장, ㈜해피푸르츠, 사회적협동조합 아이쿱협동조합지원센터
- 생산 부문(12개): (사)아이쿱생산자회, ㈜아이쿱농산, ㈜아이쿱라면, ㈜아이쿱양곡, ㈜아이쿱청과, ㈜에코푸드, ㈜밀크쿱, 쿱베이커리(주), 순천우리밀제과(주), 아이쿱축산(주), 쿱푸드시스템(주), ㈜건강한닭

- 자연드림파크: 전남 구례, 19개 공장과 영화관, 수제맥주 레스토랑, 친환경 제품 체험관 등, 충북 괴산에 조성 중

• 주요 성과

- 1997년 6개 지역 협동조합, 연매출 15억 원→2015년 85개 회원 조합, 180개 매장, 연매출 5,256억 원, 조합원 23만 명
- 매출 추이: 4,279억 원('13년)→4,834억 원('14년)→5,256억 원('15년)→5,600억 원('16년)

친환경 농업 운동과 생활협동조합 운동은 학교급식 운동에 영감을 주었다. 아이들의 건강을 위해 사회적 책임을 다하는 바른 먹거리 운동으로서 학교급식은 시민운동에서 출발하여 제도화되고 정치적 결단에 의해 일반화되었다. 학교급식은 5조 원 이상의 규모인데, 시설 및 인건비를 제외한 순수 식재료 먹거리 부문이 3조 원을 넘는다. 700만 명의 아이들이 방학과 주말을 제외한 학기 중의 하루 한 끼 식사가 가락동농수산물도매시장 총거래액에 버금간다. 학교급식 운동을 통해 친환경 우리 농산물의 안정적인 생산 공급망이 공적으로 구축되자, 이를 토대로 사회적 약자들을 위한 공공 급식으로 진화하고 있다. 우리나라에는 경제적인 이유로 하루 세 끼를 충분히 먹지 못하는 국민이 정부 공식 통계상 5%가 넘는다. 미국의 저소득층영양공급프로그램(푸드스탬프) 대상 선정 기준으로 계산하면 10%가 넘는다. 21세기 선진국 문턱에 서 있는 양극화된 대한민국의 현주소다. 이 10%에게 제공되는 공공 급식은 그 어떤 정책보다도 우선되어야 한다. 학교급식과 공공 급식의 통합 시스템을 농촌 지역 산지와 연계하여 촘촘하게 구축하면 많은 사업 조직과 일자리가 만들어진다. 우리가 먹는 것의 77%가 수입품임을 떠올리면 그 의미는 훨씬 배가된다.

생활협동조합과 학교급식의 뒤를 이어 먹거리 분야의 새로운 흐름은 지역사회후원농업(CSA)과 로컬푸드 운동이다. 저성장 시대에 충동구매와 대형 마트에서 대량 구매하던 소비 패턴이 변화하고 있다. 또한 고령화 사회로 진입하면서 귀농·귀촌을 포함하여 도시에서 지역으로 인구가 이동하고 있다. 이러한 흐름과 동시에 농촌 및 도시 인근의 농장과 도시민이 먹거리 꾸러미를 매개로 관계 시장을 형성하는 사례들이 빠르게 늘고 있다. 먹거리 나눔을 넘어 새로

운 문화, 새로운 경제를 나누는 작은 공동체다(언니네 텃밭 사례 참조). CSA 보다는 규모화된 형태로 지역 농산물 생산소비 통합 시스템을 지역 단위로 구축하고 있는 로컬푸드 운동은 로컬푸드 직매장, 농가 레스토랑, 6차 산업 등을 중심으로 구성된다. 이미 로컬푸드 직매장은 전국 100개소를 넘었고, 지방정부의 중심 정책으로 자리매김하고 있다. 로컬푸드 1번지를 자임하는 완주군 로컬푸드 운동의 중심에 있는 완주로컬푸드협동조합은 생산자와 소비자가 공동으로 출자하여 지역사회를 혁신하고 있는 대표적인 사례다. 6만 명의 지역의 고정 소비자가 이용하고, 2,500농가가 한 달 평균 100만 원의 소득을 올리고 있다.

〈먹거리 부문 사례 3: 언니네텃밭(CSA)〉

• 목적

- 먹을거리와 농사일의 힘겨움, 농민의 어려움, 소비자의 고민을 나누면서 다 같이 잘 사는 건강하고 따뜻한 사회를 꿈꾸는 것

• 사업

- 식량 주권과 지속가능한 농업을 위한 토종 씨앗 지키기
- 여성 농민의 생산·가공·유통 협업화로 식량 주권 실현: 토종 씨앗 지키기, 전통음식 문화 보전 활동
- 얼굴 있는 생산자와 마음을 알아주는 소비자의 먹을거리 공동체와 지역 먹을거리 체계 확립
  → 전국 16개 공동체에서 각 공동체별 15명 내외의 여성 농민이 생산한 농산물 꾸러미 판매
- 건강한 먹을거리를 통한 사회적 기여

• 주요 성과

- 2013년 9월 기준 약 1,600명의 꾸러미 소비자 회원 확보
- 토종 종자 실태 보고서 발간, '2016 힘내라! 토종씨앗 축제' 개최, 토종 콩 심기 캠페인

〈먹거리 부문 사례 4: 완주로컬푸드협동조합〉

• 목적

농민이 생산한 농산물과 농가공품을 포장하고 가격까지 매겨 직매장에 판매함으로써 지역 중소 농가의 소득 창출

• 사업

2012년 농업회사법인 완주로컬푸드(주)로 출발, 2014년 협동조합으로 전환

- 전주와 완주에 12개 직매장, 농가 레스토랑 3개소 운영
- 전북혁신도시 농식품마켓 개장 예정('17), 학교나 공공기관 대상 공공 급식 참여 예정

• 주요 성과

- 직매장: 12개소의 5년간 누적 매출액 1,539억 원(2017. 1월 말 현재)
  54.2억 원('12)→195.2억 원('13)→353억 원('14)→414.4억 원('15)→447.5억 원('16)
- 농가 레스토랑: 3개소의 2016년 매출 8억 원
- 지역 농가 소득 안정: 완주 지역 2,500농가의 가구당 연평균 판매액 1,193만 원
- 로컬푸드 고정 이용 고객 약 6만 명

이웃과 함께 키우는 아이들

예전에는 마을이 아이를 키운다고 했다. 이웃이 돌봐주고 자연과 어른들께 배우면서 아이들은 어른이 되었다. 베이비부머의 어린 시절은 예닐곱 형제자매들이 서로 보듬으며 성장했다. 그 베이비부머가 도시로 나가서 2명의 자녀를 두고, 그 자녀들은 이제 1명의 자녀를 낳는다. 도시에서의 생활은 맞벌이로 몰리고, 아이를 키우는 데는 분유와 이유식, 보모가 필요하다. 과거에 비화폐적 부문이 화폐경제의 영역으로 바뀌었다. 육아와 보육만이 아니다. 영어유치원이 문전성시를 이루고, 초중등학교 공교육이 있어도 일부 사학 재단은 학교 운영으로 수익 모델을 만들고 사교육 시장이 공교육을 삼켜 학부모 부담이 대학생 자녀 교육비에 버금가는 경우도 있다. 성인이 되어 사회에 진출하기까지는 균등한 기회를 제공해야 하지만, 현실의 교육과 입시제도는 일찍부터 금수저 학교와 흙수저 학교로 나누어 학교에서부터 신신분사회를 노골화한다. 교육부 고위 공무원은 99% 국민을 개돼지로 표현하면서, 봉선을 넘어 노예제 시대

를 방불케 하는 발언을 하기도 했다. 재벌의 이익을 대변하는 전경련이 돈과 경쟁 위주의 경제 교과서를 만들어 청소년을 가르친다.

교육시장으로 일컬어지는 신자유주의 광풍 속에서 부모들이 모여 공동 육아와 공동체 교육을 시도하기 시작했다. 이제는 전국 각지에서 육아 협동조합이나 대안학교를 쉽게 발견할 수 있다. 최근 활성화되기 시작한 학교 협동조합은 전경련 교과서의 가르침을 정면으로 위배하며 공동으로 소유하고 관리하는 경제 시스템을 스스로 만들고 운영하는 살아 있는 현장학습의 공간이 되고 있다. 학교 매점을 학교 구성원들이 협동조합을 설립하여 운영하거나, 교복 공동구매를 추진하기도 한다. 나아가 학교에서 협동조합 교육을 일반화하고, 학교 자체를 지역 공동체가 설립하고 운영하는 협동조합 학교를 지향하는 운동이 전개되고 있다. 학교에서조차 보호받지 못하고 격렬한 경쟁에 떠밀리듯 무방비 상태로 노출된 청소년들이 경쟁이 아닌 협동을 배울 수 있는 지역사회의 학교가 필요하다.

〈보육 교육 부문 사례 1: 공동 육아와 공동체 교육〉

• 목적

- 모든 어린이들이 계층, 지역, 성, 장애 정도에 구분 없이 누구나 바람직한 육아 혜택을 받을 수 있도록 어린이의 복지와 교육의 질 향상

• 주요 내용

- 공동 육아 어린이집: 생태 교육, 공동체 교육, 통합 교육, 절기 교육, 자유놀이 활성화를 통한 교육
- 공동 육아 초등 과정: 방과후(방별활동, 자유활동, 선택모둠활동, 들살이, 방학), 지역 공동체 학교(빈곤 가정과 아동, 지역사회의 통합적 지역 교육 활동 실천), 대안 초등 산어린이학교,
- 공동 육아 인증: 공동 육아 어린이집의 타당성, 합리성, 객관성 검증

• 공동 육아 현황

- 어린이집(75개소), 방과후(17개소), 지역 공동체 학교(7개소), 대안 초등학교(1개소)

〈보육 교육 부문 사례 2: 학교 협동조합〉

• 목적

- 공동으로 소유되고 민주적으로 운영되는 사업체를 통해 공통의 경제적, 사회적, 문화적, 교육적 필요와 욕구를 충족시키고자 학교 구성원(학생, 교직원, 학부모, 지역 공동체)들이 자발적으로 결성

• 주요 내용

- 학내에서 공익성을 가진 사업 운영, 교육 자치 실현, 체험형 참여 학습 실현

• 주요 성과(2016년 9월 기준)

- 경기도 학교 협동조합(12개): 학교 매점(8), 토요교실, 방과후 프로그램, 마을수업 등(1), 돌봄, 방과후 프로그램(1), 학생 복지 사업(1), 학교 교육 복지 사업(1)
- 서울 학교 협동조합(11개): 학교 매점(5), 교복 사업(1), 학생 교육 복지 사업(4), 마을 연계 교육 문화 사업, 학교 교육 지원 사업(1)
- 그 외 지역(5개): 학교 매점, 학생 교육 복지 사업(1), 학교 매점(2), 교육·방과후 프로그램, 지역 문화 네트워크 준비(1), 책방 등(1)

주민 참여 사회 서비스(의료, 돌봄, 상조)

인간이 살아가는 데 재화 이외에도 각종 서비스 영역이 필요하다. 그중에서도 의료를 비롯하여 돌봄과 상조 등의 사회 서비스 영역은 인간 생활의 토대를 이루고 지역사회 공동체의 협동에 기초할 때 가장 안정적이다. UR/WTO 이후 우리 사회 식자들은 의료 산업이 미래 성장 먹거리라는 주장을 하기 시작했다. 이를 위해 의료 민영화를 추진해야 하고, 해외의 부자들을 의료 관광으로 끌어들여야 한다고까지 주장했다. 국민의 건강권을 시장에 맡기려는 이러한 시도들은 생각보다 집요하고 현재도 진행형이다. 정부가 인구 과소 지역의 보건소와 보건지소를 축소 및 폐쇄하기 시작할 무렵, 지역의 주민들은 스스로의 힘으로 병원을 협동조합 방식으로 설립하기 시작했다. 건강을 담보로 돈 버는 산업이 아니라 아프기 전에 찾아가는 병원을

만들어서, 의료 사각지대를 시민 스스로 메워가는 건강한 사회 프로젝트다. 누구나 주치의가 있는 것은 드라마에 나오는 금수저 가족의 이야기가 아니라 의료 협동조합의 평범한 조합원 가족의 이야기다.

〈사회 서비스 부문 사례 1: 안산의료협동조합〉

• 목적

보건, 의료와 관련된 생활상의 문제를 지역주민과 의료인이 협동의 힘으로 해결

• 주요 내용

- 건강 예방: 건강 강좌, 건강마을 만들기, 건강 소모임 활동, 건강검진센터

- 병의원 운영

- 주치의 제도: 비만, 고혈압, 당뇨 고지혈증 등을 가지고 있는 조합원 및 지역주민

- 주민 건강 활동: 거리 건강 체크, 노인정 건강 체크, 건강 강좌

• 주요 성과

- 2017년 3월 기준 조합원 5,423명, 출자금 10억 973만 원

〈사회 서비스 부문 사례 2: 민들레의료협동조합〉

• 목적

- 의료, 건강, 생활 등의 문제를 개선하기 위해 지역주민과 의료인이 협동하여 의료기관 운영

• 주요 내용

- 병의원 운영: 의원, 한의원, 치과

- 센터 운영: 건강검진센터, 노인복지센터, 가정간호센터

- 심리 상담 및 진료 상담, 소모임 및 마을 모임

• 주요 성과

- 2017년 2월 말 조합원 5,551세대, 출자금 13억 4,800만 원

의료 협동조합과 함께 돌봄과 관련한 사회 서비스는 우리 사회의 건강성을 보여주는 대표적 활동이다. 노인, 장애인 등 사회적 약자에게 필요한 서비스를 지역 공동체의 자발적인 활동을 통해 제공하는 '돌봄'은 탄탄한 민관 거버넌스에 의해 추진되는 것이 바람직하다. '도우누리'의 사례처럼, 사회가 소외된 구성원을 '요람에서 무덤까지'라는 구호 아래 돌보는 것은 시장만능주의에서는 상상하기 어렵다. 또 다른 중요한 사례가 근덕농협의 재가노인복지센터다. 고령화가 제일 먼저 진행되어 이미 대표적인 초고령화 사회가 된 농촌 지역의 농협이 지역 농협 최초로 농촌 특성에 맞게 노인 복지 사업을 실시하고 있는 사례다.

전국 1,000여 개의 지역 농협과 신협 등의 협동조합에서 지역의 조합원 복지를 둘러싼 다양한 사업을 전개하고 있다. 정책적 차원에서 지역의 다양한 협동조합과 사회적 경제 조직의 활동을 체계적으로 지원 육성하는 것이 필요하다. 특히 농협, 수협, 신협 등의 상호 금융 재원을 지역의 사회복지 및 재생에너지와 같은 신사업에 투자하여 지역순환경제의 핵심 역할을 할 수 있게 하는 제도 도입이 시급하다. 농촌과 중소도시 지역에서 지역 농협의 역할에 대한 새로운 접근이 필요한 때다.

'요람에서 무덤까지'라는 협동사회경제의 핵심 슬로건의 마지막이 상조 부문이다. 각종 상조 회사가 유사 금융시장처럼 우후죽순으로 생겨나면서 사회적 문제가 되기도 한다. 한겨레두레협동조합처럼 상조의 영역에서도 협동조합은 매우 중요한 주체가 되고 있다.

〈사회 서비스 부문 사례 3: 도우누리〉

• 목적

- 돌봄서비스 근로자에게는 좋은 일자리를 제공, 주민들에게는 요람에서 무덤까지 양질의 돌봄서비스를 공급

• 주요 내용

- 노인 돌봄 종합 서비스: 효살핌(재가 장기 요양 서비스), 은빛돌봄(노인 돌봄 서비스) 등
- 장애인 활동 지원 서비스(함께누리): 신체활동, 가사활동, 사회활동 등을 지원
- 산모 신생아 돌봄 서비스(아가마지): 출산 가정에 건강관리사 파견, 산후관리 지원

• 주요 성과

- 서울시 사회경제 우수 기업 선정, 2016년 직원 수 300명, 월 이용자 650명, 조합원 수 295명

〈사회 서비스 부문 사례 4: 근덕농협〉

• 목적

- 농촌 인구 고령화, 조합원의 노인 비중이 증가하는 현실에서 노인들에게 전문적인 요양 서비스를 제공함으로써 건강한 노후를 보낼 수 있도록 지원

• 주요 내용

- 지역 내 고령 농업인 대상 방문 요양, 방문 목욕, 주·야간 보호, 노인 돌봄, 복지 용구 지원

• 주요 성과

- 지역 농협 최초 재가노인복지센터 설립, 농촌 특성에 맞는 복지 사업 실시

- 2009년 초기 노인 돌봄 대상자가 10명에 불과했으나 2013년 120명으로 증가

〈사회 서비스 부문 사례 5: 한겨레두레협동조합〉

• 목적

- 상업화된 상조업계의 폐해를 줄이고 영리 위주의 장례 문화 개선

• 주요 내용

- 상포계 운영

- 직계 가족의 사망 시 조합원들끼리 도와서 상을 치름

- 전속 장례지도사 장례 지도: 직거래 방식으로 장례용품 구매, 원가 공개 등

• 주요 성과

- 2010년 조합원 가입 시작, 서울, 부천, 천안·아산, 광주, 창원 등 지역 협동조합을 설립

- 2017년 약 3,500명 조합원 확보

- 기존 장례식 대비 20~25%의 거품 제거

협동사회경제는 우리 사회 구석구석에 이미 다양한 형태로 존재한다. 이제는 시민의 자발적인 노력에 사회와 국가가 답해야 할 때다. 앞에서 제시된 다양한 사례를 기반으로 종합적인 정책 구상으로 나아가자.

04
협동사회경제와 지역 활성화 정책 방향

▌지역 자치분권과 지역 부흥 5대 뉴딜

우리는 광장의 촛불 혁명에서 박정희 패러다임의 종말을 보고 있다. '분권 개헌'의 목소리가 높아지고 있다. 분권은 수도권과 지방, 도시와 농촌이 상생과 협력 속에 지속가능한 발전을 이룰 수 있는 최고의 국가 발전 전략이다. 획일적·수직적으로 권력이 집중된 중앙집권에서 다원적·수평적으로 권력이 분산되는 자치분권으로 전환해야 한다. 자치 행정권과 자치 입법권을 단계적으로 확대하고, 재정 분권까지 가능한 강한 지역을 만들어야 한다. 이를 위해 자치분권형 개헌과 읍·면·동의 준(準)자치화로 강력한 주민 주권의 기반을 만들어야 한다. '주민으로서 자치권' 개념과 '지방자치단체'가 아니라 '지방정부' 개념을 적용해야 한다.

지역이 없으면 나라가 없다. 도시 재생, 농업 농촌, 청년과 시니어, 산업, 생태 분야 5대 지역 부흥 뉴딜 정책으로 지역 중심 성장을 추진해야 한다. 우선 도시 재생 뉴딜은 의료, 보육, 돌봄, 문화, 주택, 에너지 등 다양한 협동조합과 지역 공동체를 기반으로 주민의 삶의 질을 개선하여 '골고루 편안한 행복동네'를 만드는 것이다. 공공부문 일자리로 생활 안전과 돌봄 수준을 높이고, 맞벌이 부부가 아이를 키우는 데 불편함이 없어야 한다. 나아가 지역별 분산 에너지 시스템을 준비하고, 장기 공공 임대주택을 포함한 사회주택 중심의 주택 정책이 필요하다.

농업 농촌 뉴딜은 지속가능한 국민의 농어업·농어촌을 실현하는 것이다. 산업혁명이 본격화되던 1820년의 세계 인구는 10억, 1960년에는 30억에 불과했으나, 2017년 현재 75억 명이고 매년 8천만 명씩 늘고 있다. 식량은 화석에너지와 물이다. 에너지 위기와 물 위기에 직면한 가까운 미래에는 지난 20세기와 같이 식량을 수입에 의존할 수 없다. 21세기 초부터 세계 곡물 재고율은 감소하고, 곡물 가격 지수는 가파르게 상승하고 있다. 따라서 국가식량위원회를 설치하고 국가식량계획을 수립하여 지속가능한 푸드 시스템을 구축하고, 지역 농정 거버넌스를 통해 실행해야 한다. 청년 창업농의 안정적인 정착을 적극 지원하고, 도농 간 인적·물적 연계를 지원하는 플랫폼을 구축해야 한다. 농어촌 지역에 1시군 1의료 협동조합 및 지역 에너지 협동조합을 주민 참여형으로 설립해야 한다. 이제 농업 농촌은 농민의 문제가 아니라 국민의 문제다.

저성장·고령화 시대에 청년과 시니어의 세대 간 갈등과 대립이 심화되고 있다. 청년·시니어 상생 뉴딜이 절실하므로, 세대 순환·도농 상생의 새로운 체계를 구축해야 한다. 도시와 농촌에서 협동사회경제 영역을 확장하고, 혁신적이고 창의적인 새로운 스타트업을 육성하여 청년 세대의 취업과 창업을 촉진하는 종합적인 청년 뉴딜이 시행되어야 한다. 더불어 대도시 5060세대가 중소도시와 농촌에서 다양한 사회경제 활동을 통해 인생 2모작을 실현하도록 액티브 시니어 뉴딜을 동시에 추진해야 한다.

도시 재생과 농업 농촌 및 세대 순환 뉴딜은 지역 산업 뉴딜과 생태 뉴딜을 통해 효과적으로 목표한 바를 이룰 수 있을 것이다. 지역의 공업단지와 중소기업을 업그레이드하고, 지역 연구 개발 기관들의 독자성과 지역 산업에의 접근성을 높이도록 통합 조정하고, 지역 발전 방안을 지역에서 모색하는 거버넌스 구조를 강화하여 지역 산업 뉴딜을 이루고, 생태 뉴딜로 미래를 준비해야 한다. 기후변화와 에너지 전환에 대응하는 친환경 미래 산업 육성과 에너지, 물, 주택, 교통, 식량 등의 미래 먹거리 영역에 집중 투자해야 한다. 주택과 건물에 태양광 등 에너지 생산 시설을 갖추고, 스마트 도시, 전기차 산업과 전기충전소 협동조합을 육성하여 미래 산업을 열고 새로운 일자리를 만들어야 한다.

❙ 살기 좋은 동네, 다시 서는 농어촌

저출산, 생산 인구 감소, 고령화 등으로 지방의 소멸이 가속화되고 있고, 치열한 경쟁과 각자도생으로 마을 공동체는 급격히 붕괴하고 있다. '더불어 행복한 동네' 사업으로 주민 생활의 품격을 높이고, 도농 상생 네트워크를 강화하는 한편, 사회적 경제를 육성해 '강한 지역'을 만드는 새로운 전략이 필요하다. 우선 행정적으로는 소득, 고용, 건강, 교육, 주거, 사회안전, 생활 여건 등 7대 영역을 기준으로 동네 생활보장지표를 마련해 생활복지 수준을 높이고, 상대적으로 부족한 지역에 더 많은 재정이 투입될 수 있도록 동네별 맞춤형 정책을 실행해야 한다.

또한 귀농 귀촌 사업을 도농 상생 사업으로 업그레이드하여 도시와 농촌의 먹거리와 주거 문제를 동시에 해결하는 전략이 필요하다. 직장에서 은퇴 전 앙코르커리어 프로그램을 활성화하고, 은퇴 세대가 농촌에서 인생 2모작을 실현할 수 있도록 전문기관(시니어지원센터)을 설치하여 교육, 컨설팅, 서비스 등을 체계적으로 지원하고, 이를 위해 지방정부 간 협력 체계를 구축하여 도농 상생의 네트워크를 만들어야 한다.

로컬푸드 기반 6차 산업으로 지역경제를 재생시키는 것도 매우 중요한 전략이다. 지역경제의 토대인 농식품과 전후방 산업의 연결망을 견고하게 하여, 안정적인 지역 일자리를 만들고 지역경제를 재생시킬 수 있다. 6차 산업을 활성화하면 중소농, 귀농 귀촌인 및 중소 상공인이 지역협동경제를 구축할 수 있다. 여기에 농협 등 상호금융의 지역 투자를 활성화하고, 협동조합 간 사업 연합으로 지역순환경제를 이루어야 한다.

이러한 새로운 지역 부흥의 원리는 협동사회경제를 통한 강한 지역의 육성 전략이다. 지역이 스스로 문제를 해결할 수 있도록 지역사회의 역량을 강화하기 위해서는 '사회적 경제 기본법'을 제정해 시군마다 설치된 사회적 경제위원회를 통해 민관 협력 체계를 구축해야 한다. 중앙정부의 설계에 지역 현장을 짜 맞추는 개발 시대의 원리는 더 이상 유효하지 않다. 농어촌 통합 의료복지 사회 서비스 등 지역 특성에 맞는 협동조합을 육성하고 '지역 인재 펠로십(fellowship) 프로그램'을 운영하면, 청년이 지역사회의 리더로서 지역 문제 해결을 위해 활동할 것이다.

빈집이 늘고 대도시 폐교가 속출하는 인구절벽·인구 감소 시대를 맞아 개발 사업과 도시 재생, 기존 시가지 활성화를 병행해야 한다. 중앙정부-지방정부 간 도시 재생 투자와 재원 조달 방식을 개선하고, 이를 통해 지원금의 배분 방식, 지원 방식, 지원 대상, 심의 주체 등을 대상 지역의 특성에 맞춰 탄력적으로 적용해야 한다. 또한 미래형 스마트 도시 구축에 나서야 한다. 전국 3,470개 읍·면·동 중 65%가 쇠퇴 지역이다. 이렇게 노후화된 도시의 재건 및 관리에 지능형 스마트 기술을 적용하고, 지능형 스마트 빌딩, 자율주행도로와 교통, 재생에너지 자립 도시, 자원순환경제 기반 도시, 스마트 상하수도(수자원) 등을 통해 도시 관리의 효율성과 생활 편의를 높여야 한다.

▌협동생활경제 지역 만들기

지역 특산물 부가가치를 지역으로 환원하여 지역경제를 활성화하는 전략은 지역의 협동생활경제를 시스템으로 구축하는 것이다. 완주 지역의 경우, 한우 협동조합, 로컬푸드 직매장, 농가 레스토랑 및 이와 연계된 다양한 6차 산업의 그물망을 형성하고 있다. 농장, 마을 관광 및 체험과 휴식, 농촌 마을의 교육, 문화, 복지 영역 등에서 다양한 커뮤니티 비즈니스가 활성화되고 있는데, 협동조합과 사회적 기업가 그 주체다. 원주 지역은 신협을 포함한 다양한 협동조합과 사회적 경제 조직이 경쟁하지 않고 상호 보완하며 연결되는 협동사회경제 네트워크를 보여주는 좋은 사례다.

미래 성장 동력은 농촌 지역 자원의 재발견에서 찾을 수 있다. 자연에 있는 햇빛과 바람을 이용한 에너지 생산은 넓은 공간을 필요로 하므로, 도시보다 농촌 지역이 절대적으로 유리하다. 이미 전국 각지에서 다양하게 시도되고 있는 햇빛 발전소, 바람 발전소는 지역의 새로운 부와 일자리를 창출하는 미래의 희망이다. 깨끗한 물을 보전하고 체계적으로 이용하는 것, 인공적이지 않은 자연 그대로인 지역의 쾌적함은 미래의 중요한 자원이 될 것이다.

도시 공동체 활성화와 먹거리 계획은 위기에 취약한 도시 지역의 안정성을 확보하는 전략이다. 생활경제 영역의 다양한 활동을 협동조합과 사회적 경제의 연결망 안에 구축하면 대자

〈그림 5-7〉 원주 협동사회경제 시스템과 완주 커뮤니티 비지니스 그물망 사례

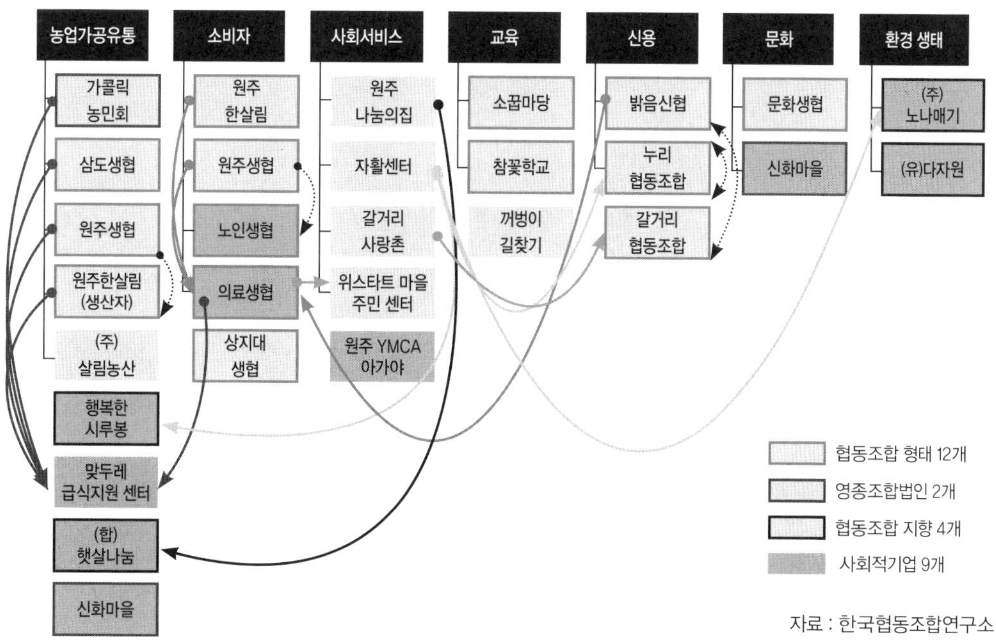

자료 : 한국협동조합연구소

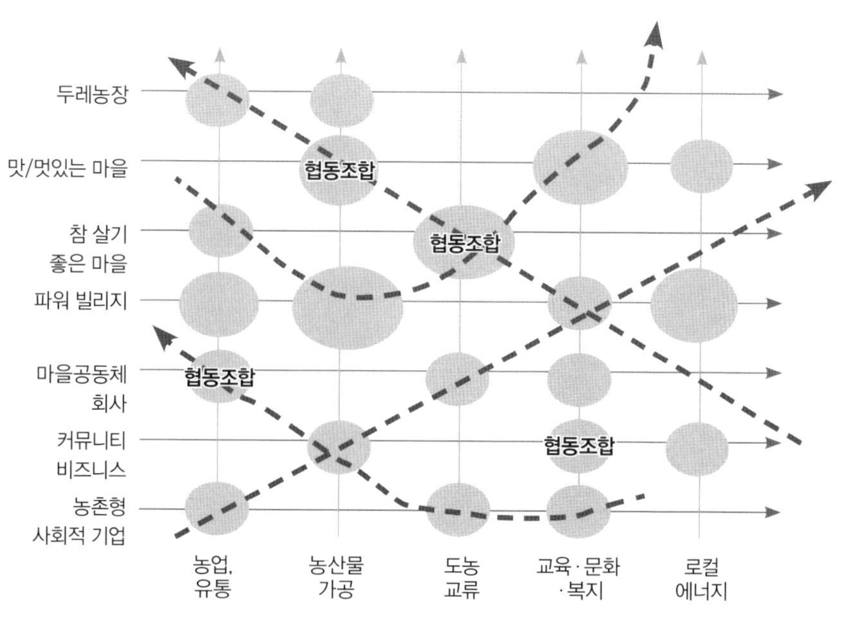

자료 : 임경수(2016)

〈그림 5-8〉 지역협동사회경제 구상도와 마을의 다양한 협동사회경제망 구상

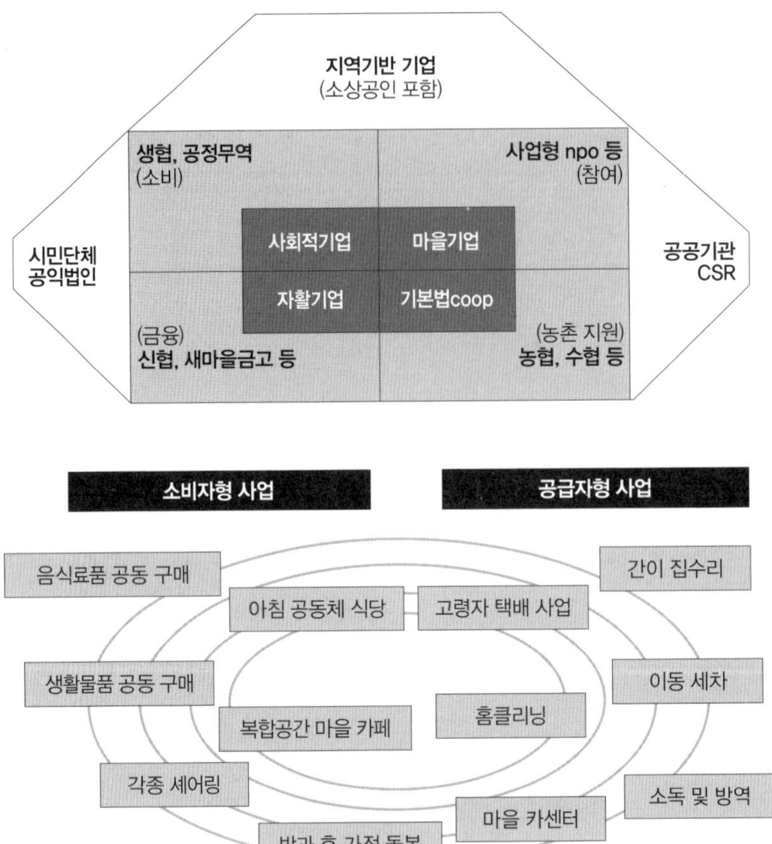

자료 : 한국협동조합연구소

본의 프랜차이즈를 통해 유출되는 지역의 부를 지역에서 순환시킬 수 있다. 생활경제는 첨단의 산업이 아니라 의식주육을 비롯한 일상의 산업이다. 〈그림 5-8〉의 협동사회경제 구상도에서 보듯 소비자형과 공급자형으로 나누어진 지역생활경제 내의 다양한 활동을 협동경제로 재구성할 수 있다. 아파트 관리사무소와 마을 관리소의 협동조합 전환 및 생활 협동조합과 육아 협동조합 등을 토대로 아침 공동체 식당, 마을 카페, 마을 카센터, 마을 빵집 등 우리 생활에 필요한 주요 부문들을 협동사회경제로 재구성하는 것이다.

❙ 순환과 상생의 푸드플랜

지역 순환형 먹거리 종합 계획(푸드플랜) 수립도 모든 지방정부에서 민관 거버넌스를 통해 반드시 추진해야 할 과제다. 먹거리의 공급망과 가치사슬을 따라 연계된 생산·소비·유통 및 리사이클 전 과정을 종합적으로 계획하고 관리하는 것이 푸드플랜이다. 돈을 중심으로 구성되었던 도시, 농촌, 경제, 환경, 정의 등의 요소를 먹거리(푸드) 중심으로 연결하고 재구성하므로, 물질적이고 화폐적인 것을 포함하여 환경과 사회 및 공간적 측면을 포괄하는 종합 계획이라고 할 수 있다.(〈그림 5-9〉 참조〉

푸드플랜 수립은 2008년 미국의 금융위기와 글로벌 공황 국면을 전후하여 선진국의 주요 지방정부들이 도시의 지속가능성 차원에서 본격적으로 접근하기 시작한 비교적 최근의 변화

〈그림 5-9〉 푸드플랜(먹거리 종합 계획) 체계도

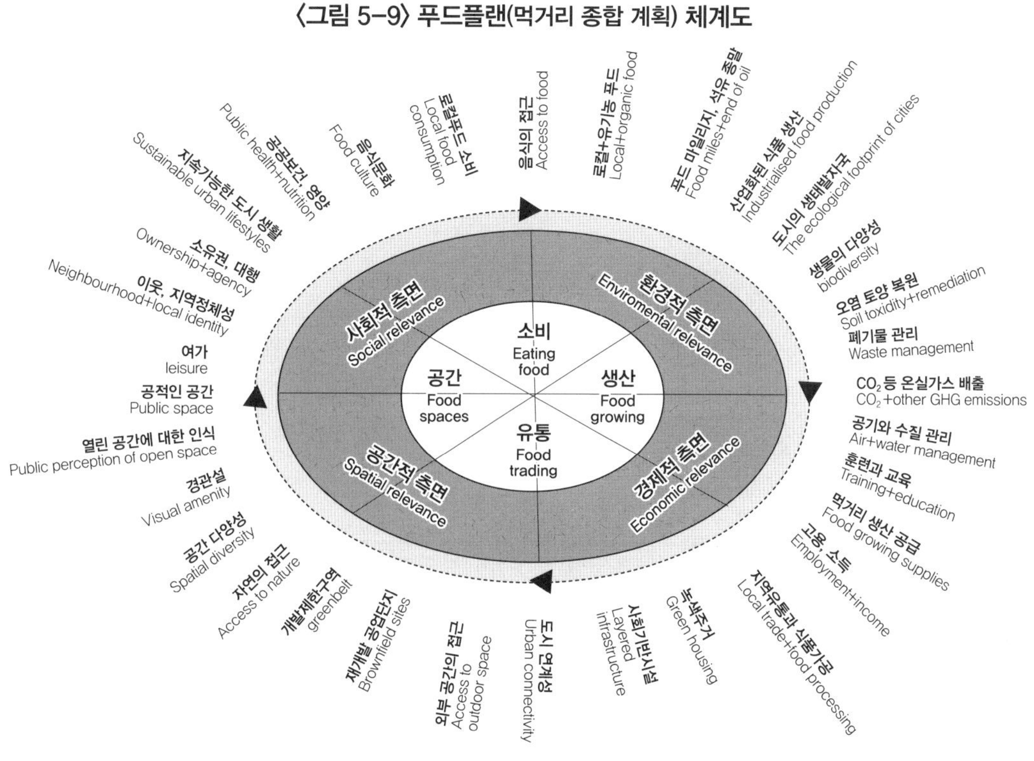

자료 : Andre Viljoen and Johannes S.C. Wiskerke, 'Sustainable food planing'

〈그림 5-10〉 세계 주요 도시의 푸드플랜과 주요 내용

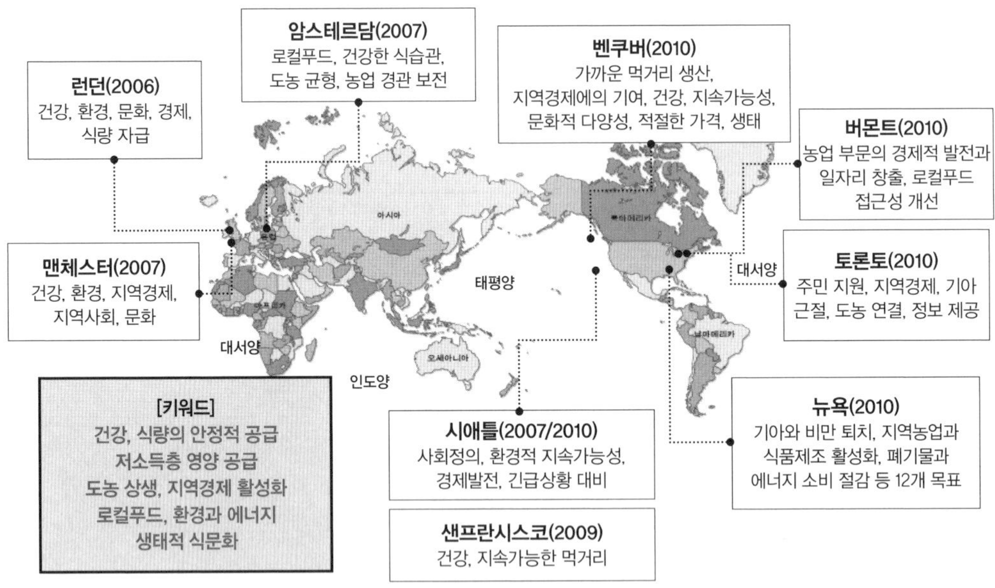

〈그림 5-11〉 푸드플랜 실행을 위한 다양한 정책 모식도

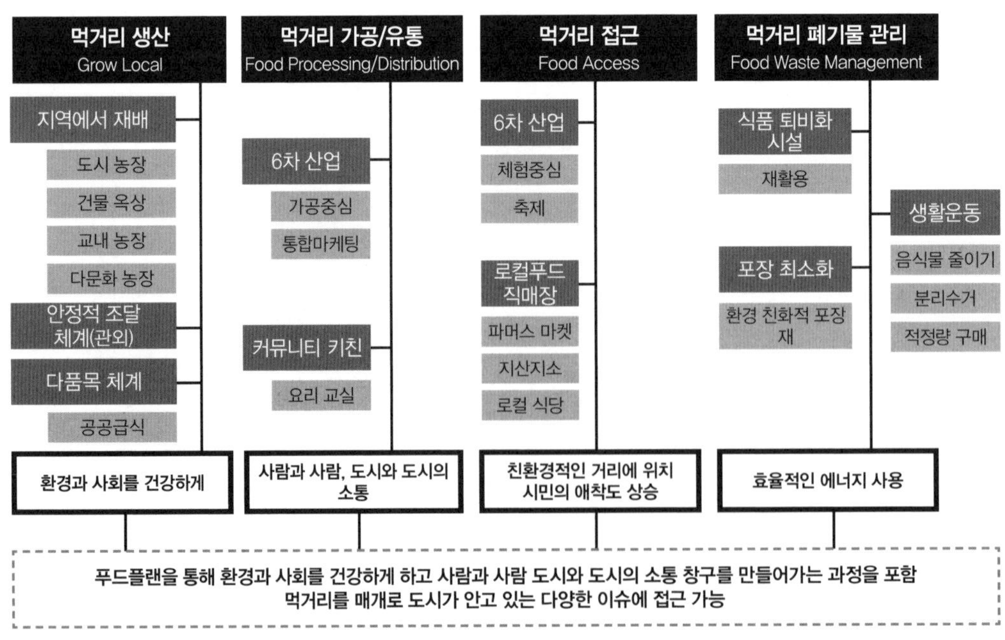

다. 에너지 순환과 지역경제 순환의 고리로서 먹거리에 새롭게 접근하는 것은 먹거리를 도시 문제 해결의 수단으로 생각하는 사회적 인식의 전환을 의미한다. 선진국 푸드플랜의 키워드는 시민의 건강, 식량의 안정적 공급, 도농상생, 지역경제 활성화, 로컬푸드, 환경과 에너지, 생태적 식문화 등이다. 전통적인 농업정책에서 푸드와 농촌정책으로 중심이 이동하고 있다.(〈그림 5-9〉 참조)

치킨집, 베이커리 등 우리 사회의 주요 프랜차이즈는 대부분 먹거리 영역이다. 대기업이나 중기업에서는 전국적으로 망을 갖추고 브랜드 마케팅을 하며 때로는 해외시장까지 진출한다. 소비자는 먹거리 전 과정에서 배제되고 공급되는 최종 상품을 구매할 뿐이다. 프랜차이즈 가맹점은 불공정 계약인 데다 수익의 상당 부분을 프랜차이즈 모기업에 지불해야 한다. 푸드플랜은 기업에 의한 먹거리 계열화보다 지역의 협동사회경제를 중심으로 먹거리 전후방 영역의 수평적 연대를 공적 시각에서 추진한다. 분리된 도시와 농촌을 연결하고, 생산과 유통 및 소비를 연결하며, 에너지와 환경의 지속가능한 순환을 도모한다. 〈그림 5-11〉은 푸드플랜이 포괄하는 다양한 정책의 세부 추진 모식도다. 먹거리와 에너지, 주택과 공동체가 협동사회경제의 핵심 영역임을 선진국 주요 도시 푸드플랜의 사례에서 확인할 수 있다.

05
지역 협동생활경제를 위한 정책 과제 제안

저성장·고령화 미래는 '삶의 방식'의 전환을 요구한다. 대량 생산, 대량 소비의 20세기 문명은 지속가능하지 않다. 노후와 보육이 안정적이어야 하고, 이를 위한 전제조건으로 청년 일자리 문제가 해결되어야 한다. 안정적인 삶은 더 이상 부동산 불패 신화에 기초한 '대박'으로 성취되지 않는다. 대다수 사람이 중산층으로서 살아가려면 '자본'에 기대는 '낙수 효과'가 아니라 이웃과 공동체가 상생하는 '신뢰와 호혜'를 중시해야 한다. 지역사회가 스스로 에너지와 먹거리 및 주택처럼 삶의 기초를 이루는 산업을 일구고 가꾸는 협동사회경제망을 갖추도록 다양한 정책이 구상되어야 한다. 앞에서 제시한 정책 방향과 주요 사례를 토대로 당장 추진할 수 있는 몇 가지 정책 과제를 제안한다.

〈정책명: '오! 천사' 생협 육성 프로젝트〉

- 정책명: 안심 먹거리 생활 공동체 '5004생협' 육성 사업
- 주요 내용: 10년간 1,500개 생협, 5,004개의 생활 공동체(생협) 매장 육성

- 현재 100만 명 조합원, 154개 생협, 533개 매장, 1조 원 매출
- 10년 내 1,000만 조합원, 1,500개 생협, 5,004개 매장, 10조 원 매출 목표

- 정책 수단: 1시군·1동 1생협 패키지 지원

- 500명 이상 조직화 및 법인(생협 등) 설립 시 매장 임대료 지원(2차 보전)
- 조직화 교육, 컨설팅 등 관련 사업비 지원
- 공모 사업 방식: 도시 농협, 기존 생협, 주민 자치 조직 등 다양한 주체 참여 가능
- 예산: 국비 50%, 지방비 50%
- 임대료는 상호금융기관과 업무 협약을 체결하고 2차 보전(3.5%) 방식으로 추진
- 임대료 2차 보전 5년간 지원, 지원 단가 탄력적 운용(평균 10억)
- 교육 및 컨설팅은 개소당 연간 5천만 원 이내로 3년 지원
- 교육 및 컨설팅 지원 센터 운영: 민간 위탁 방식

〈정책명: '로컬푸드 직매장' 및 '농가 레스토랑' 사업〉

• 시, 군, 구 평균 6개 로컬푸드 직매장과 3개 농가 레스토랑 설립(10개년)
• 전국 1,500개 직매장, 500개 농가 레스토랑, 총 2,000개소
• 생협 매장 육성 사업과 동일한 방식의 지원(기존 지원 방식 재편)

〈정책명: '의료 서비스 사회적 협동조합' 육성〉

• 1시, 군, 구 1의료 협동조합, 전국 200개 육성(5개년)
• 안성의료협동조합 수준으로 육성(100명 직원 수준)
- 시설비 20억 원 보조, 운영비 10억 원 융자(10년)
- 운영비는 지역 상호금융기관 업무 협약으로 연 3.5% 2차 보전 10년 지원 방식
- 국비 70%, 지방비 30%

〈정책명: '주택 및 에너지 협동조합' 육성〉

• 1시, 군, 구 1주택 협동조합, 1에너지 협동조합, 각각 전국 200개 육성(5개년)
• 개소당 30명의 일자리 창출
- 시설비 10억 원 보조, 운영비 20억 원 융자(10년)

- 운영비는 지역 상호금융기관 업무 협약으로 연 3.5% 2차 보전 10년 지원 방식
- 국비 70%, 지방비 30%

〈정책명: '이 천사 육아 협동조합'〉

• 1읍, 면, 동 1육아 협동조합 육성, 전국 2,004개 육성(5개년)

• 개소당 5명 일자리 창출

- 3억 원 보조, 운영비 3억 원 융자(5개년), 국비 70%, 지방비 30%

〈정책명: 도농 상생과 '5060뉴딜' '액티브 시니어 재능 뱅크'〉

• 5060세대/4050세대 귀농 귀촌과 지방 중소도시로의 J턴 촉진

- 기관과 기업에서의 앙코르커리어 교육과 인생 이모작 프로그램 지원
- 1차 베이비부머(1955~1963) 700만부터 2차 베이비부머(1968~1974) 600만까지 1,700만

• 향후 10년간 1,700만 명의 30% 수준인 500만 명 지역 이동 유도

- 연평균 50만 명 시군 지역으로 이동, 이 중 15만 명 지역 일자리 취업 추진
- 지역 취업 형태는 연금 + 월 100만 원 이내 추가 소득 방식
- 시군구별 인생이모작센터 설립 및 전국 네트워크 '이모작복덕방' 구성
- 도농 주택 공유, 공동 농장, 6차 산업, 로컬푸드, 도농 교류, 자영업 협동조합
- 시니어 재능 은행을 통한 공동체 연대 경제 일자리

〈정책명: '지역 사회주택 100만 호'〉

• 시군구 평균 5,000호 사회주택 공급(연간 1,000호) 신축 및 리모델링

• LH 및 국민연금, 상호금융 재원 조달, 주택협동조합 등 지역 민간 참여 방식

〈정책명: '청년 농업인 창농 지원' - 청년 농업인 기본 소득〉

• 40세 미만 농가 경영주는 110만 농가 중 1만 명 이하에 불과

- 청년 창농 지원을 통해 안정적인 영농 후계 인력 확보

• 40세 미만 농가에 월 100만 원 기본 소득 지급 (초년도 예산 1,200억 원)

- 매년 5,000명 창농 목표로 4년간 2만 5,000가구, 4만 명(부부 영농 고려) 이상 취농

〈정책명: '아파트 관리소 협동조합, 마을 관리소 협동조합' 육성〉

• 아파트 및 마을 관리소 협동조합 집중 육성, 공동주택 및 마을 자치 관리

• 관리소당 상근 5명, 외주용역(경비, 청소 등) 주민 고용 정규직화로 대체

• 연간 2,000개 소, 5개년 1만 개 협동조합 육성(아파트 8,000, 마을 2,000)

//////////////

일자리 위기가 심각하다. 청년들은 고용절벽에 신음하고, 중장년층 중에는 명예퇴직이나 구조조정 등으로 직장을 그만두는 사람이 많다. 과거 많은 일자리를 만들어내던 재벌 대기업도 고용 없는 성장을 계속하고 있다. 실제 일자리 통계를 보더라도 50인 미만의 기업체들이 69%의 일자리를 만들고 있다. 정부는 중소기업과 소상공인, 벤처 등의 육성을 통해 일자리를 만들어내야 한다.

이 장에서는 기존 방식과는 다른 차원에서 일자리를 만들어내는 4가지 방법을 제시한다. 첫째, 새로운 산업 분야를 창조함으로써 신규 일자리를 만들어내는 방법, 둘째, 지방경제를 활성화시킴으로써 신규 일자리를 만들어내는 방법, 셋째, 해외시장을 개척함으로써 우리의 청년과 중장년층을 해외로 내보내는 방법, 넷째, 정부가 앞장서서 공공부문의 일자리를 만들거나 근로 시간 단축 등을 통해 신규 일자리를 만드는 방법이다. 다섯째, 기존 일자리의 노동시간을 줄이는 데서도 일자리가 창출된다.

일자리 위기 상황에서는 민간과 정부가 힘을 합쳐 일자리를 만들어야 한다.

6장

일자리 혁신

– 일자리가 생명이다

01
일자리의 의의

일(노동)은 개개인으로 볼 때 생계 수단인 수입을 안정적으로 확보하는 경제적 의미에서 중요하다. 그러나 그에 못지않게 일하는 과정에서 자아를 실현하고 자신의 발전을 확인함으로써 보람을 느끼는, 인격의 실현 과정이기도 하다. 사회적으로는 소득의 1차적 분배를 형성하고, 2차적 분배인 복지제도의 기반을 이루는 일이다. 그래서 일자리가 줄어들면 사회적으로 복지 재원의 기반이 무너진다.

오늘날은 학습 사회다. 개인의 역량 강화는 학교교육이나 평생교육을 통해서도 이루어지지만 현장에서 일하는 과정에서도 완성된다. 가치를 생산하는 조직에 참여하는 과정에서 다른 생산자들과의 경쟁 및 협력, 소비자와의 교감 속에서 실질적으로 역량을 발전시킬 수 있다. 경험학습이 중요하다는 의미다.

그런데 혁신의 파동은 공정 혁신이 제품 혁신보다 먼저, 그리고 더 강력하게 영향을 미치기 쉽다. 그래서 일자리는 기본적으로 민간 부문에서 창출되어야 하지만 이것이 구조적으로 어려울 수 있다. 19세기 말과 1920년대의 대불황도 그렇게 진행되어 세계적으로 총수요가 총공급에 비해 감소했기 때문에 발생했다는 분석이 있다. 이럴 때는 국가가 개입할 필요가 있다. 특히 청년 노동력은 그 시절에 경험 학습의 기회를 놓치면 평생 노동시장에서 배제될 가능성이 있기 때문에 더욱 그렇다.

이렇게 보면 뉴딜 정책이나 파시즘 등 형태는 다양하지만 1930년대 각국에서 마침내 국가가 시장에 강력하게 개입하게 된 배경을 이해할 수 있다. 3차 산업혁명에 이어 4차 산업혁명을 목전에 둔 20세기 말과 21세기 초반인 지금 그 시기와 유사한 역사적 배경을 지녔다고 할 수 있다.

바로 그렇게 오늘날 일자리 위기를 맞고 있다. 청년들은 고용절벽에 신음하고 있고, 중장년층은 명예퇴직이나 구조조정 등으로 일자리를 잃고 있다. 현재와 같은 저성장이 지속된다면 일자리 위기는 계속될 것이다.

이 장에서는 어떻게 하면 일자리를 만들 수 있을 것인지를 설명하고자 한다. 2부 1장에서 일자리의 질을 높이는 방법을 설명했다면, 이 장에서는 양에 초점을 두어 일자리를 창출하는 방안을 모색하고자 한다.

02
일자리 창출의 현황

우선 우리나라의 현실로 돌아가 일자리가 어떻게 구성되어 있고, 어디에서 만들어지는지를 살펴보자.

통계청 자료에 따르면, 우리나라에는 2015년 기준 약 2,320만 개의 일자리가 있다. 그중 지속 일자리는 1,562만 개이고 대체 일자리는 379만 개, 신규 일자리는 378만 개다. 대체 일자리

〈표 6-1〉 2015년 기업 형태 및 일자리 형태별 규모

(단위: 천 개)

기업 형태	일자리 형태					순증 일자리
	합계	지속 일자리	대체 일자리	신규 일자리	소멸 일자리	
2015	23,195	15,622	3,790	3,783	3,297	486
회사 법인	11,107	7,177	2,323	1,607	1,302	305
회사 이외 법인	2,115	1,543	372	199	130	69
정부	1,893	1,631	217	45	25	20
비법인 단체	585	334	133	118	83	35
개인 기업체	7,496	4,936	746	1,814	1,757	57

출처: 통계청. 2016. 「2015년 기준 일자리행정통계 결과」. 6쪽.

〈표 6-2〉 산업별 신규 일자리 증감 추세

(단위: 천 개)

산업	신규 일자리	소멸 일자리	일자리 증감
전체	3,783	3,297	486
제조업	668	644	24
도매 및 소매업	618	535	83
건설업	525	439	86
보건 및 사회복지 서비스업	288	191	97
숙박 및 음식점업	289	248	40
사업 시설 관리업	271	225	46
부동산업 및 임대업	253	258	–5

란 신규 채용 일자리 중 퇴직이나 이직 등이 발생하여 대체되는 경우를 가리키는데, 창업이나 사업체 확장 등으로 생긴 신규 일자리와는 구분되는 개념이다.

지속 일자리의 구성을 보면 회사 법인이 717만 개(45.9%)로 가장 많고, 그다음이 개인 기업체이며, 정부 일자리는 163만 개(10.4%)다.

새로 창출된 신규 일자리에 대해서는 당해 연도에 소멸되는 일자리를 감안해야 한다. 2015년에 신규 일자리 378만 개에서 소멸된 일자리 329만 개를 차감하면 순수하게 늘어난 일자리(순증 일자리)는 48만 6,000개다. 이 또한 회사 법인과 회사 이외 법인이 가장 많고, 정부는 2만 개(4.1%)다.

신규 일자리를 산업별로 살펴보면 제조업이 66만 8,000개(17.7%)이고 도매 및 소매업 61만 8,000개(16.3%), 건설업 52만 5,000개(13.9%), 숙박 및 음식점업 28만 9,000개(10.3%)다.

소멸 일자리 수를 반영한 순증 일자리를 보면 보건 및 사회복지 서비스업 분야에서 가장 많은 신규 일자리 증감률(9만 7,000개)을 보였고, 건설업에서 8만 6,000개, 도매 및 소매업 8만 3,000개, 사업 시설 관리업 4만 6,000개, 숙박 및 음식점업 4만 개, 제조업 2만 4,000개 순으로 나타났다.

〈표 6-3〉 기업체 규모별 순증 일자리 규모

(단위: 천 개)

기업체 규모		신규 일자리	소멸 일자리	순증 일자리 규모	
				일자리	%
2015 총합계		3,783 (100%)	3,297	486	100
50인 미만		2,634 (69.6%)	2,360	274	56.6%
	1~4인	1,127	1,105	22	
	5~9인	540	437	103	
	10~49인	968	818	150	
50~300인 미만		652 (17.2%)	563	89	18.3%
	50~99인	296	260	36	
	100~299인	356	303	52	
300인 이상		497 (13.1%)	375	122	25.3%
	300~999인	237	185	52	
	1,000인 이상	261	190	71	

이를 기업체 규모별로 보면 50인 미만 기업체에서 263만 4,000개(69.6%), 50인 이상 300인 미만의 기업체에서 65만 2,000개(17.2%), 300인 이상의 기업체에서 49만 7,000개(13.1%)가 창출되었다. 특히 1~4인 영세 기업체에서 발생한 신규 일자리가 29.7%로 기업체 규모별로는 가장 많은 부분을 차지하고 있다.

또한 소멸 일자리를 반영한 순증 일자리를 살펴보면 50인 미만인 기업체에서 27만 4,000개(56.6%), 300인 이상의 기업체에서 12만 2,000개(25.3%), 50인 이상 300인 미만의 기업체에서 8만 9,000개(18.3%)가 창출되었다.

이상을 살펴보면 우리나라 일자리 창출에서 몇 가지 특징이 보인다.

첫째, 대부분의 일자리가 민간 부문, 즉 비공공부문에서 생겨나고 있다. 순증 일자리만 보더라도 정부와 공공부문이 4.1%이고 나머지 95.9%가 민간 부문에서 만들어진다. 물론 청년 실업률이 9%를 넘어서고 공시족(공무원시험 준비생)이 1,000만 명을 넘어선 현재 상황에서 공

〈표 6-4〉 삼성전자와 현대자동차의 매출-순이익 대비 고용 현황

기업	구분	2010	2011	2012	2013	증감	증감률
삼성전자	매출액	1,546,303	1,650,018	2,011,036	2,286,927	740,624	47.90%
	당기순이익	161,465	137,590	238,453	304,748	143,283	88.74%
	정규직	94,290	100,353	88,904	93,928	-362	-0.38%
	계약직	1,369	1,617	1,796	1,866	497	36.30%
현대자동차	매출액	367,694	777,979	844,697	873,076	505,382	137.45%
	당기순이익	52,670	81,049	90,611	89,935	37,275	70.75%
	정규직	56,099	57,068	58,104	59,861	3,762	6.71%
	계약직	38	37	1,727	3,238	3,200	8421.05%

출처: '삼성·현대차가 일자리 책임져? 언론의 거짓말', 오마이뉴스(2014. 4 7.)

공부문에서라도 일자리를 만들지 않으면 안 되는 상황인 것은 사실이다. 그런데도 대부분의 일자리는 민간 부문에서 만들어지고 있다는 점은 분명하다.

둘째, 산업별로 보면 제조업과 서비스업, 건설업 등에서 많은 일자리가 만들어지고 있다. 다만 제조업에서는 소멸되는 일자리도 많은 반면, 서비스업, 특히 보건 및 사회복지 서비스업에서는 소멸 일자리가 상대적으로 적어 순증 일자리가 많다는 것이 특징이다.

셋째, 기업 규모별로 보면 신규 일자리의 69.6%가 50인 미만 기업체에서 만들어지고 있다. 특히 1~4인의 기업체가 전체의 29.7%를 차지하고, 그다음 10~49인의 기업체가 25.5%를 차지하고 있다. 다만 4인 미만의 일자리는 소멸 일자리도 많아서 순증 일자리만 놓고 보면 10인 이상 49인 미만의 기업체와 300인 이상 기업체가 각각 30.8%와 25.3%를 차지하고 있다.

그렇다면 재벌 대기업의 일자리 창출 능력은 어떠할까? 〈표 6-4〉는 우리나라의 간판기업인 삼성전자와 현대자동차의 고용 추이를 보여준다.

삼성전자는 2010년 매출액이 154조 원에서 2013년 228조 원으로 47.9%가 늘었고, 당기순이익도 16조 원에서 30조 원으로 88.7% 늘었다. 그러나 이 기간에 정규직 인원은 되레 362명(증감률 -0.38%)이 줄었고, 계약직만 497명(증감률 36.3%) 증가했다.

또한 현대자동차는 매출액이 2010년 36조 원에서 2013년 87조 원으로 무려 137%가 늘었고 당기순이익도 5조 2,670억 원에서 8조 9,935억 원으로 70% 이상 급증했다. 그러나 이 기간 동안 정규직은 6.7% 늘어난 데 그쳤고, 촉탁직이라고 불리는 단기 계약직 노동자는 38명에서 3,238명으로 무려 8,421%나 증가했다. 두 회사 모두 매출액이나 순이익의 증가에 비하면 일자리는 줄어들었거나, 늘어나더라도 계약직이 많았다.

2015년에는 삼성그룹 3만 명(2년간), SK그룹 2만 4,000명(2년간), 롯데그룹 2만 4,000명(3년간), 신세계그룹 17만 명(2023년까지), 현대자동차그룹 9,500명(2015년), 한화그룹 1만 7,569명(2017년까지), 포스코그룹 6,400명이라는 신규 일자리 수 목표를 발표했다. 하지만 그 내용을 자세히 들여다보면 일부는 인턴 등 비정상적 일자리이거나 직접 채용과 무관한 '직업·창업 교육', 심지어 '하청업체 취업 알선' 등이 포함되어 있다.

결국 일자리는 민간 부문에서 만들어지지만, 지금까지와 같이 재벌 대기업에만 기댈 수는 없다. 오히려 50인 미만의 기업체를 중심으로 일자리를 많이 만들어내야 한다. 이들을 육성하는 방법에 대해서는 2장에서 이미 설명했으므로, 이 장에서는 다른 각도에서 일자리를 만드는 방법을 설명하고자 한다.

03
4차 산업혁명과 일자리 창출

일자리를 만드는 확실한 방법은 새로운 산업을 만들어내는 것이다. 새로운 산업이 만들어지면 수많은 일자리가 만들어지기 때문이다.

최근 새로운 산업을 만들어내는 데 있어서 4차 산업혁명이 크게 주목을 받고 있다. 4차 산업혁명은 최근에 일어나고 있는 산업계의 혁명적인 변화를 일컫는 말이다. 1차 산업혁명이 증기기관의 발명으로 18세기 후반에 일어난 산업의 혁명적 변화라면, 2차 산업혁명은 20세기 초반에 전기를 기반으로 한 대량 생산 혁명을 일컫는다. 3차 산업혁명이 1970년대부터 시작한 컴퓨터와 인터넷에 의한 혁명이라면, 4차 산업혁명은 ICT가 더욱 고도화되고 융합화됨으로써 나타나는 새로운 산업혁명을 말한다.

4차 산업혁명은 현재 진행 중이기 때문에 정확히 어떠한 방향으로 진행될지 아직은 잘 알지 못한다. 미국은 클라우드 인터넷을 기반으로 인공지능이나 빅데이터 분야를 중점적으로 추진하고 있지만, 제조업이 강한 독일은 Industrie 4.0 등으로 공장 자동화에 중점을 두고 있다. 또한 초고령화 사회와 인력 부족을 경험하고 있는 일본은 로봇에 중점을 두고 있다. 국가별로 어디에 중점을 두든 간에, 각국은 새로운 산업을 앞 다투어 만들어가려 한다.

문제는 이렇게 추진되는 4차 산업혁명이 일자리에 어떠한 영향을 미치는가 하는 것이다.

2016년에 국제노동기구(ILO)는 수작업을 대신하는 로봇의 확산으로 앞으로 20년간 아시

〈그림 6-5〉 주요국별 4차 산업혁명 추진 전략

구분	미국	독일	일본
핵심 주제	산업인터넷 (Industrial Internet)	인더스트리 4.0 (Industrie 4.0)	로봇 신전략
플랫폼	클라우드 기반	설비/단말 기반	로봇 기반
추진 주체	• Industry Internet Consortium(IIC, 산업인터넷 컨소시엄) • GE, Cisco. IBM, Intel, AT&T 등 163개 관련 기업과 단체	• Plattform Industrie 4.0 (플랫폼 인더스트리 4.0) • AcaTech, BITKOM, VDMA, ZVEI 등 관련 기업과 단체	• 로봇혁명실현회의 • 148개 관련 기업과 단체(로봇혁명 이니셔티브협의회)
기본 전략	• 공장 및 기계 설비를 클라우드에서 관리 • 가상공간의 현실화	• 공장의 고성능 설비/기기 연결하여 데이터 공유 • 현실 공간의 사이버화	• 로봇기반 사회적 과제 해결 • 로봇기반 사물인터넷, 사이버물리시스템 주도
기반 기술	• 클라우드 인터넷 • 인공지능(AI) • 빅데이터 분석과 처리	• 임베디드 시스템/네트워크 • 가상물리시스템(CPS) • 사물인터넷(IoT)	• 로봇 공학 • 가상물리시스템 • 사물인터넷

아 근로자 1억 3,700만 명이 일자리를 잃을 수 있다고 내다보았다. 태국, 캄보디아, 인도네시아, 필리핀, 베트남 등 5개국 임금근로자의 56%에 이르는 규모다.

그동안 개발도상국은 저임금을 바탕으로 공장을 유치해 돈을 벌었고, 이렇게 쌓인 자본을 투자해 경제 규모를 키워왔다. 뒤늦게 산업화에 뛰어든 한국과 대만, 중국 등도 동일한 방식으로 성장했다. 하지만 무인 공장 등이 확산되면 이러한 성장 공식이 작동하기 힘들다.

개발도상국의 일자리만 문제인 것은 아니다. 2016년 1월의 다보스포럼에서는 4차 산업혁명으로 2020년까지 선진국에서도 일자리 710만 개가 사라질 것이란 예측을 내놓았다. 선진국의 저임금 근로자들도 기계 등으로 대체된다는 것이다.

4차 산업혁명으로 생산성이 혁명적으로 향상되면 일자리가 줄어드는 것은 당연하다. 더 적은 인력으로 더 많은 물건을, 더 빨리 만들어낼 수 있기 때문이다. 하지만 4차 산업혁명으로 일자리가 일방적으로 줄지는 않을 것이라는 예측 또한 많다.

세계적인 컨설팅 회사인 맥킨지는 2030년까지 4차 산업혁명에 의한 기업 매출 증대 및 소비자 후생 증가 등으로 최대 80만 개의 일자리가 새롭게 만들어질 것이라고 전망했다. 또한 보스턴컨설팅그룹도 제조 공정에서의 단순 일자리는 61만 개 감소하지만 신규 일자리가 35만 개 창출될 뿐만 아니라 IT나 데이터 분석, 연구 개발 등에서 96만 개의 새로운 일자리가 만들어질 것으로 내다보고 있다.

4차 산업혁명의 붐을 일으킨 클라우스 슈바프 다보스포럼 회장도, 4차 산업혁명이 단순 노동자에게는 나쁜 영향을 미치겠지만 혁신가나 투자자들에게는 긍정적인 영향을 미칠 것으로 내다보았다. 단순 반복적인 일자리에는 악영향을 미쳐도 기계나 인공지능 등이 대체할 수 없는 창의적인 일자리는 더 많이 늘어난다는 것이다.

사실 지난 250년간 일어난 세 차례의 산업혁명도 마찬가지였다. 증기기관 등의 등장으로 없어진 일자리도 많았지만, 전체적인 일자리는 줄어든 적이 없었다. 특히 각 산업혁명의 이행기

〈그림 6-6〉 4차 산업혁명 시대의 유망 산업 MESIA

5대 전략 산업	세부 산업분야
Medical-Bio 의료 바이오 산업	수출 의료: 스마트헬스(U헬스), 디지털병원/연구 중심 병원, 의료 관광, 의료기기 내수 의료: 의료 서비스(병원/의원/실버), 의료 정보, 소모품 생명기술: 제약/신약, 유전자 치료, 농업(종묘), 식품(가공, 저장, 유통) 융합기술: 바이오칩, 바이오정보, 바이오화학, 수술/재활로봇 등
Energy-Environment 에너지 환경 산업	에너지: 대체/재생 에너지(태양력·풍력·조력, 바이오매스), 미래형 원전(피동형, 고속증식로), 핵융합, 수소/암모니아/메탄하이드레이트, 스마트 에너지그리드 환경: 물(식수/관개/상하수도/재처리), CO_2 저감/저장, 폐기물(처리/관리), 생물 다양성 관리, 바이오환경기술, 오염감지/관리, 환경호르몬 등
Safety 안전 산업	사회보호: 사이버/건물 보안, 방범/경호 장비·서비스, 호신용품, 구호 체계 소방방재: 소방(로봇, 장비), 산업재해/자연재해 예방, 구조/구난 체계 감시경계: 출입국/해안선 감시, 무인감시/경계로봇·자동화 사회기술: 법의학/범죄수사기술, 교통안전, SNS기반 복지 국방: 무인·로봇(경계, 정보, 작전), 사이버·정보, 비살상·대테러 등
Intellectual Service 지적 서비스 산업	지식산업: 지재권 생산/유통, 특허 소송, 엔젤투자, 벤처 M&A, 고객관리(CR) 소프트산업: 콘텐츠(3D), 모바일SW, 모바일웹, 빅데이터, 클라우드, AI 금융/보험: 모바일금융, 창조금융, 온라인/모바일 보험 교육산업: 웹/모바일교육, 인강/사이버강의, Education 3.0 문화산업: 영화/음악, 게임/애니/오락, 관광/레포츠, SF산업(스토리, CG) 등
Aerospace 항공우주 산업	항공: 민항기/개인항공, 군용기, 드론(감시·관제·통신/성층권), 항공전자/정보 우주: 위성(탑재장비), 발사체, 위성정보, 위성측지, 우주감시 등

에는 기존의 일자리도 유지되면서 새로운 일자리도 만들어지기도 했다. 따라서 4차 산업혁명이 가져다줄 일자리 감소에만 주목하지 말고 새로운 변화에 적극적으로 도전해야 한다.

문제는 우리나라가 그사이 4차 산업혁명 준비에 많이 뒤졌다는 점이다. 컴퓨터와 인터넷을 앞세운 3차 산업혁명에는 다른 나라보다 많이 앞섰던 우리나라가 4차 산업혁명에 대한 준비는 세계 25위에 불과하다. 미국이나 일본은 물론, 대만보다도 뒤진 상태다.

그러면 앞으로 우리나라는 어떠한 분야에 도전해야 하는가? 어떤 학자들은 인공지능(AI) 분야를 강조하기도 하고 어떤 학자들은 ICBM(IoT, Cloud, Bigdata, Mobile) 분야를 강조하기도 한다. 2015년에 KAIST 미래전략대학원은 한국적 상황에 맞는 새로운 산업 분야로 메시아(〈그림 6-2〉 참조)를 제시했다. 이를 바탕으로 새로운 산업과 그에 따른 일자리 창출 문제를 설명해보자.

의료-바이오 산업

우선 의료-바이오 산업은 우리나라가 강한 경쟁력을 가질 수 있는 산업인 데다 육성하기도 수월하다. 지난 20여 년간 의과대학 진학 붐으로 최고의 인재들을 모아놓았기 때문이다. 하지만 개업 의사 중심으로 대학을 운영하다 보니 최고급 인재들을 모아놓고도 미용 시술이나 감기약 처방만 하는 인재로 만들어버렸다. 이를 새로운 산업 육성으로 방향을 돌리려면 두 가지 정책이 중요하다.

하나는 의과대학에 연구 기능을 대폭 강화해야 한다. 여기에 생명공학이나 나노공학 등 관련 전공을 연계시켜 의학과 타 학문 간의 융합을 더욱 촉진시켜야 한다. 세계 최고의 의과대학을 들여다보면 의학만이 아니라 관련 학문이 다 함께 모여 있는 것을 알 수 있다. 한국의 의과대학도 타 학문과 융합시킴으로써 의과대학을 새로운 산업과 일자리를 만들어내는 거점으로 만들어야 한다.

의료 바이오 산업을 육성하는 또 다른 방법은 혁신 생태계를 조성하는 방법이다. 세계 최고의 혁신 생태계로 불리는 미국 실리콘밸리를 보면 스탠퍼드 대학을 중심으로 기업과 연구 시설들이 밀집해 있다. 한국도 이와 같은 혁신 생태계를 만들어야 한다. 물론 오송바이오산업단지 등을 만들기도 했지만 큰 성과를 거두지는 못했다. 가장 큰 이유 중의 하나는 대학이나 연구 시설과의 연계가 부족했기 때문이다.

새로운 대안으로 송도경제자유구역 주변을 의료 바이오 혁신 생태계로 육성하는 것이 있다. 송도에는 이미 많은 의료 및 바이오 기업들이 입주해 있다. 이들 기업과 주변에 있는 연세대학교 송도캠퍼스 및 서울대학교 시흥캠퍼스를 연결하면 된다. 더구나 송도 위쪽에 있는 남동산업단지에도 혁신적인 중소 벤처기업들을 입주시킬 수 있고, 인천국제공항을 통해서는 세계 각국과 연결할 수 있다. 이곳을 의료 바이오 혁신 생태계로 육성하면 새로운 산업과 일자리를 동시에 창출할 수 있다.

▌에너지-환경 산업

우리나라는 에너지 과소비 국가다. 석유가 나지 않으면서 중대형차 비율이 가장 높다. 작고 연비가 좋은 차가 많은데도 큰 차를 선호하기 때문이다. 주거와 상업 시설도 마찬가지다. 겨울철에는 집에서 반소매를 입고 지내고, 동네 구멍가게에서도 전기 히터를 사용한다. 여름철 전력 피크 시기가 되어도 국민들이 에너지 절약에 잘 협조하지 않으니, 계속해서 원자력발전소와 화력발전소를 건설한다. 환경단체들은 원전 폐기를 요구하고 각 지역의 주민들은 송전탑 건설을 반대하기도 한다. 몇 년 전에는 전력요금 차등제에 집단적으로 반발하여 산업용 전기요금을 인상하는 해프닝까지 발생했다. 더구나 최근에는 봄철 미세먼지 때문에 화력발전소 건설 중단을 요구하기도 했다. 선진국에서는 지구온난화를 걱정하고 에너지 절약을 생활화하고 있는데도, 우리나라는 예외다. 하지만 파리기후협약으로 우리나라도 2030년까지 37%의 CO_2를 절약해야 한다.

이런 상황에서 줄이고 폐기하기만 할 것이 아니라, 에너지 환경 산업을 전략 산업으로 육성해야 한다. 최첨단 자동차 기업인 테슬러모터스만 보더라도 에너지 분야를 전략적으로 육성하고 있다. 이 기업은 가정 및 사무실용 충전 시설을 만들고 세계 최고의 태양광 전기 생산 시설의 하나인 기가팩토리(Giga Factory)를 건설하고 있다. 자동차 기업에서 에너지 기업으로 변신하고 있는 것이다.

우리나라는 에너지 과소비 국가이기에 신재생에너지와 자원 순환형 환경 사업에 가능성이 많다. 주택들을 에너지 절약 주거로 만들 뿐만 아니라, 태양광을 이용하여 주택에서 생성된 에너지를 다른 주택 등에 파는 에너지 생산 주거로 만들면 엄청난 산업이 형성될 것이다. 또한 일반 공장들이 스마트 공장으로 전환되면서 에너지를 자체 내에서 순환시키는 공장으로 바꾸는 것만으로도 큰 산업이 될 수 있다.

이처럼 에너지 환경 산업에 대한 방향만 새롭게 전환해도 새로운 산업이 생겨나고 일자리 또한 만들어질 것이다.

▎안전-항공우주 산업

세월호 사건을 겪으면서 많은 국민들이 안전의 중요성을 인식하게 되었다. 또한 국가가 존재하는 근본적인 이유가 국민의 생명과 안전을 지키는 데 있다는 사실도 새롭게 인식하게 되었다.

하지만 우리는 오랫동안 안전을 등한시해왔다. 횡단보도에서도 차량과 오토바이, 사람이 뒤엉켜 있고, 공사장 주변만 보더라도 허술하기 짝이 없는 환경 속에서 일한다. '빨리빨리' '대충대충' 문화도 한몫을 하고 있지만, 그 근본에는 인명을 싼값에 보상하는 제도가 자리 잡고 있다.

이제 이러한 문화와 제도를 바꾸어야 한다. 고령화 사회가 되면서 옛날만큼 '빨리빨리'가 통하지 않는다. 특히 생산 가능 인구조차도 줄고 있어서 국민 한 사람 한 사람의 존재가 국가의 존립과 연결되는 상황이 되었다. 이제 안전을 생활화하면서 하나의 산업으로 육성해야 한다.

가장 대표적인 산업이 자율 주행차다. 자율 주행차는 차량 속도는 줄어들지 모르지만 운전자의 인간적인 실수를 줄일 수 있다. 차량과 차량이 교신하며 움직이고 보행자와의 충돌을 방지할 수 있기 때문에 한 해 5,000명의 교통사고 사망자와 30만 명의 부상자를 줄일 수 있다.

자율 주행차와 더불어 크게 각광을 받고 있는 것이 로봇이다. 이웃나라 일본은 로봇을 국가적인 산업으로 육성하고 있다. 여러 가지 이유가 있지만 가장 큰 이유 중의 하나는 고령화 때문이다. 노인이 노인을 돌보기가 힘들기 때문이다. 로봇이 있어서 도와준다면 한결 수월하게 노인들을 돌 볼 수 있다.

하지만 일본이 로봇 산업을 육성하게 된 결정적인 계기는 후쿠시마 원전 사고 때문이었다. 원자로 안이 용해되기 시작했지만 방사선 때문에 사람들이 도저히 접근할 수 없었다. 미국에서 무인 로봇이 도착하기를 기다렸지만, 그때는 이미 국가적인 재앙이 되었다.

한국도 일본과 마찬가지로 고령화 사회를 맞이하고 있고, 원전 또한 운용하고 있다. 더구나 우리나라는 군사적 목적으로도 무인 차량과 로봇을 활용할 수 있다. 미래 성장 산업 중의 하나인 우주항공 산업도 군사적 목적으로 활용할 수 있다. 이러한 산업을 육성함으로써 일자리 문제도 함께 해결할 수 있다.

지식-서비스 산업

우리는 한때 전자정부 1위 국가였고, ICT 분야의 국가 경쟁력에서 세계 3위를 차지하기도 했다. 하지만 정부의 리더십 부재와 잘못된 정책 판단, 규제 및 진입 장벽 등으로 각각 3위와 19위로 추락했다. '잃어버린 ICT 10년'으로까지 불리는 이 상황을 탈피하여 산업을 부흥시키고 일자리도 창출해야 한다.

첫 번째 중요한 육성 분야가 소프트웨어다. 우리나라가 하드웨어 중심으로 발전하는 동안 세계의 ICT 산업은 소프트웨어 중심으로 전환되었다. 특히 4차 산업혁명을 선도하기 위해서는 소프트웨어 산업 육성이 더욱 필요하다. 현재 367조 원인 국내 ICT 산업 매출 중 소프트웨어 매출은 29조 원으로 7.9%에 불과하고, 매년 3.4% 성장하고 있는 세계 소프트웨어 시장에서 한국이 차지하는 비중은 0.9%에 불과하다. 소프트웨어 인력만 보더라도 중국이 470만 명, 인도가 350만 명, 미국이 270만 명인데 한국은 16만 명에 불과하다.

4차 산업혁명을 주도하기 위해서는 소프트웨어에 기반하여 인공지능, 빅데이터, 클라우드 관련 산업도 육성해야 한다. 인공지능은 빅데이터라는 입력 자료가 없으면 무용지물이다. 정부와 민간의 데이터와 정보 서비스도 클라우드 우선으로 이뤄져야 한다. 갈라파고스 섬처럼 각각의 정보가 개인이나 회사, 기관에 갇혀 있어서는 정보 교류와 융합이 일어나기 어렵다. 이와 관련된 보안 규제를 과감하게 풀어야 정보 교류와 융합이 일어난다.

ICT가 금융과 융합하여 최근 급속히 성장하고 있는 핀테크 산업도 육성해야 하는 산업이다. 의료 분야만큼이나 최고급 인력이 몰리고 있지만, 금융 산업의 경쟁력은 그리 높지 않다. 핀테크와 같은 새로운 기술을 융합하여 산업 경쟁력을 한 단계 높여야 한다. 또한 ICT가 교육과 융합하여 급속히 성장하고 있는 에듀테크도 육성할 산업이다. 특히 교육은 많은 국민들이 관심을 가진 분야이기 때문에 그 가능성은 대단히 높다.

영화나 음악, 게임 등의 문화 분야도 강점을 가진 산업 분야다. 세계적으로 불고 있는 한류 붐도 여기에 속한다. 이런 분야에 새로운 기술과 콘텐츠가 접목되면 더욱 강력한 산업이 될 것이다.

마지막으로 육성되어야 할 분야가 관광이다. 관광은 내수 활성화에 특히 중요한 산업이다. 내수 부진의 가장 큰 이유 중의 하나가 젊은 층의 인구 감소에 따른 소비 부진이다. 이를 극복하기 위해서는 저출산 문제를 해결해야 하는데, 이를 단기적으로 해결하기는 쉽지 않다. 그렇다면 일시적으로 해외에서 소비 인구를 끌어들이는 방법이 필요한데, 그것이 바로 관광이다. 관광은 특히 일자리 창출 여력이 강한 산업이다. 기존의 관광을 한 단계 도약시킴으로써 고부가가치 관광 산업으로 육성하고 일자리도 늘릴 수 있다.

04
지방 활성화와 일자리 창출

우리는 공무원과 대기업 및 금융권 일자리를 '좋은 일자리'라고 말한다. 정년이 보장되는 안정성 측면이나 높은 임금을 그 기준으로 삼았기 때문이다.

이들이 과연 좋은 일자리인가? 다른 '더 좋은 일자리'는 없는가? '고희'를 넘기기가 드물었던 과거에서 벗어나 100세 시대의 좋은 일자리를 고민해보면 얘기가 달라진다. 평균 52세에 1차 은퇴할 때까지와 이후로 나누어서 생각해야 한다. 세대 간에 일자리 전쟁을 치르지 않는 동시에, 도시와 농촌이 불공정하게 경쟁하지 않으며 상생하는 사회경제 시스템 속에서 '더 좋은 일자리'가 창출된다. 사회적 신뢰를 바탕으로 대박을 포기하고 쪽박을 회피하는 전략을 채택하면 안정적이고 따뜻한 일자리는 상상 이상으로 많다. 지역순환 협동사회경제망을 구성하고 그 안에서 창출되는 '더 좋은 일자리'를 찾아보자.

지역생활경제 일자리

우선 우리 삶의 일상을 포괄하는 생활 영역에서 일자리를 찾아보자. 대형 마트가 동네 가게보다 물건값이 싸지만, 대형 마트를 이용할 때 총 쇼핑 금액은 더 많다. 동네에서는 충동구매하거나 대량으로 구매하지 않고 꼭 필요한 것만 사기 때문이다. 그래서 기업의 광고와 마케팅에 휘둘리지 않는 생활이 중요하다. 생활협동조합(생협)이 그 단초가 될 것이다. 생활협동조합은 지역의 소비자가 출자하여 스스로 필요한 친환경 농산물과 먹거리 및 생활재를 발굴하고 나눈다. 현재 한살림, 아이쿱 등의 생협은 100만여 명의 조합원들이 154개 생협, 533개 매장을 운영하고 1조 원 이상의 매출을 기록하고 있다. 순수하게 민간 진영의 노력에 의한 결과다.

'오! 천사' 생협 육성 프로젝트에 정부가 나서보자. 안전 안심 먹거리와 생활재 중심의 생활 공동체 '5004생협' 육성 사업을 실시함으로써, 10년 내 1,000만 조합원, 1,500개 생협, 5,004개 매장으로 확대하여 10조 원 규모의 생활 경제망을 구축하는 것이다. 그동안의 성장세와 일본의 사례를 보면 불가능한 목표가 아니다. 1시군·1동 1생협을 기본 목표로 설정하고, 500명 이상의 소비자를 조직화하는 생협을 설립하면 2차 보전 방식으로 매장 임대료를 장기 지원하며 조직화 교육, 컨설팅 등 관련 사업비를 지원한다. 연간 2,500억 원(개소당 10억 원, 3.5%, 5년 지원 기준)을 투자하면 5만 명 이상의 일자리가 창출된다. 대개 생협 활동을 하는 주부들을 위한 일자리다.

행정이 좀 더 적극적으로 참여하는 방식으로는 '로컬푸드 직매장' 및 '농가 레스토랑'과 '6차 산업' 영역이 있다. 이미 전국에 100개 이상의 로컬푸드 직매장이 극히 최근에 들불 번지듯이 확산되고 있다. 시군구 평균 6개 로컬푸드 직매장과 3개 농가 레스토랑 설립을 10개년 계획으로 추진하여 전국 1,500개 직매장, 500개 농가 레스토랑, 총 2,000개소를 생협 매장 육성 사업과 동일한 방식으로 지원하면 4조 원의 로컬푸드 시장이 형성되면서 2만 명의 신규 일자리가 만들어진다.

농업에서도 새로운 일자리가 풍부하게 존재한다. 향후 식량 위기 가능성이 증대되면서 농업의 자급력 강화, 지역 농산물의 지역 소비력 증대가 농정의 핵심이 된다. 그러나 현재 120만 호의 농가 중에서 40세 미만 가구주 농가는 1%에 불과하다. 따라서 청년 농업인이 진입하지 않는다면 농업은 농업 담당자가 사라져 소멸될 것이다. 이런 위기 국면에서 유럽과 일본이 최근 도입한 '청년 농업인 창농 지원' 프로그램을 도입하여 청년 농업인 기본 소득으로 월 100만 원을 지급하면 현재 수준에서 연간 1,200억 원이 소요된다. 매년 5,000명 정도가 신규로 농업에 참여해야 향후 안정적인 농업 후계 인력이 확보되므로 이를 목표로 취농 정책을 추진해야 한다. 이는 일자리 정책을 넘어 국가와 지역 존립의 기반이 된다. 매년 청년 농업인 5,000명 창농을 목표로 5년간 2만 5,000가구가 취농할 경우, 부부가 영농하는 것을 고려하면 농업 분야의 신규 일자리는 4만 명이 넘는다.

❙ 지역협동경제 일자리

도시에 집중된 의료, 돈벌이 수단으로 전락한 의료 시스템을 혁신하여 과소 지역을 중심으로 의료 복지망을 촘촘히 만드는 것은 국가의 기본 의무다. 하지만 현행 정치경제 질서로는 쉽지 않은 과제이므로, '1시군구 1의료 서비스 사회적 협동조합(의협)'을 육성하는 정책을 도입해야 한다. 이미 안성, 안산 등 여러 지역에 의료 협동조합이 성장하고 있다. 향후 5년간 1시군구 1의료 협동조합, 전국 200개 의료 협동조합 육성을 추진하자. 안성의협 수준으로 육성하는 것을 목표로 개소당 30억 원, 총 5천억 원을 지원하면 5년간 2만 명의 의료보건 분야 신규 일자리가 만들어진다.

'주택 및 에너지 협동조합'은 일자리의 보고다. 지역의 햇빛 발전소, 바람 발전소, 스마트 주택을 협동조합으로 만드는 1시군구 1주택 협동조합, 1에너지 협동조합 정책으로 각각 전국 200개소를 5년간 육성하면 개소당 30여 명, 총 1만 2,000개의 미래형 일자리가 창출된다. 초기 투자비가 매우 높아서 주민 참여 방식으로만은 해결할 수 없으므로 행정이 적극적으로 참여하고, 지역 상호금융기관과 업무 협약으로 연 3.5% 수준의 2차 보전 10년 지원 방식으로 추진하면 지역 금융의 지역순환경제 기여도도 높일 수 있다. 나아가 지역 농협 및 신협 등과 협약하고, 상호금융 2차 보전 투자 방식으로 전기차 충전소 5,004개소를 읍면 소재지 및 주요 도로에 설치하는 사업을 추진하여 3만 명의 신규 일자리를 만들 수 있다.

지역의 주택 협동조합의 활성화와 함께 공공 영역에서는 '지역 사회주택 100만 호' 정책을 펼쳐야 한다. 인구 이동에 따른 지역의 신규 주택과 농어촌 빈집을 재활용하는 주택 사업을 하나로 묶어 사회주택 개념으로 개발해야 한다. 향후 5년간 매년 20만 호, 시군구 평균 5,000호의 사회주택 공급(연간 1,000호)을 목표로 신축 및 리모델링 종합 계획을 지자체별로 수립하고,

LH 및 지방정부개발공사, 국민연금, 상호금융의 재원 조달, 주택협동조합 등 지역 민간 참여 방식으로 추진하면 연평균 20만 명 수준의 신규 일자리를 만들 수 있다. 이는 건설만이 아니라 유지 보수를 포함하여 안정적인 일자리가 될 것이다.

더불어 아파트 관리소 협동조합과 마을 관리소 협동조합을 제안한다. 주거 형태 절반이 아파트인 도시에서 아파트 관리사무소 관리를 주민 자치로 이루고, 나아가 비아파트 마을도 마을 관리를 주민 자치로 진행하는 것이다. 아파트 및 마을 관리소 협동조합은 입주민 중 은퇴한 어르신을 중심으로 일자리를 창출할 수 있다. 이웃이므로 지금처럼 아파트 경비원에 대한 주민의 갑질도 사라지고, 핵가족화된 가구의 아이들에게는 동네 어른이 생길 것이다. 관리소당 상근 5명과 외주용역(경비, 청소 등) 인력의 주민 고용 정규직화가 가능하다. 연간 2,000개소, 5개년 1만 개의 협동조합을 육성하여(아파트 8,000, 마을 2,000) 기존 인력의 감소 없이 추가적으로 5만 명을 신규로 고용할 수 있다.

▌지역 세대순환경제 일자리

엄마들의 자조적인 '이 천사 육아 협동조합'을 통해 육아를 해결할 수 있다. 이는 국가 차원의 인구 정책과도 긴밀히 연결되는 사업이다. 향후 5년간 1읍면동 1육아 협동조합 육성, 전국 2,004개 육성을 목표로 연간 1,500억 원 수준에서 지원하면 개소당 10명, 총 2만 개의 엄마 일자리가 창출된다. 아이들의 엄마가 선생님이 되고, 지역 농산물로 아이들 먹거리를 만들어 주는 따뜻한 어린이집이 동네마다 생겨날 것이다. 날로 늘어나는 초등학교 빈 교실을 이용하거나 마을 공동 공간을 공적으로 이용하는 것을 검토하면 비용을 절약할 수 있다.

고령화 시대에 인생 이모작 영역은 사회경제 지속가능성의 바로미터가 된다. 베이비부머가 은퇴 후 대도시에 남아 레드오션인 자영업 시장에서 창업과 폐업을 거듭하며 노후를 갉아먹지 않도록 하는 것은 개인적인 차원의 문제만이 아니다. 시니어를 위한 사회 안전망으로서 도농 상생의 원리에 입각한 '5060뉴딜'과 '액티브 시니어 재능 뱅크'를 실시해야 한다. 5060세대/4050세대의 귀농·귀촌과 지방 중소도시로의 J턴 촉진 정책, 기관과 기업에서의 앙코르커리어 교육과 인생 2모작 프로그램 지원으로 1차 베이비부머(1955~1963) 700만 명과 2차 베이비부머(1968~1974) 600만 명까지 1,700만 명 중 향후 10년간 30% 수준인 500만 명을 이동하게 한다. 이 중 시군별 평균 1,000명, 총 15만 명의 지역 일자리 취업을 추진하면 10년간 150만 명의 신규 일자리가 만들어진다. 단, 이들의 지역 취업 형태는 연금을 기본으로 월 100만 원 이내의 추가 소득을 얻기 위한 것이다. 시군구별 인생이모작센터 설립 및 전국 네트워크 '이모작복덕방' 구성, 도농 주택 공유, 공동 농장, 6차 산업, 로컬푸드, 도농 교류, 자영업 협동조합 등을 활성화하고, 시니어 재능 은행을 통한 공동체 연대 경제 일자리를 나누는 방식으로 가능할 것이다.

협동사회경제 영역에서 창출할 수 있는 연간 신규 일자리는 생협 5,000명, 로컬푸드 2,000명, 의료 협동조합 4,000명, 주택 및 에너지 4,200명, 육아 협동조합 4,000명, 인생 2모작 15만 명, 사회주택 20만 명, 청년 창업농 8,000명, 아파트 및 마을 관리소 협동조합 1만 명 등 연간 38만 7,200명이다. 전면적인 협동사회경제 정책의 도입으로 향후 5년간 200만 개의 '더 좋은 일자리', 따뜻한 일자리를 만들 수 있다는 계산이 나온다.

05
해외시장과 일자리 창출

일자리를 만드는 또 다른 축은 해외다. 해외에서 일자리를 많이 만들어 청년이나 중장년층 등이 취업하게 하는 것도 한 방법이다.

해외에서 일자리를 창출하는 것은 2가지 측면에서 중요한 의미가 있다. 우선, 국내에서 일자리를 만드는 데는 한계가 있다. 국내 경제가 계속 성장하면 국내에서도 일자리를 만들기 쉽지만, 현재 우리 경제는 저성장기다. 물론 저성장기를 극복하기 위해 다양한 방법을 제시하고 있지만, 다시 고성장기를 구가하기에는 한계가 있다. 이에 그 대안으로 떠오르는 것이 해외다. 즉, 해외에서 일자리를 만드는 것이다.

두 번째는 해외 일자리 창출은 우리가 잘할 수 있는 분야다. 우리는 해양 국가로서 일찍부터 해외시장을 개척해서 성공했다. 이 경험을 살리면 해외 일자리 창출도 잘 해낼 수 있을 것이다.

해외 일자리는 다양한 방법으로 세계 곳곳에서 만들어낼 수 있다. 우선 해외 공장을 건설하고 운영하면 많은 일자리가 창출될 것이다. 우리나라는 제조 강국이다. 특히 공장 건설과 운영에는 한국만의 노하우가 있다. 빠른 시간 내에 공장을 건설하는 전문 노하우뿐 아니라, 공장을 효율적으로 운영하는 노하우 또한 있다. 이러한 노하우를 살려 해외 각지에 공장을 건설하고 운영하면 일자리가 많이 창출될 것이다.

특히 이 일자리에는 한국의 장년층들이 많이 진출할 수 있다. 한국은 정년이 빨라서 40~50대에 제조업에서 퇴직하는 인력이 많은데, 이들 중에는 달인이라고 불릴 정도로 공장 건설과 운영에 노하우를 가진 사람이 많다. 이들을 개발도상국의 개발 협력(ODA) 사업의 일환이나 전문 회사를 통해 파견하게 되면 많은 일자리를 해외에서 만들 수 있다.

또 하나가 해외 건설 분야다. 한국은 중동이나 아프리카 등에서 대규모 건설 사업을 많이 벌였다. 하지만 대부분이 단순 도급형이어서 부가가치가 낮을 뿐만 아니라 해외 경쟁 기업의 출현으로 어려움을 겪고 있다. 이를 타파하기 위해서는 해외 건설을 단순 도급형이 아니라 투자 개발형으로 전환하여 해외에 진출해야 한다. 투자 개발형이란 건설 프로젝트의 계획과 설계, 금융과 조달, 운영 등을 종합적으로 수행하는 것을 말한다. 공사 현장에서 작업복을 입고 일하는 것이 아니라 호텔에서 정장을 입고 일하는 건설업이다.

한국은 그간 투자 개발형 해외 건설 경험을 축적해왔다. 아랍에미리트에서 원전을 수주하기도 했고, 터키에서 대형 교량 프로젝트를 따내기도 했다. 이러한 경험을 살려 해외에서 고부가가치 일자리를 많이 만들어내야 한다.

특히 유망한 분야 중 하나가 해외 신도시 개발과 건설이다. 한국은 많은 신도시를 개발해온 데다 정보 통신 분야의 최강국이기 때문에, 최첨단 신도시를 개발하는 최고의 노하우를 가지고 있다. 특정 도시의 계획과 설계는 물론이고, 상하수도, 냉난방, 전력, 교통, 통신, 생활 인프라까지 복합적으로 개발할 수 있다.

세 번째 해외 일자리 분야가 농업이다. 한국은 농지 면적이 좁아 식량 자급화에 어려움을 겪어왔다. 하지만 최근에는 농업 기술뿐만 아니라 가공, 보관, 유통 등의 노하우도 많이 향상되었다. 이것을 해외시장 개척에 접목하여, 러시아 연해주나 브라질, 호주 등에 대규모 영농지를 조성하여 농산물을 재배하고 이를 수입하거나 제3국에 수출하는 것이다. 이렇게 함으로써 농업을 국내에서 보호하기만 할 것이 아니라 새로운 개발 및 수출 산업으로 육성함으로써 식량 안보 문제도 해결하고 일자리도 창출할 수 있다.

마지막 분야가 해외 봉사단의 확대다. 현재도 매년 4,000명 정도가 개발 협력 봉사단의 일원으로 해외로 나간다. 이들은 아프리카 오지에서 마을을 개량하기도 하고, 남미 산악 지역에서 어린이 교육을 담당하기도 한다. 이를 전략적으로 확대함하면 많은 일자리를 만들 수 있다.

그 방법의 하나가 해외 봉사단을 수적으로 확대하는 것이다. 현재 여러 부처에 흩어져 있는 해외 봉사단 사업을 통합하고 그 인력을 늘려야 한다. 또한 그 대상도 젊은이뿐만 아니라 여성, 중장년층 등으로 확대하여 더 많은 인력을 해외에 내보내야 한다.

또 다른 방법이 해외 봉사단을 확대, 개편하는 방법이다. 봉사뿐만 아니라 해외 취업을 목적으로 하는 글로벌 인턴십 프로그램이나 해외 창업을 목적으로 하는 글로벌 챌린지 프로그램으로 확대하는 것이다. 120여 개 해외 공관에 50명씩만 선발해 파견한다면 매년 6,000명이 해외로 나갈 수 있다. 또한 현지의 한국 기업이나 한상 네트워크를 활용한다면 1만 명까지도 확대가 가능하다.

해외 일자리는 의외로 가까운데서 많이 만들어낼 수 있다. 일본이나 러시아 연해주, 동남아와 같이 주변국에서도 일자리를 창출하는 것이다. 이들 나라들은 우리의 외교 현실과도 밀접한 관련이 있다.

미국은 트럼프 행정부가 들어선 뒤 중국과의 대립각을 더욱 높이 세우고 있다. 중국에 대한 무역 보복이나 한반도 사드 배치 등을 통하여 세계 강국으로 부상하는 중국을 강력히 견제한다. 중국 또한 이에 물러서지 않고 미국의 움직임에 적극 대응하고 있다. 군사력 강화는 물론이고 사드 배치를 둘러싸고 한국을 압박하는 것도 그러하다. 이러한 움직임은 세계 패권을 둘러싸고 한동안 계속될 양상이다. 그럴 경우, 한국은 미국이나 중국 모두에서 압박을 받는다. 그렇다면 양국을 제외한 곳에서 새로운 활로를 모색해야 하는데, 그것이 바로 일본과 동남아 및 러시아다. 미·중의 횡축의 압력에 대해 종축으로 힘을 분산시키며 새로운 활로를 찾는 전략이다.

우선 동남아는 한국의 생산 및 소비 기지로 급부상하고 있다. 특히 사드 보복으로 중국에서 큰 피해를 본 한국 기업에는 동남아는 또 다른 대안이 될 수 있다. 사실 일본도 중국과의 역사 및 영토 분쟁으로 중국 시장에서 막대한 피해를 입은 경험이 있다. 그 뒤 일본은 중국에 대한 의존도를 낮추면서 동남아 시장을 적극적으로 개척했다. 우리도 일본의 성공 사례를 바탕으로 동남아를 적극적으로 개척하면 많은 일자리를 만들 수 있다.

또 다른 종축에 놓여 있는 국가가 일본이다. 지난 보수 정권에서는 세계 제3위의 경제 대국인 일본을 제대로 활용하지 못했다. 이명박 정권 때는 독도 방문으로 한류 붐에 휩싸인 일본을 얼어붙게 만들더니만, 박근혜 정권은 위안부 문제에 올인함으로써 새로운 관계 형성에 실패했다. 새 정권은 과거의 실패를 거울 삼아 일본과 새로운 관계를 정립하는 동시에 일자리 보고 중의 하나인 일본을 전략적으로 활용해야 한다.

현재 일본은 일손 부족으로 큰 어려움을 겪고 있다. 학교 졸업생 1명당 고용하려는 회사가 1.5개사에 이를 정도다. 그래서 많은 일본 기업들이 한국에서 취업설명회를 열면서 한국 학생들을 데려가려 한다. 이 인원이 연간 3,000명에 달한다.

한국과 일본은 중단된 한일 FTA를 재개해 일자리 중심으로 경제협정을 맺어야 한다. 지금까지는 제조업 중심으로 경제협정을 맺으려 했기 때문에, 한국의 제조기업 등이 반대했다. 하지만 일본은 일손이 부족하고 한국은 일자리가 부족한 상태이기 때문에, 일자리를 중심으로 경제협정을 맺으면 서로 윈윈할 수 있다. 또한 한일 간에 새로운 시대를 여는 출발점이 되기도 할 것이다.

마지막 종축 국가가 러시아다. 러시아는 우리를 둘러싼 대국이면서도 오랫동안 간과되어왔다. 그리고 북한 정권을 탄생시킨 주역이자, 북한에 대한 영향력 또한 매우 높다.

지금 러시아는 극동 개발에 많은 노력을 들이고 있지만, 마땅한 파트너가 없는 실정이다. 러시아와 함께 할 수 있는 경제 협력 분야는 매우 다양하다. 연해주 주변의 항구도시를 공동 개발하는 동해 프로젝트(동북아 해상 기지 육성 프로젝트), 항구도시 주변의 대규모 농경지를 개발하는 대조영 프로젝트(대규모 영농지 조성 및 운영 프로젝트), 시베리아 철도와 한반도 철도를 연결하는 고주몽 프로젝트(고속 주행 드림 웨이 프로젝트), 시베리아 천연자원을 활용한 대규모 발전 및 송전 프로젝트인 발해 프로젝트(발전 및 송전 문제 해결 프로젝트) 등이 있다.

특히 발해 프로젝트는 중국과 일본이 서로 유치하려는 프로젝트다. 하지만 러시아로서는 경쟁 관계에 있는 중국과 적극적으로 협력하길 꺼리고, 일본과도 북방 영토 문제가 있어서 주저하는 상황이다. 이를 국가 전략적으로 활용하면, 에너지 문제를 해결하는 동시에 남북 화해의 실마리도 마련할 수 있다.

06
정부에 의한 일자리 창출

공공부문의 일자리 창출

우리나라 일자리의 대부분은 민간 부문에서 생겨나고 운영되고 있다. OECD 통계에 의하면 우리나라 전체 일자리 중에서 공공부문이 차지하는 비중은 7.6%에 불과하다. 이 수치는 OECD 평균치 21.3%의 3분의 1 수준으로서 공공부문의 비중이 매우 낮음을 보여준다.

작고 효율적인 정부라는 관점에서 보면 공공부문 일자리 비중이 낮다는 것은 장점이 될 수도 있다. 그러나 작은정부가 능사는 아니다. 특히 국민들의 안전과 생명을 지키는 공공 서비스 분야의 일자리 비중이 낮다면, 이것은 오히려 조속히 시정되어야 한다. 즉, 꼭 필요한 공공 서비스를 제공하는 데 필요한 적정 수준의 인력을 확보하기 위해 공공부문의 일자리를 늘리는 것은 바람직한 일이다.

공공부문 일자리 중에서도 공무원들로 채워지는 일자리는 한번 만들어지면 없애기 어렵고 업무 효율성의 저하 등 여러 가지 문제를 야기할 위험이 도사리고 있다. 이러한 단점에도 불구하고 공공부문 일자리 증설은 정부의 의지 여부에 따라 단기간 내로 시행할 수 있어 경제위기로 인한 실업 문제가 심각해지면 빈번하게 사용되는 정책 수단 중 하나다.

우리의 경우 전반적으로 공공부문 인력이 부족한 형편이지만, 특히 소방 인력과 사회복지

〈그림 6-3〉 전체 고용 대비 공공부문 고용 비중 OECD 국가별 비교

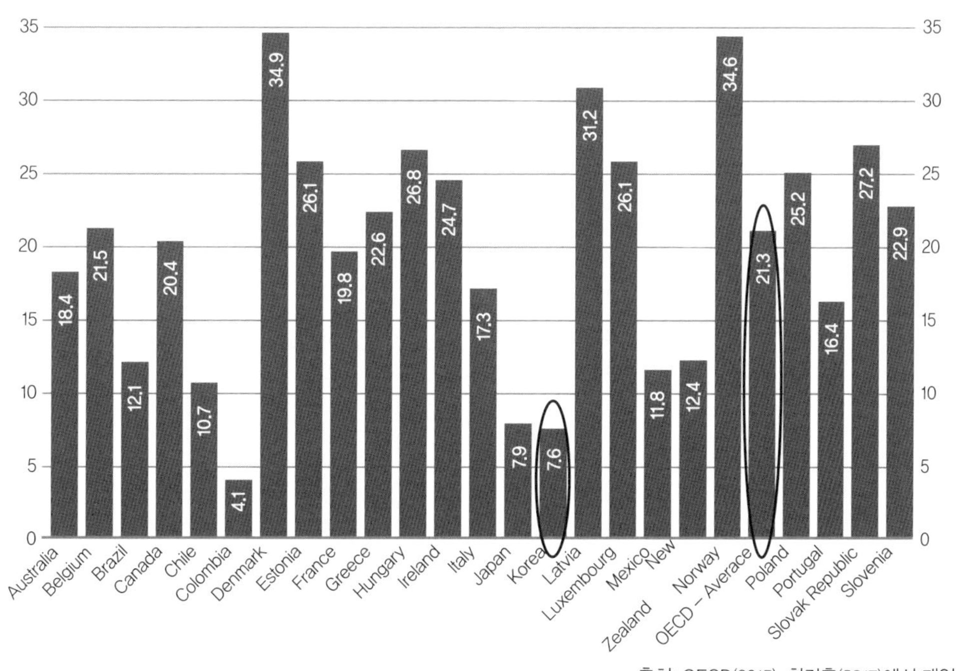

출처: OECD(2015), 최기훈(2017)에서 재인용

공무원은 법정 최소 인원마저 충원하지 못하고 있다. 소방 인력은 과거처럼 단순히 화재 진압에 머물지 않고 각종 재해 재난에 대처하는 업무를 수행함으로써 일반 국민의 생활안전을 확보하는 데 필수적인 요소로 자리 잡았다. 사회복지 공무원 역시 폭증하는 복지 수요를 감당하기에 턱없이 부족해서, 국민들은 긴급한 도움이 필요한 경우에도 적절한 복지 서비스를 제공받지 못하고 불행한 결과로 이어지는 경우가 빈발하고 있다. 이외에도 노인 인구가 늘어나면서 덩달아 증가하고 있는 요양 서비스 수요를 감당할 요양 인력, 공공 의료 인력 분야도 일자리 증가가 필요한 부문이다. 이런 분야의 공공부문 일자리를 대폭 늘려 단기간 내에 고용절벽의 위기를 극복하면서 동시에 국민들의 안전하고 편안한 삶을 보장할 수 있을 것이다.

또한 공공부문 일자리는 부족한 일자리를 더 늘리는 것 외에 기존의 불안한 일자리를 안정된 일자리로 탈바꿈하는 선도적인 역할이 기대되는 분야다. 비정규직은 불안한 취업 조건으로 인해 개별 근로자들이 장기적인 비전을 가지고 삶을 설계하기 힘들게 만든다. 비전 없는 삶

은 결혼 기피와 저출산으로 이어져 사회의 근간을 흔드는 근본 원인이 되기도 한다.

민간 부문에 비정규직 해소를 요구하기 전에 공공 분야부터 먼저 비정규직을 축소하는 모범을 보여야 한다. 상시적 일자리의 경우 정규직 채용을 강제하는 법을 제정하고, 이를 공공부문부터 적용함으로써 일자리의 양질화를 이루어야 할 것이다.

일자리는 기본적으로 민간이 만든다. 하지만 최근의 청년실업과 고용절벽을 보면 민간에만 일자리를 맡겨둘 수 없는 상황이다. 작은정부에 얽매이지 말고 정부도 적극적으로 나서야 한다. 정부와 민간이 함께 노력하는 가운데 일자리 문제도 해결될 것이다.

노동시간 단축을 통한 일자리 창출

기존 산업에서 노동 시간을 단축하는 방법으로도 많은 일자리를 만들어낼 수 있다. 우리나라는 2015년 연평균 노동 시간이 2,113시간이어서, 독일의 1,371시간보다 742시간이나 많다. 우선 연 1,800시간 노동 시간 실현을 목표로 해서 매년 80시간 이상 단축해가는 방안이 있다. 이렇게 할 경우 일자리가 30만 개 정도 만들어진다. 이를 위해 국가 차원에서 노동 시간 단축 계획을 수립하고, 기업별 노동 시간 공시 제도를 도입할 필요가 있다.

휴일 근로를 초과 근로 시간에 포함시키고, 주 52시간 상한제를 전면 실시해야 한다. 다만 이에 따른 피해가 예상되는 중소 영세기업 및 노동자에 대한 지원 방안을 마련해야 할 것이다.

아울러 연장근로제한법제가 적용되지 않는 특례 업종 및 적용 제외 산업을 축소해야 한다. 1일 및 1주일의 최대 근로 시간과 최저 휴식 시간을 지정하고, 특히 운수업 등의 근로시간특례제도는 근로자와 시민 모두의 안전을 고려해서 반드시 축소되어야 한다.

대기 시간에 관한 입법도 보완해서, 아파트 및 상가 경비원, 음식업, 숙박업, 운수업에서 대기 시간을 근로 시간에 포함시켜야 한다. 일명 '칼퇴근법'으로 불리는 출퇴근 시간 기록 의무제를 실시하고, 초과수당을 제대로 주지 않는 '포괄임금제'를 규제하여 특히 사무직, 영업직, 서비스직의 초과근로를 제한하도록 법으로 명문화해야 한다.

보상휴가제도 활성화해야 한다. 초과근로에 대체휴일(휴가 시간) 또는 근로 시간 저축 휴가

〈그림 6-4〉 OECD 국가들의 연차 유급휴가와 유급공휴일(근로일 기준)

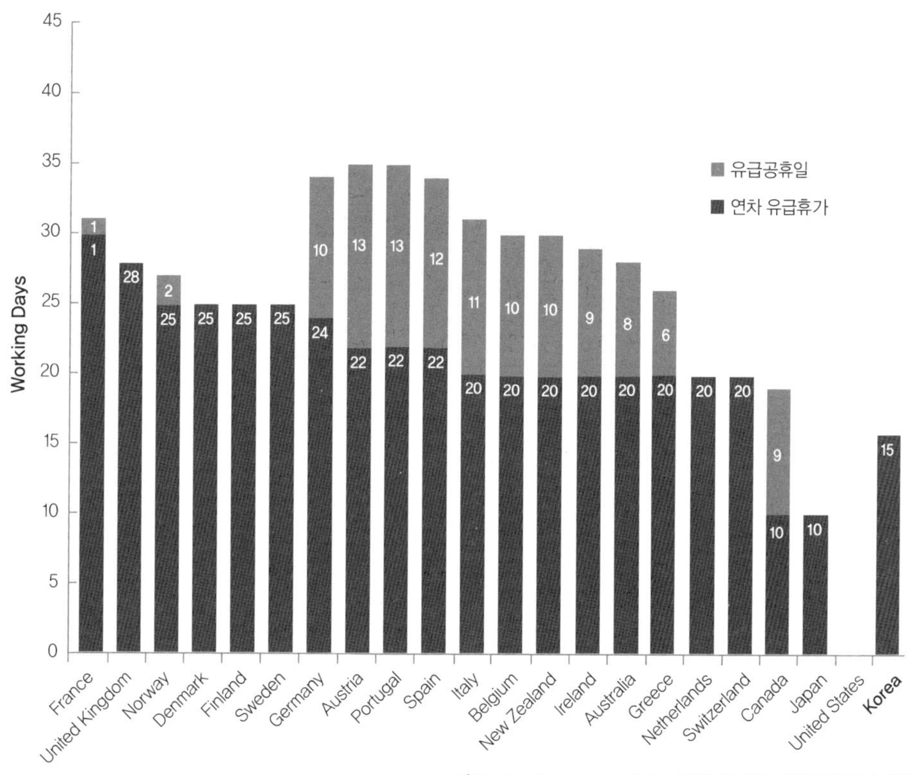

자료: Ray,Sanes and Schmitt(2013); 배규식(2016)에서 재인용

제를 활성화하면 노동 시간 유연성 확대로 이어질 것이다. 우리나라에서 연차휴가 대상 근로자(5인 이상 사업체 종사 근로자) 1,710만 명 가운데 연차휴가 소진율은 약 60% 수준이다. 연차휴가 부여, 연차휴가 적치 제도를 제대로 이행하면 5인 이상 사업체 근로자는 1년에 67.2시간 이상 노동 시간이 줄어들 것이며, 그 2분의 1만 고용으로 전환해도 30만 개의 일자리가 창출되는 효과가 나타날 것으로 계산된다.

또 법정공휴일이 있지만 전체 근로자들이 법적으로 쉴 수 있는 유급공휴일은 하루도 없다. 실제로는 신정, 설날, 추석 등 7일(이 중 보통 2일은 일요일이나 휴무일인 토요일과 겹치기 때문에 실제로는 5일)을 쉬는데, 공공부문과 민간 대기업에서는 15일 가까이 쉬는 경우도 있다. 그러나 민간 중소기업의 경우에는 법정공휴일을 적용해야 한다는 강제 규정이 없기 때문에 쉬지 않거나, 쉬는 경우에도 무급으로 처리되는 비율이 적지 않다. 법정공휴일이 관공서에만 적용되도록 되어 있는 낡은 법을 개정하여 민간 부문의 중소기업에도 적용할 수 있도록 하면, 전체적으로 1인당 연평균 19.6시간의 노동 시간이 단축되고, 공공부문 및 대기업과 민간 중소기업 간의 공휴일 격차가 해소되어 중소기업의 이직률 감소에도 도움이 될 것이다.

나아가 주 5일 근로제 적용 대상을 20인 이상 사업체(49.8%)에서 20인 미만 사업체로 확대해야 한다. 장시간 노동 사업장에 대한 특별 근로 감독을 강화해야 하고 위반 기업에 대한 규제도 강화해야 한다. 기업들이 작업 조직을 혁신하고 노동 시간을 효율화하는 것을 정부가 지원해서 비용 증가 없이도 노동 시간이 감소하도록 해야 한다. 결국 노동 시간을 단축하는 만큼 노사 간에 시간당 임금 인상과 생산성 향상 간 타협 방안을 도출해서 노동자는 노동 시간 단축에 따른 임금 감소를 최소화하고, 기업은 생산성 향상으로 임금 비용 지출 증대를 만회할 수 있도록 해야 한다.

근로 시간 감축은 시대적인 요구이기도 하다. 여가 생활의 중요성이 경제적으로는 레저 및 관광산업 등 3차 산업의 발전과 맞물려 있다. 사회·문화적으로 젊은 층은 장시간 노동에 강한 거부감을 가지고 있다. 최근 직장인 1,323명을 대상으로 근로 시간에 관해 설문 조사를 실시한 결과, '근로시간을 단축해야 한다'는 답변이 전체 응답자의 76.6%를 기록했다. 젊은 층이 중소기업을 기피한다고 사회적인 비판을 퍼붓지만, 임금과 노동 시간 면에서 시대적 추세에 호응하지 않고는 중소기업은 구인난에서 벗어날 수 없다. 또 여성 노동력의 노동 시장 진출이 확대되는 상황하에서 장시간 노동은 출산율 하락의 주된 요인이 된다.

경제의 서비스화에 따른 노동의 유연화도 노동 시간의 단축 및 효율적 관리와 맞물려 있다. 게다가 앞으로 닥쳐올 4차 산업혁명에서는 높아진 생산성이 수익 증가로 이어지고, 노동자는 주당 40시간씩 일하지 않아도 기존의 임금 수준을 유지할 수 있다는 평가가 일반적이다. 실제로 4차 산업혁명의 핵심 데이터와 기술 역량을 보유한 미국의 아마존은 지난해 2016년부터 주당 30시간의 파트타임 근로자를 모집하면서 기존 근로자와 동일한 임금 혜택을 주는 노동제를 도입했다. 또한 일본 포털사이트 야후재팬은 2017년 1월부터 전 직원 5,800여 명을 대상으로 주 4일 근무제를 시행 중이다. 생산성 상승이 없는 가운데 노동 시간 감축을 추진할 경우에는 기업, 근로자, 사회가 분담해야 하겠지만, 생산성이 상승할 경우에는 그에 따른 수익을 기업이 모두 취하지 않고 근로자와 함께 나누려고 해야 한다.

이처럼 일자리 위기가 심각한 상황에서는 정부와 민간, 기업과 근로자가 함께 힘을 합쳐 일자리를 창출하도록 해야 한다.

Chapter 3

포용국가로 가는 길

//////////////

새로운 정부는 포용적 리더십과 사회적 대화를 통해 혁신적 포용국가로 나아가는 국가대전략을 수립 · 실행하는 것이 매우 절실하다.

포용적 리더십은 관용적 리더십, 통합적 리더십과 달리 시혜성이나 획일성(단일성)의 개념에 그치지 않고 다른 사람과 공동의 이익을 위해 함께 성취하도록 도와주는 '교류–관계'의 상호작용(쌍방향)적 접근에 의한 '다양성'의 '포용력'에 기초하며, 변증법적 리더십과 변혁적 리더십이 결합된 변증–변혁적 리더십이다. 이는 공동의 해결 단계 차원에서 변증법 리더십, 공동의 목표 달성 차원에서 변혁적 리더십을 결합해 국가와 사회의 공동 문제를 해결하고 공동의 목표를 달성하기 위한 국가경영 리더십이다.

우리나라의 사회협약 프로그램(안)은 사회경제적 혁신과 연대적 협력을 통한 포용 공동체를 목표로 하여 '1단계 안전성 협약→2단계 유연성 협약→3단계 창의적 학습 사회 협약'으로 접근할 수 있다. 사회적 대화 · 사회협약 프로세스는 장기적인 관점에서 단계별로 추진되어야 할 것이다. 제1단계(2017~2020)는 사회경제발전의 회복 전략으로서 '일자리 창출 프로그램', 제2단계(2021~2024)는 사회경제발전의 안정화 전략으로서 '사회경제 안정 프로그램', 제3단계(2025~2030)는 고용 · 노동 경쟁력 강화 전략 차원에서 '고용 · 노동 강화 프로그램', 제4단계(2031~2034)는 사회적 파트너 간에 포용적 리더십을 발휘하는 '포용적 파트너십 프로그램', 제5단계(2035~2039)는 포용국가 정책으로서의 '공정, 공생, 공존, 공영 프로그램', 제6단계(2040~2044)는 명실상부 세계 제1위 선진국인 포용국가로서 '지속가능한 발전 프로그램'을 작동시켜야 할 것이다.

우리나라의 실정에 알맞게 사회적 대화 · 협약 추진 기구로는 헌법기구인 '포용국가자문회의'(안), 대통령 직속의 '국가사회경제조정회의'(안), 기존의 '노사정위원회'를 보완한 '노사민정포용위원회'(안)를 둘 수 있다.

1장

포용적 리더십과 사회적 대화

01
포용적 리더십과 사회적 대화, 왜 필요한가?

해방 이후 그동안 대한민국 사회는 분열과 갈등, 대립과 대결의 양극적 구조에서 크게 벗어나지 못했다. 이런 구조는 일제로부터의 해방과 분단에 이어진 남과 북 두 개의 정부 수립과 전쟁, 독재 세력의 장기 집권과 정부 주도의 고속성장 산업화, 민주화와 세계화 및 정보화 등 한국 사회의 변동을 거치면서 더욱 고착되었다. 그 결과 대한민국은 사회 공동체의 진보보다 보수화로 공동체의 파열과 파괴가 극에 달하게 되었다. 예컨대 정치 구조는 독재화, 패권화, 이념화, 대결화되었고 사회경제 구조는 불평등화, 양극화, 재벌화, 독점화, 차별화되었으며, 남북관계는 폐쇄화, 냉전화, 적대화되었다.

대한민국의 분열과 갈등 구조에 대한 문제의 근원은 친일 세력과 독재 세력의 결합에 의한 '박정희 식 재벌 주도·수출 주도 패러다임'의 선택과 지속에 존재하고 있다. 이 패러다임은 산업화라는 미명 하에 고속 성장을 추구한 재벌자본주의(주주자본주의의 변형), 세습자본주의, 지대추구 자본주의의 구조를 확대시켰다. 특히 외환위기 이후 한국 경제는 이중적 지대추구 경제·약탈 경제로 변질되었다. 재벌과 대기업에 의한 중소기업 약탈(납품단가 후려치기, 기술탈취 등), 비정규직·임시직 합법화에 따른 기업의 근로자 임금 약탈 등이 증대되었다. 대중소기업간 양극화와 계층간 소득불평등도 극심해졌다. 신자유주의 정책 노선(감세, 복지 축소, 규제 완화 등)을 무비판적으로 추구하는 보수 세력(정치, 경제, 언론 등)이 공공정책과 경제사회적 결과를 극심하게 왜곡하여 사회공동체의 기반마저 붕괴시켰다. 이것이 오늘날 대한민국의 '불행한 국민' '지속불가능한 사회'의 현실이다.

그렇다면 현재의 '불행한 국민', '지속불가능한 사회'로 만든 책임은 누구에게 있는가? 이는 1948년 정부 수립 이후 70년여 년 동안 김대중-노무현 정권 10년을 제외하고, 이승만 정권 이후 박근혜 정권에 이르기까지 60여년 동안 정치 권력을 독점해온 극우 보수 세력에 있다. 이들은 국가 권력을 독점하고 국가 경영을 '약탈정치'로 일관했다. 이러한 약탈정치는 이명박-박근혜 정권에서 사악하고 탐욕스러운 모습을 적나라하게 드러냈다. 그들은 정치 권력을 이권과 사익을 추구하기 위한 도구로 전락시켰으며, 돈과 기업, 나아가 국민의 신임까지 약탈했다. 이는 좌와 우, 진보와 보수의 문제가 아니다. 지난 반세기가 넘는 시간 동안 누적되어온 '박정희식 재벌주도·수출주도 패러다임'의 국가 발전 방식과 그것에 의해 형성된 삶의 방식으로서 지속된 것이다(강준만·김환표, 2017). 이런 구조 속에서 한국 사회는 대화와 소통, 타협과 합의를 도출하기 위한 포용적 리더십과 사회적 대화도 발휘될 수 없었다.

지금 대한민국은 새로운 국가발전 전략을 수립하고 실행해야 할 기로에 서 있다. 이명박-박근혜 정권에서 정치, 경제, 사회, 남북관계 등 각 영역에 대한 대화와 소통, 타협과 합의, 화합과 포용의 수준은 최악이었기 때문이다. 정부-국민, 여당-야당, 보수-진보, 사용자-노동자, 재벌대기업-중소영세기업, 정규직-비정규직, 고소득층-저소득층, 노년 세대-청년 세대, 다수자-소수자(특히 이주민), 중앙 정부-지방 정부, 남한-북한, 내국인-재외동포 등 모든 분야에서 그랬다. 이 점에서부터 전략을 수립해야 하고, 그 전략의 핵심으로 포용적 리더십과 사회적 대화가 필수적으로 수반되어야 한다.

02
포용적 리더십, 어떻게 발휘할 것인가?

포용적 리더십의 개념

'포용적 리더십'(inclusive leadership)은 관용적 차원이나 통합적 차원의 리더십(정두언, 2011)에 머무르지 않는다. 관용적 리더십은 자신을 죽이려고 한 적을 모두 용서한 피에로 데 메디치의 리더십처럼(김상근, 2011) 일종의 거래적 리더십으로 거래 관계의 종말성(양창삼, 2005), 서번트 리더십과 같은 수직적 계층의 태생적 한계성(우경진, 2004)과 시혜성이나 일방향성을 지닌다. 통합적 리더십은 남북전쟁의 승리로 국가를 성공적으로 통합시킨 링컨의 리더십처럼(리스 컨스 굿윈, 2007; 도널드 필립스, 2006), '전체성'[01]이나 '통일성'[02]이라는 획일성(단일성)을 강조함으로써 개인의 헌신에 따른 리더의 카리스마와 결단력 및 조직력의 강화(윤혜린, 2007), 파워

---

01 통합적 리더십은 성장이나 성취가 아니라 삶의 질과 의미, 분석과 판단이 아니라 종합적인 시각과 감성적인 공감, 경쟁이나 성공이 아니라 관계와 협력, 헌신과 기여를 기반으로 한다. 개인의 성취를 기꺼이 포기하고, '전체'의 조화로운 통합과 향상이라는 더 큰 가치를 위해 기꺼이 '헌신'함으로써 결과적으로 위대한 성공을 거두는 것이 곧 통합적 리더십이 지향하는 가치이다(김진웅, 2011).

02 정과 반이 합쳐져 좀 더 나은 결과가 도출될 수 있는 것처럼 보수와 진보가 마음을 합해 발전적 '통일'을 이뤄나가는 것이 통합의 정과 반이 합쳐져 좀 더 나은 결과가 도출될 수 있는 것처럼 보수와 진보가 마음을 합해 발전적 '통일'을 이뤄나가는 것이 통합의 리더십이다. 결코 상대방에 무너지는 것도, 나를 버리는 것도 아니고, 나를 지키고 상대방을 지키는 것, 일종의 윈-윈 전략인 셈이다(김종현, 2008).

리더십(신완선, 2002)으로 흐를 가능성이 높다.

그러나 포용적 리더십은 관용적 리더십, 통합적 리더십과 달리 시혜성이나 획일성(단일성)의 개념에 그치지 않고 다른 사람과 공동의 이익을 성취하도록 '교류-관계'의 상호작용(쌍방향)적 접근(Edwin P. Hollander, 2012)에 의한 '다양성'의 '포용력'에 기초하고 있다. 이때 '다양성'(diversity)은 인종, 성별, 연령, 장애, 계층 및 성적 취향 등으로 집단을 서로 구별하는 차이를 가리킨다. 전통적으로 다양성은 인종, 민족, 조상, 언어 및 출생지와 관련된 차이와 같은 문화적인 것에만 관심을 집중해왔다(Australian Human Rights Commission, 2016). 하지만 오늘날 다양성은 전통적인 정의보다 훨씬 더 광범위한 의미를 갖고 있다. 즉 글로벌 차원으로까지 확대된 다양성은 사고방식, 리더십 유형, 종교적 배경, 성적 취향, 나이, 경험, 문화 등과 같은 눈에 보이거나 보이지 않는 차이를 뜻한다. 한마디로 다양성은 혼합 그 자체이다. 이를 포용하는 수단, 방법, 힘(the lever)이 바로 포용적 리더십이다(Malini Janakiraman, 2011).

▌포용적 리더십의 구성 내용

기본적으로 포용은 다양한 재능, 배경을 극대화하고 활용하는 조직이나 집단 환경의 특성을 지닌 다양성과 관련이 깊다. 다양성과 포용의 관계는 〈그림 1-1〉과 같다. A는 높은 다양성에 비해 낮은 포용률, B는 낮은 다양성과 낮은 포용률, C는 높은 포용률에 비해 낮은 다양성, D는 높은 포용률과 높은 다양성을 나타낸다. 따라서 다양성뿐만 아니라 포용을 실천하는 조직이나 집단은 경쟁 우위를 제공하는 높은 수준의 협업, 참여 및 유지를 경험할 수 있다(Malini Janakiraman, 2011).

포용적 리더는 구성원들에 의한 신념과 가치, 재능과 경험, 적성과 기술 등의 독창성을 중요시하는 동시에 그들에게 소속감을 갖도록 하는 공통점을 찾아야 한다. 여기서 구성원들의 독창성과 소속감에 대한 요소는 포용과 연계된 네 가지 리더십 행동, 즉 권한 부여, 겸손, 용기, 책무성으로 이루어진다. 구성원들의 독창성과 소속감에 대한 요구를 충족시키는 균형 잡힌 전략은 구성원의 혁신과 참여를 증진시키는 것이다(Jeanine Prime, Elizabeth R. Salib, 2014).

〈그림 1-1〉 다양성과 포용의 관계

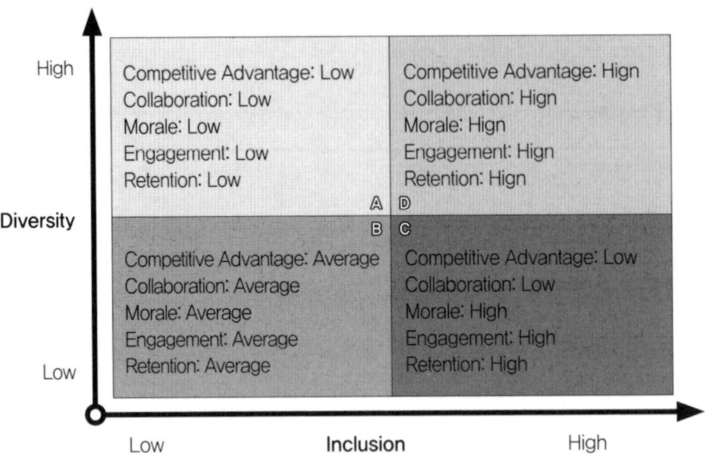

출처: Malini Janakiraman, Inclusive Leadership: Critical for a Competitive Advantage Berlitz Cultural Insights Series(Berlitz Languages, Inc.(2011), p.3.

이를 위해 포용적 리더는 다양한 사람들의 의견을 경청하고, 의사 결정 과정에서 편견 없이 다양한 견해를 고려하며, 사람들이 다양한 집단의 문제에 대한 창의적인 해결책을 창출하도록 장려해야 한다. 또한 미래의 성공에 대한 비전을 공유함으로써 사람들에게 영감을 불어넣고, 성공을 위한 동기를 부여해야 한다. 그리고 구성원들의 자아 발전을 위해 긍정적인 피드백을 제공하고 신뢰, 충성 및 복지를 고무하는 방식으로 진실하고 정직하게 의사를 소통해야 한다(Employers Network for Equality & Inclusion, 2016).

포용적 리더는 다음과 같은 상징적 특성을 지닌다. 사람과 조직을 공평하고 공정하게 대우한다. 다양한 사람들의 고유성을 이해하고 가치를 인정하면서 구성원으로 받아들인다. 다양한 목표를 달성하기 위해 헌신, 용기, 인지, 호기심, 문화 지능, 협동의 여섯 가지 특성을 고도로 발휘한다. 이런 특성은 〈그림 1-2〉에서 보는 것처럼 밀접하게 상호 관련되어 강력한 포용적 리더십의 기능을 가진다.

이와 같은 특성과 연관된 포용적 리더의 구성 요소는 〈표 1-1〉에서 제시된 것처럼 열다섯 가지의 인자로 이루어진다. 즉 개인적 가치, 겸손, 자기 억제, 개방, 추진력, 권한 부여, 일에 대한

〈그림 1-2〉 포용적 리더의 6가지 상징적 특성 관계

출처: The six signature traits of inclusive leadership: Thriving in a diverse new world(Deloitte University Press, 2016), p.2.

〈표 1-1〉 포용적 리더의 6가지 상징적 특성과 15가지 요소 관계

Six traits	1	2	3	4	5	6
	헌신	용기	인지	호기심	문화 지능	협동
15 elements	개인적 가치	겸손	자기 억제	개방	추진력	권한 부여
	일에 대한 신념	용기	페어플레이	전망 수용력	지식	조직 구성력
				불확실성에 대한 대처 능력	적응력	표현력

출처: The six signature traits of inclusive leadership: Thriving in a diverse new world(Deloitte University Press, 2016), p.8.

신념, 용기, 페어플레이, 전망 수용력, 지식, 조직 구성력, 불확실성에 대한 대처 능력, 적응력, 표현력이다. 이 요소는 포용적 리더에게 매우 중요한 것이다. 다양한 집단을 효율적으로 관리하고, 다양한 사람들과 소통을 확대하며, 다양한 아이디어를 수집하고, 다양한 개인의 잠재력을 최대한 발휘하게 하는 것이기 때문이다.

포용적 리더는 변증법적 리더십과 변혁적 리더십이 결합된 변증-변혁적 리더십의 포용적 리더십을 동원하여 구성원과 함께 조직이나 집단의 목표를 달성하기 위한 성과를 창출하는

지도력을 발휘해야 한다. 포용적 리더십은 다양성의 차이를 가진 조직이나 집단, 특히 사회와 국가에서 독창성과 소속감을 높이기 위한 목표와 전략, 수단과 방법, 내용과 효과 등을 변증법적 리더십과 변혁적 리더십의 결합 차원에서 접근할 수 있기 때문이다.

그동안 한국 정치에서 김대중-노무현 두 대통령이 변혁적 리더십을 발휘한 적은 있으나(김광웅, 2009), 변증법 리더십이 결합된 포용적 리더십을 발휘한 적은 없다. 여기에서 포용적 리더십은 공동의 해결단계 과정 차원에서 변증법적 리더십, 공동의 목표 달성 차원에서 변혁적 리더십을 결합해 국가와 사회의 공동 문제를 해결하고 공동 목표를 달성하기 위한 국가경영 리더십으로 제기한 것이다.

1. 변증법적 리더십

'변증법적 리더십'(dialectical leadership)은 변증법의 '정반합'(正反合) 원리에 따른 '시간'과 '단계'의 흐름 속에서 화합과 포용을 통해 자신과 타인의 차이를 인정하고, 지속적인 대화·설득·타협을 통해 공동의 가치와 목표를 발견하여 더 나은 수준의 대안을 찾아 나가는 리더십이다. 서양의 변증법은 모순에서 종합으로 나아가는 정반합의 끊임없는 진행을 말한다. 이는 '정반합'에 의한 변화와 생성의 규칙(파깨비, 2005)을 기초로 삼고 있다. 이와 달리 동양의 변증법은 양과 음이 서로 경쟁하면서 서로를 살리고 발전시키는 것을 말한다. 이는 음(물)과 양(불)의 기(氣)가 상극과 상생의 상호 모순적이면서도 보완적인 대대(待對) 관계를 이루는 것(김경동, 2000)에 기초하고 있다.

동서양의 변증법은 공통적으로 하나의 '포용'을 지향하는 리더십 내용을 공유하고 있다. 변증법의 정신이 비동일성과 이질성을 상승적으로 포용하고자 하는 것이기 때문이다. 모순도 조화를 이루어 수렴되듯 균열도 일치로 수렴되면서 둘 다 더 나은 상태로 나아가는 것으로 본다. 모순과 조화, 균열과 일치의 지양을 포용하기 위한 치환의 움직임도 기본을 이루고 있다.

문제는 어느 하나가 아니라 이질적인 것을 동시적으로 수행하는 부정 변증법의 동력학을 개인적이고 사회적으로 체화하는 일이다. 자신 속에서 타자를 보고 타자 속에서 타자와 더불어 자신을 사는 것이 문제다(문광훈, 2006). 특히 동양과 한국의 변증법적 철학 사상은 사물의 차이를 상호 포용 관계로 파악하는 '포용적 조화'를 중요시한다(한영우, 2005).

먼저 동양의 유교 사상에서 바라보면, 유교적 정치관에서 포용성은 음양오행 사상의 신축성에 의해서도 뒷받침될 수 있다. 음양오행 사상은 상극 질서와 상생 질서의 공존을 상징적으로 표현한다. 유교의 핵심 경전인 『주역』의 세계관은 음양의 질서로 이루어진다. 음양의 질서는 소장성쇠(消長盛衰)와 대대(待對)의 관계를 보여줌과 동시에 음양의 공존을 보여준다. 음양의 공존은 갈등 속의 조화를 의미한다(장동진, 2004).

갈등 속의 조화, 음양의 공존은 유교의 화이부동(和而不同) 원리에서도 찾아볼 수 있다. 이 원리는 서로 같아지지 않으면서 동화되거나 흡수되지도 않으면서 화합하는 것을 말한다. 이때 화(和)는 구성원들 간의 고차원적 화합이지 단순한 패거리 간의 저차원적 화합이 아니다. 화(和)의 상태란 여러 부분이 조화롭게 공존하는 것, 즉 다원성의 완전한 공존 관계의 형성을 말한다. 다원성의 공존 관계 속에서 각 부분들은 일정한 개별 관계를 형성하고 있으면서 서로 어울리고 화합하여 서로를 완성시켜주는 것이다. 이런 관계에서 화(和)는 자기와 타자의 차이를 인정하는 용인과 공존의 논리로서 타자를 지배하거나 자기와 동일한 것으로 흡수하려 하지 않는 포용(包容)인 것이다. 반면에 동(同)은 다양성을 인정하지 않음으로써 타자를 지배하고 흡수하는 동화(同化), 통합(統合), 통일(統一)을 말한다. 이때 화이부동의 변증법적 작동 원리는 "희로애락은 정이고 그것이 발하지 않은 것이 성이다. 성은 치우침이나 기울어짐이 없으니 중이라고 한다. 발한 것이 다 중절되면 정이 바르게 나타난 것인데, 그것은 어그러짐이 없어서 조화된 것(喜怒哀樂 情也 其未發 則性也 無所偏倚 故謂之中 發皆中節 情之正也 無所乖戾 故謂之和)"에서 나타난다. 시중(時中)적 행위는 중(中), 즉 성(性)에 합당한 행위이기에 희로애락(喜怒哀樂)에도 움직이지 않는 도덕적 행위이고, 동시에 시(時), 즉 상황에 합당한 행위라는 점에서 사회적 행위이다. 그런데 시중적 합리성은 행위가 보편적인 성(性)에 합당한 동시에 사회적 균형과 조화에 합치함으로써 완성된다. 시중적 정체성은 아노미적 상황에서 개인의 윤리적 정체성과 사회적 통합을 동시에 달성하게 한다. 시중(時中)은 중도, 중용으로서 시간과 장소의 흐름에 따라 바뀌는 시계의 추와 같은 것으로 시간의 흐름에 따라 중도도 움직이고 도덕적 행위의 기준도 바뀜으로써 서로 다른 사람끼리 공존이 가능해진 것이다(한국언론학회, 2016).

원효(元曉)에 의한 화쟁회통(和諍會通)과 화쟁일심(和諍一心)에서 변증법적 포용사상을 보자. 원효의 화쟁 사상은 한마디로 서로 껴안고 '포옹'하고 받아들여(融攝) 화합의 '포용'으로 나아가 '회통'(會通)을 이루라는 것이다. 서로 껴안고 '포옹'하고 받아들여 화합하면 서로 간에 소통을 통해 만남, 화해, 통합의 회통이 이루어진다는 것이다. 원효는 상생과 상극의 이중성을 사실로 인정할 것을 전제하고 있다. 갈등하면서 화합하고 다름을 인정하면서 화합하라는 것이다. 이는 공자의 화이부동(和而不同)사상과도 일맥상통한다. 화쟁 사상의 핵심은 야누스적 상생(相生)과 상극(相剋)의 이중성을 사실로 보자는 것이다. '같음'(同)과 '다름'(異)의 이중성을 별개로 생각하지 말고 하나의 사실로 보면서 동(同)과 이(異)를 동시에 인정한다면 서로 다르지만 더불어 공존 관계를 유지할 수 있다는 것이다. 그 이중성은 '같음'(同)의 일원성이나 '다름'(異)의 이원성에 의한 별개가 아니고, '동'(同)과 '이(異)의 한 쌍으로 동거하는 '불일이불이'(不一而不二)의 관계성이라는 것이다. '불일이불이'(不一而不二), 즉 둘이면서 하나이고 하나이면서 둘이라는 관계성은 화합과 포용의 원리다. 전체와 개체가 모순되는 것으로 보지 않고 화합하고 포용할 수 있는 것으로 본다. 따라서 사회의 다양한 구성원들 간에 배타성·이질성을 극복하고 평화적 공존을 이루기 위해서는 먼저 모든 구성원들이 실체적 분리를 극복해야 한다. 또한 '둘이 아닌 하나의 존재'로 만나기 위해서는 타자의 존중과 배려를 필연적으로 수반해야 한다(한국언론학회, 2016).

원효의 화쟁일심(和諍一心)에서 화쟁은 다툼을 화해시킨다는 뜻이고, 일심은 중생의 한마음이자 참된 깨달음을 뜻한다(정호일, 2011). 화쟁은 양시(兩是)의 논리가 아니라 모든 진리 주장과 견해에 대한 집착에서 벗어나 일심(一心)의 경지에 도달할 때 가능한 것이다(김용표, 2002). 일심(一心)이 이문(二門)으로 나누어지고, 이문은 화쟁의 방편을 통하여 다시 일심의 체로 돌아가고, 이는 다시 이문으로 갈린다. 화쟁일심은 일심이문의 화쟁을 통하여 궁극적 진리에 이르는 길을 구체적으로 제시하는 것이다. 이와 동시에 깨달음에 이르면서도 일상을 영위하고 일상을 영위하면서도 깨달음을 추구하는 삶, 부처와 중생이 둘이 아니라 하나일 수 있는 방편을 제시한다(권택영, 2002). 화쟁 사상은 화엄철학이 바탕이다. 화엄철학의 기본 논리는 '하나가 곧 전부요, 전부가 곧 하나'라는 점(주영하, 2011)에 함축돼 있다. 여기에서 무한 포용과 자비의 세계가 전개되는 논리를 갖고 있다. 색이 현실계 곧 사(事)의 세계요, 공이 영성계 곧 이(理)의 세계라고 보는 것이다. 즉 금강삼매(金剛三昧)의 세계는 이사무애(理事無碍)의 세계요, 한 걸음 더 나아가서는 사사무애(事事無碍)의 세계이다. 개체와 개체가 서로 막히고 서로 걸림이 없는(相卽栢入) 하나의 원융 세계인 것이다. 거기서는 파하는 바도 없고 파하지 않는 바도 없으며, 세우는 바도 없고 세우지 않는 바도 없다(유동식, 1997).

한국은 사상적으로 다양한 지방적 관습과 외래 문화의 이질성으로 인한 갈등이 그치지 않았다. 그러나 이러한 갈등을 거치면서도 어제의 전통은 파열과 붕괴로 치닫지 않았고 도리어 융화와 통일을 구현했다. 실제로 신라 때 화백제도는 군관들이 모여 다양한 의견을 조정하는 융화의 원리를 실천했다. 신라가 삼국을 통일할 수 있었던 원동력도 힘에 의한 정복이 아니라 포용과 융합의 융화 정신이 가진 사상적 역량에서 비롯된 것이다. 융화는 이러저러한 것을 그저 단순히 합쳐놓은 집합, 즉 통합이 아니다. 집합(통합)은 겉으로 똑같은 옷을 입고 똑같은 구호를 외쳐도 쉴 때가 되면 제멋대로 흩어진다. 하지만 융화는 속으로부터 우러나는 자발적 참여가 있고 더욱 높은 가치와 이상을 향해서 마치 강물이 제각기 굽이치며 바다로 모여들듯 어울리는 것이다. 그리하여 지눌(智訥)은 교종(敎宗)과 선종(禪宗)의 융화를 추구했다. 율곡(栗谷)도 동서분당(東西分黨)을 조정하기 위해 양시양비론(兩是兩非論)을 제시했다. 그리고 다산(茶山)은 유교와 기독교의 융화적 인식을 통해 유고 경전을 기독교 교리와 소통하는 방식으로 주석했다(금장태, 2003).

결과적으로 '변증법적 리더십'은 "제의·제안(正, These), 토론·논의(反, Antithese), 합의·타협(合, Synthese)"의 시간적·단계적 과정을 거쳐 화합과 조화, 포용과 융합을 창출하는 방식이자 수단적 의미로서 포용적 리더십의 구성 요소를 이룬 것이다.

2. 변혁적 리더십

'변혁적 리더십'(transformational leadership)은 사회 구성의 '상호의존'(相互依存) 원리에 따른 '공간 구조'와 '수단 방법'의 협력적이고 자율적인 공동체 속에서 국가의 미래 비전과 구성원의 공유 가치에 기초하여 민주적이고 혁신적인 포용의 사회 질서를 체계적으로 구축함으로써 국가 발전 단계를 한 차원 고양시키는 리더십이다.

변혁적 리더십이라는 용어는 제임스 다운턴(James V. Downton)에 의해 『혁명적 리더십(Rebel Leadership: Revolutionary Process)』(1973)에서 처음으로 창안되었다. 그 후 제임스 맥그리거 번스(James MacGregor Burns)가 『리더십(Leadership)』(1978)이란 책에서 변혁적 리더십의 개념을 처음 도입했다(The Transformational Leadership Report, 2007).

변혁적 리더십은 지도자의 능력에 따른 원리의 필요에 초점을 두고 있다. 리더가 구성원들에게 동기를 부여하고, 비전과 관련된 목표를 생성하고 명확하게 제시하고, 공동의 목표를 향해 나아가면서 집단의 관심과 유익한 필요에 집중하도록 다른 사람들에게 권한을 부여하는 것이다(Umme Salma Sultana, Mohd Ridzuan Darun and Liu Yao, 2015). 또한 리더가 단기적인 목표를 넘어서 고차원적이며 내재적 요구에 초점을 두고 높은 수준의 도덕을 요구함과 동시에 동기 부여를 제공하는 데에 목표를 두기도 한다(The Transformational Leadership Report, 2007). 따라서 변혁적 리더십은 구성원들의 요구에 부응하고, 미래 지향적 관점과 행동을 바탕으로 업무를 수행하도록 변화시키며, 목표와 가치 공유에 대해 끊임없이 토론하는 것을 전제로 하고 있다. 그들에게 공공선(public good)과 공동이익(common interests) 추구의 변화와 혁신을 수용하고 포용하도록 영향력을 미치는 지도력이 변혁적 리더십인 것이다.

변혁적 리더는 더 높은 이념과 구성원들의 가치에 호소하여 변화의 길을 걷는다. 이 리더는 가치관을 스스로 모델화하고 카리스마적인 방법을 사용하여 구성원들을 자신의 가치관과 지도자에게로 유도하고자 한다. 변혁적 리더십의 효율성은 리더와 구성원들의 높은 수준에 부합한 자부심과 자아 실현, 가치와 목적 및 의미에 관한 동일시가 이루어지는 데 있다(The Transformational Leadership Report, 2007).

변혁적 리더십의 이념에는 국가에 대한 관심, 권한 부여의 본질 및 임무 방향의 수준이 포함된다. 리더가 추종자들의 윤리, 신뢰 및 요구 사항을 하나의 비전으로 개조시키고 난 후 그 비전을 추구할 수 있도록 그들을 지도하는 능력을 가져야 한다고 보고 있다. 리더의 역할은 단지 영감만을 주는 것이 아니라 구성원들이 자신의 비전에 도달할 때까지 그들을 설득하고 인도하고 제시할 수 있어야 한다는 것이다. 그래서 변혁적 리더는 변화와 개혁을 통해 구성원들이 놀라운 결과를 달성하도록 고무시키는 사람이고, 그 리더십은 특별한 접근 방식의 리더십 유형이다(Umme Salma Sultana, Mohd Ridzuan Darun and Liu Yao, 2015).

변혁적 리더십의 목표는 사람들과 조직을 문자 그대로의 의미대로 '변혁'시키는 것이다. 마음과 마음을 바꾸고, 시각과 통찰력 및 이해를 확대하고, 영속적인 운동량의 변화를 불러일으키는 것이다(The Transformational Leadership Report, 2007). 이 점에서 변혁적 리더는 변화와 개혁을 통해 원하는 결과의 중요성과 가치 및 그 결과에 도달하는 방법에 대한 구성원들의 의식 수준을 높여주는 사람이다(Jim Allen McCleskey, 2014).

변혁적 리더십의 구성 요소는 구성원들이 내린 결정을 번복할 수 있는 리더의 능력, 어려움과 불확실성 및 불안정으로 계약을 체결한 구성원들의 능력, 행동의 방향에 있어서 리더의 편애 등(Umme Salma Sultana, Mohd Ridzuan Darun and Liu Yao, 2015)을 들 수 있다. 그러나 변혁적 리더십의 구성 요소는 카리스마(Charisma) 또는 이상적인 영향력, 영감적인 동기부여, 지적인 자극, 개별적 배려 또는 개별적 관심의 네 가지를 들 수 있다(Jim Allen McCleskey, 2014). 카리스마 또는 이상적인 영향력은 리더의 행동하는 정도로서 리더와 구성원들 간에 진정한 신뢰의 형성을 요구하고 있다. 영감적인 동기 부여는 리더의 호소력과 영감을 주는 비전이 구성원들에게 명확하게 제시되는 것을 요청하고 있다. 지적인 자극은 리더의 구성원들에 대한 아이디어를 요구하여 그들의 창의성을 자극하고 격려하는 것을 담고 있다. 개별적인 배려 또는 개별적인 관심은 리더의 구성원들에 대한 필요의 충족과 관심사의 경청을 포함하고 있다(The Transformational Leadership Report, 2007).

조직을 성공적으로 지도할 수 있는 변혁적 리더는 다음과 같은 특징을 갖고 있다. 즉 마음과 가슴 속에 영감을 받아 보여주는 것, 자신과 세상 및 주변인들과 연계해 현실에 기반을 두는 것, 비전을 갖고 열정과 목적으로 소통하는 것(가슴으로 말하고 마음을 여는 방식으로 다른 사람들에게 말하고 감정을 억누르는 것), 신뢰와 헌신(약속)을 만들어내고 끌어들이는 방식으로 상대방에게 관심을 기울이는 것(진실로 그들에게 관심을 쏟고, 그들이 무엇을 원하고, 어떻게 그들에게 봉사할 수 있는가 등), 마음이 지닌 초유의 힘을 추동하는 것(호기심을 갖고 새로운 아이디어를 내고 끊임없이 배우는 것) 등(The Transformational Leadership Report, 2007)이다.

〈표 1-2〉 거래적 리더십과 변혁적 리더십의 차이점

Transactional Leadership	Transformational Leadership
• Transactional Leaders do not feel easy to discuss with employees about plans. • Leader get rewards and punishments for employees to accomplish the goal. • Motivates employees by tempting their self interest. • Works surrounded by the organizational traditions • Management-by-exception: continue the status quo; pressure correct actions to recover performance.	• Transformational Leaders ready to discuss with employees about plans before execution. • Employees complete goal through superior principles and ethics. • Motivates employees by give priority to group interests first. • Works to transform the organizational traditions by implementing new thoughts. • Individualized reflection: Each behavior is intended for each person to convey kindness and support. • Intellectual stimulation: support new and creative ideas to solve problems.

출처: Umme Salma Sultana, Mohd Ridzuan Darun and Liu Yao, "TRANSACTIONAL OR TRANSFORMATIONAL LEADERSHIP: WHICH WORKS BEST FOR NOW?," International Journal of Industrial Management(Universiti Malaysia Pahang, June 2015), p.5.

변혁적 리더십은 교환 또는 협상의 노력과 관련해 거래적 리더십(transactional leadership)과 유사성을 갖고 있지만 두 리더십은 크게 다르다. 거래적 리더십은 지도자가 보상과 처벌을 통해 구성원들을 격려하는 리더십 유형이다. 이 유형은 보상, 형벌, 경제적 교환, 감정적이고 물질적인 교환, 즉 '거래 관계'에 기초하고 있다. 특히 거래적 리더십은 변화와 개혁을 두려워하기 때문에 미래 지향이라기보다 현실의 보수적 기득권 유지에 집중한다(Umme Salma Sultana, Mohd Ridzuan Darun and Liu Yao, 2015).

〈표 1-2〉는 거래적 리더십과 변혁적 리더십의 차이점을 설명하고 있다. 먼저, 거래적 리더는 계획에 대해 구성원들과 토론할 필요를 느끼지 못하는 데 비해 변혁적 리더는 그들과 계획을 실행하기 전에 토론을 준비한다. 둘째, 거래적 리더는 목표 달성을 위해 구성원들에게 상벌을 설정하지만, 변혁적 리더는 가치 있는 원칙과 윤리를 통해 그들이 목표를 달성하도록 한다. 셋째, 거래적 리더는 자신의 이해관계를 우선하여 구성원들에게 동기 부여를 하는 데 반해 변혁적 리더는 조직의 관심사에 우선순위를 두고 그들에게 동기 부여를 한다. 넷째, 거래적 리더

〈그림 1-3〉 매슬로우(Maslow)의 욕구 계층

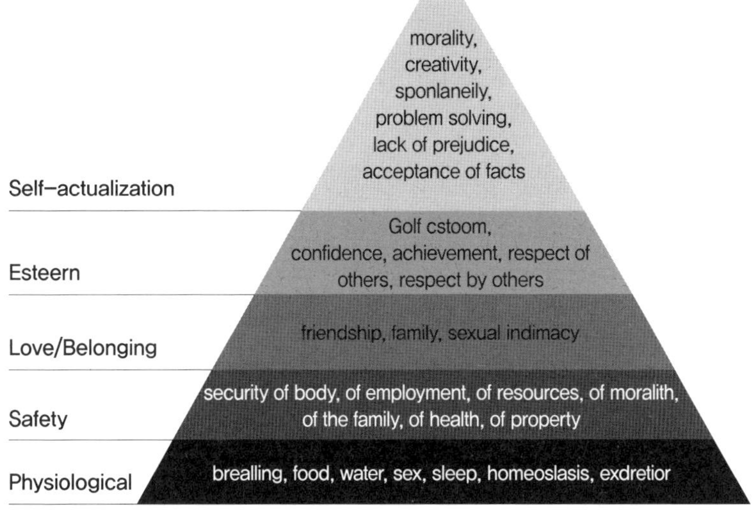

Image from www.wikipedia. org

출처: The Transformational Leadership Report(2007), www.transformationalleadership.net, p.7.

는 조직의 전통에 얽매이지만, 변혁적 리더는 창의적 생각을 실행에 옮김으로써 조직의 전통을 변화시킨다. 다섯째, 거래적 리더는 예외 관리, 현상 유지, 실적 회복 등을 취하지만 변혁적 리더는 개인적인 성찰, 문제를 해결하기 위한 새롭고 창의적인 아이디어를 지원하는 지적인 자극을 취한다(Umme Salma Sultana, Mohd Ridzuan Darun and Liu Yao, 2015).

결과적으로 거래적 리더십은 국가나 사회의 현실에서 얻을 수 있는 교환적 이익의 추구에 초점을 두지만 변혁적 리더십은 국가와 사회, 미래의 차세대 등을 위한 공공적 이익의 추구에 중점을 둔다. 그리고 거래적 리더십은 자신의 추종자에게만 이익을 제공하는 반면 변혁적 리더십은 구성원들에게 신뢰, 열정 및 원칙의 공동선을 고양시킨다(Umme Salma Sultana, Mohd Ridzuan Darun and Liu Yao, 2015). 이러한 차이점을 보면 변혁적 리더십은 거래적 리더십보다 더 효과적이고 효율적인 리더십 유형임을 알 수 있다. 변혁적 리더십은 〈그림 1-3〉 매슬로우(Maslow)의 욕구계층에 적용해보면 더욱 명확해진다. 변혁적 리더가 성공하기 위해서는 높은 수준의 진정성(authenticity), 자아 존중(self esteem), 자아 실현(self actualization)을 요구받고 있기 때문에 변혁적 리더십은 보다 더 높은 수준의 범주에 들어가는 데 부합한 것이다(The Transformational Leadership Report, 2007).

3. '변증–변혁적 리더십'의 결합 관계

정부 수립 이후 한국 정치는 민주정치의 기본인 대화와 타협이 사라지고 아집과 독설, 몸싸움만 난무했다. 국민들은 지겹다. 공감과 감동, 인기를 먹고살아야 하는 게 정치다. 그런데 지금 우리 정치는 아주 심각한 위기다(최익용, 2010). 군부 독재 정권의 감시와 통제, 분열과 이간책동에 맞서야 했던 민주화 지도자들조차 조직의 보전과 운동의 단결을 유지하기 위해 대화와 토론, 협상과 타협과 같은 민주적 방식을 통해서 추종자의 동의를 얻어내고 합의를 도출하기보다는 추종자와 일방적, 수직적 관계를 설정하고 명령, 회유, 금전적 보상에 의존하는 권위주의적 지도력에 의존할 수밖에 없었다(조대엽, 2005). 그 결과 야당 당수가 대통령에 버금가는 영향력을 행사하는 것으로 비춰질 정도로 리더와 견제 세력 간의 역할이 혼란스러워지는 안타까운 일이 벌어졌다. 누가 차세대 리더가 되건 자신이 희망하는 방향으로 조직을 이끄는 데 엄청난 부담으로 작용할 수밖에 없었다(신완선, 2002).

정치 상황만 심각한 것이 아니다. 경제도 위기다. '잃어버린 20년, 저성장 경제 시대'에 빠졌던 일본처럼 한국도 '저성장 시대'에 진입했기 때문이다. '한강의 기적'의 종말, 한국 경제의 구조적 문제점, 인구절벽, 양극화의 심화가 한국 경제의 저성장을 재촉하고 있다. 저성장으로 인한 부실기업과 부실가계의 증가, 경제 활성화를 위한 복지 지출 확대, 고령사회 진입에 의한 노인 복지 세출 증대, 정치권의 포퓰리즘 공약으로 인한 복지 지출 확대 등은 정부의 만성적 재정 적자를 증가시키고 있다. 커지고 있는 정부의 재정 적자는 기업과 가계를 압박하며, 기업의 투자 축소와 가계의 소비 감소로 이어진다. 이런 악순환의 반복이 지금 한국 경제를 저성장으로 진입하게 만든다(김현철, 2015)

한국 사회도 불안의 늪으로 빠져들고 있다. 한 치 앞도 분간할 수 없는 불확실성이 사회를 위협하고 있다. 불평등 문제의 개선은 불투명하고, 저출산·고령화 현상으로 인구절벽이 임박하고, 원전 사고에 대한 불안감과 세월호 참사로 인한 사회적 트라우마가 계속되고, 소득 격차로 인한 빈곤층의 삶의 질은 더욱 낮아지고, 가족 공동체가 해체되는 등 많은 문제가 한국 사회를 억누르고 있기 때문이다. 이와 동시에 검찰 개혁, 북핵 위기 해결, 남북관계 개선, 규제 개혁, 언론 개혁, 경제 민주화 실현 여부, 4대강 회복, G1시대의 중국 부상 대응, 노동 개혁, 실업 대책, 의료 민영화 추진 여부, 사회적 소수자 차별 해소, 교육 개혁, 기본소득 보장제 도입 여부 등 당면한 문제도 넘쳐난다(윤태곤 외, 2016).

이와 같은 현상에서 벗어나 공공선과 공동이익을 위해 공생하는 국가, 사회로 어떻게 변화할 수 있는가? 이에 대한 해법으로 제기할 수 있는 것이 바로 포용적 리더십이다. 우리가 직면한 난제들에 대처하려면 통합의 동력인 사랑과 자아 실현의 동력인 힘을 함께 발휘(아담 카헤인, 2010)해야 하기 때문이다. 지금 '새로운 대한민국'으로 나아가기 위해서는 사랑과 힘의 포용적 리더십을 통해 산재한 난제들을 풀어나가야 한다.

이런 관점에서 '새로운 대한민국' 건설의 목표와 전략, 수단과 방법, 내용과 효과 등과 관련해 시간적 차원(수단, 방식)에서 변증법적 리더십, 공간적 차원(내용, 효과)에서 변혁적 리더십과 이를 시·공간적 결합 관계로 통합한 포용적 리더십을 제안한다.

변증법적 리더십과 변혁적 리더십이 결합된 포용적 리더십은 한국 사회의 당면한 과제들을 올바로 이해하고 모두가 함께 해결 방향을 모색하는 데 가장 적절한 리더십 유형이다. 이는 주관성을 가지고 타자에 대한 이해의 폭을 넓혀 나가는 방법, 즉 '개체성'과 타자에 대한 인정과 존중, 관용과 포용이라는 '보편성'을 동시에 추구해 나가는 상대주의의 방식(정기효, 2006)을 통해 당면 문제의 해결 접근이 가능한 것이기 때문이다.

4. 포용적 리더십 전략

지금까지 논의된 포용적 리더십의 내용은 〈표 1-3〉처럼 요약 정리할 수 있다.

〈표 1-3〉을 통해 볼 때 기본적으로 포용이란 생각과 입장, 이해관계와 처지, 이념과 체제 등이 다른 사람들이 서로의 다양성과 차이를 인정하며 '대화'를 나누는 데서 시작된다. 일단 상대방을 인정하고 만나서 상대방의 의견을 진지하게 듣고 상대방을 존중하고 서로 의견을 교환하는 것이 포용의 출발이다. 상대방을 나와 똑같은 인격체로 인정할 때 대화가 가능하며, 이

〈표 1-3〉 포용적 리더십의 내용 체계

구분	내용
개념	• 변증-변혁적 리더십을 동원하여 구성원과 함께 조직이나 집단의 목표 달성을 위한 방향으로 나아가 성과를 창출하는 지도력 • 다양성의 차이를 가진 조직이나 집단, 특히 사회와 국가에서 독창성과 소속감을 높이기 위한 목표와 전략, 수단과 방법, 내용과 효과 등을 변증법적 리더십과 변혁적 리더십의 결합 차원에서 접근하는 리더십 유형
이념	• 포용주의 • 공동체주의 • 상대주의 • 인간주의
목표	• 국가와 사회의 공동 문제 해결, 공동 목표(공공 선, 공동 이익) 달성 – 다양성의 차이점과 응집력을 높이기 위한 공동의 노력 추구
원리	• 혁신 • 참여 • 공정 • 공평 • 인정 • 대화 • 타협 • 수용 • 화해 • 신뢰 • 화합
구성 요소	• 리더십의 구성 요소: 변증법적 리더십, 변혁적 리더십 • 리더의 구성 요소: 개인적 가치, 겸손, 자기 억제(절제), 개방, 추진력, 권한 부여, 비즈니스 케이스(BUSINESS CASE)에 대한 신념, 용기, 페어플레이(FAIR PLAY), 전망 수용력(PERSPECTIVE TAKING), 지식, 조직 구성력(TEAMING), 불확실성 대처 능력(COPING WITH AMBIGUITY), 적응력, 표현력(VOICE)
특징	• 개념의 특징: 관용적 리더십의 시혜성이나 통합적 리더십의 획일성(단일성)에 의한 개념에 그치지 않고 다른 사람과 공동의 이익을 위해 함께 성취하도록 도와주는 '교류-관계'의 상호작용(쌍방향)적 접근에 의한 '다양성'(DIVERSITY)의 '포용력'(INCLUSIVENESS)에 기초 • 리더의 특성: 헌신, 용기, 인지, 호기심, 문화 지능, 협동 • 리더십의 특성: 권한 부여, 겸손, 용기, 책무성

렇게 이루어지는 진정한 만남은 삶을 가장 풍요롭게 한다(이상오, 2008). 그래서 포용이란 너그럽게 타인을 받아들일 수 있는 도량을 의미한다. 사소한 것을 따지지 않고 지나치게 추궁하지 않는 것이다. 포용은 마음 깊은 속에서 우러나오는 오랜 수양의 결과물로 자연스럽게 드러나는 습관이다. 진심으로 마음을 열고 너그럽게 타인을 대해야 비로소 더 많은 진심과 더 큰 즐거움을 얻을 수 있다(류예, 2008).

포용적 리더십은 덕과 포용에서 출발하여 덕과 포용으로 마무리된다. 다시 말해 사람과 그 마음을 얻는 일에서 시작해 진정으로 사람의 마음을 얻는 것으로 완성된다. 한마디로 나와 내 편은 물론 나와 상대편을 받아들일 줄 아는 '포용지덕'(包容之德)의 원리에 기초하고 있다. 그 사람이 인격상 특별한 문제가 없고 특정 분야에 전문성을 갖춘 능력 있는 인재라면 내 사람이 아니더라도 과감하게 기용해 우대할 줄 알아야 포용의 덕이 있는 리더라는 평가를 받는다. 포용적 리더십이 이념도 정파도, 계층도 초월하는 보편적인 가치를 추구하는 차원 높은 인간 행위라는 것(김영수, 2010)도 이런 이유 때문이다.

그래서 포용적 리더십이 한국 사회의 변화와 혁신을 이루는 적합한 해법이라고 보는 것이다. 이는 한국 사회의 시대정신에도 부합한다. 지금의 시대정신은 '정의로운 혁신국가, 사람 사는 포용국가'라는 '새로운 대한민국 건설'을 요구하고 있다. 이 요구에 따라 2017년 출범한 '새로운 정부'의 국정 비전은 '국민 성장의 혁신국가, 국민 통합의 포용국가'를 건설하기 위해 '혁신포용정부'를 지향해야 할 것이다. 이때 '새로운 정부'의 핵심 가치는 자율과 책임, 공정과 포용, 평화와 인권에 기초해야 한다.

'새로운 정부'가 출범한 지금, 당면한 문제들을 누가, 어떤 해결 과정을 거쳐서, 무엇을 달성해야 하는지 결정해야 한다. 이 점에서 변증법적 리더십과 변혁적 리더십이 결합된, 즉 '변증-변혁적 리더십'을 구성 요소로 한 포용적 리더십이 중요하다.

그렇다면 포용적 리더십을 어떻게 작동시켜야 하는가? 그리고 그 추진 전략은 무엇인가?

다양성이 존재하는 국가라는 집단에서 포용은 '배척, 용인, 포용'의 3단계 진화 과정을 거쳐 발전한다. 1단계는 다양성을 배척하는 단계다. 이 단계에서는 사람들이 나와 남을 대립 관계로 보고 상대방을 경쟁자 또는 적으로 간주하고 견제한다. 2단계는 다양성을 용인하는 단계다. 이 단계에서는 사람들이 상대를 적대적으로 보지 않고, 병립할 수 있는 존재로 생각하는 여유를 가진다. 3단계는 다양성을 포용하고 적극적으로 활용하는 단계다. 이 단계에서 사람들은 다양성을 포용하고 '다른 것은 좋은 것'이라고 보며, 사회적 약자에게도 적극적으로 기회를 제공하고, 의도적으로 인적 자원을 다양하게 구성하고 차이점을 적극적으로 부각시킨다(김용성, 2011). 현재 한국 사회는 다양성을 배척하는 1단계에 머물고 있다. 지금도 정치적·경제적·사회적으로 분열, 갈등, 대립, 적대, 배제, 승자 독식이 만연하고 상대의 다양성을 배척하고 있기 때문이다. 해방 이후 현재까지 한국 사회는 다양성보다는 이분법적 사고에 의한 대립·대결·적대·경쟁으로 달려오고 있다. 그 결과 현재 한국 사회는 개발 독재, 재벌 독점, 정경유착, 기득권 야합 등이 고착화된 가운데 정치적·이념적 갈등과 대립, 사회적·경제적 분열과 양극화의 심화가 더 증대되고 있는 실정이다.

이제는 2단계인 용인으로 진화·발전해나가야 한다. 그리고 여기에는 '인정'의 요소가 반드시 포함되어야 한다. 이 요소는 지원에 대한 필요의 인정 양식인 '사랑', 인지적 존중과 평등한 권리의 인정 양식인 '법적 권리', 그리고 능력과 성취에 대한 사회적 존경의 인정 양식인 '연대' 등이다. 타인의 인정 관계는 자신과의 관계인 주체성 형성과 긴밀하게 관련되어 사랑은 자기 확신, 법적 평등성은 자기 존중, 연대는 자기 존경에 영향을 미친다. 사랑은 가족과 친지와의 친밀과 우애의 영역, 권리는 시민사회와 법의 영역, 연대는 가치의 공동체(예를 들면 경제 행위)의 영역에서 주로 발현된다. 개인의 윤리적 삶의 실현은 사랑, 권리, 연대라는 인정의 상호 주관적인 '선결 조건'이 충족될 때만 가능하다. 이런 조건 하에 용인 단계의 작동 전략은 '사회적 인정'의 진보를 위해 '개인화'와 '사회적 포용'의 관계에서 두 개의 전략을 취할 수 있다. 하나는 개별적 관점으로 새로운 인격의 등장이 상호적 인정의 체계로 포용됨으로써 사회적으로 인지되는 개인성의 증가이다. 다른 하나는 사회적 관점으로 보다 많은 수의 사람들이 기존의 인정관계 안에 포함됨으로써 서로를 인정하는 주체들의 범위가 확장되는 것이다. 그 어느 편이든 인정 원리의 규범적인 중요성은 그것의 적절한 적용과 해석에 대한 끊임없는 노력과 투쟁을 통해 '타당성의 잉여'를 창출하는 데 있다. 예를 들어 일반적인 인정 원리에서 고려되지 않았던 특정한 관점을 수용하여 기존의 사회적 해석에 대척하는 인정 원리를 또 다른 정의로서 적용하는 식이다(한국언론학회, 2016).

결과적으로 용인의 2단계에서는 인정 원리에 따라 다양성을 배척하는 적폐의 청산, 사회경제의 대개혁을 추진함과 동시에 국민 통합, 타협, 관용의 대통합을 동시 병행적으로 추진하여 자연스럽게 3단계의 포용으로 이어어지는 '포용국가 모델'의 설계도가 작동되어야 한다. 이 모델에서는 정과 반의 요소를 모두 '포함'하고 '초월'하여 '포용'하는 더욱 수준 높은 '합'의 추구로서 포용국가의 달성이라는 추진 목표를 지향한다. 즉, 새로운 대한민국의 목표를 '포용국가'로 삼고 그에 따른 내용 체계와 추진 전략을 설정해 변증법적 변혁 과정을 거쳐 궁극적으로 포용국가를 달성하려는 것이다.

03

사회적 대화와 협약, 어떻게 추진해야 하는가?

▍사회적 대화·협약의 의미와 필요성

사회적 대화(social dialogue)의 개념은 다양하게 정의되고 있다. 일반적으로 사회적 대화란 노동조합과 사용자, 정부 등이 노동정책을 포함한 사회경제 정책의 결정에 참여하는 정치적·사회적 제도를 말한다(박영삼, 2014). 그러나 광의적 차원에서 사회적 대화는 사회의 쟁점들에 대한 사회적 자문이나 사회적 협의를 포괄하는 보다 넓은 개념이다. 하지만 협의적 차원에서의 사회적 합의는 노·사·민·정 등의 조직화된 사회적 행위자 간에 이루어지는 집합 행위의 상호교환, 즉 사회 협약을 뜻한다(정상호, 2007). 즉 사회적 대화는 노사 또는 노사정, 노사민정 등 사회적 주체들 간의 사회경제적 정보 공유 및 협의·협상·합의를 통칭하며 ILO의 삼자주의에서부터 전통적인 사회적 조합주의에 이르기까지 매우 포괄적이고 서술적인 개념이다.

유사한 개념으로서 사회적 합의는 한국에서 세 가지 방식으로 사용된다(은수미, 2006). 첫째, 사회적 합의를 사회적 합의주의, 즉 사회적 코포라티즘으로 이해하는 것이다. 둘째, 사회적 합의를 단지 경제·사회 특히 노동자들의 권익에 직접적으로 영향을 미치는 의제에 관해 관련 당사자들의 절차적인 자문과 합의로 간주하는 것이다. 이는 사회적 자문이며, 이해대변 구조로서의 사회적 코포라티즘을 전제하지 않는 매우 소극적 규정이다. 셋째, 양자의 중간 수준으로서 사회적 코포라티즘과 연계되지만 그 하위 형태 간의 상대적 독립성을 적극적으로 인정하는 것, 즉 이해대변 구조와 정책결정 체계의 상대적 자율성을 인정하는 것이다. 이는 사회적 협의와 동의어로 간주하고, 사회적 대화의 경우는 사회적 자문까지를 포괄하는 보다 광범위한 용례이긴 하지만 사회적 합의 혹은 협의와 혼용 가능한 개념으로 간주한다.

오늘날 세계는 글로벌 경제 체제의 가속화 및 글로벌 경제 위기로 인해 구조조정이 상시화되고 있는 실정이다. 이에 따른 고용 문제와 사회적 양극화 문제가 국가적 현안으로 대두하고 있다. 또한 오늘날은 개인, 기업, 국가 차원에서 근로자 개인의 고용 가능성을 제고할 수 있는 인적자원 개발, 저출산·고령화 사회의 진전도 급속화되고 있다. 이에 따른 노동·사회 정책적 대응 등과 같은 사회적 파트너들의 참여 없이 해결하기 어려운 현안 문제가 증가하고 있다. 이런 문제들의 해결을 위해 사회 통합과 지속가능한 경제 발전의 국가 전략으로서 사회적 대화의 필요성도 더욱 더 커지고 있다(김강식, 2012).

우리나라의 경우 김대중-노무현 정부를 제외한 이승만-박정희-전두환의 개인 독재 및 군사 독재 정부에 이어 보수우파 정부의 장기 집권으로 정부가 노동계와의 대화 및 협력보다 사용자측과의 대화 및 협력에 더 치중했다. 그에 따른 정경유착의 확장 속에서 사용자측은 노조와의 대화 및 협약을 회피하는 관행을 만들었다. 노동계에서도 정치투쟁과 임금투쟁 등의 노선을 두고 조직 간 내부 대립이 나타나고 사회적 대화·협약의 합리적 과정에 참여하거나 성과 도출에 실패한 경험을 걸어왔다. 정부 차원에서 사용자측과 노동계측과의 사회적 대화·협약에 대한 중재와 지원의 체계적 제도 구축을 하지 못했고, 그 결과 노사 간 갈등과 대립에서의 일정한 역할을 제대로 수행하지 못했다.

이제, 새로운 돌파구를 마련해야 할 중대한 기로에 서 있다. 촛불혁명 이후 우리나라는 중대한 정치적·사회적·경제적 위기에 직면해 있기 때문이다. 정치적으로 박근혜 보수정권은 민주화의 과거 '70년대 식'으로 후퇴하고, '박근혜-최순실 게이트'의 부정부패 표출로 탄핵을 당해 새누리당의 해체와 동시에 자유한국당과 바른 정당으로 분열했다. 이어 제19대 대통령 선거에서 더불어민주당 문재인 후보의 대통령 당선으로 3기 민주정부인 문재인 정부가 출범했다. 문재인 정부는 여소야대 국회로 인해 한국 정치의 고질적 병폐인 갈등과 대립의 정치 상황이 반복될 위기에 처해 있다. 사회적으로는 양극화의 극심화로 고착화된 계층화가 더욱 심해지고 있다. 특히 실업률과 비정규직의 급증 문제는 국민을 불행의 공포 속으로 몰아넣고 있다. 경제적으로도 '박정희 식 관치경제 모델'이 경제성장의 둔화, 산업 경쟁력의 약화, 국내 영세상공업의 몰락, 경기 침체의 지속, 물가 상승의 고조, 재정 악화의 발흥, 노동 악화의 증대 등으로 사실상 '사망선고'을 당한 상황이다.

이와 같은 정치·사회·경제적 위기 상황은 노동자, 사용자, 정부가 기존의 방식과 다른 새로운 사회적 대화와 협약을 모색할 것을 요구하고 있다. 이를 타파하기 위해서는 과거 노사정위원회 중심의 독점적 방식을 취하기보다 이를 개선하거나 새로운 사회적 대화 기구를 만들어 전략적으로 접근해야 한다. 한마디로 노사정뿐만 아니라 시민 단체도 참여해 포용적 리더십에 의한 대화와 타협, 합의와 화합의 사회 협약을 도출해야 한다는 것이다.

그렇다면 사회적 대화·협약의 원리는 무엇이며, 어떻게 추진해야 하는가?

사회적 대화·협약의 원리

사회적 대화는 사회 전반의 운영 원리와도 관련되어 있는데, 새로운 거버넌스 구조를 지향해야 함을 함의한다. 거버넌스란 전통적인 통치, 통제, 지배 등과 구분되는 집단 혹은 사회의 운영 원리로서 다양한 사회 주체들의 직접 참여에 의한 자원 배분과 문제 해결 방식을 의미한다. 이 점에서 거버넌스는 협치의 구조와 행태로도 이해할 수 있다. 사회적 대화란 현대 사회에서 새롭게 조명되는 거버넌스의 형태로서 비대화된 관료제, 그리고 한계를 노정하고 있는 대의제 민주주의를 보완할 수 있는 사회적 자문, 사회적 협의, 그리고 사회합의주의를 통칭하는 개념이다. 따라서 사회적 대화는 대의제 민주주의를 보완하는 직접민주주의의 매우 발달한 형태이다. 동시에 사회적 대화는 이해 당사자들의 책임 있는 참여와 합의의 이행을 담보하는 가장 효과적인 의사결정 구조를 지향한다.

일반적으로 사회적 대화 또는 협약의 공동 목표는 사회적인 정책과 경제 번영 사이의 보완

〈그림 1-4〉 사회적 대화·협약의 원리에 따른 집단 간 교환의 예

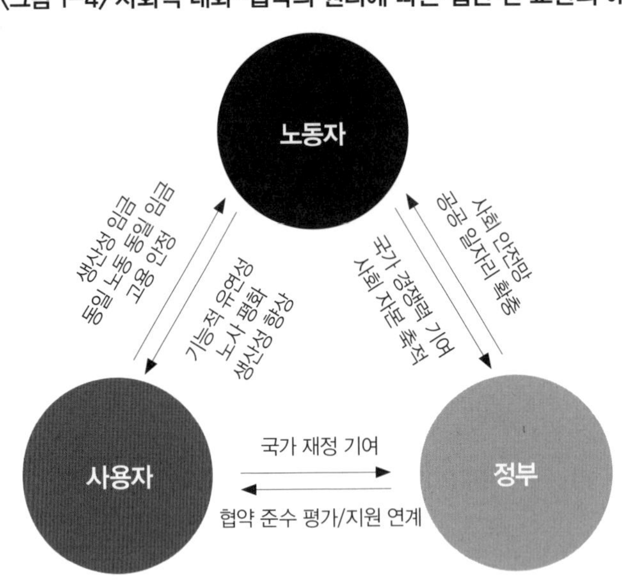

적 관계 확대, 활발한 지식 기반 경제개발과 기업의 생산성 증대, 사회적인 정책의 재창조와 수정 등을 들고 있다. 그리고 사회적 대화 또는 협약의 기본 원칙은 정상적인 변화에 대한 관계자 간의 협조, 지속적인 적응에 대한 필요한 인식, 지지에 대한 융통성 제고, 경쟁력 향상, 고용 촉진, 생산력 증진 등(정인수, 2008)이다.

이러한 목표와 원칙은 무엇보다도 사회적 대화·협약의 원리부터 충실히 따라야 할 것이다. 이 원리는 사회 협약을 위한 집단 간 교환의 기본 원칙에 준거해 다음과 같이 제시할 수 있다.

첫째, 상호 등가 교환의 원칙이다. 사회 집단 간 교환은 등가 교환을 원칙으로 한다. 이는 일방적 이익을 금지하고 양자 간 공동의 이익을 취하는 것이다.

둘째, 장기적 이익의 원칙이다. 단기적인 관점이 아니라 장기적 관점을 견지하는 것이다. 이는 사회 협약 프로그램의 진행 경로를 감안한 장기적 관점에서 추구하는 것을 필요로 한다.

셋째, 단계적 확장의 원칙이다. 초기 단계 교환은 낮은 수준에서 시작하여 점차 교환의 수준을 높이는 것이다. 이는 사회자본(신뢰와 협력)의 점진적 축적이다. 그동안 노사정위원회의 성과가 미진했던 이유 중 하나는 처음부터 높은 수준의 교환을 서로에게 요구했기 때문이다. 그런 점에서 이 원칙의 필요성을 알 수 있다.

넷째, 협력적 혁신과 공유의 원칙이다. 협력적 혁신은 경쟁보다 더 큰 상상을 초월하는 성과 달성이다. 예컨대 스미스의 핀 생산을 들 수 있다. 이는 성과의 공정한 분배와 공유가 지속적 협력의 필수 조건이다. 특히 혁신성과가 가장 높은 실리콘밸리의 혁신 생태계에서 핵심 원리는 무분별한 경쟁이 아닌 협력적이고 개방적 혁신에서 그 의미가 크다고 할 수 있다.

다섯째, 화합과 포용의 원칙이다. 그동안 사회적 대화에서 배제되어 왔던 사회적 약자 집단, 우리 사회의 취약 집단의 의견을 우선적으로 존중하고 배려해야 한다. 사회적 공정과 형평의 차원에서 약자나 소외자의 요구에 강자에 의한 화합의 중점을 두자는 것이다. 이는 특히 사회협약 프로그램의 초기 단계에서 약자 집단에 대한 배려에 의한 강자의 배려와 양보가 필요하다는 것을 뜻한다.

이와 같은 사회적 대화·협약의 원리에 따른 집단 간 교환의 예는 〈그림 1-4〉에서 볼 수 있다.

▌사회적 대화·협약의 성공 조건

우리나라에서 사회적 대화와 타협의 성공 요건은 다음과 같이 제시되고 있다(경제사회발전노사정위원회, 2008).

첫째, 선진국처럼 사회적 대화와 협약의 제도가 일반화되어야 한다. 유럽 선진국 가운데 국가 수준에서 지속적 발전을 강구하기 위해 노사 관계 및 노동 시장, 사회복지 정책에 관해 사회 주체들이 협의하지 않는 나라는 거의 없다. 심지어 아시아, 동유럽 및 라틴아메리카국가들, 남아프리카 국가에서도 경제 위기 극복, 권위주의 체제 종식에 따른 사회 혼란 극복, 경제 자유화의 부정적 결과들을 완화하기 위해 사회적 대화를 채택하고 있다. 따라서 우리나라가 세계화, 기술 혁신, 민주화의 진전에 따른 양극화와 사회적 갈등을 해소하고 지속성장을 통해 선진 일류국가로 도약하기 위해서는 정부와 사회주체 간 파트너십 강화와 사회적 대화 체제가 필수적으로 제도화되어야 한다.

둘째, 논의 주체 구성의 다양화가 확보되어야 한다. 우리나라의 경우 핀란드, 네덜란드 노동 재단, 스웨덴과 같은 소득정책협약이 이미 1993~1994년 노·경총 간 중앙 노사임금 합의를 통해 시도된 바 있다. 1996~1998년의 노사관계개혁위원회가 네덜란드SER, 프랑스의 유형이다. 1997년 말 외환위기를 계기로 설립된 노사정위원회를 통해 우리나라의 사회적 대화는 아일랜드형으로 변화되었다. 노사정위원회는 아일랜드와 같은 사회협약 체결 기능은 물론 프랑스 유형의 정책 협의를 통한 자문 기능도 동시에 갖고 있기 때문에 논의 의제의 성격과 의제 제안 주체 등을 감안하여 논의 주체를 기존 구성 방식 이외에 노·사·정 또는 노·사·공, 노·사·민·정·공 등 탄력적으로 구성하고 운용해야 한다.

셋째, 정부가 직·간접적으로 사회적 대화를 주도해야 한다. 외국 사례의 공통점은 사회민주주의 정부이건 보수당 정부건 정부 성격에 관계없이 사회적 대화와 사회 협약이 성공적으로 작동되고 있다는 점이다. 우리 정부도 임금 협약, 정책 자문, 사회 협약 체결 과정에서 정부가 적극적으로 지원하고 개입하여 의제 제안, 정책 협의 및 합의, 합의 사항 이행 등 전반적 논의 과정에서 정부의 실질적 역할이 강화되어야 한다.

넷째, 사회적 대화의 핵심 의제는 임금·고용·사회복지 정책에 두어야 한다. 선진국들의 경우 공통적으로 경쟁력 제고 및 사회 통합을 위한 임금과 노사관계 정책, 노동시장 정책, 연금 등 사회복지 정책 및 이와 관련된 사회경제 정책에 집중하고 있다. 우리나라의 경우, 1997년 말 발생한 경제위기를 극복하기 위한 사회 협약에서는 경제사회 전반의 개혁을 내용으로 하는 포괄적 정책 의제가 다루어졌지만 갈수록 노사의 이해관계가 대립적인 노동정책 현안으로 의제마저 축소되었다. 이를 벗어나 노동정책으로부터 사회복지 정책, 조세 정책 등으로 의제 범위를 확장하여 노·사 간 이해공통 의제를 개발하고 정책패키지 형태로 의제를 구성하는 방안이 적극 시도되어야 한다.

다섯째, 사회적 대화와 협약의 참여 주체로 노·사·정·민·전문가 등 다양한 단체를 참여시켜 일반 의사 형성을 도모해야 한다. 다만 너무 광범위한 사회 집단이 참여하는 경우 기구의 성격이 애매해지고 교섭과 문제해결 능력에 어려움이 초래될 수 있다는 점을 고려해 실행해야 할 것이다. 현재 우리나라는 노사 중심성은 유지하면서 국민 대표성 제고를 위해 고용, 노동, 사회복지 정책과 직·간접적 이해관계를 갖고 있는 사회단체까지 참여 주체의 범위를 확대해야 한다.

여섯째, 노동계의 대표성 제고와 지도부 리더십 강화가 이루어져야 한다. 외국의 경우 세계화 등 경제사회적 환경 변화에 능동적으로 유연하게 대응하는 온건·실리주의적 노동운동의 확산, 노동계의 참여와 협력이 사회적 대화 성립과 지속, 협약 체결의 바탕을 이루고 있다. 우리나라도 사회적 대화 체제의 발전을 위하여 노동계의 적극적 참여 의지와 정책 역량 강화, 지도부의 리더십 발휘가 이루어져야 한다.

일곱째, 전문가 집단을 적극적으로 활용해야 한다. 외국의 경우, 전문가(공익위원) 그룹이 현안 분석, 비전페이퍼 작성, 국민적 공감대 형성, 참여 주체와 함께 전략 보고서 작성을 주도하는 등 적극적 활동을 전개하고 있다. 우리나라에서도 전문가가 미래 지향적 의제 개발, 현안 분석과 발전 방안 마련에 더 몰입할 수 있도록 인센티브를 강화하고, 노사정 미합의 시 논의 결과와 함께 이들의 의견서를 제출토록 하고 국민적 공감대 조성 및 조정, 중재 역할을 강화해야 한다.

여덟째, 우리나라의 실정에 맞는 사회적 대화·협약의 모델이 계발·채택·실행되어야 한다. 외국의 경우, 자국에 고유한 협의 과정 및 합의 방식을 채택하고 있다. 조사연구와 공감대 형성, 참여 주체 간 토론과 합의, 확실한 이행 점검 절차 등 협의 과정이 체계화되어 있다. 우리나라도 협의 과정을 체계화하고, 그 과정에서 상호 신뢰와 공감대 조성 노력을 강화해야 한다. 사회 협약은 사실상 전원 합의가 있어야 체결할 수 있는 경직된 구조이기 때문에 합의가 힘들다면 사전에 정부와 사회 주체 간 개별 협상으로 이견을 좁혀야 한다.

아홉째, 사회 협약의 이행 촉진·평가 체계 확립으로 지속 기반이 구축되어야 한다. 정부는 물론 참여 주체의 사회 협약 이행은 사회적 대화의 지속에 관건인 만큼 정부로 하여금 자문 수용 여부를 3개월 내에 통보하도록 하거나(네덜란드), 본위원회 차원에서 점검, 평가하고 사업장 단위의 이행을 촉진하는 별도 기구를 설치 운용(아일랜드)하는 등 많은 노력을 기울이고 있다. 우리나라도 합의 사항의 이행력을 제고하기 위해 '이행평가위원회'의 위상과 기능을 확대하는 한편 합의, 권고, 논의 결과 및 공익위원 의견서 송부에 대하여 정부가 일정 기간 내 정부의 입장이나 이행 계획 등을 표명하도록 만든다.

사회적 대화 프로세스의 실행

1. 한국의 사회적 대화 경험과 현황

우리나라의 사회적 대화는 1987년 이후 민주화를 거치면서 점진적으로 발전해왔다. 특히 중앙 단위의 사회적 대화는 〈표 1-4〉에서 보는 것처럼 1990년대 초 태동한 이래 본격적으로 1996년 '노사관계개혁위원회', 1998년 '노사정위원회', 2007년 이후 현재의 '경제사회발전노사정위원회'로 전개되어 왔다. 현재의 대화 기구 명칭은 '경제사회발전노사정위원회'지만 통칭 노사정위원회라 부른다.

참여 주체나 합의 내용, 이행 담보 등 불완전 여건 속에서도 노사정위원회는 현재까지 150여 개에 이르는 다양한 관련 이슈에 대하여 합의문을 도출하고 노동기본권 시장, 노동시장 선진화 및 노사 관계 개혁과 경제·사회적 발전에 기여해왔다(이호근, 2011). 그러나 노사정위원회는 사회적 대화 기구로서의 기능을 제대로 수행하지 못하고 있다. 그 문제점은 다음과 같이 지적할 수 있다.

첫째, 노사정위원회의 비독립성 문제다. 외형상 대통령 자문기구로서 독립적 지위가 보장되어 있지만 예산이나 인력, 의제 설정 및 합의 이행 등 사업 집행상에 있어 고용노동부의 직접적인 간섭과 통제를 받고 있다. 특히 이 기구는 이명박-박근혜 정권의 일방통행 소통 부재식 국정 운영 하에서 사회적 대화가 사라지며 식물위원회로 전락했다.

둘째, 노사정위원회의 대표성 취약 문제다. 1999년부터 민주노총이 이 기구에 참여하지 않아서 실질적 사회적 대화 기구로서의 위상에 장애가 되고 있다. 참여 주체가 노사 총연합단체 및 공익으로 한정되어 시민사회 진영이 참여할 수 없고, 중앙 단위와 지자체 차원의 협의체로 구성되어 있는 반면 산업·업종 차원의 상설 협의체는 전무한 실정이다.

셋째, 한정된 의제 제한 문제다. 노동 정책 관련 이슈로 의제가 국한되어 사회 양극화, 저출산 및 고령화 문제 등 시대적 요구를 반영하지 못할 뿐만 아니라 갈등 조정 기능의 취약성을 드러내고 있다.

넷째, 노사정위원회의체 운영의 비효율성 문제다. 합의 시에도 그 이행의 실효성을 둘러싼

〈표 1-5〉 노사정위원회의 발전 과정

구분	활동기간	설치근거 및 위상	본위원회 구성	주요의제	성과	특징
1기	1998.1.5. ~1998.2.9	대통령 당선자 지시에 따른 정치적 합의를 위한 임시기구	노·사·정 및 정당	노동유연화, 노동기본권, 사회보장제도 도입, 재벌 개혁	'경제위기 극복을 위한 사회협약'(90개항) 체결 정리해고제 및 파견근로제에 노동계 합의, 교원노조 허용, 노조의 정치 활동 허용, 실업자의 산별 노조 가입 인정	기업·금융·공공분야 개혁·노동·사회복지 등 포함 광범위한 구조개혁 논의 노사정 및 정당 참여
2기	1998.6.3. ~1999.8.31		노·사·정 및 정당, 공익위원	정리해고, 구조조정 등 1기 논의 사항 후속 조치	총파업 대신 노정합의(1998.6)	구조조정 두고 정부와 노동계 대립, 노정합의 사항 파기 및 현대자동차 구조조정으로 민주노총 이탈, 정당이 공익위원으로 대체
3기	1999.9.1. ~2007.5.1		노·사·정 및 정당, 공익위원	근로시간 단축(주5일제), 비정규직·특수고용직 문제, 복수 노조 문제	일자리만들기 위한 사회협약 체결(2004.2) 주5일제 도입 합의	민주노총 불참 비정규직 문제 본격화
4기	2007.5.2. ~현재		노·사·정 및 정당, 공익위원	2008년 미국발 금융위기 해결, 근로 빈곤층·청년 이슈 해결	경제위기 극복을 위한 노사민정 합의(2009.2) 노동시장 구조 개선을 위한 노사정 합의문(2015.9)	의제별·업종별 위원회 설치, 지역 노사민정위 설치 등 사회적 대화기구 성격 확대

출처: http://v.media.daum.net/v/20160528184707939

논란이 지속되고 있다. 심지어 생산적 논의 및 합의 도출을 지원하는 사무처의 역할(주요 현황, 실태 파악, 대안제시 등)마저 미흡한 실정이다. 특히 노사관계에 정부가 직접 개입하고 주도하는 관행 하에서 정부가 필요로 하는 정책 이외의 사안에 대해서는 정부가 소극적 입장을 보인다(이정식, 2012).

이와 같은 문제점들은 한마디로 그동안 사회적 대화가 노사정위원회에 의해 독점돼왔기 때문이다. 노사정위원회는 1997년 출범 이후 1998년의 경제위기 극복을 위한 사회 협약을 맺어 노동법 개정을 이루어냄으로써 노사정위원회를 바라보는 사회적 인식도 노동법 개정을 위한 협상 기구로 자리잡았다. 그러나 '이명박 정부'에서 2010년 복수 노조와 전임자 제도 개선을 끝으로 노사정위원회의 정체성은 크게 약화되었다. 사실상 노사정위원회는 이명박 정부에서 사회적 대화 기구로서의 정체성을 거의 잃어버렸다. 그 이후 '박근혜 정부'에서도 마찬가지였다. 따라서 2017년 새로 출범한 '문재인 정부'는 노사정위원회와 관련된 별도의 개정 입법을 통해 사회적 대화 기구를 원래 제도화의 취지에 맞추며 유럽의 운영 사례를 참조하여 노사정 위원회의 정체성을 재정립해야 한다.

새 정부는 사회적 대화와 타협을 통하여 특히 일자리 창출과 국민 성장의 실행 방안을 구체화해야 할 것이다. 이러한 목표 실현을 위해서는 정부의 재정 계획과 제도 개선이 필수이지만 이해관계의 복잡성을 감안하면 노사정 협의와 조정은 반드시 필요하다. 따라서 한국형 사회경제 모델이라는 좀 더 큰 구상 속에서 사회적 타협을 추진할 대화 기구를 즉시 출범시킬 필요가 있다. 이는 현재 사회적 타협이 필요한 사항이 종래의 고용노동 정책의 범주를 넘어서는 것인 데다가 노사만의 이해계가 얽힌 문제도 아니어서 보다 폭넓은 공론화와 큰 틀의 국민적 합의가 필요하다.

현재는 노사정위원회 중심의 사회적 대화와 사회적 협약이 올바로 합의되기 힘들고, 설령 합의되었다 하더라도 그 시스템이 제대로 기능하기 어려운 실정이다. 이는 곧 제도 개선을 통해 사회적 대화 기구가 전면 재편되어야 사회적 대화 프로세스의 실행도 효율적으로 작동될 수 있다는 것을 뜻한다.

2. 새로운 사회적 대화 프로세스 모색

이제는 기존의 노사정위원회에 의한 사회적 대화·협약 프로세스를 대폭 개선하여 새로운 경로 형성의 실행 체계를 구축해야 할 때다. 이와 관련하여 〈표 1-5〉에서 제시한 아일랜드의 사회 협약 체결 내용은 우리나라의 사회 협약 프로그램 개선에 시사하는 바가 많다(경제사회발전노사정위원회, 2008).

아일랜드의 경우, 보수당 정권은 노사, 시민사회 단체와 파트너십을 형성하여 위기에 대처하고 지속 성장 정책을 추진하고 있다. 우리 정부도 일방적 정책 추진보다는 노사 등 사회 주체와 파트너십을 형성, 대화를 통한 협력적 행동의 유인이 매우 중요하다. 아일랜드의 노총(ICTU)은 단체 교섭이 분권화되고, 교섭력이 약한 상황에서 대처리즘에 대한 위기 의식 하에 사회적 대화에 참여했다. 아일랜드의 수상부(내각)가 논의 기구 운영에 직접 참여하고, 사회 주체와 각각 따로 협상하여 사회 협약을 체결한다. 우리나라도 사회적 대화에 관한 범정부

〈표 1-4〉 아일랜드의 사회협약 체결 내용

이름(약칭)	년도(기간)	협약의 주요 내용	임금합의 준수율(%)
Programme for National Recovery(PNR)	1987–1991 (39개월)	• 거시경제 안정화 • 국가부채 축소, 조세원 확대(widening of tax band) • 매년 2.5% 임금안정과 소득세 감면 교환	94%
Programme for Economic and Social Progress(PESP)	1991–1994 (36개월)	• PNR협약의 기본 전략 유지 • 지방 수준으로 협약 확장 • 1년차 4%, 2년차 3%, 3년차 3.75% 임금 인상	93%
Programme for Competitiveness and Work(PCW)	1994–1997 (36개월)	• 임금 안정과 세금 감면의 이전 협약 기본틀 유지 • 고용 창출 노력	93%
Partnership 2000(P2000)	1997–2000 (36개월)	• 사회 협약을 회사 단위로 확장 • 사회 불평등과 소외 극복을 위한 프로그램	89%
Programme for Prosperity and Fairness(PPF)	2000–2003 (33개월)	• 임금 안정과 세금 감면 기본틀 유지 • 정책의 초점을 거시경제 정책에서 노동 기술의 공급 측면 정책으로 이전	75%
Sustaining Progress(SP)	2003–2005 (36개월)	• 직업장 혁신을 위한 ‘Forum on Workplace of the future’ 설립 • ICTU와 IBEC에 의한 협동 직업훈련 강화	87%
Towards 2016(T2016)	2006–2009	• 국가 경쟁력 향상을 위한 10년간 사회 협약 기본틀 정립	
Transitional Agreement(TA)	2008.10. –2009.12	• 사적부문에서 21개월 간 총 6% 임금 인상 • 공공부문에서 11개월의 임금인상 자제 이후 총 6% 임금 인상 • 임노동 권리	12.5~50% (low conformity)
Croke Park Agreement (Public sector)	2010.06 –Present	• 공공부문 임금과 서비스 개혁 연계 • 더 이상 임금 삭감 없음 • 더 이상 강제 구조조정 없음 • 임금 협상을 위한 비공식적 가이드라인 • 임금 동결	On progress

적 참여 의지를 강화하고, 합의 과정에서 정부와 각 사회주체 간 개별 협상을 병행하는 방식을 도입할 필요가 있다. 아일랜드는 사회적 대화에 노·사·정, 농민, 정당, 지방정부, 시민사회단체 등 폭넓은 이해관계자가 참여하고 있다. 우리나라도 논의 의제의 성격에 따라 노·사 이외의 이해관계자 참여를 확대하여 대표성을 제고할 필요가 있다. 아일랜드는 경제안정 및 성장 실현과 함께 성장의 과실이 골고루 분배되도록 저소득 근로자 지원, 사회복지 제도 확충

등 사회통합 방안도 강구하고 있다. 우리나라도 사회 양극화 해소를 위한 포용 정책을 역점 의제로 설정할 필요가 있다. 아일랜드는 NCPP를 설치하고 사업장 노사협력 협약 체결을 지원·촉진하고 있다. 우리나라도 노사정위원회에 '지역협력위원회'를 설치하여 '지역노사(민)정협의회'를 지원함으로써 중앙의 파트너십과 합의 정신을 지역 또는 사업장 단위로 확산시키는 방안도 검토할 필요가 있다.

좀더 구체적으로 사회적 대화 프로세스의 개선안을 제시해본다. 먼저 우리나라의 사회 협약 프로그램(안)은 사회경제적 혁신과 연대적 협력을 통한 포용 공동체의 목표를 두고 '1단계 안전성 협약 → 2단계 유연성 협약 → 3단계 창의적 학습사회 협약'으로 접근해볼 수 있다. 그 대안적 접근은 안정성(국민생활 안정을 위한 고용 안정화·복지 확충), 유연성(사회경제 번영을 위한 경쟁력 프로그램), 창의성(지속가능한 발전을 위한 창의적 학습사회 실현)을 '통합적으로' 고려하여 장기적인 관점에서 패키지로 진행되어야 할 것이다. 이때 초기 단계에서는 안전성에 중점을 두되 유연성과 창의성 제고를 위한 낮은 단계의 개혁도 병행하여 점차 각 요소의 개혁 수준을 제고하는 방향으로 진행해야 할 것이다.

이상의 논의를 기초로 우리나라의 사회적 대화·사회 협약 프로세스의 장기적 발전 단계를 구상하면 다음과 같다.

첫째, 제1단계(2017~2020)는 사회경제 발전의 회복 전략으로서 '일자리창출프로그램'을 작동시켜야 할 것이다. 일자리 창출이 곧 사회 안정과 경제 안정의 출발선이기 때문이다. 이를 위해 노사정민 모두가 사회적 대화·협약에 나서야 할 것이다.

둘째, 제2단계(2021~2024)는 사회경제 발전의 안정화 전략으로서 '사회경제안정프로그램'을 작동시켜야 할 것이다. 사회와 경제의 안정적 구도 안에서 사회적 대화와 합의에 기초한 국가 수준의 협약을 체결하고 이를 안정적으로 이행해야 하기 때문이다.

셋째, 제3단계(2025~2030)는 고용노동경쟁력 강화 전략 차원에서 '고용노동강화프로그램'을 작동시켜야 할 것이다. 고용 및 노동시장의 적극적 강화 정책을 통해 사회적 대화·협약이 효율적이고 지속적으로 이루어질 것이기 때문이다.

넷째, 제4단계(2031~2034)는 사회적 파트너 간 포용적 리더십의 발휘에 의한 '포용적파트너십프로그램'을 작동시켜야 할 것이다. 사회적 배제의 해소라는 전략적 목표에 따라 노사의 파트너십을 확대하고 사회 협약의 당사자로 시민단체 및 지역 사회 등 각 민간 영역의 대표들도 참여해 사회 협약의 이행을 효과적으로 달성해야 하기 때문이다.

다섯째, 제5단계(2035~2039)는 포용국가 정책으로서의 '공정, 공생, 공존, 공영 프로그램'을 작동시켜야 할 것이다. 삶의 질 보장, 노동 환경의 개선, 사회적 배려와 화합의 창출, 사회적 통합과 경제적 번영, 사회 구성 간 포용적 리더십 고착, 사회 변화의 적절한 적응 등이 확보되어야 하기 때문이다.

여섯째, 제6단계(2040~2044)는 명실상부한 세계 제1위 선진국인 포용국가로서의 '지속가능한 발전 프로그램'을 작동시켜야 할 것이다. 국가 차원에서 고령 인구, 출산 및 아동, 교육, 노동시장, 복지 등이 양질적 서비스로 보호·보장되어야 하고 국민 통합을 창출해야 하기 때문이다.

❙ 사회적 대화·협약 추진기구

사회적 대화 기구를 독특하게 헌법 기구로 둔 나라는 프랑스와 그리스이며, 법률 기구로는 아일랜드, 네덜란드, 이탈리아, 스페인, 벨기에, 남아공이고, 대통령 임시 조치에 의한 기구로는 브라질을 들 수 있다(이정식, 2012). 대부분 국가들은 사회적 대화 기구를 정부의 자문위원회로 운영하고 있으나, 네덜란드는 정부와 국회의 자문기구로서의 위상을 갖고 있다.

외국 사례 중 대표적인 국가들의 사회적 대화·협약기구, 추진기구 특징을 보면 다음과 같다(경제사회발전노사정위원회, 2015).

첫째, 아일랜드는 국가경제사회위원회(NESC), 국가경제사회포럼(NESF), 파트너십·성과센터 (NCPP)를 두고 있다. 국가경제사회위원회(NESC)는 2002년 총괄 기구로 '국가경제사회발전처' (NESDO)로 발족한 기구로서 노동계, 경영계, 정부, 농민, 사회단체 대표, 전문가 등 32명으로 구성하고 산하에 분과위를 두고 있으며, 경제사회 문제에 관한 '공동 분석'을 담고 있는 전략보고서를 3년마다 발간하고 있다. 그 전략보고서를 제출한 후 수상부와 사회 주체 간 개별 협상 타결 후 사회 협약을 체결하는 논의 과정을 거친다.

둘째, 네덜란드는 1945년에 노사 양측의 사회적 파트너들이 설립한 노사협의체인 노동재단(StAR, Stichting van de Arbeid) 과 노사관계법에 의해 만들어진 노사정 최고 의결 기구인 사회경제조정위원회(SER, Sociaal-Economische Raad)를 두고 있다. 이 기구는 정부와 사회의 중간 수준에서 경제 성장을 위한 정책 조정을 담당하고, 노동재단은 사회경제적 수준에서 임금 조정과 노사 관계 조정 역할을 수행한다(김선빈, 2009). 이 기구는 노동계와 경영계 대표, 공익 대표(정부 추천) 등 33명으로 구성하고 14개 분과위를 두고 있다. 경제사회 정책을 협의하고 보고서를 채택하여 정부와 의회를 상대로 자문하며, 민간기구인 노동재단(FL)은 임금 및 단체교섭 등 직접적 노사관계 이슈에 관한 노사협약을 도출하고, 이에 대해 정부는 정책 선언으로 지원하고 있다.

셋째, 핀란드는 경제위원회(EC, Economic Council)를 설치 운영하고 있다. 이 기구는 법적 기구로서 중앙에 노사정 대표 및 전문가 18명(수상이 의장)으로 구성하고 산하에 전문가 그룹을 두어 현안 분석 및 비전페이퍼를 만들고 임금, 조세, 고용, 교육, 사회복지 정책 등 국가적 의제를 논의하여 노사협약 체결하고, 이에 대해 정부는 관련 정책 추진을 보증하고 있다.

넷째, 프랑스는 경제사회위원회(CES)를 두고 있다. 이 기구는 1958년 제5공화국 헌법상 설립된 기구로서 18개 사회 집단 대표 및 전문가(정부 임명) 231명으로 구성하고 10개 분과위를 두고 있다. 이 기구는 정부와 의회에 자문하는 사회적 협의 기관으로서 상원, 하원에 이어 제3원의 위치를 차지하고 있다.

다섯째, 그리스는 헌법 기구로서 경제사회위원회(OKE)를 두고 있다. 이 기구는 헌법 규정(정부의 경제사회 정책 이행 및 의회의 법률 제정 시 사회적 대화를 기본 원칙으로 명시)의 설립 근거에 의해 1994년 설치되었다. 그 설립 목표는 사회적 대화를 통한 경제·사회 문제 해결과 정부의 정책 이행 시 부작용 최소화, 노사 등 시민단체의 사회적 대화를 통한 경제, 사회 발전 요구에 응대에 두고 있다. 이의 구성은 60명(임기 4년)으로서 1그룹(사용자 그룹, 20명)의 기업가 연맹(SEV), 중소기업 연맹(GSEVEE), 무역 연맹(ESEE), 은행 연합회, 호텔 연맹(POX), 선박 연합, 건설 연합 대표, 2그룹(근로자 그룹, 20명)의 노총(GSEE), 공무원 노조(ADEDY) 대표, 3그룹(공익 그룹, 20명)의 농업협동조합 노조(PASEGES), 농업 연맹 노총(GESASE), 변호사 연합회, 소비자 연합, 지역자치 노조 대표를 두고 있다. 이 위원회의 회의는 총회(General Assembly), 집행위원회 및 소위원회로 구성되는데, 그중 집행위원회는 위원장, 부위원장(각 그룹 위원장) 및 각 그룹의 대표 3인으로 구성된다. 그 기능은 주요 경제·사회 정책에 대해 정부와 의회에 의견(권고문)의 제출, 노사와 시민단체 및 정부 간 사회적 대화의 촉진에 있다.

이와 같은 외국 사례들을 참고로 하여 우리나라의 실정에 알맞게 사회적 대화·협약 추진기구의 설치 운영을 다음과 같이 제안하고자 한다.

첫째, 최상위 기구로서 헌법 기구인 '포용국가자문회의'를 설치한다. 이것은 프랑스와 그리스의 모델을 활용한 것이다. 우리나라는 프랑스처럼 정부와 의회의 독립적 기구로서 지위를 갖기엔 현실적 한계가 존재할 수 있기 때문에, 프랑스와 그리스의 방식을 혼용해 헌법상 대통령자문회의기구로 설치하는 것을 고려해 볼 필요가 있다.

'포용국가자문회의'의 목적은 국민행복 추구를 위한 사회적 대화와 협약에 관해 대통령의 자문에 응하는 것이다. 이때 포용국가 건설은 대한민국의 미래 발전을 결정하는 중요한 과제이기 때문에, 이를 위해서는 사회 제 집단의 합의와 협력이 필요한 것이다. 이 과정에서 특히 서로 충돌하는 집단 간의 이해(self-interest)를 조율·조정하고 저항을 협력으로 전환하기 위해서는 대통령의 포용적 리더십이 전제되어야 한다.

'포용국가자문회의'의 기능은 다음과 같다. 첫째, 사회적 대화·협약에 관한 국내외 여론 수렴 기능이다. 이는 각계 각층의 다양한 포용국가 여론을 온·오프라인의 다양한 채널을 통해 수렴하여 정책의 자문 건의에 반영하는 것이다. 둘째, 사회적 대화·협약에 관한 국민적 합의 도출 기능이다. 이는 제반 포용국가 정책의 국민적 공감대 형성을 통해 이해 당사자 간 대화와 협상의 사회 협약 체결에 긍정적 역할 기여한 것이다. 셋째, 사회적 대화·협약에 관한 정부의 정책적 집행 감독 기능이다. 이는 사회적 대화·협약의 체결 이행을 점검하고 평가하여 범국민적 의지와 역량의 결집 차원에서 국민에게 포용국가의 의미와 당위성, 정부의 포용국가 정책에 대한 이해를 증대시키고 새로운 사회적 대화·협약의 체결 이행을 촉진한 것이다.

둘째, 대통령 직속의 '국가사회경제조정회의'를 설치한다. 이는 아일랜드, 핀란드 모델을 활용한 것이다. 이 방안은 아일랜드의 국가경제사회위원회(NESC), 핀란드의 경제위원회(EC)와 같은 기능을 가진 '국가사회경제조정회의'를 청와대에 두자는 것이다. 이는 단순한 정부 기구가 아니라 청와대에 NSC와 유사한 '사회보장혁신경제처(SIC)'의 설치처럼 사회경제 분야 정책들을 유기적으로 조정하는 강력한 권한을 부여함으로써 사회적 대화·협약을 체계적으로 통괄하자는 것이다. 이 기구의 의장은 대통령, 부의장은 청와대의 사회경제 정책 총괄 부서인 '정책실장'이 맡는 것을 고려해볼 수 있다.

'국가사회경제조정회의'의 목적은 사회경제 안정과 관련해 사회적 대화·협약을 도출하기 위한 정책 및 사업의 정책 기능을 수행하는 데 있다. '국가사회경제조정회의'의 기능은 사회, 경제, 고용, 복지, 교육 분야의 혁신을 통합적이고 유기적으로 관리하고 일관되게 추진해 부처들 간의 상호 이해 증진, 부처 이기주의 방지를 도모하는 데에 있다. 또한 노·사·민 등 주요 사회경제 주체들의 의견을 수렴하여 사회경제적 협력을 증진시키는 기능도 가진다.

'국가사회경제조정회의'는 노동자위원국, 사용자위원국, 전문가위원국, 시민단체위원국으로 구성한다. 이의 구성에 따라 위원국별 각각 사회적 대화·협약의 관련 사회경제 정책(임금, 조세, 고용, 교육, 복지 등)의 업무를 담당한다. '국가사회경제조정회의'는 '전략 보고서'를 제출하여 사회적 대화의 파트너 간 협상 및 사회 협약의 체결을 지원·협력한 후 그 협약을 정부 차원에서 집행·평가하는 설계도를 관리해 나간다. 이 기구가 어느 정도 정착되고 국민적 합의가 공유된 시기에는 '노사정위원회'와 통합해 정부의 내각으로 편입돼 예컨대, '사회경제포용국가부'(안)가 신설되는 것도 고려해볼 수도 있다.

셋째, 기존의 '노사정위원회'를 보완하여 '노사민정포용위원회'로 개편하도록 한다. 이는 아일랜드, 네덜란드 모델을 활용한 것이다. 이 방안은 '노사정위원회'를 '노사민정포용위원회'로 대체하여 그 산하에 사회경제포럼, 파트너십성과센터를 두도록 한다. 이와 별도로 독립적인 노사 협의체인 재단을 설립하도록 해 이 재단과 '노사민정포용위원회'가 유기적 협력 체계 하에 노동자, 사용자, 정부, 전문가, 시민단체 등의 참여로 사회적 대화·협약 체결을 달성해 나가면 효과적일 것이다.

'노사민정포용위원회'의 목적은 다양한 집단의 참여로 사회적 대화와 대타협 지원, 협력, 조

〈표 1-5〉 사회적 대화 · 사회협약 추진체계

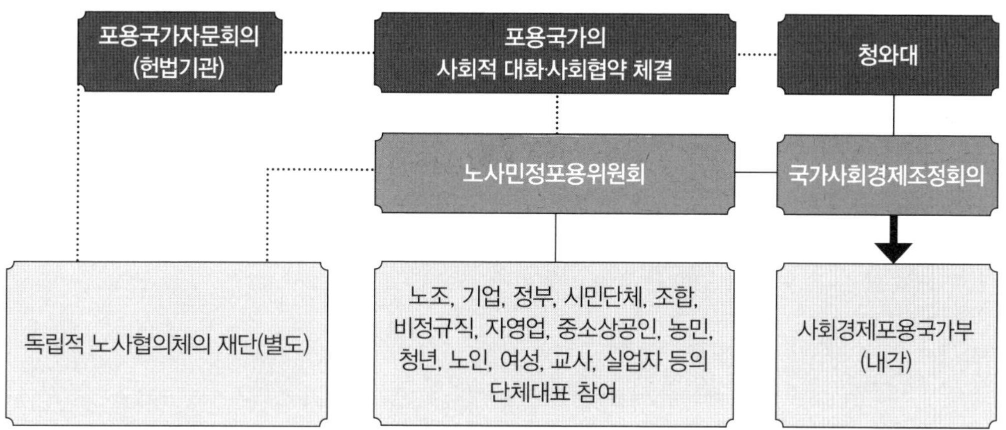

정에 대한 행정적 역할을 하는 데 있다. 이 기구의 기능은 기존 노사정위원회의 한계를 극복하여 실질적 사회적 대화·협약의 체결에 지원과 협력의 역할을 실행하는 것이고, 사회적 대화의 독점 체계를 개혁하여 참여와 합의적 민주 체계를 이루는 것이며, 사회적 대화·협약의 특히 다양한 사회적 약자 집단을 포함한 주요 주체들 간 참여를 확대하는 것이다. 기존의 노조, 기업, 정부 대표뿐만 아니라 비정규직, 자영업·중소상공인, 농민, 청년, 노인, 여성, 교사 집단 외에 실업자 집단을 포함하여 '민'의 광범위한 여론을 수렴하여 사회적 대화와 사회협약 체결이 이루어지는 것이 이 기구의 특징이다.

이상에서 제안된 우리나라의 사회적 대화·협약 추진기구(안)에 관한 체계도는 〈표 1-5〉처럼 정리해볼 수 있다.

04
포용국가를 향한 대장정, 누가 시작하는가?

그동안 우리나라의 역대 대통령 가운데 '포용사상'을 갖고 '포용적 리더십'을 발휘했던 대통령은 누구인가?

첫째로, 김대중 대통령이다. 그의 포용사상은 한마디로 '화해포용사상'이다. 이 사상은 2007년 7월 1일, 비서관 회의에서의 발언에 그대로 담겨 있다. 즉 "사람도, 정치도 관대함이 있어야 성공한다"라는 것이다. 이는 서로가 용서, 화해로 관용하고 협력하라는 의미다. 그의 화해포용사상은 "행동하는 양심"으로 용서와 화해, 관용의 정치를 실천하는 것으로 명확해졌다. 대표적인 예로 자신을 죽이려 한 박정희 대통령과 화해·용서하고, 전두환과 노태우의 두 대통령과도 용서·화해한 것을 들 수 있다. 결정적으로 분단 사상 55년 만에 처음으로 남북정상회담을 열어 남과 북의 화해·협력을 이룬 것이 그의 화해포용 사상을 대표한다. 이러한 그의 화해포용사상은 국제 사회에서도 인정받았다. 그가 한국인 최초로 '노벨평화상'을 받았던 배경도 그의 화해포용사상 실천력을 높이 산 것이다(최경환, 2010). 그는 '화해포용사상'에 기초한 대화와 타협의 자세, 정치 개혁을 통한 참여 민주주의 제도, 절차적 민주주의의 완성 등을 추구하는 민주적 리더십, 국가와 사회 전반에 걸친 총체적 개혁으로 국가 경영을 혁신하고 사회 기풍을 새롭게 진작시킨 개혁적 리더십을 발휘했다(송희준, 2005).

둘째로, 노무현 대통령이다. 그의 포용사상은 한마디로 '사람포용사상'이다. 이 사상은 승자가 독식하지 않고 패자와 나눠 갖고, 지역과 지역이 함께 발전하며, 노사가 협력하며 발전하고, 큰 기업과 작은 기업이 상생하고, 서민과 약자가 불이익을 당하지 않으며, 모두가 더불어 '사람 사는 세상'을 만들어 가자는 것이다. 그는 '사람 사는 세상'의 완성을 꿈꾼 것이 아니라 '사람 사는 세상'을 만들어가려는 사람들이 보다 많아지는 세상을 꿈꾸었고, 언제나 서민을 먼저 생각하고 약자를 배려하는 자세를 보였다(조국, 2011; 이송평, 2012; 김동호, 2012). 그는 '사람포용사상'에 기초하여 권위주의적 리더십에서 벗어나 민주적 리더십을 발휘했고(안철현, 2009), 사람들이 자발적으로 알아서 움직일 수 있도록 권력을 분산하는 등 소통의 리더십을 가졌다(송재희, 2007).

이와 같은 김대중-노무현 대통령의 포용사상은 문재인 대통령에게도 그대로 이어지고 있다. 그의 포용사상은 한마디로 '화합포용사상'이다. 이 사상은 "틀린 게 아니라 다를 뿐, 다양성을 포용하는 사람으로 변화하라"(휴먼스토리, 2011)에 함축되어 있다. 이 사상은 상대를 존중하고 대화와 타협으로 합의를 이루는 화합의 포용 철학에 기저한다. '화합포용사상'에 기초한 그는 포용적 리더십을 강조한다. 다양성을 인정하고 낮출수록 높아지는 섬김, 소명 의식과 정의, 개혁과 법치의 가치로 서로 소통하고 화합하여 모두가 공동체 안에서 함께 "사람 사는 세상, 살맛나는 세상"의 비전을 세우고 공동 목표를 향해 흔들리지 않고 실천하는 리더십을 강조하고 있기 때문이다. 한마디로 그의 리더십 유형은 다양성을 인정하고 화합으로 나아가는 '포용력'에 기초하고 있는 포용적 리더십이다.

그렇다면 포용국가를 향한 대장정은 누가 시작하는가? 문재인 대통령 한 사람만의 몫이 아니다. '포용국가'의 이상과 가치를 가진 나와 너, 바로 '우리'가 함께해야 한다. 관건은 그 이상과 가치를 누가 실천하느냐다. 누구나 그 이상과 가치를 갖기는 쉽지만 실천하기는 쉽지 않다. 다행스럽게도 이를 실천하기 위해 일찍이 준비해오고 있는 학자들과 전문가들이 있다. 바로 화해, 사람, 화합의 포용 사상과 포용적 리더십이 존재하는 '포용국가'를 꿈꾸고 만들고자 하는 '포용국가론자들'이다. 이들의 문제 인식은 현재 인류사회가 직면한 위험은 매우 크고 그것에 대비할 시간은 얼마 남지 않았다는 절박감에서 출발한다. 이에 '공평하고 지속가능하고 행복한 사회'의 새로운 패러다임을 모색하는 연구자들이 모여 2013년부터 토론과 연구를 집중했다. 이 새로운 패러다임의 계발 중에 등장한 것이 바로 '포용국가론'의 태동이다(성경륭 외, 2014). 이들이 지향하고 있는 포용국가는 정치, 외교, 안보, 통일, 경제, 사회, 문화, 환경 등 모든 분야에서 포용적 리더십과 사회적 대화(협약)에 의한 포용의 질서 체계가 작동되어 모두가 차별 없이 혜택을 고루 나누며 행복한 국민, 지속가능한 사회를 실현하는 나라다. 이 국가는 중심부와 주변부, 강자와 약자, 다수자와 소수자, 주류와 비주류, 중앙과 지방, 강대국과 약소국 등의 구별과 차별, 전쟁과 평화, 살생과 비살생으로 인해 고통, 불안, 두려움, 불행이 없는 나라다. 모두가 더불어 공감의 의식, 공영의 정치, 공정의 제도, 공생의 경제, 공평의 기회 등을 누리는 나라다. 그런 국가를 지금 새로운 대한민국에서 만들어가자는 것이다. 이것이 지금, 우리가 포용국가를 향한 대장정을 시작하는 이유다.

지금 대한민국은 불행스럽게도 일제의 지배 이후 현재까지 사실상 100년이 넘도록 사회적 지배 계층의 주류를 이룬 세력이 실존하고 있다. 이 세력은 일제 지배의 반민족 친일 매국 세력, 해방 후 한반도 분단의 반통일 세력, 이승만-박정희-전두환 독재 집권의 반민주 세력, 박정희 식 근대화의 관치경제 개발 세력이 결합된 것이다. 이들은 내선일체 및 황국신민화에서 건국화, 반공화, 근대화의 주장으로 전환하면서 오늘도 '보수'의 이름 속에 숨어서 자자손손 부귀영화를 누리고 있다. 이들은 '진짜 보수'가 아니라 '가짜 보수'다. 가짜 보수는 자유민주주의와 안보, 국가와 민족, 국민과 통합, 동포와 통일의 교의를 앞에 내세우고 뒤에서는 독재와 군사적 긴장, 사조직과 혈족, 패거리와 분열, 적과 분단을 추동하면서 부정부패로 사리사욕을 채운다. 이때 가짜 보수의 앞에 내세운 교의에 빠진 진짜 보수는 보수의 미명 하에 일체를 이룬다. 이들은 공안 통치, 정경 유착, 재벌 독점, 기득권 야합, 지역 패권, 분단 고착을 당연시 여긴다. 강자와 약자, 부자와 빈자의 양극화 해결에도 큰 관심이 없다. 이들의 반대 진영에 바로 진보가 존재하고 있다.

그동안 보수와 진보는 상대 진영에 대해 존중보다는 무시, 인정보다는 거부, 대화보다는 대결, 접촉보다는 회피, 토론보다는 언쟁, 타협보다는 비타협을 선명성의 계율처럼 지키고 있다. 심지어 진보 진영 내에서도 단결과 연대보다 분열과 분파를 당연시 여긴다. 보수와 진보의 두 진영 모두가 대화와 타협보다 대결과 비타협을 자신들의 생명선으로 삼고 있다. 이런 상황 속에서 정부 대 국민, 여당 대 야당, 사용자 대 노동자, 대기업 대 중소영세기업, 정규직 대 비정규직, 고소득층 대 저소득층, 노년 세대 대 청년 세대, 다수자(주류) 대 소수자(비주류, 특히 이주민), 내국인 대 재외동포, 중앙 정부 대 지방 정부, 남한 대 북한 등 사이에 갈등 조정과 합의의 의사소통 체계가 효율적으로 작동하지 못하고 있다. 그 결과 우리는 분열, 갈등, 대립, 적대, 승자 독식, 패자 쪽박의 구조에서 조금도 벗어나지 못하고 있다.

현재 대한민국은 대내외적으로 국가 발전의 경쟁력과 잠재력이 심하게 도전받고 있다. 대내적으로는 이념, 지역, 세대, 계층 간에 갈등과 대립이 만연하고 있다. 대외적으로도 세계 경제의 불확실성 증대, 강대국의 외교 압박, 세계 안보의 불안 가중, 남북 관계의 최대 위기가 고조되고 있다. 이런 가운데 국민의 희망적 미래도 불투명해지고 있다. 불행, 불안, 불평등, 불신, 불가능 지속, 즉 '오불(伍不)'의 사회적 비극이 점차 국민들의 두려움으로 다가오고 있기 때문이다.

문제는 우리 사회가 소수의 강자만 더 잘살고 다수의 약자가 사는 게 점점 더 힘들어진다는 사실이다. 이를 그대로 놔두고 우리는 보고만 있을 수 없지 않는가. 다수의 약자들이 파멸하는 것은 필연코 소수의 강자들이 소멸하는 것으로 귀결된다. 다수의 약자들이 더 이상 참기 힘들 때 들고 일어나 소수의 강자들을 제거할 것이다. 이는 다음의 예에서 보듯이 역사의 교훈이다.

"나는 기억한다. (다수의) 소인(약자)들은 남은 (소수의) 거인(강자)들을 제거한 뒤에 그 창조주들에 대한 자기들의 행동을 정당화하기 위해 신화와 전설을 지어냈다. 그 이야기들은 지역과 문명에 따라 서로 다르지만, 한 가지 공통된 생각이 담겨 있다. 즉, (소수의) 거인(강자)들은 권력을 남용하고 소멸을 자초했다는 것이다."(베르나르 베르베르, 2014, 326쪽.)

그렇다. 소수의 강자(거인)들이 힘과 부를 독점하고 그 나머지의 부산물로 살아가는 다수의 약자(소인)들을 그대로 방치하는 것은 더 이상 국가가 아니다. 촛불혁명에서 터져 나온 "이게 나라냐"라는 외침도 마찬가지다. 그래서 우리는 포용국가를 추구하는 것이다. 약자가 존중받고 행복하게 사는 나라, 강자와 약자 차별 없이 모두가 기회와 혜택을 나누며 더불어 사는 나라를 말이다. 기본적으로 포용국가의 특징은 국민이나 집단 간에 다양성의 차이점과 응집력을 높이기 위한 공동의 노력을 강조하고, 구성원의 다양한 재능과 자질을 극대화하고 이를 활용하는 조직이나 집단의 결속력을 강화시키는 데 있다. 그러나 포용국가에서의 포용은 상대의 잘못을 일방적으로 무조건 덮어주고 특별히 용서하고 너그럽게 받아들이는 관용과 다른 것이다. 포용은 반드시 자신의 잘못을 반성하고, 회개하고, 책임을 진 이후에야 화해, 인정, 포옹, 수용, 화합, 융합의 상대로서 쌍방향적 상호관계성을 강조한 것이다. 또한 포용국가에서의 포용은 둘 이상의 별개적 집단이나 조직 등을 하나로 모아 합친 단일성(획일성)을 강조하는 통합과도 다른 개념이다. 포용은 별개적 집단이나 조직 등의 다양성을 인정하고 이들의 교류관계, 상호작용에 의한 국가나 사회의 소속감과 결속력을 강조한 것이다.

그렇다면 앞으로 포용국가는 어떻게 추진해 나가야 하는가?

첫째, 포용국가의 목표는 약자를 비롯해 모든 국민이 차별 없이 기회와 혜택을 골고루 나누며 존중받고 삶의 질을 누리는 행복 사회의 건설에 두고 추진해야 한다.

둘째, 포용국가의 전략은 포용지치(包容之治)와 포용지참(包容之參)의 결합을 필수적으로 수반하여 추진되어야 한다. 포용으로 다스리는 포용지치는 리더의 포용적 리더십 발휘이고, 포용으로 참여하는 포용지참은 국민의 포용 정책 결정 과정(특히 사회적 대화와 협약)에 적극 참여를 말한다.

셋째, 포용국가의 내용은 정치, 경제, 사회, 문화, 과학, 지역, 세계 등 차원에서 추진되는 내용을 담아야 한다. 포용정치에서의 민주화 완성, 포용경제에서의 국민 성장 실현, 포용사회에서의 공정 사회 구축, 포용문화에서의 열린 평화 문화 정착, 포용과학에서의 융합과학 기술 창출, 포용지역에서의 균형·분권·공동체(남북 통일)적 국가 발전 달성, 포용세계에서의 동북아·세계적 연합·연방주의화 추구 등이 담겨야 한다.

넷째, 포용국가의 방향은 대한민국에서 뿌리 내리고, 한반도와 동북아, 그리고 세계를 품고 나가는 미래의 대계(大計)로 나아가야 한다. 우리가 설정한 포용국가의 사상과 전략은 대외적으로 확장해 나갈 필요가 있기 때문이다. 바로 우리가 '세계 속의 대한민국, 대한민국 속의 세계'로 우뚝 서는 유일한 길이 포용국가의 건설이다. 우리가 어떤 모험적인 상상력을 동원하고 독창적인 구상력을 제시하는 것만으로 세상을 바꿀 수 없다. 하지만 그것 없이는 대한민국을 비롯해 한반도, 동북아, 세계에 대해 새로운 변화를 만들 수 없다. 우리가 새로운 보편주의적 사상, 가치, 문화, 제도를 제창하고 한국이 세계적 수준으로 도약할 수 있다는 믿음을 가져야 한다. 보편주의가 중요한 것은 우리의 이런 시도가 자칫 변형된 국수주의로 빠질 수도 있기 때문이다. 이런 점에서 포용국가의 사상, 철학, 이념은 새로운 보편주의적 가치와 사상의 대안이 될 수 있는 것이다.

우리가 포용국가론을 제안하는 이유는 명확하다. 이 세상에서 최대한 포용하려는 사람을 이길 사람은 없다. 또 그런 나라를 이길 국가도 없다. 세계화 시대에서, 국가의 영토와 인구 수의 크기가 곧 강대국이라는 패러다임은 이제 사라져야 한다. 영토와 인구 수의 크기가 비록 작거나 적지만 국민의 의식 체계, 문화 체계에서 '포용'의 크기를 키우면 어떤 국가도 강대국이 될 수 있기 때문이다. 대한민국도 포용국가의 크기를 키운다면 세계를 품는 버추얼(virtual), 사이버(cyber), 플랫폼(platform) 강대국으로 충분히 성장할 수 있다. 포용국가 대한민국을 재외동포와 한류를 좋아하는 수천만 세계인들은 기다리고 있을 것이다.

문제는 포용국가에 대한 우리의 상상력과 구상, 그리고 이에 대한 실천력이다. 음과 양, 나와 너가 공존하고 공생하는 포용국가를 상상하고 구상하는 힘은 바로 우리에게 있다. 음과 양, 나와 너는 다른 것이지만 쌍으로 이루어진 존재이다. 이 존재는 '± =∓'의 포용 원리적 공식에 따라 공존하고 공생한다. 이 공식에 따라 우리는 포용국가를 건설해야 한다. 그렇다. 우리가 먼저 '포용국가'를 말하자. '새로운 대한민국의 포용국가'를 그리자. 그리고 '우리 모두를 위하여, 약자를 위하여' 포용국가로 나아가자.

//////////////////

한국이 지향할 복지국가 모델은 북유럽형 노르딕 모델이다. 하지만 단기간에 북유럽형을 따라잡기는 여러 가지 문제가 있어서 그 중간 단계 목표로 스위스 모델이 적합하다고 볼 수 있다.

스위스 모델을 적용하기 위한 재원 조달 방안으로는 증세, 가격 조정, 기금, 재정 효율화의 네 가지 방식이 있다. 이러한 방식으로 조달된 재원은 매년 40~80조 원(국내총생산의 6%) 규모이며, 포용국가 혁신의 재원으로 활용 가능할 것으로 판단된다. 각각의 조달 방식과 확보 가능한 재원은 다음과 같다.

법인세 인상으로 8조 원, 실효세율과 명목세율의 차이를 줄여 5조 원을 확보할 수 있다. 그리고 소득세는 세율을 변경하여 5조 원을 확보할 수 있다. 부동산 공시지가를 실거래가의 일정 수준으로 올리면 5조 원을, 담뱃세 인상으로 인한 개별 소비세에서 2조 원을 조달할 수 있다.

기금으로는, 국민연금기금의 여유 자금에서 매년 15조 원을 조달할 수 있고, 주택도시기금의 여유 자금에서 적어도 5조 원을 조달할 수 있다. 재정 효율화를 통해 교육부 예산 3조 원과 정부 출연 기관 예산 10조 원, 그 밖의 국가 예산 조정을 통해 22조 원을 확보할 수 있다.

이 재원이면 충분히 혁신적 포용국가를 건설할 수 있다.

2장

조세·재정 개혁을 통한 포용국가로

01
한국형 복지 모델: 스위스 모델

국민 부담률을 기준으로 OECD 국가를 구분하면, 남부유럽형, 북유럽형, 대륙형, 동아시아형, 영미형으로 구분할 수 있다. 남부유럽형은 저부담·중복지, 국민 부담률[01] 30% 내외를 가리키고, 북유럽형은 고부담·고복지의 국민 부담률 45% 내외다. 동아시아형은 저부담·저복지로 국민 부담률 20% 중반 수준이며, 대륙형은 중부담·중복지로 국민 부담률 40% 내외다. 마지막으로 영미형은 저부담·중(저)복지로 국민 부담률이 20% 후반 수준이다. OECD 평균 국민 부담률은 34.3%이며, 우리나라는 저부담·중복지인 대략 26% 수준이다. 위와 같은 유형 중 북유럽형 모델이 우리나라가 추구해야 할 방향이지만, 단기간 적용하기에는 북유럽과 조세 부담률의 차이가 커서 무리가 있다고 판단된다. 그렇다면 현실적으로 적용 가능한 모델은 국가 규모나 국민 부담률로 볼 때, 유럽형 모델 가운데서도 스위스 모델이 적당할 것이다. 스위스의 국민 부담률은 29%로 우리나라의 국민 부담률과 3~4% 정도 차이가 나므로, 증세를 통

---

01 국민들이 1년 동안 낸 세금과 국민연금·의료보험료·산재보험료 등 각종 사회보장기여금을 합한 총액이 국내총생산(GDP)에서 차지하는 비중을 말한다. 즉, 국민 부담률은 조세 부담률과 사회보장 부담률을 합한 것이다. 조세 부담률은 한 나라의 국내총생산 또는 국민총소득에 대한 조세 총액의 비율을 말하며, 사회보장 부담률은 4대 연금(국민, 공무원, 군인, 사학), 건강보험, 고용보험기금, 산재보상보험기금 등 각종 사회보장기여금을 합한 금액이 GDP에서 차지하는 비중을 말한다. 우리나라의 국민 부담률은 해마다 증가하는 추세다. 그러나 OECD 회원국 평균 수준인 36.3%에 비하면 25.3%로 아직 낮은 수준이다(네이버백과사전).

〈그림 2-1〉 재원 확보 방안

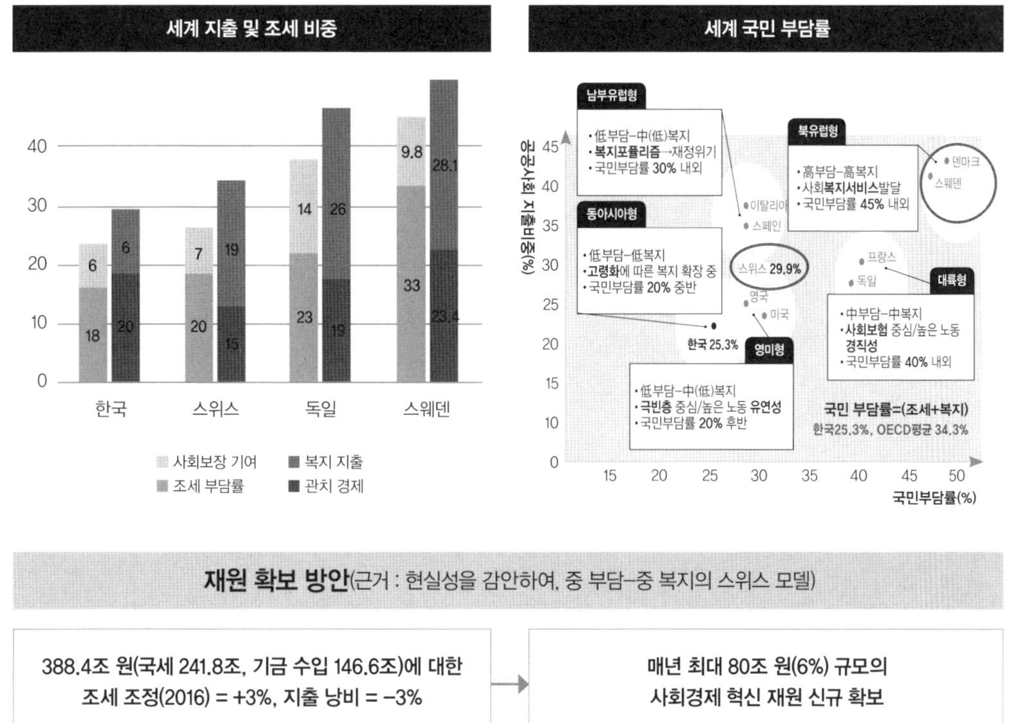

해 충분히 해결할 수 있다.

스위스 모델이란 중부담·중복지로, 권력 공유 민주주의 형태를 추구하고 있다. 즉, 준직접 민주제의 형태이며, 국가 재정 운영 방식은 가능하면 SOC(사회간접자본시설) 등 국가 정부 지출을 줄이고 조세를 늘려서 복지 비중을 늘리는 방식을 추구한다. 스위스 모델을 적용하기 위해서는 약 80조 원의 재원이 필요한데, 3%의 조세를 더 부담하고 국가 재정 지출 부분의 낭비 요소 3%를 줄이면 가능하다. 포용국가를 위한 혁신 재원을 확보하기 위해 매년 GDP의 6% 정도인 40~80조 원 규모의 재원이 필요하다.

02
개혁을 위한 재원 조달 방안

80조 원에 대한 재원 조달은 기금과 증세, 가격, 재정 효율화 정책의 네 가지 방식으로 가능할 것이다. 우선 기금에서는 국민연금기금과 주택도시기금으로 재원 조달이 가능하며, 조세에서는 법인세와 소득세 개편을 통해 재원 조달이 가능하다. 다음으로 재산세와 종합부동산세, 개별소비세에 대한 가격 조정, 교육부 예산과 정부 출연 예산을 포함한 국가 예산 조정을 통해 재원 조달이 가능하다.

❙ 국민연금기금을 통한 재원 확보

국민연금은 사회보험제도 중 대표적인 제도로 다양한 사회적 위험으로부터 모든 국민을 보호하여 빈곤을 해소하고 국민 생활의 질을 향상시키기 위한 제도다. 현재 국민연금 가입자 수는 경제활동 참가율 및 국민연금 가입률의 증가와 함께 지속적으로 증가하고 있다. 국민연금연구원은 2020년이 되면 총 가입자가 2,121만 명이 될 것으로 전망하고 있다. 대한민국 국민의 상당수가 국민연금에 가입되어 있는 셈이다.

국민연금기금은 2016년 기준으로 약 533조 원이다. 이는 2020년까지 715조 원으로 늘어날 것으로 예측된다. 또한 2016~2020년에 연간 약 39조 원에 이르는 신규 기금이 적립되며, 여기

〈표 2-1〉 국민연금기금의 연도별 수입 및 지출 전망(2016~2020)

(단위: 억 원)

구 분		2016	2017	2018	2019	2020	5년 평균
수입(A)	총 수입	533,337	576,072	621,545	661,454	715,198	621,521
	연금보험료	374,832	386,240	397,079	408,543	420,156	397,370
	투자 수익	158,505	189,832	224,466	252,911	295,042	224,151
연금 급여 등 지출 (B)		184,191	202,226	217,536	238,156	270,809	222,584
신규 조성 자금(C=A-B)		349,146	373,846	404,009	423,298	444,389	398,938
회수 자금(D)		500,120	507,147	464,403	389,953	428,977	458,120
여유 자금(E=C+D)		849,266	880,993	868,412	813,251	873,366	857,058
적립기금		5,441,518	5,815,364	6,219,373	6,642,671	7,087,060	6,241,197

출처: 국민연금연구원, 『국민연금 중기 재정 전망(2016~2020)』, 2016.

에 연간 45조 원에 달하는 회수 자금을 합하면 연간 약 85조 원에 달하는 여유 자금이 발생할 것으로 보인다. 국민연금기금 85조 원의 매년 여유 자금 중 15조 원을 확보하여 포용국가 건설에 투자해야 한다.

국민연금기금의 연도별 수익률 현황을 보면, 금융 부분에서는 2015년 기준 3.2%의 수익률을 얻은 것으로 파악된다. 국민연금기금의 수익률 추세를 살펴보면, 글로벌 금융위기였던 2008년에 -0.2% 손실을 기록한 이후, 2009년에는 10.4% 수익률을 기록했다. 이후 2015년까지 점점 줄어드는 추세에 있다. 복지 부문의 경우 금융 부문보다 수익률이 낮다. 지금까지 국민연금의 복지 부문 운영은 대부분 복지 시설을 위한 대부사업에 투자되었는데, 투자 자체가 미미하여 수익률의 폭이 크지 않다. 향후 저출산 고령화에 따른 복지 수요 증대로 공적 자금인 국민연금기금은 공적의 성격인 대체 직접 투자 또는 채권 투자를 통한 공공 투자를 강화해야 할 것이다. 참여연대(2011)[02]는 복지에 대한 투자는 사회 전반에 창출되는 외부 효과가 존

02 참여연대, "국민연금기금의 성격과 사회투자자본으로서의 활용", 『복지동향』, 2011. 6.

<표 2-2> 국민 연금기금의 연도별 수익률 현황(2006~2015)

(단위: %)

		2006	2007	2008	2009	2010	2011	2012	2013	2014	2015
금융부문	채권	5.8	2.7	10.5	4.0	7.6	5.7	6.2	2.0	7.0	2.3
	주식	5.5	33.7	−42.9	45.4	21.9	−9.5	10.1	8.5	−0.1	2.8
	대체투자	6.6	6.1	2.7	−0.9	8.7	10.2	4.9	6.4	12.3	5.8
	단기자금	4.2	4.8	5.9	−0.5	2.3	3.2	3.2	2.6	1.5	1.3
	계	5.8	6.9	−0.2	10.4	10.4	2.3	7.0	4.2	5.3	3.2
복지부문 등		3.6	1.5	−0.8	0.5	−0.3	−0.6	−1.0	0.1	−1.7	0.8
총계		5.8	6.8	−0.2	10.4	10.4	2.3	7.0	4.2	5.2	3.2

수익률은 금액 가중 수익률로, 2015년의 경우에는 8월 말 기준 자료임.
출처: 국민연금연구원, 『국민연금 중기 재정 전망(2016~2020)』

재한다고 했다. 주택, 보육, 요양 시설 등에 투자하면 출산율 등의 증가로 궁극적으로 국민연금기금의 수입으로 돌아올 것이라는 주장이다. 즉, 국민연금기금은 저출산 문제를 해소하기 위해 단기적인 수익률보다 장기적 수익률에 초점을 맞춰야 하고, 외부 효과를 고려하여 기금을 운용해야 할 것이다.

주택도시기금을 통한 재원 확보

주택도시기금은 국민주택 채권, 청약저축, 융자금 회수 등으로 자금을 조성하여 국민주택 및 임대주택 건설을 위한 주택 사업자와 주택을 구입 또는 임차하고자 하는 개인 수요자에게 자금을 지원하는 것이다(주택법, 제60조 제1항). 주택도시기금의 용도는 임대주택 건설 자금, 분양주택 건설 자금, 주택 구입 자금, 주택 전세 자금, 주택 개량 자금, 임대주택 출자·경상보조 등이다. 주택 건설 사업 지원 사업의 경우 무주택 서민, 사회 초년생 등을 위한 임대주택(국민·행복주택 등) 건설 사업 출자 및 융자 지원을 실시하고, 무주택 서민, 도시 영세민 등을 위한 분양

〈표 2-3〉 주택도시기금 여유 자금 현황 및 수익률

(단위: 억 원, %)

구분	단기		중장기					전체
	현금성	유동성	확정 금리형	국내 주식형	국내 채권형	해외 주식	대체 투자	
평균 금액	12,358	7,123	0	33,997	337,019	14,497	2,516	407,508
합계	19,480		338,028					407,508
수익률	1.09	1.66	0.00	5.98	1.78	9.84	4.25	2.53
	1.30		2.55					2.53

출처: 주택도시기금, '2016년 연간 기금 운용 성과'

주택(공공 분양·다세대·다가구주택 등) 건설 사업에 융자 지원을 하는 것이다(주택도시기금 홈페이지 참조).

임대주택 리츠(REITs) 출자 사업의 경우, 주택도시기금의 임대주택 투자에 민간 자금을 유치하여 재정 부담 없이 지속 가능한 임대주택 공급 체계를 구축하는 사업이다. 대표적으로 기업형 임대주택 사업이 있다. 2016년 9월 기준으로 정부에서 추진 중인 기업형 임대주택 사업 자본금의 63.7%를 주택도시기금이 차지하고 있다. 기업형 임대주택 사업이란 중산층의 주거 안정을 위해 정부가 추진 중인 기업형 임대주택을 말한다. 즉, 민간 건설사가 임대주택 사업을 실시하는 것인데, 이를 주택도시기금이 지원하고 있다.

기업형 임대주택사업을 위해 구성된 리츠는 다음과 같은 문제점이 있다. 정부가 현재 대략 140조 원을 조성한 주택도시기금은 서민의 주거 안정을 위해 임대주택 등을 공급하는 기금이다. 특히 청약저축이나 국민주택 채권 등으로 조달되었기 때문에 반드시 서민을 대상으로 운용되어야 한다. 기금 투자가 중산층 이상에 우선적으로 해당한다면 기금 사용의 문제점이 있다고 판단된다. 기업형 임대주택이 서민을 위한 정책인지 의문스러운 이유는 지나치게 높은 임대료 책정으로 실제 서민들이 입주하기가 거의 불가능하기 때문이다. 이러한 원인은 민간 사업 시행자에게 일정 부분 수익률을 보장해주기 위해 임대료를 높게 책정해줄 수밖에 없기 때문이다. 또한 세제 및 토지 지원으로 서민을 위한 임대주택 사업이 민간 사업 시행사의 수익 창출 수단으로 이용되고 있다. 이러한 이유로 주택도시기금을 활용한 기업형 임대주택 사업은 문제가 있다고 판단된다. 정부가 목표로 하는 정책 대상(서민층)과 실수요자가 불일치하기 때문이다. 특히 서울 지역에 들어설 일부 기업형 임대주택은 소득 8분위 이상만 입주 부담이 가능한 것으로 파악되었다. 기업형 임대주택사업 4곳을 살펴보면, 보증금이 최소 4,000만 원(소형)에서 최대 5억 900만 원에 공급하는 지역도 있다. 이런 점에서 기업형 임대주택 사업에 주택도시기금을 지원하는 것은 공공성의 문제점이 존재한다. 이러한 문제점을 해소하기 위해 주택도시기금이 실질적인 중산층 이하 공공주택 사업에 활용되도록 해야 한다.

주택도시기금 여유 자금 현황을 살펴보면, 주택도시기금 여유 자금 운용 중 중장기 포트폴리오에서 국내 채권형 등 40조 원 중 5조 원을 포용국가 정책 등으로 활용할 수 있다.

▌법인세 세율 개편을 통한 재원 확보[03]

2015년 국세청 보고에 따르면 세수는 208.2조 원이고 이 중 법인세는 45.0조 원으로 전년에 비해 2.3조 원이 증가했다. 또 전체 세수 중 법인세가 차지하는 비중은 21.6%였다. 법인세는 전년 대비 2.3조 원 증가했지만 2011년에 비해서는 0.1조 원 증가하는 데 그쳤으며, 이에 반해 소득세는 2011년 42.7조 원에서 62.4조 원으로 19.7조 원 증가했다. 국세 수입 전체에서 법인세수가 차지하는 비중은 2008년 23%, 2014년 20.43%, 2015년 20.81%으로 매년 감소하고 있는 추세이며, 최근 2015년 21.6%로 약간 상승했다. 국민총소득에서도 기업 소득의 비중은 늘어나고, 가계 소득의 비중은 줄어들었다. 기업 소득이 증가하고도 법인세수는 늘어나지 않았는데, 이는 기업의 실질적 부담이 감소한 것이라고 볼 수 있다. 이외에도 부가가치세나 교통·에너지·환경세수는 2011년 대비 크게 증가하였으나 법인세는 5년간 거의 차이가 없는 것으로 보

---

03 2016. 8. 30. 국회 발표 자료, "법인세 인하에 따른 문제점과 사내 유보금", 대구가톨릭대학교 정성훈 교수 참조.

〈그림 2-2〉 세목별 세수 현황

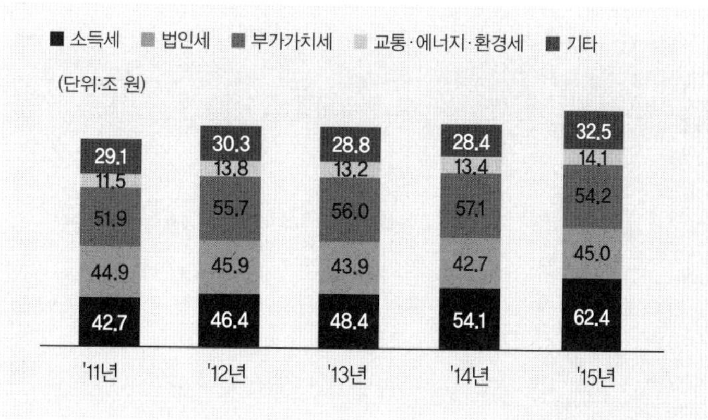

출처: 국세청, 2016년 국세 통계 조기 공개

〈표 2-4〉 법인세 과표 구간 및 세율 개편 방안

현행	2억 이하	10%
	2억 초과 ~ 200억 이하	20%
	200억 초과	22%
개편방안	2억 이하	10%
	2억 초과 ~ 200억 이하	22%
	200억 초과 ~ 1,000억 이하	25%
	1,000억 초과	27%

아 법인세 감세로 인하여 부족해진 세수를 다른 곳에서 충당한 것으로 추정된다.

그러므로 법인세 정상화를 위해 과표 구간을 추가 설정한 후 법인세 최고세율을 올려 추가적인 법인세 확보가 필요하다고 판단된다. 현재 3개의 과표 구간을 4단계로 늘려 대기업과 중소기업을 좀 더 구분함으로써 세율을 조정해야 한다.

〈표 2-5〉는 법인세 인상에 따른 추가적인 법인세 징수 효과를 보여주고 있다. 2가지 방식 중 평균이 〈표 2-4〉에서 제안한 법인세 효과와 비슷할 것이다. 법인세 과표 구간 및 세율 조정

〈표 2-5〉 법인세 과표 구간 및 세율 조정에 따른 세수 효과(징수 기준)

(단위: 억 원)

		2013	2014	2015	2016	2017	2018	합계
현행(=실 징수액)		438,548	426,503	450,294	–	–	–	
2억 이하 2억 초과~500억 이하 500억 초과~1,000억 이하 1,000억 초과	10% 20% 22% 30%	51,282	102,682	110,287	117,687	125,321	–	295,467
2억 이하 2억 초과~100억 이하 100억 초과~1,000억 이하 1,000억 초과	10% 20% 22% 25%	–	50,790	105,600	115,538	125,921	137,252	535,102
평균		–	76,736	107,944	116,613	125,621	–	–

출처: 국회예산정책처, '2016 조세의 이해와 쟁점-법인세 Ⅲ'

에 따른 세수 효과(징수 기준)를 살펴보면, 추가적으로 평균(2014년 기준) 8조 원 확보가 가능할 것으로 판단된다.

법인세 명목세율과 실효세율의 개선을 통한 재원 확보

우리나라의 법인세율은 과세 표준 구간별로 차등화된 누진적 세율 체계를 적용한다. 현행 법인세는 2억 원 이하 구간, 2~200억 원 구간, 200억 원 초과 구간의 총 3단계 과표 구간으로 구성되며, 각각 10%, 20%, 22%의 누진세율이 적용되고 있다. 법인세의 최고세율은 1990년 30%였으며, 1991년에는 34%로 인상되었으나 이후 계속 인하되어 2015년 현재 22%다. 다른 국가들도 전체적으로 법인세율이 낮아지고 있는 추세다.

국회예산정책처 자료에 따르면, 현재 우리나라의 법인세 최고세율은 22%, 지방세를 포함한 최고세율은 24.2%다. 이는 작년 기준으로 볼 때 OECD 34개 회원국 중 19위다. 그러나 평균 실효세율 기준으로 보면 1990년 22.7%였는데 명목세율 인하로 인해 실효세율이 2013년 16.0%까지 낮아진 것으로 나타났다.

〈표 2-6〉 상위 10대 기업의 실효세율

(단위: 억 원)

	2008년	2009년	2010년	2011년	2012년	2013년	2014년
과세표준	28조1,034	13조9,236	12조3,593	29조8,950	26조6,542	32조8,422	39조6,113
공제감면액	1조7,788	1조2,102	1조3,671	2조6,808	2조4,190	3조1,914	3조6,023
총 부담세액	5조2,600	2조2,726	1조4,070	3조9,010	3조4,634	4조0,332	5조1,092
실효세율	18.7%	16.3%	11.4%	13.0%	13.0%	12.3%	12.9%

실효세율은 외국납부세액 공제 후 금액
출처: 국세청

2013년 기준 과표 구간별 평균 실효세율을 살펴보면 과세표준 1억 원 이하는 8.6%, 1천~5천억 원은 18.7%, 5천억 원 초과 구간은 16.4%로 나타났으며 1천~5천억 원 구간보다 세율이 2.3%포인트 낮아서 소수의 대기업이 더 많은 혜택을 보는 것으로 나타났다. 명목법인세는 22.0%이지만 실효세율은 2013년 기준 16.0%, 2015년 국회예산정책처 자료에는 14.2%로 명목세율과 실효세율 간의 차이가 큰 편이며, 법인세 부담률도 2015년 기준 명목 부담률 3.8%, 실제 부담률 3.2%로 분석되었다.

상위 10대 기업의 실효세율을 분석했을 때 2008년 18.7%에서 2014년 12.9%로 크게 낮아진 것을 확인했으며, 2014년 12.9%였던 실효세율은 2013년 기준 실효세율 16.0%, 2015년 국회예산정책처의 14.2%에도 미치지 못하는 것으로 나타나 대기업의 특혜가 더 큰 것으로 나타났다. 하지만 명목세율과 실효세율 간의 단순 비교로는 문제점 파악에 한계가 있어 국가 간에 비교해보겠다.

세계은행은 '2015년 기업 환경 평가' 자료에서 189개국을 대상으로 법인세뿐만 아니라 고용·건강보험료와 의무적으로 내야 하는 각종 기여금 등의 준조세를 포함한 기업의 '총조세 부담률'을 조사 발표했다. 대한무역투자진흥공사(KOTRA)가 이를 인용하여 「주요국 투자 환경 비교 조사 보고서」에서 작년 국내 기업의 총이익에서 실질적 세금이 차지하는 비중을 조사한 결과 33.2%로 밝혀졌다. 보고서에 의하면 국내 기업의 소득 대비 세금 부담은 35개 OECD 회원국 중 11번째로 낮은 것으로 조사되었다. 선진국 중 우리나라보다 실질 세율이 낮은 국가는 캐나다와 아일랜드, 영국의 세 나라뿐이고, 중국이나 브라질, 인도 등 주요 개발도상국에 비해서도 낮은 수준이다.

OECD 평균 세부담률은 41.3%로, 우리나라와 비교해도 8.1%나 높다. 우리나라와 경쟁하는 개발도상국 가운데 중국과 브라질, 인도, 러시아, 베트남 등 주요 국가의 세부담률은 우리나라보다 높았으며, 브라질이나 중국, 인도는 무려 2배 가까이 차이가 났다. 전 세계적으로 법인세 실질세율을 분석한 결과 장기적으로 법인세율이 낮아지는 것은 사실이나 우리나라는 OECD나 주요 선진국이나 개발도상국과 비교해도 평균보다 더 낮은 세율을 부담하고 있는 것으로 나타났다.

법인세 평균 명목세율과 평균 실질세율의 차이가 2013년 기준 4.0%인데, 2013년 기준으로 연구개발에 대한 감면 등의 혜택이 3.1조 원이며, 투자 촉진에 대한 감면 등의 혜택이 2.1조 원이다. 추가적으로 중소기업 특별세액 감면 등에 대한 혜택이 7,800억 원이다. 이 중 기업의 법인세 감면 혜택을 40% 정도만 줄인다면 약 5조 원의 재원 확보가 가능할 것으로 판단된다.

소득세를 통한 재원 확보

최근 OECD 국가들은 과표 구간과 소득세 명목 최고세율을 줄여나가는 추세인데, 금융위기 이후 2010년부터 최고세율을 올린 국가는 우리나라를 포함해서 이스라엘과 덴마크 등이 있다. 세율에서는 한국의 명목 최고세율이 OECD 평균과 비슷한 수치를 기록하고 있다. 우리나라보다 낮은 세율을 가진 국가는 덴마크, 핀란드, 노르웨이, 스웨덴 등 상대적으로 지방세율이 높은 국가들이다[04].

한국의 명목 최고세율은 OECD 평균에 근접한 수준이었으나, GDP 대비 소득세는 크게 낮다. OECD의 다른 국가들과 비교하면 한국은 낮은 소득세에 의한 낮은 조세 부담 체계를 가지고 있음을 알 수 있다. 최근 재정 위기의 대표적인 국가인 PIIGS(포르투갈, 아일랜드, 이탈리

---

04 충남발전연구원, "한국 경제사회 발전에 따른 재정 및 조세 전략과 충남의 과제", 2013. 12. 31.

〈표 2-7〉 소득세 개편 방안

현행		개편 방안	
과세 표준	세율	과세 표준	세율
1,200만 원 이하	6%	1,200만 원 이하	6%
1,200만 원 초과 ~ 4,600만 원 이하	15%	1,200만 원 초과 ~ 4,600만 원 이하	15%
4,600만 원 초과 ~ 8,800만 원 이하	24%	4,600만 원 초과 ~ 8,800만 원 이하	24%
8,800만 원 초과 ~ 1억 5천만 원 이하	35%	8,800만 원 초과 ~ 1억 2천만 원 이하	35%
1억 5천만 원 초과 ~ 5억 원 이하	38%	1억 2천만 원 초과 ~ 2억 원 이하	38%
5억 원 초과	40%	2억 원 초과 ~ 5억 원 이하	40%
		5억 원 초과	43%

아, 그리스, 스페인) 중 아일랜드와 이탈리아를 제외한 나머지 그리스, 포르투갈, 스페인은 소득세가 낮은 것을 알 수 있다.

현 한국의 소득세는 선진국과 비교해볼 때 GDP 대비 세수가 적다. 또한 소득의 재분배도 선진국에 비해 잘 이루어지지 않고 있다. OECD 기준으로 GDP 대비 세수 비중과 OECD 평균 정도의 소득세를 확보하려면 세율 인상이 필요하다. 세수입 증가 및 소득 재분배를 위해서는 슈퍼 부자들의 소득세를 늘려야 한다. 세율 구간 3개를 신설(1억 2천만~2억 원 38%, 2~3억 원 40%, 5억 원 초과 43%)한다면 매년 5조 원 이상의 재원 확보가 가능할 것이다.

가격 조정(재산세와 종합부동산세)을 통한 재원 확보

부동산 보유세는 크게 국세인 종합부동산세와 지방세인 재산세로 나눌 수 있다. 부동산 보유세는 개발 이익 환수나 부동산 과다 보유 및 투기 억제 수단으로 활용되고 있다. 재산세와 종합부동산세는 산정 기준으로 공시 가격을 활용한다. 그러나 공시 가격 산정에 있어서 문제가 발생하고 있다.

부동산 보유세의 과세 표준은 공시 가격을 기준으로 하기 때문에 재산 평가 총액에서 부동산을 취득할 때 들어간 부채는 고려하지 않는다. 또한 자산을 평가할 때 공시 가격을 인별로 합산하여 과세 표준을 산정하는데, 공시 가격이 실거래 가격에 비해 매우 낮다는 문제점이 있다. 미국에서는 자산을 평가할 때 과거에는 우리나라와 비슷하게 실제 가치에 비해 낮게 평가하는 경향이 있었으나, 최근에는 과세의 투명성을 위해 세율을 낮추는 대신 시장 가격에 근접하게 평가하고 있다[05]. 그리고 대부분 주에서 주관할 구역 안에 있는 재산 평가 방법을 동일하게 해야 한다는 헌법 조항에 따라 공정하게 평가를 하고 있다.

국토연구원 자료(2015)에 따르면, 우리나라 공시 가격과 실거래 가격을 비교한 실거래가 반영률은 2011년 기준 공동주택이 72.7%, 단독주택이 58.8%, 토지가 58.5%에 불과한 것으로 분석된다. 이러한 공시 가격과 실거래가 차이는 8조 6,000억 원으로 분석된다. 그러므로 일정 수준까지 차이를 줄인다면 5조 원의 추가 재원을 조달할 수 있을 것으로 본다.

부동산 시장이 활황일 때는 부동산 매매 차익이 주요 관심사가 되고, 침체될 때는 매매 차익보다 임대 수익의 극대화가 주요 관심사가 된다. 이러한 문제로 인하여 최근의 극심한 전·월세난은 임대 수익의 중요성이 크게 나타난 결과라고 볼 수 있다. 이로 인해 부동산 가격 상승과 전·월세 가격 상승으로 인한 불로소득은 환수해야 한다는 주장이 나오고 있으며, 이를 보유세의 형태로 환수해야 한다는 주장이 가장 지배적이다.

거래세나 양도소득세는 투기 수요를 억제하는 효과가 있지만 동결 효과로 인해 거래가 위축되어 가격을 상승시키는 문제점이 발생하기도 하며, 부동산 거래 비용 증가로 인하여 노동 이동성을 제약하기도 한다(European Commission, 2012). 이에 반해 보유세는 경제를 왜곡시키지 않고 부동산의 효율적 이용을 촉진하는 세금으로 알려져 있다. 부동산 보유세는 세원 파악이 확실하기 때문에 조세 회피가 어려우며, 경기 변동에 토지 가치가 크게 변화하지 않으므로 세수가 매우 안정적이다. 공급이 비탄력적인 부동산은 보유세를 부과해도 다른 조세에 비해 초과 부담이 적으며, 조세의 전가가 적고, 노동 공급이나 투자 결정에 영향을 거의 미치지

---

05 염용구, "부동산 보유세제 개선방안에 관한 연구: 재산세를 중심으로" 참조, 단국대학교 행정법무대학원, 2011

〈표 2-8〉 재산세 및 종합부동산세 추이

(단위: 억 원)

연도	2010	2011	2012	2013	2014	2015
재산세	48,173	76,169	80,492	82,651	87,791	92,937
종합부동산세	10,289	11,018	11,311	12,243	13,072	13,990

출처: 「행정자치통계연보」, 행정자치부, 2016.)

않는 것으로 알려져 있다(Norregaard, 2013).

OECD에서도 한국이 부동산 보유세를 인상할 경우 부동산을 안정화할 수 있으며, 보유세를 인상하면 장기적으로 경제성장을 더욱 촉진하는 효과를 얻을 수 있다고 주장한다. 국내에서는 종합부동산세와 재산세의 형태로 보유세를 부과하고 있으나 다른 나라에 비해 거래세는 높고 보유세는 낮다.

지방세연구원의 부동산 자산 분포 및 재산과세 부과 특성 분석 자료에 따르면, 종합부동산세 과세 대상자 중에 최상위 보유자의 보유 비중을 부동산 유형별로 추정한 결과 2013년 기준으로 주택은 상위 0.1%가 3.08%, 종합 합산 토지는 38.83%, 별도 합산 토지의 경우 25.41%로 나타나 부동산 소유가 소수에 집중된 것을 확인했다. 즉, 소득불평등을 심화시키는 것이다. 추가적으로 부동산 보유세 부담은 2005년을 기점으로 크게 상승했다가 2008년에 다시 크게 하락하는 모습을 보여주고 있으며, 거래세 부담은 2006년 이후 지속적으로 하락하는 추세다. 부동산 관련 세수 부담을 OECD 국가와 비교할 경우 우리나라에서 부동산세수의 조세 부담률은 GDP 대비 2.6%, 총조세 대비 10.6%로 OECD 평균액인 GDP 대비 1.8%, 총조세 대비 5.4%를 크게 상회하는 것으로 나타난다[06]. 그러나 부동산 관련 세수 가운데 보유세만을 비교하면 GDP 대비 세 부담 비중은 0.7%로 OECD 평균 1.1%의 64% 수준에 불과한 것으로 분석되었다.

06 이선화, "2016 부동산 자산 분포 및 재산 과세 부과 특성 분석", 한국지방세연구원, 2016.

〈표 2-9〉 개별소비세 및 담배소비세 추이

(단위: 억 원)

연도	2010	2011	2012	2013	2014	2015
개별소비세	50,657	55,372	53,355	54,842	56,241	80,007
증가율(%)		9.3	−3.6	2.8	2.6	42.3
담배소비세	28,749	27,850	28,812	27,824	29,528	30,350
증가율(%)		−3.1	3.5	−3.4	6.1	2.8

출처: 「행정자치통계연보」, 행정자치부, 2016.

박상수(2015)[07]의 연구에 따르면 주택의 재산세 실효세율은 비주거용 건물의 33~54% 수준으로 나타났으며, 주택의 누진도도 비주거용 건물에 비해 더 높은 것으로 나타나 이를 조정하여 세 부담 형평성을 맞출 필요가 있는 것으로 나타났다. 따라서 부동산 보유세는 바람직한 세제이지만 우리나라의 보유세 실효세율은 OECD와 비교해도 낮은 편이므로, 보유세 인상을 통해 토지의 효율적 이용을 유도하고 소득 양극화 완화와 부동산 가격의 안정을 도모해야 한다.

가격 조정(담뱃세)을 통한 재원 확보

2014년 12월 23일, 국민건강증진법, 지방세법, 개별소비세법에 대한 일부 개정으로 인하여 담배 가격이 2,500원에서 4,500원으로 인상되었다. 인상 근거로는 국민건강증진법과 지방세법 개정을 통해 국민건강증진부담금과 지방세를 인상하고, 개별소비세법을 담배에 대해 신설했다. 김유찬(2015)[08]에 따르면, 담뱃세 인상은 국민경제에 부정적 효과가 큰데 분배와 조세 형

07 박상수, "기획 논단: 주택과 비주거용 건물의 재산세 실효세율 분석과 시사점", 『지방세포럼』 20(단일호), pp.4-18, 2015

08 김유찬, "담배세 인상의 경제사회적 효과에 대한 평가", 『의정연구』, 제21권 제1호(통권 제44호), pp.197-206, 2015

〈표 2-10〉 2015 회계연도 교육부 소관 세출, 지출 결산

(단위: 백만 원, %)

	예산액	예산현액 (A)	지출액 (B)	이월액	불용액	집행률 (B/A)
예산	51,224,094	52,625,421	50,899,639	82,640	1,643,142	96.7
– 일반회계	50,325,565	51,725,206	50,005,423	82,640	1,637,143	96.7
– 혁신도시건설특별회계	31,809	33,495	27,496	–	5,999	82.1
– 지역발전특별회계	866,720	866,720	866,720	–	–	100.0
기금	11,013,168	11,025,159	10,714,210	7,410	67,113	97.2
– 사학진흥기금	489,586	497,322	476,782	7,410	2,828	95.9
– 사립학교교직원연금기금	10,523,582	10,527,837	10,237,428	–	64,285	97.2
총계	62,237,262	63,650,580	61,613,849	90,050	1,710,225	96.8

출처: '2015 회계연도 결산 위원회별 분석(교육문화체육관광위원회)', 교육부, 국가예산 정책처, 2016.

평성 등이 문제다. 이러한 문제점에 대해 담뱃세 인상으로 인한 추가 세액 확보 금액을 포용국가 재원으로 투자한다면, 가격 인상의 부정적 효과를 감소시키는 효과가 발생할 것으로 판단된다.

담배는 건강에 해롭지만 대체 불가능한 기호품이다. 특히 담배와 술은 서민들에게 근심과 고통을 덜어주는 역할을 한다. 그러나 담뱃세 인상 정책으로 인해 하루에 1갑씩 담배를 피우는 서민들은 6억 8천만 원짜리 주택에 대한 1년치 재산세와 동일한 세금을 부담하고 있다. 이는 조세 형평성에 부합하지 않는다. 그렇다고 담뱃세를 원래대로 되돌리기에는 현실적으로 부담이 있다. 그러므로 앞서 언급한 대로 서민들을 위한 복지에 담뱃세 인상분을 투자한다면 최소한의 조세 형평주의에 부합할 것으로 판단된다.

우리나라 담배 가격의 구조는 제조 원가와 유통 마진, 종량세, 종가세로 구분된다. 여기서 종량세는 담배소비세, 지방교육세, 건강증진부담금, 개별소비세가 있으며, 종가세에는 부가가치세가 포함되어 있다. 담배에 따른 제세·부담금을 살펴보면, 담배소비세는 각 담배별로 차이가 있지만 대략 22%의 비중이며 개별소비세는 13% 정도다. 이 중 담배소비세와 개별소비세

를 활용하면 재원 조달이 가능할 것으로 보인다. 개별소비세 추이를 살펴보면, 2010년 5조 원에서 점차 증가하여 2015년에는 전년도 대비 42.3% 증가된 8조 원으로 증가했다. 담배소비세는 2010년 2.8조 원에서 2015년 3조 원으로 소폭 증가했다. 즉, 담배 가격 인상으로 인하여 개별소비세가 2.3조 원 증가한 것이다. 그러므로 개별소비세를 활용하면 세수 증가액 중 2조 원 확보가 가능하다.

▌재정 효율화를 통한 재원 확보

교육부 소관 예산액 중 일반회계 50조 원을 투명하게 집행하고 낭비를 줄여서 대학 재정 지원사업 및 R&D 지원을 조정하면 3조 원 정도 확보가 가능할 것으로 판단된다.

2013년 기준 정부 예산 중 공공기관에 배정된 예산은 41.1조 원으로 정부 총지출의 11.8%다. 41.1조 원 중 56.2%인 23.1조 원이 위탁 집행형 준정부기관에 지출되는 예산이다. 위탁 집행형 준정부기관에 지출되는 예산의 비중이 큰 것으로 판단할 수 있다. 이러한 상황에서 예산 증가율과 경제성장률을 비교하면 위탁 집행형 준정부기관에 배정되는 예산은 불합리하다.

〈표 2-11〉 위탁 집행형 준 정부기관 직접 지원 현황

	2004	2005	2006	2007	2008	2009	2010	2011	2012	2013
출연금	3.6	4.4	4.3	4.2	4.7	5.9	6.9	7.7	5.4	12.0
출자금	0.04	0.03	0.08	0.06	0.02	0.005	0.01	0.04	0.05	3.4
보조금	4.6	4.7	5.1	5.1	5.9	7.2	7.7	9.3	9.9	0.1
부담금 및 이전 수입	0.8	0.9	1.1	1.0	1.7	0.8	0.6	0.6	1.2	7.6
합 계	9.1	10.2	10.6	10.4	12.3	13.9	15.3	17.6	20.8	23.1
증가율		12%	4%	-2%	18%	13%	10%	15%	18%	11%
경제성장률*	4.60%	4.00%	5.20%	5.10%	2.30%	0.30%	6.30%	3.70%	2.00%	
GDP	832.30	865.20	910.00	956.50	978.50	981.60	1,043.7	1,082.1	1,104.2	
누적 성장률	예산 성장률			126%		경제성장률			33%	

* ECOS경제성장률 인용(ECOS, NABO 2004-2013년 자료 사용)

아래의 표를 살펴보면, 정부는 성장률을 근거로 예산을 배정했으나 GDP 성장률보다 예산 증가율이 더 많이 오른 것으로 파악할 수 있다. 그러므로 위탁 집행형 준정부기관의 예산 증가율을 조정하여 재정 지출을 효율화할 필요가 있다. 즉, 누적 경제성장률(2004년부터)의 33%를 근거로 2015년의 예산을 조정할 경우, 대략 13조 원으로 분석되었다. 이렇게 가감해본 결과 약 10조 원의 추가 예산이 남는데, 이를 포용국가 투자 예산으로 활용이 가능하다.

마지막으로 2017년도 국가 예산안인 400조 원을 370조 원으로 감축(교육부 및 정부 출연 기관 제외)할 수 있을 것으로 분석되었다. 2017년 예산안은 400조 2,017억 원으로 2016년 385조 9,135억 원에서 3.7% 증가한 수치다. 30조 원 전부는 아니더라도 대략 22조 원을 감축할 수 있으며, 정부 9개 부처에서 각 1조 원 이상 감축할 수 있을 것으로 판단된다.

이렇게 재원 조달을 통해 연간 35조 원의 예산을 확보하면, 복지 및 고용, 경제, 교육 등 혁신의 밑거름으로 활용할 수 있다.

03
조세, 제정 개혁 통한 복지국가로

스위스 모델을 적용하기 위한 재원 조달 방안으로는 증세, 가격 조정, 기금, 재정 효율화의 4가지 방식이 있다. 이러한 방식으로 조달된 재원은 매년 40~80조 원(국내총생산의 6%) 규모이며, 포용국가 혁신의 재원으로 활용이 가능할 것으로 판단된다. 각각의 조달 방식은 다음과 같다. 법인세 인상으로 대략 8조원 확보, 실효세율과 명목세율의 차이를 줄여 5조 원 확보가 가능할 것으로 분석된다. 소득세는 세율을 변경하여 5조 원, 부동산 공시지가를 실거래가의 일정 수준으로 올려 5조 원을 추가로 확보할 수 있을 것으로 판단된다. 담뱃세 인상으로 인한 개별소비세에서 2조 원, 국민연금기금의 여유 자금에서 15조 원, 주택도시기금의 여유 자금에서 최소 5조 원을 조달 할 수 있다. 재정 효율화를 통해 교육부 예산 3조 원과 정부출연기관 예산 10조 원, 그 밖의 국가 예산 조정을 통해 22조 원 확보가 가능하다. 이를 모두 합하면 80조 원이 된다. 다만, 기금은 향후 원리금을 상환해서 투자자에게 지급해야 하기 때문에 회수해야 한다. 그러므로 사회경제 인프라 구축 투자 시 임대주택 사업 등 수익을 얻을 수 있는 곳에 투자해야 한다.

재원 확보 시 목표만큼 확보할 수 없을 수도 있기 때문에, 부족한 부분은 공기업 재원, 국채 발행 등으로 조달해야 한다. 다만, 국가 재정에 부담이 되지 않는 범위에서 충당한다. 우리나라의 국가 부채는 OECD 평균보다 많이 낮기 때문에 국채를 발행해도 아직까지 큰 부담은

〈그림 2-3〉 국가 조세재정 개혁 방안

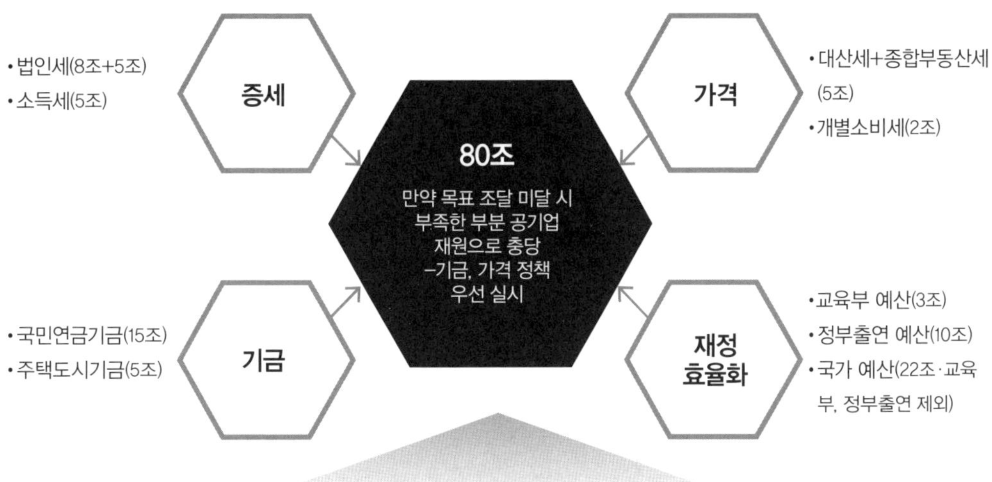

없다. 다시 말하면, 중부담 중복지 수준으로 가기 위해서는 최소 40~80조 원을 목표로 조세 및 재정 개혁을 강력히 추진해야 포용국가 건설이 가능할 것으로 판단된다.

이러한 재원을 통해 재벌 개혁, 기업 격차 완화, 중소기업 육성, 공정 거래 확립, 실업률 완화, 생산성 임금 원칙 확립, 노동 유연성 정상화, 사회 안전망 구축 등이 가능하다. 또한 복지 및 교육혁신의 사교육 타파, 저출산, 고령화 문제 등을 해결할 수 있을 것이다.

//////////////////

노르딕 국가들(독일 등 일부 대륙 국가도 포함)은 경제적 성과와 사회적 성과 두 측면에서 한국과 동아시아 국가들을 앞선 탁월한 성적을 보이고 있다. 비교연구에 의하면, 두 국가군 사이의 차이를 가져오는 가장 중요한 요인은 포용성과 혁신성인 것으로 나타났다. 포용국가와 사회적 시장경제를 발전시킨 노르딕 국가들의 경우 포괄적 사회보장 체제와 창의적 학습 사회를 구축하여 포용성과 혁신성을 증진했고, 이에 기반하여 높은 경제적 성과(1인당 국민소득과 경제성장률)와 사회적 성과(상대 빈곤율, 자살률, 행복도, 출산율)를 달성했다. 이에 반해, 포용성과 혁신성이 모두 낮은 한국 사회는 경제적 성과와 사회적 성과 면에서 노르딕 국가들에 현저히 뒤지는 결과를 보여준다. 그러나 민주 진보 세력의 조직화와 정치화 수준이 낮은데도 경쟁성이 높은 한국의 선거 민주주의는 정당 간 경쟁을 격화시켜 복지 분야의 포용성을 증진하는 의미 있는 결과를 가져왔다. 따라서 역동적인 선거 민주주의를 잘 활용하면서 포용성과 혁신성을 증진하기 위해 차기 민주정부의 대통령과 집권당이 좀 더 적극적으로 포용적 리더십과 변혁적 리더십을 발휘한다면 최대한 빠른 시간 내에 경제적 성과와 사회적 성과를 향상시킬 수 있을 것이다.

3장

혁신적 포용국가의 전망과 실천 전략

01

혁신적 포용국가와 사회적 시장경제 모델의 주요 성과

이 책에서 우리는 포용성과 혁신성의 원리를 결합하여 우수한 사회경제적 성과를 실현하는 새로운 국가 형태를 혁신적 포용국가라고 규정했다. 그렇다면 현실 속에서 혁신적 포용국가의 이념과 잠재력을 가장 잘 구현하고 있는 나라는 어느 나라인가? 〈그림 3-1〉과 〈그림 3-2〉를 보면, 유럽 국가들 중 사민주의와 사회적 시장경제의 전통이 강한 노르딕(북유럽) 국가들이 경제적 성과와 사회적 성과 양면에서 가장 탁월한 성적을 보이고 있음이 확인된다. 우선 경제적 성과 측면에서는 노르딕 국가들의 1인당 국민소득이 유럽연합 28개 회원국 평균보다 1만 유로 이상 높고, 2008년 글로벌 금융위기를 겪고 난 이후의 경제성장률 또한 일본, 영국, 독일은 물론 유로존 국가들의 평균을 상회하는 것으로 나타났다.

노르딕 국가들은 사회적 성과 면에서도 여타 국가들보다 더 우월한 성적을 거둔 것으로 나타난다. 〈그림 3-2〉가 보여주는 바와 같이, 노르딕 국가들(스웨덴, 노르웨이, 핀란드, 덴마크, 아일랜드, 네덜란드)의 상대 빈곤율은 유럽대륙 국가(독일, 오스트리아, 스위스, 프랑스), 남유럽 국가(이탈리아, 스페인, 포르투갈), 영미형 국가(영국, 미국, 호주), 동아시아 국가(일본, 한국, 중국)들과 비교하여 현저히 낮다. 다만, 자살률의 경우, 노르딕 국가들은 남유럽 국가와 영미형 국가보다는 다소 높지만 유럽대륙 국가들보다는 낮고, 동아시아 국가들보다는 현저히 낮다.

한편, 행복도 지표에 있어서 노르딕 국가들이 단연 세계 최고 수준이고, 동아시아 국가들은

〈그림 3-1〉 경제적 성과의 국제 비교: 노르딕 국가들의 우수한 성과

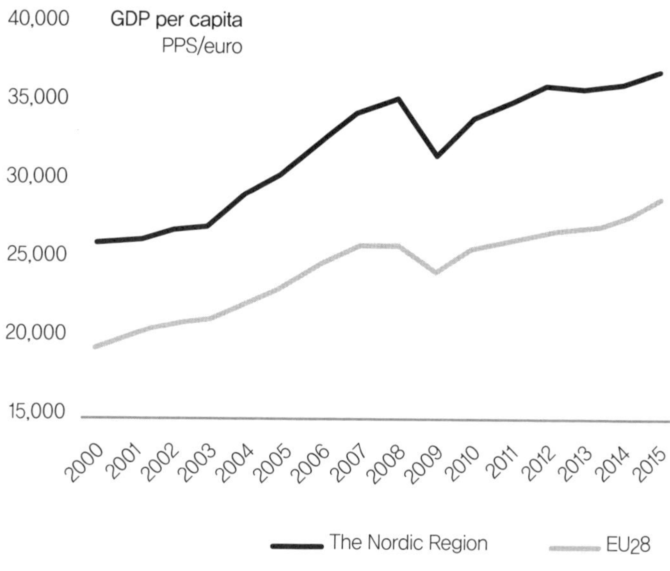

	2015	2016	2017	2018
United States	206	1.6	2.6	2.6
Japan	1.2	0.9	0.6	0.5
Germany	1.8	1.9	1.8	1.8
China	6.9	6.7	6.6	6.2
United Kingdom	2.2	2.0	1.1	1.2
Euro zone	2.0	1.8	1.8	1.9
Nordic countries	2.3	2.0	2.1	2.1
Baltic countries	2.0	1.8	2.7	3.1
OECD	2.4	1.8	2.1	2.1
Emerging markets	4.0	4.1	4.6	4.8
World, PPP*	3.3	3.1	3.6	3.7

Source: OECD, SEB *Purchasing power parities

출처: Nordic Council of Ministers(2016), SEB Research & Strategy(2017)

〈그림 3-2〉 사회적 성과의 국제 비교: 노르딕 국가들의 우수한 성과

사회적 시장경제 국가의 성과: 낮은 빈곤율과 낮은 자살률, 높은 출산율과 높은 행복도

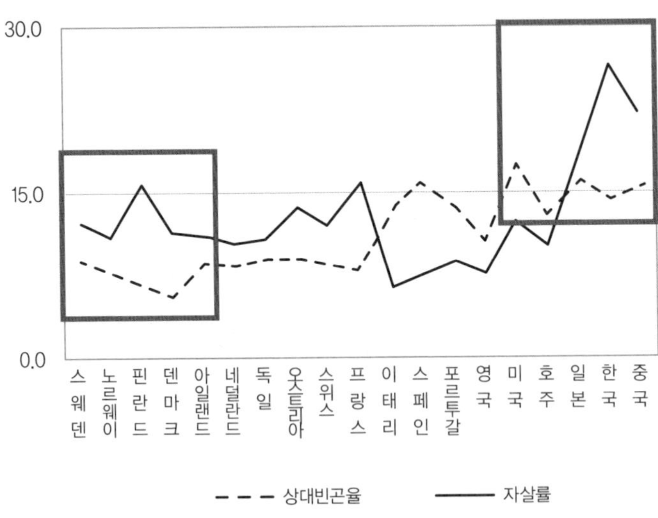

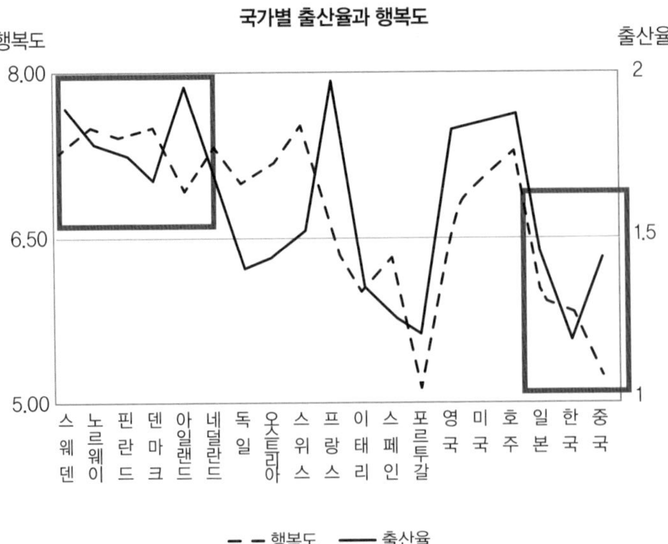

출처: OECD, Factbook(2015~2016), World Happiness Report(2016)

〈그림 3-3〉 한국 사회의 낮은 포용성

경제 발전과 복지 발전(포용성)의 단계

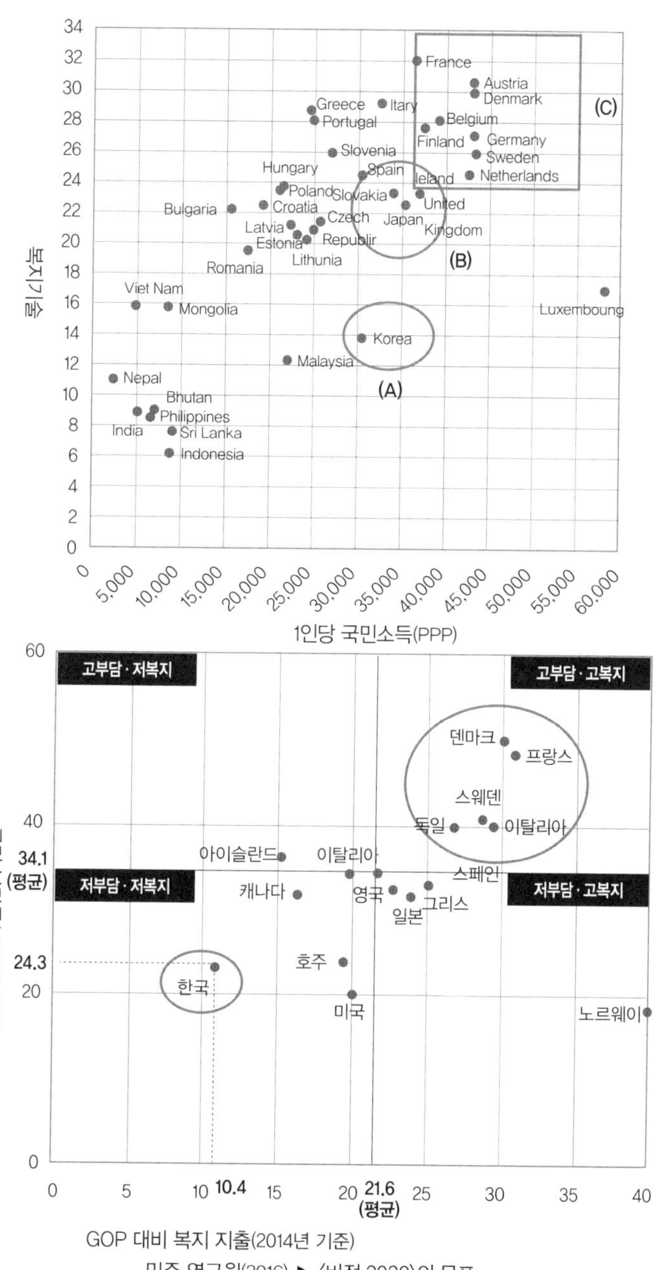

민주 연구원(2016) ▶ 〈비전 2030〉의 목표

〈그림 3-4〉 한국의 낮은 혁신성(창조성)

사회적 시장경제 국가의 성과: 높은 글로벌 창의력과 글로벌 경쟁력

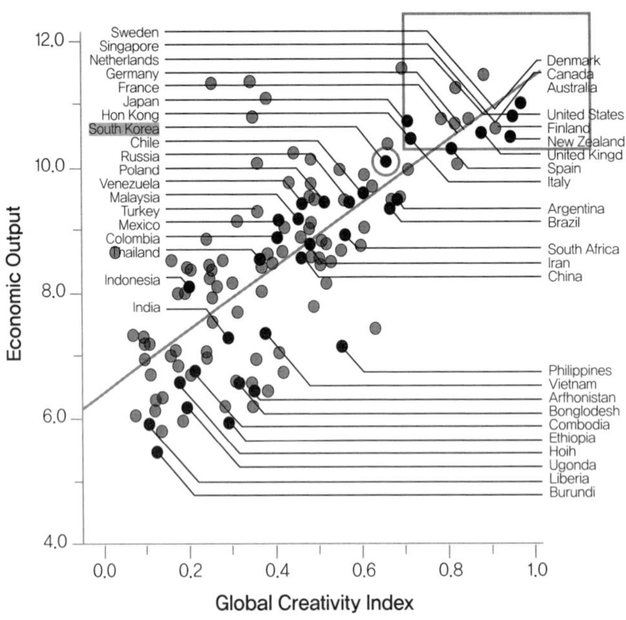

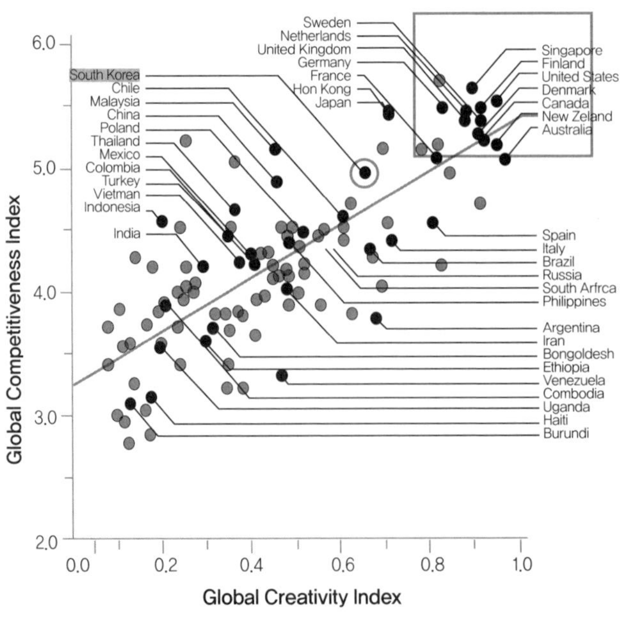

출처: The Global Creativity Index(2015)

비교 대상 국가들 중 최하위 그룹에 속해 있다. 특기할 만한 것은 세계 행복도 조사의 상위 10위권에 6개 노르딕 국가들이 올라 있다는 사실이다(Helliwell, Huang, and Wang, 2017). 이에 비해, 동아시아 국가들은 행복도 순위에서 모든 OECD 회원국, 상당수 남미 국가들, 일부 구공산권 국가들보다도 훨씬 낮은 순위에 머물러 있다. 일본 51위, 한국 56위, 중국 79위로, 동아시아 국가들이 경제적으로는 선진국이나 중진국에 속하지만, 행복도는 중진국 또는 후진국 수준임을 보여준다. 출산율의 경우, 노르딕 국가들은 최고 수준이고 동아시아 국가들은 최하위 수준이다. 다만 유럽대륙 국가에 속하는 프랑스와 영미형 국가들의 출산율 수준이 높게 나타나는데, 이것은 지속적인 이민 유입에 의한 것으로 풀이된다.

대부분의 노르딕 국가들, 나아가 사회적 시장경제를 발전시킨 유럽대륙 국가들은 사회경제 제도를 설계하고 공공 정책을 추진할 때 사회보장과 소득 분배, 노동의 경영 참가 등을 통해 포용성을 확대하고, 교육과 연구 개발, 나아가 적극적 노동시장 정책의 활성화를 통해 혁신성을 끌어올렸다. 그리하여 경제적 측면과 사회적 측면에서 모두 최고의 성과를 거둔 것은 물론, 동아시아 국가들이 실패한 사회통합과 지속적 경제성장을 동시에 달성하는 기적을 이루어냈다.

이런 점을 고려할 때, 극심한 불평등과 저출산·고령화라는 인구 위기로 인해 저성장의 늪에 빠져 있는 한국도 포용성과 혁신성의 원리를 우리 실정에 맞게 잘 살려낸다면 현재의 위기를 극복할 뿐만 아니라, 장차 높은 수준의 경제적 성과와 사회적 성과를 달성할 수 있을 것으로 보인다. 다시 말하면 독과점 구조 개혁, 비정규직 축소, 임금 격차 해소, 복지 증진 등을 통해 경제사회적 포용성이 확대되고 교육 혁신과 과학기술 혁신 등을 통해 혁신성이 증진되면, 경제회복은 물론 소득 증진, 빈곤율 감소, 출산율 증가, 행복도 증진, 자살률 감소 등과 같은 우수한 사회적 성과를 달성할 수 있게 된다. 우리가 포용성과 혁신성의 원리를 '기적의 원리'라고 부르는 이유는 바로 여기에 있다.

그러나 현실적으로 한국 사회의 포용성과 혁신성은 아직 매우 낮은 단계에 머물러 있다. 〈그림 3-3〉은 복지 분야의 포용성(국민소득 대비 복지 지출 수준)이 OECD 최하위권에 속해 있고, 그것도 경제력 수준에 크게 미달하는 저부담·저복지 수준임을 보여준다. 〈그림 3-4〉는 글로벌 창의성(연구 개발 성과 등)으로 측정된 혁신성의 수준을 보여주는데, 이 역시 노르딕 국가들이 세계 최고 수준인 반면 한국은 상당히 뒤처진다.

중요한 것은 한국의 포용성과 혁신성이 현재 현저히 낮은 수준에 머물러 있더라도, 차기 민주정부에서 대대적인 정책 전환을 통해 포용성과 혁신성의 수준을 지속적으로 증가시킬 경우 〈그림 3-1〉과 〈그림 3-2〉에 제시된 노르딕 국가처럼 높은 수준의 경제적 성과와 사회적 성과를 동시에 달성할 수 있으리라는 점이다. 높은 수준의 포용성과 혁신성이 높은 수준의 경제적·사회적 성과와 긴밀한 인과관계를 가지고 있고, 실제로 사회적 시장경제를 발전시킨 노르딕 국가들이 실험적으로 그것을 입증해주기 때문이다. 그렇다면 한국 사회에서 이 중대한 실험을 성공시킬 수 있는 조건은 무엇인가?

02

혁신적 포용국가의 건설: 이론과 전략

코르피(Korpi, 1983, 2006)는 유럽 사회에서 높은 수준의 포용성과 혁신성을 가진 혁신적 포용국가(복지국가)가 발전하게 된 과정을 설명하기 위해 '권력 자원 이론'을 제시했다. 이 이론에 따르면, 포용국가 발전의 역사적 담지 세력인 노동계급이 고도로 조직화되고 단일한 통합적 노조 조직을 가지고 있는 경우, 그리고 계급 형성이 잘된 노동계급이 자신들을 정치적으로 대변하는 사민당 또는 노동당과 강력한 협력 관계를 수립한 경우 포용국가의 발전 정도가 높아진다.

권력 자원 이론의 관점에서 보면, 한국의 경우에는 노동계급의 조직화 정도가 10% 수준으로 매우 낮고 노동조합의 지지를 받는 정당의 정치적 역량이 미약하기 때문에 포용국가의 발전이 더디거나 그 수준이 낮을 것이라는 가설을 도출할 수 있다. 민주화 이후 노동조합의 조직화가 빠르게 진행되었으나 1998년 외환위기와 함께 조직력이 급속히 약화되었고 소선거구제하에서 노동 정당의 정치적 진출이 미미해서 결국 포용국가의 발전이 지체되고 OECD 회원국 중 가장 낮은 수준에 머물렀다는 점을 고려할 때, 이런 가설은 강력한 지지를 받는다.

그러나 이 이론은 김대중 정부와 노무현 정부 이후 최근의 두 보수 정부에 이르기까지 복지 측면의 포용성이 점진적으로 증진되어온 현상을 제대로 설명하지 못한다. 다시 말하면, 한국의 경우 코르피가 지적한 노동조합의 조직 역량과 진보정당의 정치 역량 면에서 구조적으로 취약한 것은 사실이지만, 민주화 이후 사회적 시민권과 복지가 지속적으로 확대된 것 또한 사실이다. 바로 이런 점을 설명하려면 경쟁적 선거 민주주의에 주의를 기울여야 한다(성경륭, 2014). 즉, 한국에서는 진보 세력의 조직화와 정치화가 취약한 상태에서도 일정한 주기로 치러지는 대선과 총선에서 승리를 추구하는 정당들이 사회경제적 균열과 대중적 요구를 최대한 활용하여 선거 경쟁을 벌이고, 이 과정에서 복지 분야와 경제 분야에서 포용성이 증가하게 되는 것이다.

민주화 이후 치러진 역대 선거를 되돌아보면, 대부분의 정당들은 오랫동안 지역 균열, 이념 균열, 세대 균열 등을 최대한 이용해왔으나, 16대 대선 이후에는 복지와 분배 이슈, 나아가 경제 민주화 이슈를 둘러싼 균열을 더 많이 활용했다. 뒤이어 17대 대선(이명박)과 18대 대선(박근혜)에 들어와서는 과거의 균열 구조의 유효성이 약화되고 선거 경쟁이 더욱 격렬해지면서, 노인·청년·여성·아동 등을 위한 사회보장과 복지 혜택을 확대하겠다는 공약과 재벌 지배 체제를 개혁하기 위한 경제 민주화 공약이 핵심 쟁점으로 자리 잡기에 이르렀다. 이런 흐름 속에서 경제 분야의 포용성은 여전히 제자리에 머물렀으나 사회복지 분야의 포용성은 점진적으로 계속 확대되기에 이르렀다.

이러한 현상은 차기 민주정부가 포용성과 혁신성을 동시에 증진하여 한국의 국가와 사회경제 시스템을 포용국가와 사회적 시장경제의 방향으로 전환하고자 할 때 실현할 수 있는 가능성이 상당히 높다는 사실을 시사한다. 다시 말해, 노동조합의 조직화 수준이 낮고 진보 세력의 정치적 역량이 취약한 구조적 제약 조건이라 하더라도 최근 10여 년 동안 한국의 선거 민주주의는 복지정책을 진보적 방향으로 서서히 변화시킬 수 있는 가능성을 보여주었다.

다만 김영삼 정부 이후 신자유주의와 결합한 박정희 패러다임, 즉 신자유주의적 발전 국가 모델의 효과가 소진된 현 시점에서 재벌 체제에 의한 독과점 심화, 중소기업에 대한 대기업의 갑질 확산, 비정규직 증가, 임금 약탈 심화, 자영업자 증가, 가계부채 급증, 저출산과 인구 기반 붕괴, 노인 빈곤과 자살 확대 등과 같이 최악의 상황으로 치닫고 있는 '한국의 비극'을 해결하기 위해서는 선거 민주주의만 믿고 상황이 개선될 것이라고 기대할 수만은 없다. 대중들의 고통이 너무나 심하고 한국 사회가 너무나 빠르게 대붕괴의 경로로 가고 있기 때문이다.

따라서 느리게 진행되는 선거 기제 외에 새로운 세상을 최대한 빨리 건설하여 대중의 고통을 해소하기 위해서는 차기 정부의 새 대통령과 집권 정당이 포용적 리더십과 변혁적 리더십을 선도적으로 발휘해야 한다. 차기 민주정부는 좋은 조건이 갖추어질 때까지 앉아서 기다리지 말고 중요한 변화를 앞당기기 위해 정권 초기부터 각 정당과 정파를 만나 혁신적 포용국가와 한국형 사회적(사회 통합적) 시장경제를 구축하기 위한 정치적 대화를 시작하여 조속히 제도 개혁을 이루는 데 정치적 합의를 이끌어내야 한다. 또한 노동조합, 경제 단체, 비정규직 단체, 자영업자 단체, 농민 단체 등 다양한 집단과도 사회적 대화를 시작하여 사회 평화와 경제적 공생의 조건을 만들어내기 위해 서로 양보하고 교환할 것이 무엇인지 협의해야 한다. 이런 정치적 대화와 사회적 대화가 충분히 진행되면 집권 1년차가 마무리되기 전에 그간의 대화를 종합하여 대타협을 이루고, 그에 기반하여 정치 협약과 사회 협약을 체결해야 할 것이다.

새 대통령과 집권 정당이 포용적 리더십을 발휘하여 이념과 노선이 다른 여타 정당과 사회집단을 최대한 포용하고 변증법적 대화 과정을 성공적으로 밟아나간다면, 혁신적 포용국가와 한국형 사회적 시장경제를 건설하기 위한 새로운 길이 열릴 수도 있을 것이다. 이런 기반 위에 대통령과 여러 분야의 정치·사회 지도자들이 공동의 노력을 통해 소수와 강자만 이익을 보는 기존의 질서를 다수의 약자와 모두가 공생하는 새로운 질서로 바꾸어낸다면, 변혁적 리더십이 최고도로 발현되는 상태라고 할 수 있을 것이다(Burns, 2003).

2016년 겨울, 대한민국의 주권자인 국민들은 촛불 혁명의 현장에서 끊임없이 "이게 국가냐?"고 질문했다. 이제 새롭게 출범하는 제3기 민주정부가 이 질문에 답해야 할 차례다. "이게 국가다" "이것이 완전히 새로운 대한민국의 설계도다"라는 해답을 국민들에게 제시해야 하는 것이다. 우리 필자들은 20세기에 들어와 현대 국가들이 실험한 네 가지 국가 모델, 즉 영미형 자유시장 모델, 노르딕과 유럽대륙의 복지국가 및 사회적 시장경제 모델, 한국과 동아시아 국가들의 발전 국가 모델, 구공산권의 공산주의 모델에 대해 다음과 같은 결론을 도출했다.

첫째, 공산주의 국가 모델은 실패하여 이미 역사에서 사라졌다. 둘째, 재벌·대기업 집단이 최고의 승리자로 부상한 한국의 발전 국가 모델은 필연적으로 신자유주의 노선과 결합하면서 불평등의 심화, 비정규직의 확대, 저출산과 인구 붕괴, 불행의 급증, 자살의 확대 등으로 인해 역사의 실패작으로 추락하고 있다. 셋째, 영미형 자유주의 모델도 불평등의 급증, 비정규직 확대, 노조 조직률 감소, 빈곤의 증가 등과 같은 문제를 초래함으로써 '악마의 맷돌'에 의한 고통과 위기가 반복되고 있다. 넷째, 사회보장과 혁신 경제 건설에서 유일하게 성공하고 있는 모델은 노르딕과 유럽대륙의 사회적 시장경제 모델뿐이다.

이 결론은 앞으로 한국 사회가 어디에서 어디로 향해야 할지 분명히 보여준다. 우리는 지금 신자유주의적 발전 국가로 귀결된 박정희 모델의 종말 단계에 서 있다. 고통과 붕괴의 나락으로 무너지고 있는 현 상황에서 벗어나기 위해서는 한국 사회가 노르딕 국가들과 대륙 국가들이 실험한 사회적 시장경제 체제로 이행하지 않으면 안 된다는 사실을 재삼 확인하게 된다. 그러나 겉으로 드러난 노르딕과 독일의 사회적 시장경제 모델의 외양에만 주목할 것이 아니라, 이들의 제도와 정책 설계를 이끈 핵심 원리인 포용성과 혁신성, 유연성에 주목해야 할 것이다. 그리하여 이 기적의 원리를 우리의 상황과 문제 해결에 최적화된 방식으로 적용하여 우리 나름의 변종 모델, 혼종 모델, 나아가 신종 모델을 만들어야 할 것이다.

이렇게 한다면 대한민국은 세계에서 행복도와 출산율이 가장 낮고 자살률이 가장 높은 세계 불행대국이라는 불명예에서 벗어날 수 있을 것이다. 포용성과 혁신성, 유연성의 원리에 기초하여 제도 개혁과 정책 혁신을 착실히 추진해나가면 청년 고용을 확대하고, 비정규직을 축소하며, 노후의 안전한 삶을 보장할 수 있을 것이다. 절망과 분노에 빠진 한국 사회를 희망의 나라로 바꾸어갈 수 있을 것이다. 그리하여 작은 희망이 큰 희망이 되어 청년은 자기의 소득으로 자신 있게 결혼해서 자녀를 출산하고, 장년들은 안정된 소득과 자산을 기반으로 넉넉한 삶을 누릴 것이며, 노인들은 생계에 대한 두려움 없이 편안한 노후 생활을 즐길 수 있게 될 것이다. 최종적으로는 국민들의 삶이 개선되어 대기업과 중소기업의 수익이 향상되고, 약자와 강자가 공생할 수 있는 사회경제적 조건이 만들어질 것이다.

포용국가의 비전은 바로 이런 것이다. 이런 상태여야 국민들은 비로소 "이것이 국가다" "이것이 국민들이 오랫동안 소망해온 국가다"라며 제3기 민주정부의 새로운 국가 건설 노력에 동의와 지지를 보낼 것이다. 그러나 새로운 국가로의 이행은 결코 평탄하지 않을 것이다. 성장에 집착하는 기존의 배타적 국가와 독과점적 사회경제 체제를 포용적 국가와 공생적 사회경제 체제로 전환하는 데에는 수많은 저항과 갈등이 수반될 것이기 때문이다. 따라서 차기 대통령과 민주정부는 처음부터 포용적 리더십을 발휘하여 정치적 포용과 사회경제적 포용을 중심으로 하는 새로운 국가 발전 전략을 추진해야 할 것이다. 이렇게 하면 다소 시간이 걸리더라도 다양한 사회집단과 구성원 사이에 신뢰와 협력의 기반이 구축되고, 이것이 단단한 사회자본을 형성하여 더 큰 사회적·정치적 대화와 대타협의 근거를 형성할 수 있다. 그리하여 사회자본이 협력적 혁신을 촉진하고 새로운 성장의 원천이 되는 시대, 사회연대와 경제성장을 동시에 이룰 수 있는 대융합의 시대를 열게 될 것이다.

지금까지 경쟁과 배제, 강자의 지배 위에 구축된 한국의 정치·경제·사회 질서는 머지않아 협력, 포용, 공생의 질서로 재구축될 것이다. 새로운 대한민국은 바로 이 기초 위에서 꽃피울 것이다. 국민들의 삶은 안정될 것이고, 사회구성원들은 개인의 이익 외에 사회적 연대의 정신으로 서로를 도울 것이며, 상호 신뢰와 협력의 정신은 점차 한국 사회의 결속과 공공성을 증진시키는 새로운 공동체 문화로 자리 잡을 것이다. 이런 가운데 안전과 자유를 마음껏 향유할 수 있게 된 국민들은 창의력과 집단지성을 발휘하여 교육, 학문, 문화예술, 과학기술, 산업, 경제 등 전 분야에서 혁신 역량을 구현할 수 있게 될 것이다. 이런 방향으로의 변화가 순조롭게 진행되면, 대한민국은 조만간 역사상 최고의 르네상스 시대를 맞이하게 될 것이다.

한국인은 세계적으로 지적 능력이 가장 우수한 민족으로 널리 알려져 있다. 포용국가와 한국형 사회적 시장경제를 구축할 수 있다면, 그동안 암기 교육과 입시 위주 교육으로 왜곡되고 고용 불안정과 미래에 대한 불안으로 억압된 우리의 지적 능력은 사회보장과 창의적 학습 사회의 새로운 틀 속에서 그 잠재력을 최대한 실현할 것이다. 그러면 소수에 의한 정치적 지배와 강자의 경제력 독점으로 인해 현재 한국 사회가 처해 있는 '한국의 비극'이 새로운 '한국의 기적'으로 재탄생하는 계기가 마련될 것이다. 김대중 정부와 노무현 정부를 계승하여 새로 출범하는 제3기 민주정부에 부여된 역사적 사명은 바로 이것이다. 전 국민의 70%를 넘는 다수 약자들의 삶을 적극적으로 개선하여 모든 사회계층을 위해 지속가능한 공생의 조건을 만들고, 복지 평화 생태 국가의 새로운 강대국을 건설하는 것이야말로 차기 민주정부가 자신에게 주어진 사명을 제대로 완수하는 길이다. 이것은 민주 세력이 보수 세력이 만들고자 했던 나라와 다른 나라, 질적으로 더 우수한 나라를 어떻게 해서 만들 수 있는지 입증하는 길이기도 하다.

참고 문헌

chapter1 새로운 대한민국

01 거대한 전환

김유선, "비정규직 규모와 실태: 통계청, '경제활동인구조사 부가조사'(2016. 8.) 결과", 한국노동사회연구소, 2016

정동일·권순원, "가교 혹은 함정? 노동시장 구조와 비정규직 근로자의 고용형태 전환에 대한 연구", 『인사조직연구』 24권 2호, pp.9-41, 2016

송일호, "우리나라 정규직과 비정규직 근로자의 생산성 격차분석", 『생산성연구』 19(3): pp.47-70, 2005

신승배, "한국 노동시장에서 비정규직 임금차별 영향분석", 『한국사회』 10(2): pp.93-123, 2009

대런 아세모글루·제임스 로빈슨, 『국가는 왜 실패하는가』, 최완규 옮김, 시공사(2012)

Putnam·Robert, 『Making Democracy Work: Civic Traditions in Modern Italy』, Princeton: Princeton University Press(1994)

02 혁신적 포용국가의 비전과 원리-발전국가를 넘어

김낙년, "한국의 개인소득 분포: 소득세 자료에 의한 접근", 낙성대경제연구소, 『Working Paper』, 2014. 8.

김낙년, "한국의 부의 불평등, 2000-2013: 상속세 자료에 의한 접근", 낙성대경제연구소, 『Working Paper』, 2015. 6.

김유선, "비정규직 규모와 실태: 통계청, '경제활동인구조사 부가조사'(2016. 8.) 결과", 한국노동사회연구소, 2016

대런 아세모글루·제임스 로빈슨, 『국가는 왜 실패하는가』, 최완규 옮김, 시공사(2012)

래리 M. 바텔스, 『불평등 민주주의』, 위선주 옮김, 21세기북스(2012)

로버트 라이시, 『로버트 라이시의 자본주의를 구하라: 상위 1%의 독주를 멈추게 하는 법』, 안기순 옮김, 김영사(2016)

성경륭, "지역불평등의 정치동학과 지역정책 분석", 『지역사회학』 제14권 제2호: pp.5-45, 2013

성경륭, "한국 복지국가 발전의 정치적 기제에 관한 연구", 『한국 사회학』 제48집 제1호: pp.71-132, 2014

오연호, 『우리도 행복할 수 있을까: 행복지수 1위 덴마크에서 새로운 길을 찾다』, 오마이북(2014)

이우진, "소득불평등의 심화원인과 재분배 정책에 관한 연구", 국회예산정책처 연구보고서, 2016

임춘택, "과학국정과 신성장동력", 미공개 발제문, 2017

최정표, "재벌개혁을 통한 경제민주화: 재벌개혁 2020", 미공개 발제문, 2017

토마 피케티, 『21세기 자본』, 장경덕 외 옮김, 글항아리(2014)

통계청, "경제활동인구조사 부가조사", 2011

파시 살베리, 『핀란드의 끝없는 도전 - 그들은 왜 교육개혁을 멈추지 않는가』, 이은진 옮김, 푸른숲(2016)

폴 크루그먼, 『폴 크루그먼, 미래를 말하다』, 예상한 옮김, 현대경제연구원(2008)

한국보건사회연구원, "2011년 기준 한국의 사회복지지출 추계", 2012

Karl Aiginger·Thomas Leoni, "Typologies of Social Models in Europe", https://www.researchgate.net/publication/ 242078229_Typologies_of_Social_Models_in_Europe, 2009

Brown, B. and S.D. Anthony, How P&G Tripled Its Innovation Success Rate: Inside the Company's New-Growth Factory. Harvard Business Review(June), 2011

Economic Policy Institute, Productivity-Pay Gap(Report), 2016

OECD, OECD Factbook, 2015~2016: Economic, Environmental, and Social Statistics, 2016

OECD, Decoupling of Wages from Productivity: Macro-Level Facts. Economics Department Working Papers No. 1373, 2017

Torbenfeldt, T., Frederiksen, M., and J.E. Larsen, "Risk Dynamics and Risk Management in the Danish Welfare State," in T.T. Bengtsson, M. Frederiksen, and T.L. Larsen (eds.), The Danish Welfare State: A Sociological Investigation. N.Y.: Palgrave MacMillan, 2015

World Wealth and Income Wealth Database(http://wid.world)

chapter2 혁신적 포용국가의 정책 과제

01 고용 혁신–당당한 노동과 협력적 노사 관계

〈머니투데이〉

강충호, "1억7천만을 대표하는 새 국제노조조직 ITUC 건설 의의와 시사점", 『노동사회』, 12월호(통권 116호): pp.153–161, 2006

고용노동부, 『임금체계 개편을 위한 가이드북』, 진한엠엔비(2017)

김기우, "직장폐쇄에 대한 법적고찰", 한국노총 중앙연구원, 2004

김운회, "직장폐쇄의 법적 근거에 관한 연구", 『노동법포럼』 제19호, 2016

김재윤, "경제민주화와 (노동)형법: 쟁의행위에 대한 위력업무방해죄 적용의 문제점과 입법론적 개선방안을 중심으로", 『입법과 정책』, 제8권 제1호, 2016. 6: pp.239–264

김재훈, "구조조정에 관한 국내외 사례연구", 국회예산정책처, 2016

김재훈, 『사민주의 복지국가와 사회적 경제』, 한울(2014)

박경환, "비정규직 차별의 한·유럽 비교연구: 직무급으로 임금체계 개선 관점에서의 해결책 탐색", 『유럽연구』 32권 4호, pp.151–188, 2014

박재철, "노동운동의 새로운 희망, 지역조직화에 있다", 『비정규노동』 96호, 한국비정규노동센터, 9–10월: pp.85–96, 2012

송대한, 현재진행형 민주주의–근로자 이사제, 국제전략센터 http://iscenter.or.kr/blog/2017/02/27/

employee-board-participation/

안두순, "경제민주화: 유럽의 경험과 한국적 접근", FES Information Series, Friedrich Ebert Stiftung, 2013. 4.

유규창, "한국기업의 임금체계: 직무급이 대안인가?", 『노동리뷰』, 한국노동연구원, pp.37-54, 2014. 2

윤영삼·최성용, "노동조합 지역조직의 실태와 활성화방안-민주노총부산지역본부를 중심으로", 『인적자원관리연구』 제21권 제5호, pp.137-163, 2014. 12.

이상희, "위법쟁의행위와 손해배상책임에 관한 해석 및 입법의 한계", 『노동정책연구』 제6권 제3호, 한국노동연구원, pp.159~184, 2006

조경배, "쟁의행위에 대한 손해배상 청구의 문제점 및 노동인권 보장을 위한 개선방안", 쟁의행위에 대한 손해배상 가압류 실태 파악 및 개선방안 마련을 위한 토론회 자료집, 국가인권위원회, 2015. 1. 20.

한국노동연구원, "광주형 일자리 창출 모델", 광주광역시 사회통합추진단, 2015. 7.

한인상, "직장폐쇄의 문제점 및 개선방안", 『이슈와 논점』, 국회입법조사처, 2012. 8. 27.

현정길·윤영삼·손헌일, "민주노총 부산지역본부 조합원 의식조사 결과보고서", 운수노동정책연구소, 2008

02 경제 혁신-재벌 개혁과 협력적 생태계

김현철, 『어떻게 돌파할 것인가』, 다산북스(2015)

김현철, 『일본의 편의점』, 제이앤씨(2014)

김현철 등, 『도요타 DNA』, 중앙북스(2009)

대런 아세모글루·제임스 로빈슨, 『국가는 왜 실패하는가』, 최완규 옮김, 시공사(2012)

위평량, 「재벌 및 대기업으로 경제력 집중과 동태적 변화분석(1987-2012)」, 『경제개혁리포트』, 2014-2호

최정표 외, 『기업의 지배구조 개선제도』, 한국학술정보(2008)

피터 드러커, 『경영의 실제』, 이재규 옮김, 한국경제신문사(2006)
한정화, 『벤처창업과 경영전략』, 홍문사(2008)
헤르만 지몬, 이미옥 역, 『히든 챔피언』, 흐름출판(2008)
細谷祐二, 『グローバル・ニッチトップ企業論: 日本の明日を拓くものづくり中小企業』, 白桃書房(2014)

03 복지 혁신-기본 생활 보장과 사회 투자

국민건강보험공단, "2014년도 건강보험환자 진료비 실태조사", 2015
국세청, "2016년 근로·자녀장려금 신청안내", 2016
국토교통부, "2014 주거실태조사", 2015
국토교통부, "2017년 주거급여 사업안내", 2017
국회예산정책처, "국민기초생활보장법 일부개정법률안 비용추계서", 2016
국회예산정책처, "재정통계", 2017
김원섭, "국민연금 사각지대와 해소방안 연구", 한국재정학회·한국조세 연구원 공동 정책 세미나 자료집, 복지사각지대 현황과 해결 방안, 2013
김준, "우리나라 노동시장의 유연성과 안정성: 현황과 과제", 국회입법조사처, 2015
나현미·전재식·장혜정, "직업능력개발 평가·심사 현황 및 개선 과제", 『The HRD Review』 72호, pp.48-69, 2015
박능후, "사회복지제도의 현황과 쟁점, 발전방향", 연세대보건대학원 특별 과정 특강 자료, 2015
보건복지부, "2017년 국민기초생활보장사업안내", 2017
주무현, "재정지원 일자리사업 성과와 과제", 『고용이슈』 2014년 9월호, pp.5-26, 2014
최인덕, "고용 및 산재보험 사각지대 해소방안", 한국재정학회·한국조세 연구원 공동 정책 세미나 자료집, 복지사각지대 현황과 해결 방안, 2013
통계청, "행정자료를 활용한 2015년 주택소유통계 결과", 2013

OECD, Statistics: Social Expenditure, 2016

OECD. Statistics: Income Distribution and Poverty, 2016

Schmid, G., "Transitional Labour Markets: A new European Employment Strategy", 『WZB Discussion Paper』 pp.145–189, 1998

04 교육 혁신–창의적 학습 사회

강남훈, "공공적 대학체제개혁에 대한 경제적 분석", 『대학과 정책』 제1호, pp.21–42, 2017

강수돌, "사교육의 정치경제학 비판", 『인물과 사상』(223), pp.87–112, 2016

고석규·장준호, "정책공간 국민성장 교육팀 핵심의제", 2017. 3. 1.

김상곤, "문재인캠프 교육 분야 핵심공약 및 해설자료", 2017. 3. 15.

김명환, "갈림길에 선 한국 고등교육 – 정부의 대학 구조조정 정책 비판과 대안의 모색", 『경제와 사회』(106), pp.115–141, 2015

이광호, "더불어 교육포럼: 유·초·중등 교육 분야", 2017. 2. 22.

문재인·문형렬, 『대한민국이 묻는다』, 21세기북스(2017)

박거용, "대학구조개혁, 어떻게 해야 하나?", 『경제와 사회』(103), pp.33–53, 2014

이상주, "고등교육 정책과 대학경쟁력 강화방안 – 지방사립대학을 중심으로", 『전산회계연구』 11(2), pp.83–109, 2013

여지영·채선미, "중학생의 자유학기제 경험", 『한국콘텐츠학회논문지』 16(5), pp.698–709, 2016

임재홍, "대학정책 결정구조의 전환: 국가교육위원회 논의를 중심으로", 『대학과 정책』, 제1호, pp.43–67, 2017

장준호, 『개념 있는 정치 VS. 개념 없는 정치』, 북쇼컴퍼니(2012)

정석환·배정혜, "한국 사교육의 존재방식 – 사교육 업체의 관점에서", 『동아인문학』 36, pp.395–427, 2016

조흥식, "한국 고등교육 정책과 대학정책학회의 사명", 『대학과 정책』, 제1호, pp.11–17, 2017

조정래, 『풀꽃도 꽃이다 1, 2』, 해냄(2016)
조지프 스티글리츠, 『창조적 학습사회』, 김민주·이엽 옮김, 한국경제신문(2016)
클라우스 슈밥, 『클라우스 슈밥의 4차 산업혁명』, 송경진 옮김, 새로운 현대(2016)
최정묵, "대학입시제도의 공정성에 대한 대학생들의 인식 연구 – 근거이론적 접근", 『한국콘텐츠학회논문지』 16(12), pp.562–573, 2016
플라톤, 『프로타고라스』, 강성훈 옮김, 이제이북스(2011)
한국교육개발원, "학점제 도입 방안", 『Position Paper』 통권 제109호(2011. 9.)
EBS '학교란 무엇인가' 제작팀, 『학교란 무엇인가』, 중앙북스(2011)
헤겔, 『법철학』, 임석진 옮김, 한길사(2008)

05 지역 혁신–순환과 상생의 협동 사회 경제

맥레오드 그레그, 『협동조합으로 지역개발하라 – 몬드라곤을 보는 또 다른 시각』, 이인우 옮김, 한국협동조합연구소(2012)
마이클 루이스·팻 코너티, 『전환의 키워드, 회복력』, 미래가치와 리질리언스 포럼 옮김, 따비(2015)
세리 버먼, 『정치가 우선한다』, 김유진 옮김, 후마니타스(2010)
스테파노 자마니·베라 자마니, 『협동조합으로 기업하라』, 송성호 옮김, 북돋움(2012)
윌리엄 F. 화이트·캐서링 K. 화이트, 『몬드라곤에서 배우자』, 김성오 옮김, 역사비평사(1992)
월터 D. 미뇰로, 『로컬 히스토리, 글로벌 디자인』, 이성훈 옮김, 에코리브르(2012)
이병천·전창환, 『사회경제 민주주의의 경제학』, 돌베개(2013)
제레미 리프킨, 『3차 산업혁명』, 안진환 옮김, 민음사(2012)
조반니 아리기, 『장기 20세기』, 백승욱 옮김, 그린비(2014)
조지프 스티글리츠, 『스티글리츠보고서』, 박형준 옮김, 동녘(2010)
조지프 스티글리츠, 『불평등의 대가: 분열된 사회는 왜 위험한가』, 이순희 옮김, 열린책들(2013)
존 메이너드 케인스, 『고용, 이자, 화폐의 일반이론』, 이주영 옮김, 필맥(2009)

칼 폴라니, 『거대한 전환』, 홍기빈 옮김, 길(2009)

크리스 마틴슨, 『크래시코스』, 이인주 옮김, 미래의창(2011)

폴 호큰·에이머리 로빈스·헌터 로빈스, 『자연자본주의』, 김명남 옮김, 공존(2011)

필립 맥마이클, 조효제 옮김, 『거대한 역설』, 교양인(2013)

홍기빈, 『비그포르스, 복지국가와 잠정적 유토피아』, 책세상(2011)

Andre Viljoen and Johannes S.C. Wiskerke, 『Sustainable food planing』, 2016

06 일자리 혁신–일자리가 생명이다

맥레오드 그레그, 『협동조합으로 지역개발하라 – 몬드라곤을 보는 또 다른 시각』, 이인우 옮김, 한국협동조합연구소(2012)

박제성·강성태·김홍영·도재형·박귀천·이철수·최석환·배규식, "장시간 노동과 노동시간 단축(II)–장시간 노동과 노동법제", 한국노동연구원, 2011

스테파노 자마니·베라 자마니, 『협동조합으로 기업하라』, 송성호 옮김, 북돋움(2012)

이병천·전창환, 『사회경제 민주주의의 경제학』, 돌베개(2013).

제레미 리프킨, 『3차 산업혁명』, 안진환 옮김, 민음사(2012)

조지프 스티글리츠, 『불평등의 대가: 분열된 사회는 왜 위험한가』, 이순희 옮김, 열린책들(2013)

칼 폴라니, 『거대한 전환』, 홍기빈 옮김, 길(2009)

클라우스 슈밥, 『4차 산업 혁명의 충격』, 김진희·손용수·최시영 옮김, 흐름출판(2016)

Andre Viljoen and Johannes S.C. Wiskerke, 『Sustainable food planing』, 2016

OECD, Government at a Glance, 2015.

chapter3 포용국가로 가는 길

01 포용적 리더십과 사회적 대화

강준만·김환표, 『약탈 정치–이명박 박근혜 정권 10년의 기록』, 인물과사상사(2017)

경제사회발전노사정위원회, 『동정자료』, 2015. 12. 14.

경제사회발전노사정위원회, 『사회적 대화의 경험과 시사점–아일랜드·네덜란드·핀란드·프랑스·스웨덴』, 2008. 9.

권택영, 『기호학과 철학 그리고 예술』, 소명(2002)

권형기, 『세계화 시대의 역행? 자유주의에서 사회협약의 정치로: 아일랜드 사회협약 모델의 수립과 진화』, 후마니타스(2014)

금장태, 『현대 한국유교와 전통』, 서울대학교출판부(2003)

김강식, "사회적 대화의 주요 이슈", 『전환기의 사회적 대화 발전방안: 창립 14 기념 토론회 자료집』, 대통령 소속 경제사회발전노사정위원회, 2012. 2.

김경동, 『선진한국 과연 실패작인가』, 삼성경제연구소(2000)

김광웅, 『창조 리더십』, 생각의나무(2009)

김동호, 『대통령 경제사』, 책밭(2012)

김상근, 『사람의 마음을 얻는 법』, 21세기북스(2011)

김선빈, 『상생의 경제학』, 삼성경제연구소(2009)

김영수, 『사기의 리더십』, 원앤원북스(2010)

김용성, 『경영지해』, 교보문고(2011)

김용표, 『불교와 종교철학』, 동국대학교출판부(2002)

김정수, 『나는 누구인가? 나는 무엇인가?』, 소울메이트(2010)

김종현, 『검은 케네디 오바마의 리더십 10계명』, 일송북(2008)

김진웅, 『온전한 리더 통합적 리더십』, 호미(2011)

김현철, 『저성장시대, 기적의 생존 전략, 어떻게 돌파할 것인가』, 다산북스(2015)
도널드 필립스, 『비전을 전파하라』, 이강봉 옮김, 한스미디어(2006)
류예, 『헬로우, 순자』, 양성희 역, 미래사(2008)
리스 컨스 굿윈, 『권력의 조건』, 이수연 옮김, 21세기북스(2007)
문광훈, 『아도르노와 김우창의 예술문화론』, 한길사(2006)
박근혜정권 퇴진 비상국민행동, 『「2017 촛불권리선언」과 「100대 촛불개혁과제」』, 2017. 3. 11.
박영삼, "주요 선진국 사회적 대화의 흐름과 시사점", 『노사정위원회 내부워크숍 발제 자료집』, http://yspark1968.blogspot.kr, 2014
박홍규, 2008. 『작은 나라에서 잘 사는 길』, 휴먼비전(2008)
베르나르 베르베르, 『제3인류』, 이세욱 옮김, 열린책들(2017)
선학태, 『사회적 합의제와 합의제 정치』, 전남대출판부(2011)
성경륭 외, 『현대문명의 위기: 공생의 대안문명의 위기를 찾아서』, 나남(2014)
송재희, 『소통』, 숨비소리(2007)
송희준, 『통치이념은 어떻게 정책에 반영되는가』, 이화여자대학교출판부(2005)
신완선, 『컬러 리더십』, 더난출판사(2002)
아담 카헤인, 『포용의 리더십』, 강혜정 옮김, 에이지21(2010)
안철현, 『한국현대정치사』, 새로운사람들(2009)
양창삼, 『조직혁신과 경영혁신』, 경문사(2005)
우경진, 『엄마형 리더십』, 명진출판사(2004)
유동식, 『풍류도와 한국의 종교사상』, 연세대학교출판부(1997)
윤태곤 외, 『한국의 논점 2017』, 북바이북(2016)
윤혜린, 『여성주의 리더십』, 이화여자대학교출판부(2007)
은수미, 『사회적 대화의 전제조건 분석』, 한국노동연구원, 2006
이상오, 『리더십 역사와 전망』, 연세대학교출판부(2008)
이송평, 『노무현의 길』, 책보세(2012)

이정식, “노사정위원회의 전면 재구성화를 통한 ‘사회적 대화’ 활성화 방안”, 『전환기의 사회적 대화 발전 방안: 창립 14 기념 토론회 자료집』, 대통령 소속 경제사회발전노사정위원회, 2012. 2.
이호근, “변화하는 유럽의 조합주의와 유럽사회 정책레짐의 발전”, 『세계정치연구』 제2권 제2호, 2003
이호근, “우리나라의 사회적 대화 – 역사, 현황 및 과제”, 『경제사회발전 노사정위원회 노동포럼발제자료』, 2011. 12. 2.
임호준, 『시네마 슬픈 대륙을 품다』, 현실문화연구(2006)
장동진, 『이상국가론』, 연세대학교출판부(2004)
잭 A. 골드스톤, 『혁명』, 노승영 옮김, 교유서가(2016)
정기효, 『한국 사회의 해체와 재구성』, 에코리브르(2006)
정두언, 『한국의 보수, 비탈에 서다』, 나비의활주로(2011)
정상호, “지역사회협약의 이론화와 제도화를 위한 시론”, 『동향과 전망』 통권 71호, 2007년 가을·겨울
정인수, 『지역경제의 희망, 지역거버넌스』, 삼성경제연구소(2008)
정주진, 『갈등해결과 한국사회』, 아르케(2010)
정호일, 『한국사를 보다』, 리베르스쿨(2011)
조국, 『조국, 대한민국에 고한다』, 21세기북스(2011)
조대엽, 『한국 사회 어디로 가나』, 굿인포메이션(2005)
조성재, “한국 노사관계의 단체교섭구조와 사회적 대화”, 『국정관리연구』 제4권 제2호, 2009
주경철, 『세상을 보는 눈』, 이슈투데이(2010)
주영하, 『한국학의 즐거움』, 휴머니스트(2011)
최경환, 『김대중 리더십』, 아침이슬(2010)
최애리, 『길을 찾아 – 꺼지지 않는 불꽃처럼』, 웅진닷컴(2004)
최영기·윤상진, “박근혜 정부의 고용노동정책은 성공할 것인가?”, 『산업관계연구』 제23권 제1호, 2013
최익용, 『대한민국 리더십을 말한다』, 이상BIZ(2010)
파깨비, 『철학 노트』, 상아기획(2005)
프리츠 헨드리히, 『신뢰의 리더십』, 이재영 옮김, 이지북(2006)

한국노동연구원, 『사회적 대화의 전제조건 분석 – 상호관계와 사회적 의제 형성을 중심으로』, 2014
한영우, 『21세기 한국학, 어떻게 할 것인가』, 푸른역사(2005)
휴먼스토리, 『문재인 스타일』, 미르북스(2011)
에드윈 홀랜드, 『포용적 리더십』, 박재현·차운아·장석환 옮김, 오래(2012)
Australian Human Rights Commission, 2016. LEADING FOR CHANGE–A blueprint for cultural diversity and inclusive leadership.
Employers Network for Equality & Inclusion, 2016. Inclusive Leadership: driving performance through diversity!.
Jeanine Prime, Elizabeth R. Salib, 2014. Inclusive Leadership: The View From Six Countries(Catalyst Publication).
Jim Allen McCleskey, 2014. "Situational, Transformational, and Transactional Leadership and Leadership Development," Journal of Business Studies Quarterly, Volume 5, Number 4.
Malini Janakiraman, 2011. Inclusive Leadership: Critical for a Competitive Advantage Berlitz Cultural Insights Series(Berlitz Languages, Inc.
The six signature traits of inclusive leadership: Thriving in a diverse new world, 2016. (Deloitte University Press).
The Transformational Leadership Report, 2007. www.transformationalleadership.net
Umme Salma Sultana, Mohd Ridzuan Darun and Liu Yao, June 2015. "TRANSACTIONAL OR TRANSFORMATIONAL LEADERSHIP: WHICH WORKS BEST FOR NOW?," International Journal of Industrial Management(Universiti Malaysia Pahang).
"노사정 대타협, 이제는 때가 됐다?," http://v.media.daum.net/v/20160528184707939.

02 조세·재정 개혁을 통한 포용국가로

국세청, "2016년 국세통계 조기 공개", 2016

국민연금연구원, "국민연금 중기재정전망"(2016-2020), 2016

국민연금연구원, "신규복지사업 수익성 분석에 대한 연구", 2013

국회예산정책처, "2016 조세의 이해와 쟁점-법인세 Ⅲ", 2016

국회예산정책처, "2015 조세의 이해와 쟁점", 2015

국회예산정책처, "알기 쉬운 조세제도", 2012. 5.

국가예산정책처, "2015 회계연도 결산 위원회별 분석(교육문화체육관광위원회)", 2016

김유찬, "담배세 인상의 경제사회적 효과에 대한 평가", 『의정연구』, 제21권 제1호(통권 44호), pp.197-206, 2015

박상수, "기획논단: 주택과 비주거용 건물의 재산세 실효세율 분석과 시사점", 『지방세포럼』 20(단일호), pp.4-18, 2015

염용구, 부동산 보유세제 개선방안에 관한 연구: 재산세를 중심으로, 단국대학교 행정법무대학원, 2011

윤영진, "복지재정 확충을 위한 조세·재정 개혁 방안", 2014

이선화, "2016 부동산 자산 분포 및 재산 과세 부과 특성 분석", 한국지방세연구원, 2016.

주택도시기금, "2016년 연간 기금 운용성과", 2016

참여연대, "국민연금기금의 성격과 사회투자자본으로서의 활용", 『복지동향』, 2011. 6.

충남발전연구원, "한국 경제사회 발전에 따른 재정 및 조세 전략과 충남의 과제", 2013. 12. 31.

행정자치부, "행정자치통계연보", 2016

한국은행, ECOS(경제통계시스템)

World Bank Group, Doing Business, 2016

03 혁신적 포용국가의 전망과 실천 전략

민주연구원, "최대 고용을 위한 적정복지·적정부담 복지국가 상(像)", 2016

성경륭, "한국 복지국가 발전의 정치적 기제에 관한 연구: 노무현 정부와 이명박 정부의 비교," 『한국 사회학』 48 (1): pp.71–132, 2014

제임스 맥그리거 번스, 『역사를 바꾸는 리더십: 변혁의 정치 리더십 연구』, 조중빈 옮김, 지식의날개 (2006)

Florida, R., C. Mellander, and K. King, 2015. The Global Creativity Index 2015

Helliwell, J.F., H. Huang, and S. Wang, 2017. "Social Foundations of World Happiness," John Helliwell, Richard Layard and Jeffrey Sachs (eds.), World Happiness Report 2017

Korpi, W., 1983. The Democratic Class Struggle. London: Routledge Kegan Paul

Korpi, W., 2006. "Power Resources and Employer–Centered Approaches in Explanations of Welfare States and Varieties of Capitalism: Protagonists, Consenters, and Antagonists," World Politics 58: 167–206.

Meyer, T., 2016. Democracies, Economies and Social Protection: Understanding Welfare State Development in Asia and Europe. Friedrich–Ebert–Stiftung (www.fes–asia.org).

Nordic Council of Ministers, 2016. Nordic Statistics 2016.

SEB Research & Strategy, 2017. Nordic Outlook 2017.

KI신서 7039

새로운 대한민국의 구상 포용국가

1판 1쇄 발행 2017년 7월 5일
1판 3쇄 발행 2018년 12월 17일

지은이 성경륭 외
펴낸이 김영곤 박선영
펴낸곳 (주)북이십일 21세기북스

콘텐츠개발본부장 박선영
콘텐츠개발3팀 문여울
마케팅본부장 이은정
마케팅본부 한충희 왕인정 최성환 김수현 배상현 신혜진 나은경 김윤희 송치헌 최명열 여새하
디자인 표지 박선향 **본문** 한성미
홍보팀 이혜연 최수아 박혜림 문소라 전효은 염진아 김선아
제작팀 이영민

출판등록 2000년 5월 6일 제406-2003-061호
주소 (10881) 경기도 파주시 회동길 201(문발동)
대표전화 031-955-2100 **팩스** 031-955-2151
이메일 book21@book21.co.kr

(주)북이십일 경계를 허무는 콘텐츠 리더

21세기북스 채널에서 도서 정보와 다양한 영상자료, 이벤트를 만나세요!
페이스북 facebook.com/jiinpill21 포스트 post.naver.com/21c_editors
인스타그램 instagram.com/jiinpill21 홈페이지 www.book21.com
서울대 가지 않아도 들을 수 있는 명강의! 〈서가명강〉
네이버 오디오클립, 팟빵, 팟캐스트에서 '서가명강'을 검색해보세요!

ISBN 978-89-509-7084-0 03340
책값은 뒤표지에 있습니다.

이 저서는 부분적으로 한국미래발전연구원의 2016년 지원과 대한민국 교육부·한국연구재단의 2012년 지원(NRF-2012S1A6A3A01033504) 및 2016년 지원(NRF-2016S1A5A2A03926989)을 받아 연구되었다.